Godard intermedial

Siegener Forschungen zur romanischen Literatur- und Medienwissenschaft

Herausgegeben von Volker Roloff (Siegen)

Band 3

Volker Roloff
Scarlett Winter (Hrsg.)

Godard intermedial

STAUFFENBURG
VERLAG

Die Deutsche Bibliothek – CIP-Einheitsaufnahme

Godard intermedial / Volker Roloff ; Scarlett Winter (Hrsg.). –
Tübingen : Stauffenburg-Verl., 1997
(Siegener Forschungen zur romanischen Literatur- und Medienwissenschaft ; Bd. 3)
ISBN 3-86057-523-6

Diese Arbeit ist im Sonderforschungsbereich 240 der Universität-Gesamthochschule Siegen entstanden und wurde auf seine Veranlassung unter Verwendung der ihm von der Deutschen Forschungsgemeinschaft zur Verfügung gestellten Mittel gedruckt.

Postfach 25 25 · D-72015 Tübingen

Gedruckt auf säurefreiem und alterungsbeständigem Papier.

Druck: Gulde-Druck, Tübingen
Verarbeitung: Gogl, Reutlingen
Printed in Germany

ISSN 1433-7983
ISBN 3-86057-523-6

Inhalt

Vorwort

Godard gehört schon in den ersten Filmen wie *A bout de souffle*, die die Anfänge der *nouvelle vague* bestimmen, ebenso wie in den neuesten Filmen wie z.B. *For Ever Mozart* zu den Regisseuren, die den Film konsequent für intermediale Experimente nutzen; er ist immer schon und immer wieder auf der Suche nach neuen Kombinationsmöglichkeiten von Bild, Text und Ton und versucht, die zunehmende Hybridisierung und Vernetzung der Medien und Künste in seinen Werken zu veranschaulichen. Medienwechsel, Bildertausch, die Vermischung von Kino, Fernsehen und Video, von filmischen, literarischen, theatralischen oder photographischen Bildern und Figuren sind Kennzeichen des filmischen Diskurses von Godard. Man kann die Konzeption der Intermedialität, die darin zum Vorschein kommt, in einem eher historischen oder eher theoretischen Zusammenhang behandeln, in den Beiträgen dieses Sammelbandes werden beide Möglichkeiten abgetastet. Es geht darum, die Prinzipien und Tendenzen der intermedialen Reflexion Godards aufzuzeigen und seinen Beitrag zur Entwicklung einer neuen Ästhetik hervorzuheben, vor allem zur Entdeckung neuer intermedialer Spielräume. Das intermediale Zusammenspiel ergibt sich nicht aus der bloßen Vervielfältigung und Kombination verschiedener Medien, sondern durch die Analyse von Wechselbeziehungen, Passagen, Zwischenräumen und Differenzen. Das Aufspüren literarischer und theatralischer Traditionen, Schriftmetaphern, textuellen und visuellen Figuren, deren vielfältige Spielarten von Godard aufgezeigt werden, führt zu einer zentralen Problemstellung, zu dem, was *zwischen* Literatur und Film, aber auch *zwischen* Theater, Fernsehen, Malerei, Musik und Film passiert.

Der vorliegende Band ist im Rahmen des Forschungsprojekts ‚Kino und Fernsehen: institutionelle und ästhetische Relationen in der Zeit der Nouvelle vague' entstanden, das dem Siegener Sonderforschungsbereich zur Geschichte und Ästhetik der Bildschirmmedien zugeordnet ist, sowie in enger Zusammenarbeit mit dem Graduiertenkolleg ‚Intermedialität' und der Romanistik der Universität Siegen. Die folgenden Beiträge stammen von Mitarbeiterinnen und Mitarbeitern des Sonderforschungsbereichs und Stipendiaten des Graduiertenkollegs. Hinzu kommen Beiträge, die sowohl für die Godard-Forschung als auch für die Theoriebildung der Intermedialität repräsentativ sind und zum Teil für diesen Band aktualisiert wurden. Unser Dank gilt den Beiträgern sowie all denen, die bei der Redaktion und Druckvorbereitung mitgewirkt haben, besonders Christel Fiori, Michael Lommel, Dong-Hun Kang, Isabel Maurer, Julia Nöh und Nanette Rißler.

V.R. *S.W.*

Volker Roloff

Zur Theorie und Praxis der Intermedialität bei Godard

Heterotopien, Passagen, Zwischenräume

1. Film und Fernsehen

Die gewohnten Abgrenzungen zwischen verschiedenen Medien wie Literatur, Theater, Film, Photographie, Video und Fernsehen und Computer haben, wie Godard seit längerem vorausgesehen hat, ihren Sinn und ihre Funktion verloren. Es geht in den gegenwärtigen Medientheorien vielmehr um Passagen zwischen den Medien, um die Definition jener Brüche, Zwischenräume und Wechselbeziehungen zwischen den Medien, die dazu führen, daß sich in unserer Zeit der audiovisuellen Bilder- und Zeitmaschinen die historischen Formen und Gattungen z.B. des Theaters, Films und Fernsehens verändern, daß sich neue intermediale Dispositve entwickeln. Dies führt auch zur Dekonstruktion eben jener Diskurse, Erklärungs- und Wahrnehmungsmuster, die bisher zur Abgrenzung zwischen den traditionellen und neuesten Medien gedient haben. Godard gehört zu den Regisseuren, die in einer exemplarischen Weise an diesem „Projekt einer stetigen Umgestaltung des Audiovisuellen beteiligt sind“[1], er ist im Rahmen seiner intermedialen Praxis, aber auch seiner medienästhetischen Reflexion, auf der Suche nach zeitgemäßen audiovisuellen Diskursen und Kommunikationsformen.

So läßt sich Godards intensive Beschäftigung mit den Massenmedien, sein Nachdenken über Alternativen, seit Ende der 60er Jahre verfolgen und führt bis in die Gegenwart immer wieder zu Irritationen jener Cineasten und Cinephilen, die nach wie vor an die Chimäre klarer Abgrenzungsmöglichkeiten und Hierarchien, etwa zwischen den Medien Theater, Film und Fernsehen glauben. Godard versucht immer wieder, dem entgegenzuwirken, z.B. dadurch, daß er Film- und Fernsehgeschichte konsequent in ihrem Zusammenhang und ihrer Wechselwirkung betrachtet. Es geht ihm nicht, wie die Verleger der *Introduction à une véritable histoire du cinéma*, Godards Projekt aus dem Jahre 1978, suggerieren, um Kinogeschichte im engeren Sinne, sondern, wie der ursprünglich geplante Titel zeigt, um eine „Geschichte des Films und des

---

[1] S. Zielinski, *Audiovisionen. Kino und Fernsehen als Zwischenspiele in der Geschichte*, Reinbek bei Hamburg 1989, 292; zum Begriff der „audiovisuellen Zeitmaschinen“ vgl. ders. (Hg.), *Video-Apparat/Medium, Kunst, Kultur*, Frankfurt a.M. 1991, 9ff., 91ff.

Fernsehens", d.h. um eine medienübergreifende, medienvergleichende Geschichte des Umgangs mit Bildern, Texten und Tönen[2], wobei die Frage, inwieweit das Fernsehen die Gesellschaft und das Kino verändert und wie man das Fernsehen „zum Sehen gebrauchen könnte"[3], eine zentrale Rolle spielt. Diese *Histoire du cinéma et de la télévision* ist bekanntlich aus einem Filmseminar in Montréal und als eine Art Drehbuch für eine spätere Video-Serie entstanden; so daß man auch die Bilder der späteren *Histoire(s) du cinéma et de la télévision* auf dieses Projekt beziehen kann. Um die ‚Geschichte des Sehens' und unseres Umgangs mit den Medien geht es in den Produktionen Godards seit den 70er Jahren, die dieses Projekt illustrieren und die bis in die Gegenwart immer wieder neu jene *Histoire(s) du cinéma et de la télévision* erzählen, d.h. Fernseh- und Filmgeschichte in ihrer Wechselwirkung, im Sinne einer illustrierten Medien- und Diskursgeschichte erfassen wollen. Die *Histoires* Godards repräsentieren nicht mehr, wie auch Siegfried Zielinski resümiert[4], Filmgeschichte, sie versuchen vielmehr, neue Konzepte und Möglichkeiten einer integrierten Mediengeschichte und Ästhetik zu veranschaulichen, einer neuen, Texte und Bilder bewegenden, Theorie und ästhetischen Praxis kombinierenden ‚Historiographie', genauer Geschichts-Demonstration. Godard möchte das „Sehen der Filme produzieren", „die Geschichte jenes Sehens zeigen", „das sich mit dem Kino, das die Dinge zeigt, entwickelt hat, und die Geschichte der Blindheit, die daraus entstanden ist"[5]. Es handelt sich dabei, wie Scarlett Winter im folgenden zeigt, um „reflektierte Sehexperimente"; „Godard intendiert ein Sichtbarmachen des Sehens, ein Schärfen unserer Wahrnehmung, die sich mit der Reizüberflutung durch die Massenmedien zerstreut"[6]. Er ist – spätestens seit den Ereignissen von 1968 und ihrer kritischen Analyse in *La Chinoise* (1967) und *Le gai savoir* (1968) – damit auf dem Wege zu der Erkenntnis, daß nicht nur die Geschichte der audiovisuellen Wahrnehmung, sondern Geschichte überhaupt als Mediengeschichte gedacht und geschrieben werden müßte, und zwar mit dem Ziel, den Begriff des „Realen zu erweitern, bis dieser das Imaginierte einschließt"[7].

So konnte es im Grunde nicht überraschen, daß Godard in seiner Rede anläßlich der Verleihung des Adorno-Preises der Stadt Frankfurt (1996) nicht nur vom Kino, sondern ebenso vom Fernsehen und der aktuellen Medienszene sprach, genauer: von den Dispositiven des Kinos und Fernsehens. Seine Rede greift Gedanken auf, die er schon früher in einem Gespräch mit Serge Daney

---

2 J.-L. Godard, *Introduction à une véritable histoire du cinéma*, Paris 1980. Dt. Übers.: *Einführung in eine wahre Geschichte des Kinos*, Frankfurt a.M. 1984.
3 J.-L. Godard, *Einführung*, 58.
4 Vgl. dazu S. Zielinski in diesem Band.
5 J.-L. Godard, *Einführung*, 166f.
6 Vgl. S. Winter in diesem Band, 28.
7 P. Burke, „Geschichtsfakten und Geschichtsfiktionen", in: *Freibeuter* 62, 1994, 47-68; hier: 64; vgl. dazu M. Lommel, *Die Nouvelle vague als Heterotopie politischer Phantasien. 68er-Reflexionen bei Malle und Godard*, Siegen (Magisterarbeit), 8ff.

zur Vorplanung der *Introduction à une véritable histoire du cinéma* geführt hatte; auch hier geht es zunächst um die Frage, ob das Kino in der Lage war und noch ist, Geschichte zu schreiben, d.h. zu zeigen, sie durchschaubar zu machen, eine Sprache zu finden jenseits der Macht der Diskurse und des Geredes, der Flucht der Wörter und Bilder, die Godard – ganz ähnlich wie z.B. Foucault oder Baudrillard – als typische Erscheinung der Massenmedien und medialisierten Öffentlichkeit ansieht: „der Verlust der Sprache ist augenfällig, man muß nur die Nachrichtensprecher immer im Fernsehen beobachten: Sie reden, verkünden Nachrichten des Tages oder der Nacht, aber sie sprechen nicht von uns, reden weder von sich selbst, noch von den anderen"[8]. Dies gelte auch für die Geschichte des Kinos, das z.B. im Deutschland der Nachkriegszeit nicht die Konzentrationslager gezeigt habe, „man wollte nichts sehen, nicht hinschauen".

> Das Kino hat weniger die Welt betrachtet, als daß die Welt das Kino betrachtet. Und als das Fernsehen auftauchte, hat es sich schnell an die Stelle der Welt gesetzt. Und es hat sie nicht mehr wahrgenommen, d.h. ohne diese doppelte Blickrichtung. Und wenn man auf das Fernsehen blickt, bemerkt man nicht mehr, daß einen das Fernsehen anblickt[9].

Das Kino ist für Godard „seither verschwunden", das Fernsehen als Substitut des alten Kinos und als Potential einer vielleicht genaueren Wahrnehmung noch nicht eigentlich vorhanden[10].

2. Heterotopien

In dieser paradoxen Situation sucht Godard seit längerem eigene Kombinationen, Zwischenräume, Passagen zwischen Kino, Video und Fernsehen – und damit auch zwischen den herrschenden Diskursen und Institutionen – zu entdecken, Heterotopien und Zwischenräume im Sinne Foucaults, in denen noch Spuren einer Utopie angesichts der phantastischen Möglichkeiten der neuesten Medien erkennbar wären. Foucault definiert Heterotopie als den „Raum unserer ersten Wahrnehmung, den Raum unserer Träume"[11], Leidenschaften und Phantasmen: ein verwirrendes Beziehungssystem, das durch Simultaneität, Überlagerungen und Transformationen gekennzeichnet ist, ein Ort, in dem die vertrauten Oppositionen von Realität und Fiktionalität, Kreation und Rezeption, Innenwelt und Außenwelt, Sichtbarkeit und Unsichtbarkeit, Bewegung und Immobilität nicht mehr gelten. So können, bei Foucault, Baudry und an-

---

[8] J.-L. Godard, „Vom Kino: Geschichten und Geschichte" (Dankrede aus Anlaß des Adorno-Preises der Stadt Frankfurt a.M.), in: *Frankfurter Rundschau*, 7.10.1995.

[9] Ebd.

[10] Vgl. A. Bergala (Hg.), *Jean-Luc Godard par Jean-Luc Godard*, Paris 1985, 406.

[11] M. Foucault, „Andere Räume", in: K. Barck u.a. (Hgg.), *Aisthesis. Wahrnehmung heute oder Perspektiven einer anderen Ästhetik*, Leipzig 1990, 34-46; hier: 37.

deren Medientheoretikern[12], Platons Höhlengleichnis, Tristans Bildersaal, der Wandteppich von Bayeux, Montesinos Höhle im *Don Quijote*, die Phantasien des Heiligen Antonius, Velasquez' *Meninas*, Borges' *Labyrinthe* oder auch die Vexierbilder der Surrealisten als Orte der intermedialen Reflexion und Elemente einer Medienästhetik wiederentdeckt werden, als Lust-Orte, die Realität inszenieren, simulieren oder vorspiegeln, als Spielräume des immer schon vorhandenen Fern-Sehens und Kinos in unserem Kopf. „Weil diese Orte", so Foucault, „ganz *andere* sind als die Plätze, die sie reflektieren oder von denen sie sprechen, nenne ich sie im Gegensatz zu den Utopien die *Heterotopien*"[13].

Am Beispiel des Kinos und Theaters erläutert Foucault das Phänomen, daß die Heterotopie mehrere Räume zusammenlegen kann und am Beispiel des Spiegels den eigentümlichen Zusammenhang von Realität und Virtualität eines solchen Ortes:

> Der Spiegel funktioniert als eine Heterotopie in dem Sinn, daß er den Platz, den ich einnehme, während ich mich im Glas erblicke, ganz wirklich macht und mit dem ganzen Umraum verbindet, und daß er ihn zugleich ganz unwirklich macht, da er nur über den virtuellen Punkt dort wahrzunehmen ist.[14]

Godard hat die Erfahrung der Heterotopie, die Foucault vor allem diskursgeschichtlich (z.B. im Hinblick auf die Entwicklung der Bibliotheken, Museen, Friedhöfe oder Gefängnisse) analysiert, konsequent auf die Medienwelt übertragen und die Untersuchung der Wirkungen und Funktionen von Heterotopien ausdifferenziert. Er bietet gleichsam die Illustration dessen, was Foucault diskurstheoretisch erläutert und Marc Ferro filmtypologisch als „Gegen-Geschichte" skizziert[15]. Das Kino, und später auch in anderer Weise das Fernsehen, erscheint bei Godard als Musterbeispiel der Heterotopie, der durch die Wahrnehmung des Films möglichen Konfusion von Wirklichkeit und Illusion. Das Kino, gemeint ist zugleich der Kino-Ort und der Kinofilm als Produktion und Konsum, erscheint als öffentlicher, unheimlicher Ort, der

---

12 Vgl. z.B. J.-L. Baudry, „Le dispositif. Approches méta-psychologiques de l'impression de réalité", in: *Communications* 23, 1975, 56-72; hier: 62ff.; N. Bolz, *Eine kurze Geschichte des Scheins*, München 1991, 16f.; J.E. Müller, *Intermedialität: Formen moderner kultureller Kommunikation*, Münster 1996, 47ff.; G. Wild, „Von der ‚chambre aux images' zur ‚Camera obscura': Medienimagination im Lancelot, bei Guillem de Torroella, in den libros de caballerías, bei Cervantes und Proust", in: A. Schönberger, K. Zimmermann (Hgg.), *De orbis Hispani linguis historia moribus, Festschrift für Dietrich Briesemeister zum 60. Geburtstag*, Bd. 1, Frankfurt a.M. 1994, 683-716.

13 M. Foucault, „Andere Räume", 39.

14 Ebd.

15 Im Gegensatz zu historischen Filmen, die nur „Stereotypen von herrschenden oder unterdrückten Denkströmen produzieren", zu dem Typ von Propaganda-Filmen sowie jener Filme, die eine vorhergehende historische Analyse nur reproduzieren, entwirft Marc Ferro das Modell von Filmen, die einer Analyse der Gesellschaft und Geschichte „vorangehen" und damit „Gegen-Geschichte" filmisch gestalten; vgl. M. Ferro, „Gibt es eine filmische Sicht der Geschichte?", in: R. Rother (Hg.), *Bilder schreiben Geschichte: Der Historiker im Kino*, Berlin 1991, 23ff.

Realität simuliert. Sein Korrelat, das Kino in unserem Kopf, wird von Godard als ein „Moment des Körpers“ verstanden, als Entgrenzung und Verlängerung der Sinne und Sinneswerkzeuge, wobei Godard davon ausgeht, daß Innen- und Außenseite des Körpers zusammengehören, bzw. umkehrbar sind[16]. So beschreibt Godard das Kino als ein Beispiel für die im Gegensatz zur „*industrie de jour*“ sogenannte Nachtindustrie: „L'industrie qui vient du fonctionnement interne du corps, qui est: les désirs, la psychologie, les nerfs, les sensations, la sexualité [...]“[17].

Ganz ähnlich definiert Barthes („En sortant du cinéma“) die Kinoleinwand als Heterotopie, indem er zunächst die Surrealität und traumanaloge Faszination des Kinoraums beschreibt: das Schwarz des Kinos erscheine als Substanz der Träumerei, die direkte Ansammlung von Menschen mache den Kinoraum zu einem Ort der Ungebundenheit („disponibilité“) und paradoxen Freiheit des Körpers, wobei das filmische Bild wie ein Köder wirkt, der den Zuschauer gleichsam an die Leinwand klebt. Eben darin liege die Faszination des Kinos im Unterschied zum Fernsehen: „Hier ist das Schwarz gelöscht, die Anonymität verdrängt, der Raum ist familiär, artikuliert [...]; eine Erotisierung des Ortes ist ausgeschlossen“[18]. Barthes zeigt hier zwar, wie viele Franzosen im intellektuellen Milieu der 60er und 70er Jahre, jene typische Geste der Distanz gegenüber dem damals weitgehend staatlich kontrollierten Fernsehen, aber er entwickelt dabei, zusammen mit Baudry, die Voraussetzungen für eine Analyse des Dispositivs, die auch für das Fernsehen relevant ist. Auch das Fernsehen ist eine Art Köder, ein Zauberkasten: „seine topische Produktivität bemächtigt sich“, wie Paech formuliert, „der Körper und Bilder“, d.h. auch das Fernsehen fasziniert als Heterotopie, wenn auch auf andere Weise als das Kino oder Theater, auch sein „Spiegelbild“ reflektiert, als eine Art „Bilder-Körper“, „die unendliche Fülle seiner Einbildungen“[19]. Der Heterotopie entspricht, wie Stefan Hesper in seiner Analyse von Godards Film *Détective* (1984) und Michael Lommel am Beispiel von *La Chinoise* zeigen[20], dem an Bachtin und Deleuze anknüpfenden Begriff der Chronotopie. Ein solcher Chronotopos entsteht z.B. durch die filmische Kadrierung, durch die die Zeit einen „sinnlich-anschaulichen“ Charakter annimmt; „ein Chronotopos überführt die zeitliche Differenz von Vorher und Nachher in eine raumbildende Differenz von Innen und Außen, Nah und Fern“[21]. In diesem Sinne fungieren Spiel-Orte wie das Hotel in *Détective*, sowie das Appartement oder das Zug-

---

[16] Vgl. Godard, *Introduction*, 53.

[17] Ebd., 246.

[18] Vgl. R. Barthes, „En sortant du cinéma“, in: *Communications* 23, 1975, 104-108; hier: 105.

[19] J. Paech, „Eine Dame verschwindet. Zur dispositiven Struktur apparativen Erscheinens“, in: H.U. Gumbrecht, K.L. Pfeiffer (Hgg.), *Paradoxien, Dissonanzen, Zusammenbrüche*, Frankfurt a.M. 1991, 773-790; hier: 788, 785, 786.

[20] Vgl. im folg. S. Hesper, 144f.

[21] S. Hesper, 144.

abteil in *La Chinoise*, als Zeit-Orte, d.h. als Chronotopie und Heterotopie zugleich.

Unter dieser Voraussetzung ist Godard – durch seine künstlerische Praxis, durch die Darstellung und Reflexion der Heterotopien und der Dispositive des Films, Videos und Fernsehens – schon seit den 60er Jahren an der Entwicklung medientheoretischer Kategorien beteiligt. Wenn man Godards Beitrag zur gegenwärtigen Medientheorie darstellen will, gerät man, mit Godard, immer wieder in diese Zwischenräume zwischen den Medien und Mediendiskursen, die Heterotopien und Chronotopien, die im folgenden im Rahmen neuer Konzepte der Intermedialität erfaßt werden sollen. Es ist kein Zufall, daß wichtige Kategorien und Konzepte der aktuellen Medientheorie und Medienästhetik entweder von Godard inspiriert sind oder gerade an seinen Werken in exemplarischer Weise deutlich werden. Godard hat vor allem durch seine intermediale Praxis dazu beigetragen, die jüngsten Veränderungen der Mediensituation und audiovisuellen Wahrnehmung zu begreifen, Entwicklungen durchschaubar zu machen und kritisch zu reflektieren. Godards Filme und Filmessays sind bereits in den 60er Jahren als ‚intermediale Komplexe' zu begreifen, so daß bei vielen Medientheoretikern, die an der gegenwärtigen Diskussion der Intermedialität besonders in Frankreich und Deutschland beteiligt sind – z.B. Deleuze, Bellour, Aumont, Leutrat, Daney, Paech, Jürgen E. Müller, Zielinski, Sierek u.a. – die Produktionen von Godard eine wichtige, oft entscheidende Referenz bilden; man könnte auch sagen: die ästhetische Praxis Godards, seine intermedialen Experimente sind in dieser Hinsicht der Theoriebildung in den Medienwissenschaften immer schon voraus.[22]

3. Vor-Bilder

Der vorliegende Sammelband versucht in diesem Sinne, das intermediale Spektrum und damit die medienübergreifende, medienästhetische Perspektive Godards durch eine Analyse einzelner Produktionen zu veranschaulichen, vor allem die Suche nach neuen Kombinationsmöglichkeiten von Bild, Text und Ton, die zunehmende Hybridisierung und Vernetzung der Medien und Künste in seinen Werken. „Medienwechsel, Bildertausch, die Vermischung und Vernetzung von Kino, Fernsehen und Video, von filmischen, literarischen, theatralischen oder photographischen Bildern" sind daher, wie Scarlett Winter betont, Kennzeichen des filmischen Diskurses von Godard[23]. Man kann die Konzeption der Intermedialität, die darin zum Vorschein kommt, entweder in einem eher historischen oder eher theoretischen Zusammenhang behandeln; in den folgenden Beiträgen werden beide Möglichkeiten abgetastet. Zu den

[22] Vgl. die Literaturhinweise in den folgenden Anmerkungen.
[23] Vgl. im folg. S. Winter, 25.

(medien)geschichtlich wichtigsten Modellen, Kontexten und Vor-Bildern[24] gehören die Medienexperimente der Avantgardebewegungen des 20. Jahrhunderts, jene Umbruchphasen besonders der Filmgeschichte, die mit Regisseuren wie Eisenstein, Vertow oder Buñuel verbunden sind: die *ars combinatoria* und ästhetische Praxis, vor allem der Surrealisten, die bei der Entwicklung intermedialer Konzepte, der Entdeckung neuer Spielräume zwischen Photographie, Malerei, Graphik, Literatur, Theater und Film, eine wichtige Rolle spielen[25]. So ist auch die – bei aller Faszination – zunehmende Distanz verständlich, die Godard und andere Protagonisten der *nouvelle vague* gegenüber den Vorbildern des sogenannten ‚neorealistischen' Films der Italiener zum Ausdruck bringen. Man kann diese Distanz als eine neue Phase der Surrealisierung des Films ansehen, als Auflösung naiver realistischer Modelle der Konstitution von Wirklichkeit, als eine – im übrigen schon mit Antonioni einsetzende – Dekonstruktion mimetischer Darstellungsweisen. Es ist kein Zufall, daß dabei vor allem karnevaleske Formen der grotesken Satire und Polyphonie wieder auftauchen, die schon im Surrealismus als ironische Reminiszenzen eines immer schon intermedialen Repertoires der europäischen Kunst und Literatur in Erscheinung treten. So kann man auch die godardsche Praxis der Dekonstruktion von Sinn, seine Konzentration auf die Bruchstellen und Zwischenräume zwischen Bild, Ton und Sprache, mit surrealistischen Verfahrensweisen vergleichen, und es erscheint passend, Barthes' Analyse des *sens obtus*, die die unaufhebbare Spannung zwischen sprachlichem Diskurs und filmischen Bild am Beispiel von Eisenstein aufzeigt, auch auf Godard zu beziehen[26]. Auffällig ist auch Godards Freude an einer karnevalesken Proliferation, Dynamisierung und Hybridisierung filmischer und literarischer Darstellungsmöglichkeiten, wobei die Auflösung der Grenze zwischen Dokumentation und Fiktion, mit der schon Buñuel in *Las Hurdes* begonnen hatte, nur eine der vielen Varianten bildet. J. Lacans Versuch, das filmische, traumanaloge Gleiten der Bilder mit dem Entgleiten der Bedeutung, dem „glissement incessant

---

24 Zu dem Begriff der Vor-Bilder vgl. J. Paech, *Passion oder die Einbildungen des Jean-Luc Godard*, Frankfurt a.M. 1989, 8; Vf., „Film und Literatur", 272.

25 Vgl. Vf., „Film und Literatur. Zur Theorie und Praxis der intermedialen Analyse am Beispiel von Buñuel, Truffaut, Godard und Antonioni", in: P.V. Zima (Hg.), *Literatur intermedial. Musik-Malerei-Photographie-Film*, Darmstadt 1995, 269-309; hier: 277ff.; U. Link-Heer, Vf. (Hgg.), *Luis Buñuel. Film-Literatur-Intermedialität*, Darmstadt 1994.

26 R. Barthes, „Le troisième sens", in: *Cahiers du cinéma* 222 (Juillet 1970), 12-19; für Barthes ist es gerade nicht der augenscheinliche „Realismus" Eisensteins, „le sens obvie" (der immer auf die Revolution verweist), sondern „le sens obtus", „le déguisement", d.h. das durch die Sprache und Rationalität nicht Faßbare, in dem die filmische Ästhetik Eisensteins ihre eigentliche Entfaltung findet: „il (le sens obtus) est de la race des jeux de mots, des bouffonneries, des dépenses inutiles: indifférent aux catégories morales et esthétiques [...], il est du côté du carnaval", 15.

du signifié sous le signifiant“ zu vergleichen, betrifft daher die Darstellungsweisen der Surrealisten ebenso wie die ästhetische Praxis Godards[27].

Von daher ergibt sich die – im folgenden besonders bei Paech diskutierte – Frage, ob und inwieweit sich Godards Bild-Reflexionen – aufgrund ihrer spielerischen, ironischen Heterotopien, ihrer Darstellung der Konstruktion und Dekonstruierbarkeit der Bilder und Texte, ihrer damit verbundenen Mehrdeutigkeit – aktuellen Tendenzen der Postmoderne annähern. Mit im Spiel sind dabei aber auch, mehr als bisher bedacht wurde, jene Formen und Figuren der Intermedialität, die sich aus den Godardschen Reflexionen des Blicks ergeben: Dabei geht es um die Täuschungen und Trugbilder der Wahrnehmung, die Syn-Ästhesie und den Chiasmus des Sehens; um Reflexionen, die schon in der existentialistischen Philosophie – z.B. bei Sartre, Merleau-Ponty oder auch Bataille[28] – das photographische, filmische und televisionäre Sehen berücksichtigen und danach bei Foucault, Blanchot, Lacan, Deleuze, Barthes, Robbe-Grillet und anderen aufgenommen und weiter differenziert werden – nicht zuletzt bei Godard, der es, mehr als andere, versteht, dabei Theorie und intermediale ästhetische Praxis zu verbinden. So erscheinen die Faszination des Blicks, die Ästhetik des Voyeur, die von Sartre analysierte Angst vor dem Blick des anderen, als ein Angelpunkt nicht nur der in vielen Godard-Filmen wichtigen Darstellung und Analyse der Sexualität und Geschlechterrollen, sondern immer zugleich als ein Angelpunkt der metafilmischen Reflexion. Besonders deutlich und spektakulär ist in dieser Hinsicht *Le Mépris* (1963), wo das bekannte Bazin-Zitat („Le cinéma substitue à notre regard un monde qui s'accorde à nos désirs“) variiert und ironisch aufgelöst wird[29]. In dem Versuch Godards, dabei gleichsam zwischen die Bilder und hinter die Bilder zu blicken, werden aber auch Unterschiede zu den existentialistischen Formen der Inszenierung des Blicks durchschaubar. Auf der anderen Seite sind die Verbindungen Godards zur existentialistischen Philosophie, Theater- und Medientheorie, die sich in den Themen und Darstellungsweisen der meisten Godard-Filme zeigen, noch kaum diskutiert worden; so daß die folgenden Beiträge z.B. von Scarlett Winter und Michael Lommel in dieser Hinsicht neue Erkenntnisse und Perspektiven enthalten.

---

[27] J. Lacan, „L'instance de la lettre dans l'inconscient ou la version depuis Freud“, in: ders., *Ecrits* I, Paris 1966, 249-289; hier: 260.

[28] Vgl. z.B. M. Merleau-Ponty, *Das Auge und der Geist*, Reinbek 1967 (zum „Chiasmus des Sehens“, 16); Sartre, *L'être et le néant*, Paris 1943, dazu auch im folg. S. Winter, 28ff., K. Fahlenbrach, 172ff.

[29] Vgl. im einzelnen M. Marie, *Le Mépris. Jean-Luc Godard*, Paris 1990, 16; J.E. Müller, *Intermedialität* (vgl. A. 12), 191ff.; Vf., „Film und Literatur“, 297.

4. Passagen, Zwischenräume, Syn-Ästhesien

Im folgenden sollen zunächst weitere Begriffe erläutert werden, die zur Konzeption der Intermedialität gehören und besonders im Blick auf Godard, bzw. am Beispiel Godards, Gestalt gewonnen haben. Ein Zitat aus Raymond Bellour, *L'Entre-Images* bietet einen Ausgangspunkt:

> Il y avait autrefois le cinéma, la photo, la peinture. Il y a désormais et plus en plus, des images. Des passages entre les images parce que tout passe à la télévision. Parce que la vidéo a pu former, transformer toutes les images [...] Entre photo, cinéma, vidéo, l'entre-images est un lieu de passage, le lieu où passent aujourd'hui les images.[30]

Intermedialität ist in diesem Sinne ein Ort von Übergängen, von Passagen im mehrfachen Sinne dieses Wortes. Es erscheint konsequent, daß Bellour hier an den Begriff Benjamins anknüpft; Benjamins fragmentarisches Passagen Werk ist, wie auch sein Essay über das *Kunstwerk im Zeitalter seiner technischen Reproduzierbarkeit*, ein Musterbeispiel für die Analyse der Heterotopien des großstädtischen Lebens und seiner Medienwelt, der sogenannten „Rezeption in der Zerstreuung", damit für den Versuch, die endlose Zirkulation, Reproduktion, die Flüchtigkeit von Bildern und Texten, als ‚intermediale Komplexe' zu erfassen[31]. Intermediale Komplexe sind hier Kombinationen, die die konkrete Erfahrung städtischer Räume, Chronotopien und Heterotopien, etwa die der Pariser Passagen, als ein Ensemble von Beziehungen erfassen, als Beziehungsnetz (*réseau*) im Sinne der von Benjamin skizzierten Archäologie der Moderne. Der Begriff der Intermedialität, der in Deutschland vor allem von Jürgen E. Müller, Joachim Paech, Franz-Josef Albersmeier[32] aufgenommen und weiter entwickelt wurde (im kritischen Anschluß z.B. an McLuhan, Higgins und Aumont[33], aber zugleich auch Kristevas Konzept der Intertextualität), erscheint als ein Versuch, die Integration von ästhetischen Konzepten einzelner Medien in einem neuen intermedialen Kontext zu erfassen, und damit die Transformationen und Passagen zwischen den Medien, *l'entre-images*, das „zwischen-den-Bildern-liegende" als „Raum, der sich im Interstitium zwischen Text und Bild und damit auch zwischen widerstreitenden Diskursen eröff-

---

[30] R. Bellour, *L'Entre-Images. Photo. Cinéma. Vidéo*, Paris 1990, 1.

[31] W. Benjamin, *Das Kunstwerk im Zeitalter seiner technischen Reproduzierbarkeit*, Frankfurt a.M. 1968, 48 (zur „Rezeption in der Zerstreuung"); ders., *Das Passagen-Werk* (Ges. Schriften V 1,2), Frankfurt a.M. 1982.

[32] Vgl. J.E. Müller, „Intermedialität als Provokation der Medienwissenschaft", in: ders., *Eikon* 4 (1992), 12-21; ders., *Intermedialität;* J. Paech, „Intermedialität", in: *Medienwissenschaft* 1997, 12-30, sowie in zahlreichen Aufsätzen; F.-J. Albersmeier, *Theater, Film und Literatur in Frankreich. Medienwechsel und Intermedialität*, Darmstadt 1992.

[33] Vgl. D. Higgins, *Horizons. The Poetics and Theory of Intermedia*, Carbondale 1984; J. Aumont, *L'œil interminable. Cinéma et peinture*, Paris 1989; dazu J.E. Müller, *Intermedialität*, 21ff., 76ff., 93ff.

net"[34]. „Kulturelle Kommunikation", so Jürgen E. Müller, „findet heute als vielschichtiges Zwischen-Spiel der Medien statt"[35]. Vor allem Deleuze hat den Begriff des Interstitiums – als Zwischenraum zwischen Bildern, aber auch zwischen Bild, Ton und Sprache – analysiert und am Beispiel von Godard konkretisiert[36]. So lenkt die filmische Montage und Fragmentierung den Blick des Zuschauers auf ein unsichtbares ‚Dazwischen', „das sich im Dialog zwischen dem Filmbild und seinem imaginären Projektionsraum entwirft"[37] und die Kontinuität und logische Sinnfolge der Bilder bricht: „Der Film ist nicht mehr [...] eine ununterbrochene Kette von Bildern, deren jedes Sklave der anderen ist [...]. Wir haben es mit der Methode des *Zwischen* zu tun"; zwischen zwei Bildern, aber auch, wie Deleuze hinzufügt, „zwischen zwei Aktionen, zwischen zwei Affekten, zwischen zwei Wahrnehmungen, zwischen dem Akustischen und Visuellen"[38]. Darüberhinaus gibt es einen „Zwischenraum zwischen der Aktion, die auf die Bilder einwirkt, und ihrer Reaktion. „Dieser Zwischenraum gibt ihnen das Vermögen, andere Bilder zu speichern, das heißt wahrzunehmen." Godard versuche daher, so Deleuze, unsere Gefangenschaft in der Kette von Bildern, aber auch in dem Raster von Gedanken, aufzuheben[39]. In diesem Sinn können in *For Ever Mozart*, wie Michael Lommel und Scarlett Winter zeigen, neue „Passagen der Intermedialität" aufgedeckt werden. Godards Montage der starren Rahmungen zielt „in *For Ever Mozart* auf ‚Bilder zwischen den Bildern', auf offene Passagen und (inter)medial verschachtelte Imaginationsräume, in denen sich die Oppositionen und Antithesen im Fluß der Bilder auflösen".[40]

Joachim Paech, der im Anschluß an McLuhan und vor allem Luhmann zwischen Medium und Form unterscheidet, geht davon aus, daß das Medium gleichsam ‚pur' als solches, nicht erkennbar sei, sondern nur „als eine Form, in der es im Kommunikationsprozeß vermittelt", als „Differenz zwischen Medium und Form, symbolisiert als Zwischenraum zwischen den Bildern"[41], und er spricht dabei – ebenfalls mit Blick auf Godard – vom „Spannungsfeld synästhetischer Erfahrung", von synästhetischen Erfahrungsräumen, in denen die Strukturen moderner Intermedialität deutlich werden. Die zunehmende intermediale Durchdringung und Vernetzung der Künste führe – ganz anders als noch in dem Konzept des Gesamtkunstwerks des 19. Jahrhunderts – nicht

---

34 V. Borsò, „Luis Buñuel: Film, Intermedialität und Moderne", in: U. Link-Heer, Vf. (Hgg.), *Luis Buñuel*, 154-179; hier: 167; der Begriff „intersticio" findet sich – als „wahrnehmungsspezifischer Zwischenraum" – bereits bei Cortázar; vgl. dazu im folg. den Beitrag von W. Bongers, 105.

35 J.E. Müller, *Intermedialität*, 275.

36 Vgl. G. Deleuze, *L'image-temps. Cinéma* 2, Paris 1985, 234ff.

37 Vgl. S. Winter, im folg. 32.

38 Zit. aus G. Deleuze, *Das Zeit-Bild*, Frankfurt a.M. 1991, 234.

39 Vgl. G. Deleuze, „Drei Fragen zu *Six fois deux*", in: ders., *Unterhandlungen 1972-1990*, Frankfurt a.M. 1993, 57-69; hier: 65.

40 Vgl. M. Lommel, S. Winter, im folg. 201.

41 J. Paech, *Intermedialität*, 22.

mehr zur Konzentration, sondern zur „intermedialen dissémination und Zerstreuung“ (ebd.). Dabei geht es immer zugleich, wie man hinzufügen kann, um rezeptionsästhetische Prozesse, das sogenannte Kino in unserem Kopf: die Sinne des Menschen (die ‚Synästhesie‘ unseres Gehirns) erscheinen als ältestes Medium der Welt, das allen medientechnischen Innovationen immer schon voraus ist, sie bedingt: „le cerveau c'est l'écran, c'est-à-dire nous-même“ (Deleuze)[42]. Aber die neuen Medien sind nicht nur einfach die technische Erweiterung sinnlicher Wahrnehmung, sondern sie treten weitgehend an deren Stelle. „In der Welt der neuen Medien wird das ‚interplay of senses‘ erstmals technisch implementiert“[43].

Immer noch wird zu wenig bedacht, daß bei jeder Wahrnehmung zwangsläufig verschiedene Sinne zusammenwirken; ‚synästhetisch‘, wenn man diesen Begriff – im Anschluß an Paech – nicht mehr als eine spezielle Figur der traditionellen Rhetorik, sondern als intermedialen Grundbegriff ästhetischer Wahrnehmung und Imagination, und damit der Konstitution von Wirklichkeit verwendet. So wie das Sehen, und damit auch das Zuschauen bewegter und unbewegter Bilder, ohne Sprache für den Menschen gar nicht möglich und vorstellbar ist, und so wie jeder Film Spuren der Schrift enthält, etwas zur Sprache bringt oder hörbar macht, so ist umgekehrt jedes Schreiben und Lesen ohne das äußere oder innere Sehen, die Herstellung realer oder virtueller Bilder, undenkbar. Bei jeder Lektüre ist die visuelle Phantasie nicht nur mit im Spiel, sondern hat eine konstituierende Funktion. So sind auch die Godard-Filme, viel mehr als puristische, allein auf das Bild konzentrierte Cineasten vermuten, auch Produkte der Lektüre, der Vermischung von literarischer und visueller Imagination; es sind filmische Essays, die ohne ihre vielfältigen Beziehungen zur Schriftkultur gar nicht verständlich sein können, und es sind daher auch Versuche, die – für viele Godard-Filme typische – „Geste des Lesens“ zu veranschaulichen, für alle Sinne wahrnehmbar zu machen[44]. Es ist offensichtlich, daß das Lesen als Verwandlung eines Textes in einen dreidimensionalen Film begriffen werden kann, d.h. als ein Prozeß der Inszenierung oder auch Simulation von Intermedialität. Zwischen Lesen und Sehen und Hören besteht daher, wie vor kurzem auch A. Kibédi Varga gezeigt hat[45], keine radikale Opposition, sondern eine vollkommene, partielle oder auch verdeckte Koinzidenz: eine rezeptionsästhetisch definierbare Syn-Ästhesie, die aber, wie Godard besonders deutlich zeigt, nicht zu einer Einheit des Kunstwerks oder zur Kontinuität filmischen Erzählens führt, sondern zu eben jenen Formen der Fragmentierung, Diskontinuität, zu den Heterotopien, Chronotopien und Zwischenräumen, die hier unter dem Konzept der Intermedialität

---

[42] G. Deleuze, „Le cerveau c'est l'écran. Entretien“, in: *Cahiers du cinéma* 380, 26.

[43] N. Bolz, *Theorie der neuen Medien*, München 1990, 112.

[44] Vgl. im folg. S. Hesper, 139.

[45] A. Kibédi Varga, „De l'image au texte, du texte à l'image: une typologie des transitions“, Vortrag der Dubliner Tagung der International Association of Word and Image Studies, August 1996.

zusammengefaßt werden. Angesichts der vielfältigen Beziehungen zwischen den Medien und den verschiedenen Formen sinnlicher Wahrnehmung, die die Godard-Filme kennzeichnen, ist das zugrundeliegende ästhetische Modell, wie Stefan Hesper zeigt, nicht leicht zu definieren. Godards

> Intermedialität oder Simultanästhetik verweist auf eine grundlegende Ambivalenz: Die Indifferenz der einzelnen Sinnes-Ordnungen zueinander korrespondiert mit ihrer möglichen Beziehung. Jede Beziehung zwischen Musik, Geste, Sprache und Geräusch ist gleichermaßen kontingent und konventionell plausibel. Die Berührung des anderen beim Sprechen, die Stimme aus dem Off, die den Blick des Kopfes im Bild sich heben läßt: Sie gehören zusammen und scheinen doch in ihrer Simultaneität zufällig, voneinander unabhängig[46].

5. Spuren der Schrift

In den folgenden Beiträgen dieses Sammelbandes geht es um die Darstellung solcher Syn-Ästhesien, und damit auch um die Spuren der Schrift, die Gesten des Lesens und Schreibens, die in den Godard-Filmen veranschaulicht werden – aber es geht um mehr als nur die erneute Bestätigung der Einsicht, daß Filme prinzipiell als synästhetisches Medium anzusehen sind. In den meisten der bisher vorliegenden Sammelbände zu Godard wird das breite multimediale Spektrum des Regisseurs durchaus sichtbar, werden Godards Aktivitäten und Affinitäten zu den Medien Literatur, Theater, Bildende Künste, Musik, Fernsehen und Video dokumentiert und analysiert, besonders in dem Sammelband *Le cinéma selon Godard* (*CinémAction* 1989) und auch in dem Katalog der New Yorker Godard-Ausstellung *Son + Image* 1974-91, die eine Vielzahl von Informationen und Anregungen vermitteln[47]. Der vorliegende Band, der darüberhinaus einige der neuesten Godard-Produktionen mitberücksichtigen kann, z.B. die *Histoire(s) du cinéma*, *Nouvelle vague* (1990), *Hélas pour moi* (1993), *For Ever Mozart* (1996), ist nicht als Fortsetzung solcher Dokumentationen gedacht, sondern hat ein weiterreichendes Ziel. Es geht darum, die Prinzipien und Probleme der intermedialen Reflexion am Beispiel Godards aufzuzeigen und dabei den Beitrag Godards zur Entwicklung einer neuen Ästhetik hervorzuheben, vor allem zur Entdeckung neuer intermedialer Spielräume. Das intermediale Zusammenspiel der Medien ergibt sich hier nicht einfach aus dem Verfahren der Vervielfältigung oder Kombination verschiedener Medien, sondern, wie bereits angedeutet, durch die Analyse und Darstellung von Wechselbeziehungen, Passagen, Zwischenräumen und Differenzen. In dieser Hinsicht ist der Beitrag von J. Paech, der die Spuren der Schrift und

---

[46] Vgl. S. Hesper, 139.

[47] R. Prédal u.a., *Le cinéma selon Godard*, *CinémAction* Nr. 52, Paris 1989; Mary Lea Baudy u.a., *Jean-Luc Godard. Son + Image 1974-1991*, Museum of Modern Art, New York 1992.

den Gestus des Schreibens bei Godard untersucht – und dabei entsprechende Tendenzen vom Stummfilm, surrealistischen Filmen bis hin zu Greenaway verfolgt –, paradigmatisch[48]. Das Aufspüren literarischer Traditionen, der Schriftmetaphern, Schreibweisen, Überschreibungen und textuellen Figuren, deren vielfältige Spielarten von Godard aufgezeigt werden, führt zu einer zentralen Problemstellung, zu dem, „was *zwischen* Literatur und Film passiert". Dies ist für Paech ein „Transformationsprozeß aus Lesen, Erinnern, (Ver)filmen in der gemeinsamen Teilhabe an einem ‚imaginären Universum', dessen Horizont das literarisch Erzählte und das filmisch Wiedererzählte (oder umgekehrt) verbindet". In diesem Sinne habe Godard in *Ici et ailleurs* das UND als „Schrift-Bild zwischen zwei andere Bilder eingefügt"[49]. Die Metaphern der ‚Geste' und der Schrift als Spur, die von Flusser und Derrida übernommen werden, erscheinen, wie Natalie Binczek am Beispiel von Godards Film *Nouvelle vague* betont, in besonderem Maße geeignet, die intertextuelle und intermediale Struktur der Godard-Filme zu erfassen, vor allem auch deshalb, weil ein solcher Begriff von Schrift nicht auf „alphabetische oder anders codierte Schrift" – im Sinne einer Schrifttechnik – reduzierbar ist, sondern alles Mögliche lesbar macht, sich auf „bildhafte und anders wahrnehmbare Phänomene" ausdehnen läßt[50].

Wie sehr das von Paech sogenannte „imaginäre Universum", das Repertoire der europäischen Literatur und Kunst in den Godard-Filmen eine sowohl thematisch, als auch strukturell konstitutive Rolle spielt, wird in allen Beiträgen dieses Bandes deutlich; und zwar gerade in dem Maße, in dem die literarischen, photographischen, pikturalen oder musikalischen Vorlagen bei Godard nicht nur zu Nach-Ahmungen, sondern auch zur Dekonstruktion reizen: zur Ironisierung, Fragmentierung, Farcierung oder Surrealisierung der Prätexte oder Vor-Bilder, d.h. zu jenen intermedialen Verfahrensweisen, die den konventionellen Formen der Literaturverfilmung genau entgegengesetzt sind. Besonders spektakulär sind solche Verfahrensweisen der grotesken Verfremdung und parodistischen Umkehrungen in jenen Filmen, die sich auf das Modell von Homers *Odyssee* beziehen, z.B. in *Le Mépris* oder auch, wie Manfred Schneider ausführt, in *Week-end* (1967): auch hier verläuft die Reise als „Irrfahrt in Raum und Zeit, als eine in vielen Episoden verzögerte Heimreise"[51], aber die filmische Ordnung, die Godard schafft, löst die traditionellen Muster der Erzählung der *Odyssee*, und damit auch die mythischen Texturen quasianarchistisch auf: „die Topographie der postmodernen Räume in *Week-end* kennt [...] nur den Zufall als Operator aller Verbindungen"[52]. Auf der anderen Seite können aber, wie Wolfgang Bongers durch den Vergleich mit Cortázars Erzählung *La autopista del sur* nachweist, Cortázars und Godards „filmische

[48] Vgl. im folg. J. Paech, 41-56.
[49] Vgl. Ebd., 43.
[50] Vgl. im folg. N. Binczek, 167, 168.
[51] Vgl. im folg. M. Schneider, 87.
[52] Ebd., 88.

Schreibweisen" so weit koinzidieren, daß in beiden Medien trotz der Differenzen die Ästhetik des Interstitiums zum Ausdruck kommt, „ob im Text als Buchstaben-Schrift, im Film als Licht-Schrift, in der Musik als Klang-Schrift oder in der Malerei als Pigment-Schrift"[53]. Daraus folgt auch, daß die Godard-Filme in dem Maße, in dem sie Spuren der Schrift erkennen lassen, nicht nur auf die Geschichte und Geschichten der Literatur, sondern ebenso auf die Tradition von Mythen in Schrift *und* Bild verweisen, von der *Odyssee*, den Erzählungen von Orpheus und Eurydike bis hin zu den neuen Mythen der Filmgeschichte selbst[54]; so daß z.B. auch Filme wie *Alphaville* (1965), die „Versatzstücke aus verschiedenen Genres des Hollywoodkinos" und des *film noir* kombinieren, ein – wie Oliver Speck ausführt – „äußerst komplexes Spiel" verschiedener Erzählebenen, Verweise und Zitate entfalten und so die intermedialen Aspekte der Mythologie verdeutlichen.[55] Eine Art Surrealisierung antiker Mythologie findet sich auch, wie Kathrin Fahlenbrach zeigt, in *Hélas pour moi*, z.B. in dem „mythologischen Plot", den Amiel hier als Erklärungsmuster und Wendepunkt der Geschichte ausgibt, der im Grunde aber – „in dem Labyrinth der Fiktionen", in der Vielfalt der Erzählmuster – dekonstruiert wird[56].

6. Theater und Theatralität

Godards Umgang mit dem Medium „Literatur" gewinnt in dem Maße sinnliche Anschauung, in dem er darüberhinaus die Traditionen des Theaters aufnimmt, mit den neuen Medien des Films, aber auch des Videos, verbindet und damit neue Spielräume für das Theater im Medium des Films oder Fernsehens eröffnet. Die Heterotopie des Theaters im Film gehört zu den wichtigsten Elementen der Godard-Filme, die in diesem Band – erstmals in der Godard-Literatur – mit besonderer Aufmerksamkeit verfolgt werden. Godards Ziel ist es, wie Michael Lommel zeigt, „dem Film den Körper zurückzugeben, eine Art filmisches Theater zu schaffen"[57]; wobei Godard, anders als Brecht, die Darstellung und Analyse alltäglicher, privater oder öffentlicher Rollenspiele nicht im Sinne eindeutiger politischer Botschaften funktionalisiert, sondern, wie z.B. in *La Chinoise*, *Le gai savoir* oder *For Ever Mozart* die Theatralität politischer Aktionen selbst entlarvt. Die Inszenierbarkeit gesellschaftlicher Ereignisse, Godards ironische Spiel-im-Spiel-Technik, seine Verfremdungstechnik, unterlaufen nicht nur die Grenzen von Dokumentation und Fiktionalität, sondern führen auch, indem sie u.a. die „Differenz zwischen Zuschauer-

[53] W. Bongers, im folg., 106.
[54] Vgl. dazu z.B. K. Theweleit.
[55] Vgl. im folg. O. Speck, 57.
[56] K. Fahlenbrach, 181-183.
[57] Vgl. M. Lommel, 78.

blick und Kamerablick in den Bildern selbst reflektieren“[58], zur Autoreflexion des Mediums Theater im Film, die entsprechende Tendenzen des Theaters im 20. Jahrhundert aufnimmt und kritisch weiterentwickelt. So knüpft Godard in *For Ever Mozart* „an den Topos des Theatrum mundi an und deutet ihn in bezug auf Kino und Krieg. Die Wirklichkeit des Krieges und die Wirklichkeit des Kinos erscheinen im labyrinthischen Kreisen ihrer Gesten und Zitate als Theater, genauer: als absurde Farce“.[59]

Daß Film- und Theatergeschichte vor allem in Frankreich, mit den intermedialen Experimenten von Cocteau, Artaud, Jean Renoir, Sartre, Ophüls, Duras, A. Mnouchkine aufs engste verbunden sind, ist nicht neu; und man weiß auch seit längerem, schon aus der Zeit der Stummfilmkomödien, den Zirkustraditionen und den Melodramen des frühen Films, daß die filmischen Genres, und dementsprechend auch analoge Präsentationsformen des Fernsehens, weitgehend auf Traditionen und Gattungen des europäischen Theaters beruhen, daß die erfolgreichsten Formen der Komik, Tragik oder Melodramatik und entsprechende Erfahrungen theatraler Inszenierungskünste vom Film übernommen oder modifiziert werden. Godard hat, wie auch andere Regisseure der *nouvelle vague*, besonders Rivette und Louis Malle, die vielfältigen Möglichkeiten des Theaters und der Theaterfilme nicht nur genutzt, sondern neue Spielformen der Hybridisierung, wechselseitiger Spiegelungen, theatralischer und filmischer Simulation, ins Spiel gebracht – ohne dabei aber die Spannungen und Differenzen zwischen beiden Medien zu verdecken. Ihn fasziniert und beunruhigt dabei u.a. die ‚Hyperrealität' der neuesten Medien, die Möglichkeit, den Menschen „im Simulacrum der Medien“ verschwinden zu lassen[60], die Aufhebung der Kommunikation durch das Spektakel, die Konfusion wirklicher und virtueller Bilder. So wird in *Numéro deux* (1975), wie Scarlett Winter zeigt, „nicht nur videotechnisch experimentiert, sondern bereits Video- bzw. Performancekunst produziert“, d.h. „Bildproduktion und -rezeption sowohl kritisch als auch unterhaltsam, spielerisch und ironisch inszeniert“[61]. Theater, und mit dem Theater auch Oper, Operette, Musical usw., sind darüberhinaus Spielformen, die Godard Gelegenheit geben, mit dem Medium Musik zu experimentieren. Die entsprechenden Filme und Fernsehproduktionen Godards entfalten, wie Dietrich Stern erläutert, ein „kompliziertes Geflecht von Montage-Beziehungen, zwischen Bild und Bild, Bild und Ton, Ton und Ton“, so entsteht ein Geräusch-Musik-Geflecht, das die „geheime Affinität von Film und Oper zugleich aufzeigt und dekonstruiert“[62]. Dem entspricht, als ein weiteres Mittel der Theatralisierung, die Polyphonie, die Godard ganz im Sinne Bachtins inszeniert. Sie erscheint u.a. in der Differenz von

[58] Ebd., 81.
[59] M. Lommel, S. Winter, 211.
[60] Vgl. S. Winter, 38.
[61] Ebd., 40.
[62] Vgl. im folg. D. Stern, 134.

Tonspur und Bildspur, z.B. – in einer besonders spektakulären und irritierenden Weise – in dem Film *Nouvelle vague*,

> wo sich die Tonspur gegenüber der Bildspur verselbständigt und beide nicht mehr synchron laufen, sondern differentiell-verschiebend ineinander eingreifen. Indem sich unterschiedliche Stimmen, Akzente, Sprachen und Meinungen sowohl miteinander als auch mit anderen, zuweilen sogar asignifikanten Geräuschen überlappen, werden sie nicht nur unverständlich, sondern lassen sich überdies keiner Person mehr zuschreiben[63].

Auch hier bietet sich der Begriff des ‚intermedialen Komplexes' als Angelpunkt der intermedialen Analyse[64] an, und zwar, um solche Wechselbeziehungen, die Passagen zwischen den Medien und damit die Phänomene der zunehmenden Vernetzung, Hybridisierung, Virtualisierung, der Konfusion und Diffusion, der Fragmentierung der Wahrnehmung, zu erfassen und zu durchschauen, mit anderen Worten: die Beweglichkeit der audiovisuellen Raum- und Zeitbilder, die offene, unsichtbare Grenze zwischen Wirklichkeit und Imagination, die Überlagerung verschiedener Zeiten und Räume. „Wir sind" – so Foucault – „in der Epoche des Simultanen, in der Epoche der Juxtapositionen, des Nahen und Fernen, des Nebeneinander, des Auseinander. Wir sind, glaube ich, in einem Moment, wo sich die Welt weniger als ein großes, sich durch die Zeit entwickelndes Leben erfährt, sondern eher als ein Netz, das seine Punkte verknüpft und sein Gewirr durchkreuzt"[65]. Es ist, wie bereits angedeutet, bemerkenswert, daß Foucault schon 1967 sein Konzept der Heterotopie erläutert, etwa in der gleichen Zeit wie Deleuze den Begriff des Interstitiums, Kristeva die – an Bachtin anknüpfende – Theorie der Intertextualität, Baudry den Begriff des Dispositivs, Baudrillard den der Simulation, Derrida und Barthes die *dissémination* und *déconstruction*, jeweils Begriffe und Konzepte, die in der gegenwärtigen Medientheorie eine Rolle spielen, aber in Frankreich schon in den 60er und Anfang der 70er Jahre entwickelt wurden und zwar nicht zufällig in einer Zeit, in der das Fernsehen zum Leitmedium wird und mit dem Kino in Konkurrenz tritt.

Im nachhinein kann man mit Michael Lommel feststellen, daß es nicht die Utopien der 68er-Generation, sondern das Fernsehen und die Medienwelt sind, die die wichtigsten, gleichsam kulturrevolutionären Veränderungen mit sich gebracht haben: das, was heute als ‚Medialisierung der Öffentlichkeit', als Inszenierung und Virtualisierung öffentlicher Schauspiele bezeichnet wird. Es kann daher auch nicht überraschen, daß die Filmemacher der *nouvelle vague*, die engagiert waren und daher diese Entwicklungen, z.B. die Irrealisierung der Ereignisse im Mai 68, als erste bemerken, in ihrer ästhetischen Praxis und Re-

---

[63] Vgl. im folg. N. Binczek, 165.

[64] Vgl. Vf., „Intermedialität als neues Forschungsparadigma der Allgemeinen Literaturwissenschaft"; in: C. Zelle (Hg.), *Allgemeine Literaturwissenschaft. Konturen und Profile im Pluralismus*, Opladen 1997.

[65] M. Foucault, „Andere Räume", 34.

flexion – *avant la lettre* – Konzepte der Intermedialität schaffen. Godards *Week-end* und *La Chinoise*, sowie sein Fernsehfilm *Le gai savoir*[66] sind bereits Dokumente einer solchen intermedialen und medientheoretischen Reflexion, ironische Spiele, u.a mit dem Genre Dokumentarfilm, die die Differenz zwischen Dokumentarfilm und Fiktion in Frage stellen „Et c'est de la fiction, mais la fiction est aussi réelle que le document"; „[...] les vrais films sur mai 68 auraient dû passer à la télévision"[67]. Es ist, wie Kathrin Fahlenbrach zeigt, vor allem jedoch Beobachtung der „Kontingenz des Blicks", die zur Gleichzeitigkeit von Dokumentation und Fiktion führt[68].

7. Spielformen der Intermedialität in *Le Mépris, Passion, Histoire(s) du cinéma*

Für Joachim Paech und Jürgen E. Müller sind es vor allem Filme wie *Le Mépris* und *Passion*, die neue Spielformen der Intermedialität zeigen und reflektieren. „Der Zukunftsentwurf der *Nouvelle vague* intensiviert", so Jürgen E. Müller, „das kreative und ästhetische Spiel mit traditionellen und modernen Medien"[69], und zwar in der Weise, daß die gewohnten Dichotomien, die die Trennung der Medien betonen, wie z.B. Kino, Film versus Literatur, Photo versus Malerei (und Film, Fernsehen, Theater versus Kino) grundsätzlich in Zweifel gezogen und aufgelöst werden; im Sinne einer, wie auch Siegfried Zielinski betont, „stetigen Veränderung der Dispositive, des sukzessiven Abbaus der Trennschärfe zwischen den dispositiven Anordnungen"[70]. Es ist offensichtlich, daß sich Texte und Bilder und damit auch Kino, Fernsehen und Literatur annähern, vermischen, trotz aller Differenzierungsbemühungen, die mit der traditionellen Hierarchisierung der Künste und Medien, und dem unterschiedlichen Prestige der verschiedenen Künste zusammenhängen. ‚Auflösung' und Hybridisierung sind in mehrfacher Hinsicht ‚Figuren der Intermedialität'[71]: etwa die Auflösung der gewohnten Grenzen der Medien selbst, aber auch zwischen einzelnen Mediengenres und Vermittlungsformen wie z.B. Fiktion und Dokumentation.

So geht es schon in *Le Mépris* (1963) – mit der Ironisierung und Parodie traditioneller Filmgenres und Filmmythen – um die Reflexion der Utopie und

---

66 Vgl. zu *Le gai savoir* Vf., „Der Ort des Fernsehens in der Zeit der Nouvelle vague: Anmerkungen zur Theorie und Praxis intermedialer Analyse", in: H. Kreuzer, H. Schanze (Hgg.), *Bausteine III. Beiträge zur Ästhetik, Pragmatik und Geschichte der Bildschirmmedien, Arbeitshefte Bildschirmmedien 50*, Siegen 1994, 133-141.

67 Vgl. Godard, *Introduction*, 127.

68 Vgl. im folg. K. Fahlenbrach, 173.

69 J. E. Müller, *Intermedialität*, 189.

70 Vgl. S. Zielinski, *Audiovisionen*, 244.

71 Vgl. J. Paech, *Paradoxien der Auflösung und Intermedialität*, (MS), Konstanz 1996.

Heterotopie des Kinos und das Verhältnis von Sichtbarem und Sagbarem[72], vor allem aber um den Blick, die Erwartungen, Wünsche des Zuschauers: „le sujet du mépris ce sont les gens qui se regardent et se jugent“[73]. In dem Spiel mit verschiedenen narrativen und theatralischen Prätexten, von der *Odyssee* über Hölderlin bis zu Moravia, ist der Film darauf angelegt, intermediale Transformationsprozesse als solche zu veranschaulichen, die Zwischenräume, Brücken und Spannungen zwischen antiker Mythologie, Roman, Drehbuch und filmischer Inszenierung. Die entscheidenden Vorgänge der erzählten Geschichte sind indes – paradoxerweise – weder sichtbar noch aussprechbar; sie befinden sich in einem, mit Deleuze gesprochen, Zwischenraum zwischen Bild und Text, an dem Ort, der die gewohnten Kategorien von Ordnung, Raum und Zeit auflöst. Jürgen E. Müller zeigt dies sehr anschaulich am Beispiel der Sequenz der fünf verschiedenen Einstellungen der *Odyssee* im Vorführraum der Cinecittà und gelangt dabei zu dem Ergebnis, daß das filmisch repräsentierte Geschehen in der Cinecittà durch das Motto der Leinwand („Il cinema è un invenzione senza avvenire“) ironisch gebrochen wird – wie überhaupt die „Topographie der Begrifflichkeiten chronologischer Betrachtungsweisen zugunsten einer diffundierten synchronen Gegenwart gelöscht werden“ – „die Lage des Kinos ist paradox: ohne Zukunft, entwirft es fortwährend seine Zukunft und stellt sich somit außerhalb der traditionellen Zeit-Strukturen“[74]. Josef Vogl geht in dieser Hinsicht – vor allem in bezug auf die gemeinsame Problemstellung von Godard und Deleuze – in einem kürzlich erschienenen Aufsatz „Schöne gelbe Farbe. Godard mit Deleuze“ noch weiter. Godard analysiere in *Le Mépris* die intermedialen Brüche und Spannungen zwischen Bild (Farbe), Ton und Wörtern, die Auflösung der narrativen Referenzen, das Brüchigwerden und Auseinanderfallen der Kette der Referenzen: der intermediale Zwischenraum, das Interstitium, erscheint bei Vogl als Intervall, d.h. als „gestaute und verzögerte Aktion“ und „als solche der Raum reiner Affektivität: Dieser Raum besteht aus dem ‚Zwischen', aus unzusammenhängenden Stellen und Orten, hat keine Grenze, ist weder Innen noch Außen, weder Intérieur noch Weite“[75].

Dieser arbiträre Raum ohne Koordinaten und Orientierung zeigt für Vogl – in Anlehnung an Deleuze – die Virtualisierung der Ereignisse; „so inszeniert Godard uneingelöste Ereignisse und Virtualitäten, in denen rein optische und akustische Situationen unvermittelt reflexiv werden [...]“, eine Art „Psychosomatik des Denkens“[76]. Damit wäre Godard schon in *Le Mépris*, wie man folgern könnte, auf dem Wege zur Entdeckung jener virtuellen Realitäten, die

[72] Vgl. J. Vogl, „Schöne gelbe Farbe. Godard mit Deleuze“, in: F. Balke, J. Vogl (Hgg.), *Gilles Deleuze – Fluchtlinien der Philosophie*, München 1996, 252-265; hier: 258ff.

[73] J.-L. Godard, in: *Spécial Godard (Cahiers du cinéma 1990)*, 32; vgl. dazu auch Vf., „Film und Literatur“, 298.

[74] J. E. Müller, vgl. im folg., 118; ders., *Intermedialität*, 196f.

[75] J. Vogl, „Schöne gelbe Farbe“, 258f.

[76] Ebd., 264f.

jetzt durch die neuesten Möglichkeiten des digitalen Fernsehens und der Computer greifbar werden. Auch bei Godard geht es schon um den Entzug der Bilder, die mit der Implosion verbunden ist, und um die Einsicht, daß Realität und Simulation nicht mehr unterscheidbar sind, bzw. daß es keine Wirklichkeit *vor* den Bildern geben kann, daß die „Präsenz der Bilder nur die Spur einer aufgeschobenen Absenz“ ist[77].

Neben *Le Mépris*, *Pierrot le fou* und *La Chinoise* wird besonders Godards *Passion* zum Paradigma intermedialer Analyse und Theoriebildung, bei J. Paech fast gleichzeitig wie bei J.E. Müller, Bellour und Leutrat[78]. Für Paech ist dieser Film Zeichen einer bereits postmodernen Intermedialität, die nach der Phase der eher politischen Filme und der Videoexperimente der „Groupe Dziga Vertow“ an die vergleichsweise unpolitische filmkünstlerische Revolte von *A bout de souffle* erinnere. In den folgenden Filmen wie z.B. *Vivre sa vie*, *La Chinoise*, *Week-end*, habe sich Godard dann mehr und mehr mit der „Ikonographie des gesellschaftlich und kulturell Imaginären“ seiner Zeit auseinandergesetzt, „sicherlich in dem Bewußtsein, daß Filme, nicht zuletzt seine eigenen, wesentlicher Bestandteil dieses Imaginären sind“. „Wenn zunehmend Bilder die Wirklichkeit repräsentieren, ist die De-Konstruktion dieser Bilder [...] nicht weniger ‚politisch‘ als die direkte politische Aktion“[79]. Dies – die Darstellung und kritische Reflexion des „Kulturell-Imaginären“ – wird auch in *Passion* deutlich, einem Film, in dem sich Godard „nachdrücklich in die Geschichte der europäischen Bildkultur eingeschrieben habe“[80], Anlaß für Paech, den Spielraum intermedialer Verfahrensweisen abzutasten und zugleich auch durch eine neue Terminologie zu veranschaulichen. Er operiert dabei mit Begriffen wie z.B. Vor-Bild, Vor-Schrift und Ein-*Bild*ung, die an entsprechende Termini der Intertextualität angelehnt sind. Postmodern ist *Passion* für Paech insofern, als hier, mehr noch als schon in früheren Godard-Filmen, das „kontinuierliche Erzählen und *effet du réel*“ des Kinofilms dabei ist, zum „diskontinuierlichen Spiel von Bilder- (und Töne-)maschinen zu werden“[81]. Gleichwohl, dies sei das Aufregende an *Passion*, bliebe es nicht „bei dem Aneinanderreihen von Bildern und Tönen zu endlosen Ketten von Signifikanten“[82], sondern Godard sei auf der Suche nach neuen Formen der Bewegung, Verknüpfung und Zeitlichkeit, die für Paech schließlich zu einer Rekonstruktion des Films als Text führen.

---

[77] M. Wetzel, in: ders., H. Wolf (Hgg.), *Der Entzug der Bilder. Visuelle Realitäten*, München 1994, 8.

[78] Vgl. J.-L. Leutrat, *Des traces qui nous ressemblent: Passion de Jean-Luc Godard*, Paris 1990; weitere Hinweise bei J.E. Müller, im folg., 118-127.

[79] J. Paech, *Passion oder die Ein*bild*ungen des Jean-Luc Godard*, Frankfurt a.M. 1989, 9.

[80] Ebd., 10.

[81] Ebd., 8.

[82] Ebd., 8f.

Auch in Jürgen E. Müllers Analyse des Films, die sich vor allem auf „sechs Einstellungen des ‚Bain turc' konzentriert"[83], geht es um das intermediale Spiel des Films, die Art und Weise, wie die Strukturen und Verfahren anderer Medien transparent werden. „Godards *Passion* situiert sich *zwischen* den Medien; und dies nicht allein im Blick auf die Malerei und den Film, sondern auch auf Video und Film"[84]. Vorgeführt werden im Film und in dem filmischen Nachwort, dem Videofilm ‚Scénario du film *Passion*', die Charakteristika des Mediums Video, seine spezifischen raum-zeitlichen Strukturen. Godard entwickelt dabei, durch sein Interesse für die Videotechnik, neue Erzählweisen, Strukturen der Hybridisierung, die Film und Fernsehen vermischen,

> die Narration in *Passion* entsteht aus Gesichtern und Bildern, die auf dem Video-Bildschirm wiedergegeben werden und welche von den Händen des Regisseurs manipuliert werden. Die Ges(ch)ichts-Bilder werden beschleunigt, arretiert, vorwärts und rückwärts bewegt, wiederholt und der eingreifenden und fluktuierenden *Passion* der Erinnerung, des Re-Vitalisierens und des Vergessens ausgesetzt[85].

Paech, Jürgen E. Müller und auch Jean-Louis Leutrat[86] haben am Beispiel von *Passion* gezeigt, wie Godard in seiner intermedialen *ars combinatoria* Malerei, Video und Film verbindet und dabei die traditionellen Medienformen auflöst. In ihrem jüngsten, in Spanien erschienen Buch über Godard[87], zeigen Leutrat und Suzanne Liandrat-Guigues, wie konsequent sich Godard mit der Kombination von Malerei und Film beschäftigt, insbesondere in *Pierrot le fou* und *Passion*, wie er vor allem in *Passion* das breite Spektrum der „tableaux vivants" (Rembrandt, Goya, Ingres, Delacroix, El Greco, Watteau) entfaltet. Die Serie der „tableaux vivants", d.h. der filmisch und zugleich theatralisch belebten Bilder, sei darauf angelegt, die Differenzen, das Dazwischen zu zeigen, die Malerei in einer metaphorischen Form, bzw. „la intersección de lo real y de su metáfora, del documental y de la ficción".[88] „Godard se sert de la peinture pour mettre en avant les pouvoirs propres au cinéma"[89].

Es gibt inzwischen einige Arbeiten – z.B. von Serge Daney und Philippe Dubois[90] – die versuchen, Godards Beitrag zur Ästhetik des Fernsehens und

83 Vgl. im folg., 119-122; vgl. ders., *Intermedialität*, 198ff.
84 Ebd., 125.
85 Ebd., 126.
86 J.-L. Leutrat, *Des traces qui nous ressemblent. ‚Passion' de Jean-Luc Godard*, Paris 1990.
87 S. Liandrat-Guigues, J.-L. Leutrat, *Jean-Luc Godard*, Madrid 1994.
88 Ebd., 86.
89 J.-L. Leutrat, *Des traces qui nous ressemblent. ‚Passion' de Jean-Luc Godard*, 23.
90 Serge Daney, „Godard makes (Hi)Stories", in: *Son-Image 1974-1991*, New York 1992, 159-168; ders., *Devant la recrudescence des vols de sacs à main. Cinéma, télévision, information*, Lyon 1991; Philippe Dubois, „Video thinks what cinema creates. Notes on Jean-Luc Godard's work in video and television", in: *Son-Image 1974-1991*, 169-186.

Videos näher zu erläutern. Dabei erscheint das Fernsehen als ein Medium der Auflösung, Diffusion, Zerstreuung, der Flucht und Flüchtigkeit der Bilder. In den deutschsprachigen Ländern gibt es neben Paech und J.E. Müller Studien von Siegfried Zielinski und Karl Sierek[91], die – ausgehend von Godard – die ästhetischen Wirkungen und Spielräume der neuen Medien wie Fernsehen und Video und Computer, der von Zielinski sogenannten „audiovisuellen Zeitmaschinen" analysieren. Im Blick auf Godards *Histoire(s) du cinéma* betont Zielinski Godards ästhetische Praxis, sein in Symbolen und Ikonen, „in Buchstaben, Tönen und Bildern organisiertes Nachdenken über die Ton-Bild-Stellerei", sein Bemühen, die Technik des Videorekorders für das Kino nutzen. Es geht dabei um das „Spannungsverhältnis zwischen *Flüchtigem* (auch im Sinne des auf der Flucht Befindlichen) und *Greifbaren*", um die „gezielte Implosion der bisherigen Bilderwelt des Kinos in der Video- und Fernsehwelt"[92]. Dabei sei die Auflösung des in der Filmgeschichte lange Zeit streng gehüteten Dualismus von Illusion und Wirklichkeit längst vollzogen, ebenso wie die Auflösung des Kinos in den audiovisuellen Zeitmaschinen der Gegenwart, in dem *floating*, der Zirkulation und Inflation visueller Zeichen. Die *Histoire(s) du cinéma* sind in dieser Hinsicht die Fortsetzung eines unabgeschlossenen und vielleicht gar nicht abschließbaren Projekts, der Versuch einer integrierten Mediengeschichte, so wie sie Godard mit *Le gai savoir* und der *Introduction à une véritable histoire du cinéma* begonnen hatte. „Die *Histoire(s)* repräsentieren nicht die Filmgeschichte, sie objektivieren als Produkt lediglich *eine* der vielen Möglichkeiten, in denen die Realität der Geschichte des Kinos und des Films konstruierbar ist". Sie sind in diesem Sinne Modell [...], virtuelle Realität. Es sind Filme, „die im Imaginären bleiben", Produkte der Simulation[93]. Godards aufmerksamer, kritischer und neugieriger Blick auf das Fernsehen entspricht, wie auch Paech am Beispiel von *Ici et ailleurs* feststellt, einem „schmerzhaften Prozeß der Dekonstruktion des ‚filmischen' Systems, als eines der Simulationsmodelle des Realen". „Ihn nachzuvollziehen heißt auch in unseren Köpfen Lücken im Sinnkontinuum, das wir für Realität halten, produzieren, Zwischenräume mit Blick auf die Wirklichkeit".[94] Für Karl Sierek ist das Fernsehen gerade dadurch, daß es – im Gegensatz zum Kino – Benjamins Ästhetik der Zerstreuung am besten entfalten kann[95], das avancierteste Medium. „Was die Filmavantgarde in den 20er Jahren versucht hat, könnte ihm (dem Fernsehen) heute gelingen. Es sprengt die tradierte Geschlossenheit von Laufbild-Dispositiv und Laufbild-Rede. Und: es propagiert die Befreiung der

---

91 S. Zielinski im folg., 185-199; vgl. ders. (Hg.), *Video-Apparat/Medium, Kunst, Kultur*, Frankfurt a.M. 1991; K. Sierek, *Aus der Bildhaft. Filmanalyse als Kinoästhetik*, Wien 1987.

92 S. Zielinski, 189.

93 Ebd., 195.

94 J. Paech, „Zwischenräume mit Blick auf die Wirklichkeit. *Ici et ailleurs* von Jean-Luc Godard", in: *Ästhetik und Kommunikation*, Nr. 42, 1980, 41-52; hier: 51.

95 K. Sierek, 75.

televisionären Polyphonie“[96]. Das Dispositiv ‚Fernsehen' entspräche also am ehesten jener fragmentarischen Wahrnehmung, der Diffusion und Labilität des Ich, und damit den für unsere Gegenwart typischen Erfahrungen der Heterotopie und Zerstreuung. Dabei darf man aber auch nicht übersehen, daß Godard – in seinem offensichtlichen Interesse für das televisionäre Dispositiv, seiner Beobachtung der Diffusion und Zerstreuung als den entscheidenden wirkungsästhetischen Faktoren – zwischen Faszination und kritischer Distanz gegenüber dem Fernsehen schwankt; zu groß ist die Differenz zwischen den aktuellen Erscheinungsformen des Fernsehens und den utopischen/heterotopischen Konzepten der intermedialen Ästhetik Godards.

---

96 Ebd., 104.

Scarlett Winter

Intermediale Experimente

Godards Bildästhetik im Wechselspiel von Kino, Fernsehen und Video

Intermedialität als Suche und Provokation

> La vidéo, l'utiliser comme quelqu'un de cinéma, et utiliser le cinéma comme quelqu'un de télévision, c'est faire une télévision qui n'existe pas, un cinéma qui n'existe plus.[1]

Medienwechsel, Bildertausch, die Vermischung und Vernetzung von Kino, Fernsehen und Video, von filmischen, literarischen, theatralischen oder photographischen Bildern, kennzeichnet den filmischen Diskurs Jean-Luc Godards. Mit spielerischer und kritischer Faszination entdeckt Godard im Medium Film immer weitere intermediale Spielräume, in denen er die ästhetischen Strukturen und Verfahrensweisen der verschiedenen Medien und Künste neu miteinander kombiniert. Hierbei erprobt er neue Filmtechniken, experimentiert mit unkonventionellen Bild-, Text- und Tonkonstruktionen und löst das einzelne Medium aus seinen klassisch autonomen Repräsentations- und Funktionsmustern heraus. Das Video erschließt sich kinematographisch, das Kino integriert und reflektiert Produktions- und Wahrnehmungsstrukturen des Fernsehens, das wiederum filmische oder theatralische Bilder einspielt und zum Reflexionsort medienkritischer und sozialpolitischer Betrachtungen wird. Die Vernetzungen erscheinen in vielfacher Variation. Provokativ filmt Godard *zwischen* den Medien, analysiert und kritisiert das eine im anderen und spielt mit möglichen Wechselbeziehungen, Annäherungen und Differenzen.

Mit dieser Konzeption der Medienmischung und Medientransformation setzt Godard innerhalb der Filmexperimente der *nouvelle vague* eigene Akzente und Tendenzen. Während Regisseure wie Truffaut, Rohmer, Resnais oder Robbe-Grillet – Chabrol bildet hier eine Ausnahme – sich dem Kino verschreiben und eine intermediale Ästhetik nahezu ausschließlich im Hinblick auf die Wechselbeziehungen zwischen Kino, Literatur, Theater und Kunst erkunden, entwickelt Godard Ende der 60er und in den 70er Jahren mit Neugier auf die

---

[1] A. Bergala (Hg.), *Jean-Luc Godard par Jean-Luc Godard*, Paris (*Cahiers du cinéma*) 1985, 406.

neuen Techniken weitere Perspektiven der Autoreflexion und Intermedialität.[2] Sie manifestieren sich zum einen als Prozeß der Suche nach neuen spielerischen Experimentierformen und neuen Beschreibungen medienästhetischer Relationen, zum anderen als Provokation und Kritik gegenüber einem traditionellen und unreflektierten Umgang mit den Medien, ihren Produktionsformen und Wirkungen. So ist für Godard „der Film verglichen mit dem Fernsehen konservativ, und das nicht im pejorativ konservativen Sinn, sondern elementar als das Bewahren von etwas, während das Fernsehen durch die ‚Fahrkarte' der Technik immer weiter vorstoßen, immer neue Erfindungen einführen will. Auch wenn etwas sehr gut ist, erfindet man etwas anderes, es geht ja um Wachstum. [...] Und so haben wir eigentlich immer das Gegenteil von dem gemacht, was die anderen gerade machten, aber nur, weil wir das Bedürfnis hatten, zu forschen und zu suchen."[3] Godard erkennt und nutzt die technischen Innovationen und Institutionen seiner Zeit. Nach 1968 bricht er mit den traditionellen Formen des Kinos und der Filmherstellung und beginnt neue Arbeits- und Distributionsformen zu erproben. Um seine medienästhetischen, sozialkritischen und politischen Ideen zu realisieren, wendet er sich dem Fernsehen zu. In kritischer Auseinandersetzung mit den kino- und fernsehspezifischen Produktionsbedingungen, Wahrnehmungs- und Kommunikationsweisen stellt Godard die Bedeutung einer wechselseitigen Beeinflussung der Medien unter Beweis. „Cinéma et TV, Caïn et Abel"taucht als Tafelbild in *Sauve qui peut (la vie)* (1979) auf, mit dem Godard die Situation der elementaren Vernetzung und Verkettung der beiden Medien ebenso wie ihre Konkurrenz und wechselseitige Kritik akzentuiert, die die Medienlandschaft der 60er Jahre in Frankreich kennzeichnet. Mitte der 70er Jahre gewinnt darüber hinaus das Video als Experimentierfeld zunehmend an Bedeutung und provoziert weitere mediale Verschränkungen. Der Film verliert mit der Entwicklung der neuen Medien seine eindeutige Zuordnung und situiert sich in komplexen medialen Beziehungen. Überall finden sich fließende Übergänge:

---

[2] In den 50er Jahren und bis in die 60er Jahre bleibt das intermediale Filmexperiment Godards mit wenigen Ausnahmen – schon in *La Chinoise* (1967) sind beispielsweise kurze Videosequenzen eingearbeitet – an das Kino gebunden. Die Filme zeichnen sich durch eine Fülle von Szenen, Bildern und Zitaten aus, die das Kino bzw. den Film in seinen medialen Strukturen transparent machen. Man denke an die zahlreichen Zitate aus Kino, Literatur und Malerei in *A bout de souffle* (1959) oder *Pierrot le fou* (1965), das Inszenieren, Diskutieren und Parodieren von Kinobildern und Filmklischees in *Le mépris* (1963), die Comicbilder, Werbe- und Filmplakate in *Made in USA* (1966) oder die strukturelle Komposition des sozialistischen Theaters in *La Chinoise*. Der Film reflektiert sich als Film, indem er die intermediale Vernetzung des Filmbildes aufzeigt, das sich in den Wechselbeziehungen und Abhängigkeiten von Literatur, Kunst, Photographie, Musik und Theater erschließt.

[3] J.-L. Godard, „Die Video-Technik im Dienste der Film-Produktion und der Kommunikation", in: *Filmkritik* 7 (Juli 1978), 334-369; es ist anzumerken, daß Godard nicht immer konsequent zwischen Kino, Fernsehen und Video, sondern zwischen den Medien Film und Fernsehen unterscheidet; damit stellt er die Aspekte der chemisch-photographischen im Gegensatz zur elektronischen Bildherstellung heraus.

„von der Kunst zum Film, vom Film zum Fernsehen, vom Fernsehen zum Video, von der Kunst zur Dokumentation, von der Dokumentation zur Fiktion.“[4]. Die Verschmelzung von Kino, Fernsehen und Video in neuen medienästhetischen Kompositionen, in einer umfassenden „Einheit der Audiovision“[5], inspiriert Künstler, Regisseure und Theoretiker zu neuen intermedialen Filmexperimenten und medientheoretischen Reflexionen.

Godard experimentiert mit allen drei Techniken, mit Kino-, Fernseh- und Videobildern, überlagert, mischt, bespiegelt sie und produziert beeindruckende, bislang noch wenig beachtete Experimente dieser Medienmontage, so zum Beispiel die Filme *Ici et ailleurs* (1974), *Numéro deux* (1975) und *Comment ça va* (1975) oder die teilweise veröffentlichten *Histoire(s) du cinéma* (1989 – 1995). Godard zerstört in diesen Filmen radikal die Einheit und Identität des Mediums und entfaltet es in seinen Verschränkungen, Brüchen und Lücken.[6] Nicht eine ‚Geschichte', eine Erzählung mit logischen und kohärenten zeitlichen und räumlichen Konstanten steht im Vordergrund[7], sondern das Medium selbst in seiner Ambivalenz von Fortschritt und Verlust, seinen Funktions- und Vermittlungsprozessen, dispositiven Ordnungen, Macht- und Manipulationsmechanismen. Godard zerbricht die ‚Illusion' der schönen Bilder und setzt eine ‚Realität' der Bilder dagegen, die ihre Produktion und Distribution, ihre Suggestionskraft und Konstruiertheit offenlegt. Die ‚Geschichte' des Films wird zur Mediengeschichte und Medienreflexion, die nicht erzählt, sondern über die Analyse und Multiplikation der Metaebenen kritisiert und irritiert. Die theoretische Reflexion hält die filmische Realisation umklammert. Godard entwickelt damit Ansätze einer experimentellen nichtmimetischen Ästhetik, die neue begriffliche Kategorien und ein neues Nachdenken über die Funktion des Mediums, die Prozesse der Wahrnehmung und Kommunikation, die Ambivalenz von Realität und Fiktion erkundet.

---

4 W. Preikschat, *Video. Die Poesie der Neuen Medien*, Weinheim 1987, 92.

5 Vgl. K. Hickethier, *Film- und Fernsehanalyse*, Stuttgart 1993, 8 und 12.

6 Vgl. hierzu R. Prédal, „Godard. La télévision dans le cinéma“, in: *CinèmAction. L'influence de la télévision sur le cinéma*, Paris 1987, 149-153, bes. 153: „Il convient d'abord, pour lui [Godard], de brouiller les médias, de nier leurs spécificités puisque leur victoire vient en grande partie de leur effet de reconnaissance: c'est du cinéma, c'est la télé en tant que fond sonore... Il faut les maquiller, les détruire, les faire fonctionner autrement pour qu'ils perdent leur effet spectaculaire et retrouvent leur fonction de médias. Ainsi [...] met-il de la vidéo dans l'écran de cinéma (*Numéro deux*), des effets vidéo dans le cinéma (*Sauve qui peut la vie*), des écrans télé dans un coin du cinéma (*Passion*) et de la peinture dans l'audiovisuel (*Passion*).“

7 Vgl. zur Begrifflichkeit und Bedeutung von „Geschichte“ im Gegensatz zum fragmentarischen Bild und einem „Stück Geschichte“ J.-L. Godard, *Einführung in eine wahre Geschichte des Kinos*, Frankfurt a.M. 1984, 64f. und 112: „Mir hat immer Schwierigkeiten bereitet, was man beim Film und generell ‚eine Geschichte erzählen' nennt, das heißt [...] einen Anfang, eine Einleitung zu machen, dann eine Mitte, dann einen Schluß. Mich hat das immer gestört, ich habe es nie geschafft. Ich habe damit angefangen, einfach Stücke herzunehmen [...]. Heute versuche ich von gemachten Bildern auszugehen, vor die und an die man dann andere setzen kann.“

Sehexperimente oder Der Blick zwischen die Bilder

Der Blick als Schausinn, als das Wahrnehmen, Rezipieren und Transformieren von Bildern in Bilder spielt im filmischen Diskurs Godards eine zentrale Rolle und wird zum Konvergenzpunkt massenmedialer, medienkritischer und rezeptionsästhetischer Reflexionen. Die Entwicklung und Etablierung der Künste und neuen Medien wirken auf die Prozesse der Wahrnehmung, steuern Sehreize und Sehgewohnheiten und prägen eigene Wahrnehmungsdispositive. Jedes Medium verfügt nicht nur über eigene Bildtechniken und Produktionsverfahren, sondern vermittelt auch eine spezifische Konzeption von Wirklichkeit und ihrer Repräsentation, die den Blick des Zuschauers auf dieselbe verschärft oder verstellt. Hierbei zeichnet sich ein Spektrum verschiedener, medial vermittelter Bilderordnungen ab, wahre und falsche Bilder, Wirklichkeits- und Traumbilder, reale, simulierte und virtuelle Bilder, mit denen sich bestimmte Wahrnehmungsweisen und Sehqualitäten herausbilden: von der Sehlust über die Seharbeit bis zum Sehzwang oder Sehverlust. Godard konstatiert mit der zunehmenden Medialisierung der Wirklichkeit und den intermedialen Verschachtelungen verschärft ein *diffuses Sehen* und eine *verschwommene Bildästhetik*, die er in seiner Filmarbeit aufgreift, analysiert und in neue *reflektierte Sehexperimente* lenkt. So formuliert er im Zusammenhang seiner Überlegungen zu einer „wahren Geschichte des Kinos“:

> Ehe man die Filmgeschichte produzieren kann, muß man das Sehen der Filme produzieren. Das Sehen der Filme zu produzieren besteht [...] nicht bloß darin, sie anzusehen und danach darüber zu reden. Es besteht eher darin, daß man zu sehen lernt. [...] Man müßte die Geschichte des Sehens zeigen, das sich mit dem Kino, das die Dinge zeigt, entwickelt hat und die Geschichte der Blindheit, die daraus entstanden ist.[8]

Godard intendiert ein Sichtbarmachen des Sehens, ein Schärfen unserer Wahrnehmung, die sich mit der Reizüberflutung durch die Massenmedien zerstreut. Bedeutet die Entwicklung des Kinos mit der Technik der Montage zunächst den Fortschritt einer neuen Visualität, die sich in Bildern, genauer in den Bildbezügen, und nicht in der Sprache und ihren Mehrdeutigkeiten manifestiert, bewirkt bereits der Tonfilm eine Auflösung in die Audiovision und damit ein verändertes, durch die Töne und Wörter gelenktes, Sehen. Godard beschreibt und filmt unseren verstellten Blick, der nicht mehr das Bild in seiner Bildlichkeit, in seinen Konturen, Verweisungen und Verdoppelungen erkennt, sondern in Bildklischees und Bildermanipulationen erblindet. So bahnt sich die „Geschichte der Blindheit“ bereits mit den Illusionsbildern, Geschichten und Mythen des Kinos ihren Weg[9] und vollzieht sich mit der Entwicklung der

[8] J.-L. Godard, *Einführung in eine wahre Geschichte des Kinos*, 166f.

[9] Bereits in seinen ersten Kinoproduktionen (vgl. bes. *A bout de souffle* und *Le mépris*) entdeckt Godard die Verführung, aber auch Gefahr und falsche Illusion der Kinobilder.

neuen Medien und elektronischen Bilder endgültig. In Abgrenzung zum Kino, als dem Ort der Fiktion und Imagination, erscheint das Fernsehen mit seinen Sendeformen wie Dokumentarfilmen, Liveberichterstattungen, Interviews etc. zunächst als Produktionsort unmittelbarer ‚wirklicher Bilder', als Spiegelung oder Fortsetzung unserer realen Alltagswelt, sowie kultureller und sozialpolitischer Prozesse, an die wir via Bildschirm angeschlossen sind. Offensichtlich dominiert jedoch für Godard auch hier das Prinzip der Täuschung und Fiktionalität, da das Fernsehen seiner Ansicht nach keineswegs unverfälschte, sondern ‚manipulierte Bilder', aus einem subjektiven Blickwinkel gesteuerte Bilder, sendet, die als solche nicht kenntlich gemacht sind:

> assez vite j'ai eu des doutes [...]. En voyant un reportage sur la Birmanie ou le Vietnam, je me disais: ‚Mais qu'est-ce qu'ils nous racontent? Ils ont été manipulés, retournés par le service adverse!' Comme contribuable payant la redevance et comme cinéaste, je me suis senti trompé, doublement trompé. Puis, comme tout le monde est trompé, on s'habitue [...]. La télévision transmet et ne fait rien; elle ne produit pas, elle diffuse; elle ne peut pas dire la vérité.[10]

Godard deckt im Medium Fernsehen die latente Gefahr auf, die Wahrnehmung des Zuschauers zu steuern und ihm bestimmte Bilder und Informationen als Wahrheiten zu suggerieren. Mit „einer Menge von Bilderstunden jeden Tag" prägt das Fernsehen nicht nur unseren Realitätssinn und unser Weltbild, es vermag durchaus zum Realitätssubstitut und „herrschenden Denksystem" zu avancieren.[11] Unser Fern-Sehen und unsere scheinbare Augenkontrolle erweisen sich als trügerisch; Godard fordert und inszeniert in seinen Filmexperimenten den fernsehkritischen Blick gegenüber den medial vermittelten Bildern und Tönen, deren wirkliche Referenzsysteme meist nicht zu durchschauen sind. Im filmischen Metadiskurs appelliert er an den ‚engagierten Zuschauer', die Macht- und Manipulationsstrukturen der Medien zu beobachten und zu reflektieren, um damit gleichermaßen einem blinden Bilder- und Programmkonsum entgegenzusteuern.[12] Bereits in seiner ersten Produktion für das Fernsehen *Le gai savoir* (1968) demonstriert Godard, daß eine Wahrheit und Zuverlässigkeit der Bilder und Töne, die in den Fernsehstudios produziert werden, verborgen bleibt. Emile und Patricia suchen vergeblich nach der Methode einer eindeutigen Bild-Ton-Isolation und -Fabrikation. „Une image n'est jamais

---

Im kritischen Umgang mit den amerikanischen Kinovorbildern dekonstruiert er Stars und Stories und spielt mit den in Mythen und Klischees erstarrten Filmtraditionen.

[10] C. Humblot, Th. Ferenczi, „La télé selon Godard", in: *Le Monde,* 27.6.86.

[11] Vgl. J.-L. Godard, *Einführung in eine wahre Geschichte des Kinos*, 129.

[12] Bezeichnenderweise verweigerten viele der europäischen Fernsehanstalten die Ausstrahlung der Filmproduktionen Godards, die sie zunächst in Auftrag gegeben hatten, da es sich hierbei nicht um Dokumentationsfilme im engen Sinn handelt, sondern um Filme, die in erster Linie die Problematik der dokumentarischen Darstellung und ihrer Rezeption selbst thematisieren; vgl. C. MacCabe, „Le travail de Jean-Luc Godard en vidéo et en télévision", in: *Revue Belge du Cinéma* 16 (1986), 57.

une image mais une contradiction d'image et idem pour le son."[13] Bild und Ton stellen sich in einer Widersprüchlichkeit, Zufälligkeit und Zeichenhaftigkeit aus, die eine Orientierung und eindeutige Sinnzuschreibung unmöglich macht. Die Vielfalt der Bilder und Bildcollagen, der lauten Töne und Parolen, die über den Bildschirm jagt, unterläuft ein Nachdenken und Analysieren, den Blick hinter die Bilder. „Y a trop d'images, ça va trop vite il faut réagir."[14] Die Grenzen zwischen wahren und falschen, dokumentarischen und fiktionalen Bildern, Bild- und Ton-Konstruktionen, sind im Medium selbst nicht mehr erkennbar, und so gleitet unser Blick, angesichts der audiovisuellen Überreizung, dem beschleunigten Erscheinen und Verschwinden der Bilder und Töne, ins Leere. Godard fängt ihn schließlich provokativ in sekundenlanger Bildstörung auf der schwarzen Mattscheibe, die nicht mehr Bilder sendet, sondern den Verlust unserer Sehkunst spiegelt. Die Bilder verweigern ihre Repräsentation, das Medium unterbricht seine Medialität. Das ‚bildlose Bild' funktioniert nicht mehr als ‚Fenster auf die Welt', sondern als leerer Spiegel, in dem die Differenz der Dinge unsichtbar bleibt. Der Zuschauer Godards sieht sich irritiert in der Bilderhöhle gefangen, die ihm nicht mehr einen sinnvollen Ausblick, sondern flimmernde Bildschirme anbietet. So veranschaulicht Godard unseren Blick als

> Angelpunkt der intermedialen Inszenierung, und damit die Überreizung, Zerstückelung und den Verschleiß, den der Umgang des Fernsehens mit den heterogenen Bild-, Ton- und Textmaterialien kennzeichnet. Das Medium verschlingt, dekonstruiert nicht nur die bis zum Überdruß zitierten Parolen, Klischees und Bilder vom Mai 68, sondern verwandelt überhaupt die Utopien in eine Heterotopie, jenen unwirklichen virtuellen Raum, in dem wir uns als Fernsehzuschauer befinden.[15]

Seit 1968 rückt Godard die Spannung zwischen Dokumentation und Fiktion, Sichtbarem und Unsichtbarem, die Auflösung der realen in simulierte Bilder, verstärkt in den Brennpunkt seiner filmischen Analysen. Aktuelle Themen, uninszenierte Handlungsräume (Fernsehstudios, Straßen, Cafés etc.) oder Interviews erwecken den Eindruck des Dokumentarischen, um gleichzeitig auf seinen fiktionalen und konstruierten Ausdruck zu verweisen. So montiert Godard beispielsweise in den *Cinétracts* (1968) photographische Straßenszenen aus dem Quartier Latin vom Mai 68 (Protestaktionen, Großdemonstrationen, Straßenkrawalle, Polizeigewalt etc.) zusammen mit kommentierenden Zwischentiteln, Plakaten, Zeitungsausschnitten, Zeichnungen, aber auch mit Bildern aus seinen Filmproduktionen. In videoclipartig wechselnden und seriell

---

[13] J.-L. Godard, *Le gai savoir. Mot-à-mot d'un film encore trop réviso*, Paris 1969.
[14] Ebd.
[15] V. Roloff, „Der Ort des Fernsehens in der Zeit der Nouvelle Vague: Anmerkungen zur Theorie und Praxis intermedialer Analyse", in: H. Kreuzer, H. Schanze (Hgg.), *Bausteine III. Beiträge zur Ästhetik, Pragmatik und Geschichte der Bildschirmmedien*, Siegen 1994, 136f.

wiederholten Bildeinstellungen (alle 2 bis 3 Sekunden ein anderes Bild) wird die Deutung und Differenzierung zwischen realem und fiktionalem Bild uneindeutig, die photographischen Bilder der politischen Berichterstattung als scheinbar dokumentarische Zitate wirken inszeniert, sie sind nicht zuletzt mit Tricks, Überlagerungen und Transformationen in ironisierenden oder entlarvenden Zusammenhängen ausgestellt.

Der Glaube, im Medium Kino oder Fernsehen Wirklichkeit zu erfassen und Sinnhaftigkeit zu dokumentieren, wird von Godard kritisch und ironisch aufgelöst. Mediale Wirklichkeit erscheint als Gebilde der Phantasie und Imagination, eine hybride Konstruktion fiktiver und realer Bilder. Hierbei ist für das Auge des Zuschauers die Realität als fester Bezugspunkt nicht mehr eindeutig fixierbar, sie wird von Bildern ihrer Zeichen und Ähnlichkeiten ersetzt und schwindet in der Relativität und Austauschbarkeit der Diskurse. Mit dem Zeitalter der elektronischen Bilder, so veranschaulicht Godard bereits in seinen frühen Fernseh- und Videoproduktionen, steuern wir gleichsam in das Zeitalter der Simulation, der Konstruktion und Truquage. In diesem Sinn geht es auch nicht um die filmische Reproduktion von Realität, sondern um die Realität der Bilder und Töne, die den Film ausdrücken, d.h. um die Reproduktion des Films selbst mit seinen produktions- und rezeptionsästhetischen Implikationen. Godards Realismusbegriff zielt damit weder auf einen „plastischen oder materialen Realismus", noch auf einen „psychologischen Realismus", sondern auf einen „intellektuellen oder wahrnehmenden Realismus", d.h. die dialektische und kommunikative Beziehung zum Publikum[16], die sich im Prozeß der filmischen Erfahrung, dem Wechselspiel zwischen Zuschauer und Leinwand, manifestiert. Im offenen Austausch von Sichtweisen geht es um das, „was zwischen den Dingen ist, und nicht die Dinge selbst, was zwischen einem selbst und einem anderen ist, zwischen dir und mir, und auf der Leinwand ist es dann zwischen den Dingen."[17] Godard sucht die kommunikativen Prozesse zwischen Zuschauer und Film aufzuschlüsseln, die bedeuten, wie die Dinge organisiert, vermittelt und wie sie wahrgenommen werden. Er inszeniert ein Kameraauge, das den Sehraum unseres natürlichen Auges erweitert und die Perspektive auf die Konstruktion und Konfusion, die Produktion und Rezeption der Bilder lenkt. So konkretisiert sich seine Filmtheorie als eine Ästhetik des Sehens und der Wahrnehmung, die auf die *Wirklichkeit der Wahrnehmung*, bzw. das filmische Dispositiv, das unsere Wahrnehmung strukturiert und steuert, gerichtet ist.[18]

---

[16] Vgl. J. Monaco, *Film Verstehen. Kunst, Technik, Sprache, Geschichte und Theorie des Films*, Hamburg 1992, 363-372.

[17] Vgl. J.-L. Godard, *Einführung in eine wahre Geschichte des Kinos*, 145; als gute Filme bezeichnet Godard daher diejenigen, denen es gelingt, „von ganz hinten nach ganz vorne zu gehen. D.h., wenn der Zuschauer schaut, ist die Kamera umgedreht, er hat eine Art Kamera im Kopf, einen Projektor, der projiziert."

[18] Vgl. hierzu auch K. Theweleit, *ONE+ONE. Rede für Jean-Luc Godard zum Adornopreis*, Berlin 1995, der in seiner Rede immer wieder die Bedeutung der Wahrnehmung

Sehen und Filmen heißt für Godard, die Oberfläche der Bilder zu durchdringen, das Bild als Bild wahrzunehmen und in seiner Geschlossenheit und seinem Klischee zu dekonstruieren. Godard attackiert unsere gewohnten Sehklischees, unsere kulturellen Codes und provoziert ein neues Sehen, eine Sehlust ebenso wie eine Seharbeit, die eine Reflexion des Gesehenen und eine ironische Distanz zwischen Figurenblick, Kamerablick und Zuschauerblick fordert. Das Sehen wird zur Sehkunst, die bestimmten Konstruktionsprinzipien von Bildern und Tönen folgt und dabei schöpferische und verstellte Blickräume öffnet, sowohl im Medium selbst als auch selbstreflektierend in der Beobachtung der eigenen Wahrnehmung. Godard lenkt unser Sehen in die Zwischenräume, auf die Lücken und Brüche zwischen den Bildern und hinter die Bilder. „Was mir Spaß macht, ist, zwei Bilder so zusammenzustellen, daß daraus sich was drittes ergibt, nicht ein Bild, sondern das, was man mit den zweien gemacht hat."[19] Dieses Dritte deutet den Prozeß der Veränderung und Komposition an, der mit jedem Blick neu ansetzt. Die permanente Montage und Zerstückelung des filmischen Diskurses lenkt den Blick des Zuschauers auf das unsichtbare konstitutive ‚Dazwischen', das sich im Dialog zwischen dem Filmbild und seinem imaginären Projektionsraum entwirft. Es handelt sich hierbei, wie Deleuze in seiner Analyse der Filmästhetik Godards beschreibt, nicht um die „Operation der Verknüpfung", sondern der „Differenzierung" bzw. „Disparation", mit der eine Kontinuität und logische Sinnfolge der Bilder gebrochen und in Frage gestellt wird:

> Der Film ist nicht mehr [...] eine ununterbrochene Kette von Bildern, deren jedes Sklave der anderen ist. [...] Wir haben es mit der Methode des ZWISCHEN zu tun, zwischen zwei Bildern, die jedes Kino des Einen beschwört; mit der Methode des UND, dies und dann das, die das Kino des Seins = ist, beschwört. Zwischen zwei Aktionen, zwischen zwei Affekten, zwischen zwei Wahrnehmungen, zwischen zwei visuellen Bildern, zwischen dem Akustischen und dem Visuellen: das Ununterscheidbare, das heißt die Grenze sichtbar machen.[20]

Diese Grenze im Zwischen zeichnet sich in den Filmexperimenten Godards als intermediale Grenze oder intermedialer Spielraum aus, in dem ein Genre bzw. Medium die Bilder eines anderen Mediums markiert, die ihm nicht zugehören, sondern sich in ihm reflektieren. Das Medium gestaltet und reflektiert sowohl Bilder und Bildserien seiner selbst als auch die anderer Medien. Die filmischen

---

betont, die Godard für die Medientheorie und Praxis weiterentwickelt hat, 12f.: „Jeder seiner Filme enthält Einstellungen oder Montagen, die dem eigenen Blick etwas zeigen, was er vorher noch nie sah. Man nimmt sie oft nicht wahr beim ersten Sehen. Die Überforderung des Sehenden ist ein Konstruktionsprinzip Godards [...]. Man muß zweimal, dreimal sehen."

19 J.-L. Godard , *Einführung in eine wahre Geschichte des Kinos*, 328.

20 Vgl. G. Deleuze, *Das Zeit-Bild. Kino 2*, Frankfurt a.M. 1991, 233-243, hier: 234; vgl. zur Konstruktion des filmischen Wahrnehmungsprozesses, der komplexen Gestaltung der Bilder und Töne Godards auch ders., „Drei Fragen zu *Six fois deux*", in: *Unterhandlungen 1972-1990*, Frankfurt a.M. 1993, 57-69.

Schnitte und Lücken zeigen hierbei den intermedialen Bilderwechsel an und provozieren den intermedialen Blick des Zuschauers mit dem Anspruch, die visuellen und akustischen Bilder in ihren medialen Grenzen und Verstellungen kritisch zu durchschauen und damit ein Stück ihrer ‚inszenierten Wirklichkeit' zu erkennen. Diese Überlegungen einer intermedial reflektierten Bild- und Wahrnehmungsästhetik sollen im folgenden am Beispiel des Films *Numéro deux*, den Godard 1975 zusammen mit Anne-Marie Miéville in Grenoble drehte, präzisiert und veranschaulicht werden.

Numéro deux: ein intermedial reflektiertes Bilderspiel

Umgeben von Projektions- und Fernsehapparaten erzählt Godard im Halbdunkel seines Videostudios Sonimage von der Tristesse des Lebens und der Politik, von seiner Fabrik, in der er Chef und Arbeiter zugleich ist, vom Filmemachen, der Videotechnik, der Produktionsgeschichte des Films: Gedankenketten, Assoziationen und Wortspiele, komponiert in einem langen Monolog, der sich immer wieder im Lärm der laufenden Filmspulen verliert. Godard steht am äußeren Bildrand, seitlich aufgestützt auf einem Monitor, der uns aus anderem Blickwinkel noch einmal Godard, sein Gesicht in Großaufnahme, zeigt. Die Prozesse der Aufnahme, Produktion und Zuschauerrezeption sind simultan geschaltet. Die Videooptik veranschaulicht über den unmittelbaren Spiegeleffekt die Auflösung der Realität in verschiedene Bildqualitäten. So sehen wir ihn in der Doppelung der Bilder und Identitäten, als Subjekt und Objekt, Filmenden und Gefilmten, Produzent und Akteur – Godard auf der Kinoleinwand und auf dem Bildschirm, im Film- und Videobild. Wir blicken auf das Filmbild und das Videobild blickt uns an. Mit diesem irritierenden Spiel der Doppelbilder und der medialen Spiegelung markiert *Numéro deux* bereits in seinen ersten Einstellungen die Prinzipien der Autoreflexion und Intermedialität, die den Film strukturell und thematisch gestalten. Im intermedialen Wechselspiel und der Reflexion der Bilder erprobt und kritisiert der Film verschiedene ästhetische Spielräume audiovisueller Repräsentation und dispositiver Ordnung.

Ursprünglich für das Fernsehen konzipiert, mit Video produziert, auf 35mm übertragen und im Kino gezeigt, erweist sich *Numéro deux* als einzigartiges hybrides Medienprodukt, das *zwischen* den Medien produziert ist und gleichermaßen ihre jeweils spezifischen Verfahren und Strukturen, ihre Konkurrenz und Wechselwirkungen, ihre Schnittstellen und Übergänge dokumentiert. „La singularité de *Numéro deux*, c'est d'être un film conçu par la télévision, mais habillé par le cinéma. [...] La télévision par quoi ce film a été conçu n'existe pas assez, et le cinéma existe trop."[21] Für das Fernsehen zu kritisch, provokativ und intellektuell, für das Kino zu unfilmisch und dokumentarisch,

[21] A. Bergala (Hg.), *Jean-Luc Godard par Jean-Luc Godard*, 382.

veranschaulicht der Film die Suche Godards nach einem adäquaten Medium, bzw. Produktions- und Distributionsort für seine unkonventionelle Filmarbeit. *Numéro deux* entsteht unter den Rahmenbedingungen intermedialer Verschiebungen und Transformationen in der Form eines intermedialen Experiments, und als solches stellt es sich autoreflexiv und kritisch aus. Es erfüllt weder einen traditionellen kinematographischen noch einen spezifisch televisuellen Code, sondern erprobt den experimentellen Status eines Films für Filmemacher, den „Selbstdarstellungsfilm eines Produzenten, der eine Videoarbeit mit dem Titel *Numéro deux* herstellt und sie in geeigneter Form für ein anderes Vertriebssystem aufbereitet".[22] Godard selbst zählt *Numéro deux* zusammen mit *Comment ça va* und *Ici et ailleurs* zu den „didaktischen Filmen zu Studienzwecken [...]. Es sind Filme, die sich selbst analysieren"[23], d.h. ihre medienästhetischen Erscheinungsformen und Verfahren thematisieren, problematisieren und zerstören.

Godard demonstriert und erklärt dem Zuschauer die Funktionen seiner Videoapparaturen. Über sein Mischpult gebeugt, fährt er den Ton hoch und runter, korrigiert Bildqualitäten und inszeniert sein Videomaterial neu. Die Videotechnik als neue experimentelle Technik, die noch wenig sozialisiert und festgefahren ist, bedeutet für ihn ein Instrument der Freiheit, das sowohl neue Bildverfahren und spielerische Bildmanipulationen erlaubt (z.B. das ‚Schreiben' auf der Leinwand oder die elektronische Verfremdung) als auch – und dies ist für Godards Filmästhetik entscheidend – ein neues Denken und Wahrnehmen in Bildern und nicht in hemmenden verfestigten Schriften: „Ma tête était devenue vide. Mes yeux étaient aveugles. Tout ça parce que mes mains étaient mortes à écrire des pages et des pages. Mortes à l'oppression de l'écriture". Mit der überschaubaren Produktionstechnik – der Fernsehmonitor ersetzt den Kinosaal, der Produzent ist zugleich der erste Zuschauer – vermittelt das Video einen neuen experimentellen Spielraum, sowie eine neue Unmittelbarkeit und Schärfe der Wahrnehmung.[24] Das Video als „Vidéo-scalpel" und „outil d'analyse du cinéma"[25] vermag das diffuse Sehen einerseits mit den Mitteln der elektronischen Reproduktion zu potenzieren, andererseits aufzuschlüsseln und den Qualitätsstatus der Bilder neu zu überprüfen. Mit dem impliziten Appell zur kritischen Reflexion werden traditionelle Wahrnehmungsmuster und Erwartungshaltungen zerschlagen. Godard nutzt die neue Technik als variantenreiches Spiel mit dem Blick, der immer wieder intermedial gebrochen und irritiert, zerstreut und neu gebündelt wird. Mit den Verfah-

---

22 P.W. Jansen, W. Schütte (Hgg.), *Jean-Luc Godard*, München 1979, 196.

23 Vgl. J.-L. Godard, *Einführung in eine wahre Geschichte des Kinos*, 298.

24 Besonders aufschlußreich sind Godards eigene Ausführungen und Stellungnahmen zur neuen Technik des Videos, vgl. hierzu bes. J.-L. Godard, „Die Videotechnik im Dienste der Film-Produktion und der Kommunikation", in: *Filmkritik* 279 (1978), 358-369; ders., „Interview mit Jean-Luc Godard", in: *Filmkritik* 241/7 (1977), 54ff.

25 Vgl. hierzu die Ausführungen von P. Dubois, „L'image à la vitesse de la pensée", in: *Cahiers du cinéma. Spécial Godard: trente ans depuis* (November 1990), 76-77.

Numéro deux, 1975

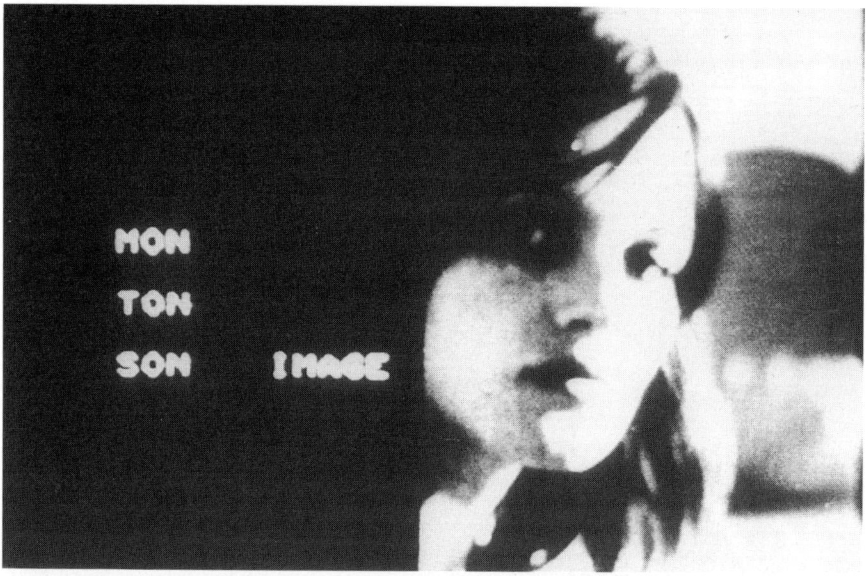

Numéro deux, 1975

ren der Videotechnik und Videokunst wird die institutionelle und ästhetische Programmatik des Kinos und Fernsehens in verzerrter, ironischer und persiflierender Form zur Schau gestellt. So fragmentarisiert Godard die Filmleinwand in *Numéro deux* in mehrere, leicht geblähte Fernsehbildschirme und spielt im konsequenten Split-screen-Verfahren verschiedene Bild- und Toneinstellungen ein. Mit schnellen Schnitten und hektischen Sequenzen, übereinander und nebeneinander montiert, präsentiert er eine sinnentleerte Collage aus Kinobildern, gemischt mit Pornofilmfragmenten, Nachrichtenmeldungen und Reportagen: Bilder aus Vietnam, eine CGT-Demonstration, Ajax Amsterdam, eine Rede von Séguy, Ingmar Bermann, Yves Montand und Breschnew... Heterogene Bild- und Tonfetzen flimmern über die Bildschirme, verschachteln und übertönen sich, blenden sich ein und aus. Ein lautes Filmgemisch aus Dokumentation, Fiktion, Kino, Porno, Politik und Soziologie überreizt den Blick und das Ohr des Zuschauers. Godard ‚zappt' sozusagen zwischen den Kanälen, bis er schließlich ein Programm einstellt, d.h. einen Film im Film zu schneiden und zu inszenieren beginnt: Szenen aus dem Leben einer jungen Arbeiterfamilie. Godard beobachtet den Lebensalltag einer Familie in Grenoble, zerlegt diese Beobachtungen analytisch in einzelne oder mehrere Bildeinstellungen, kommentiert und ironisiert sie mit eingeblendeten elektronischen Schriften. Bilder und Bilderserien, mit und ohne Ton, werden multipliziert, angehalten, elektronisch verfremdet oder überblendet. Manchmal fährt Godard die Kamera so nah heran, daß das Videobild zum Filmbild wird.

Wir sehen Bilder von Bildern und Bilder über Bilder, eingerahmt bzw. ausgeschnitten im Schwarz der Filmleinwand. Die Homogenität des kinematographischen Bildes bricht auf in eine bewegte Collage, in ein kaleidoskopisches Bilderspiel, in dem die verschiedenen Bildebenen miteinander korrelieren und sich immer wieder in neuen Kompositionen inszenieren. Die Techniken und Apparaturen überschneiden und vernetzen sich, ein Medium markiert und öffnet die Grenzen des anderen. *Numéro deux* ist ein Kinofilm, und dennoch entzieht er sich in seiner demonstrativen essayistischen Form konsequent der traditionellen Ästhetik und Ecriture des Kinos. Godard überwindet die herkömmliche Kinotechnik und Kinokunst – selbst seine eigene – mit den neuen Mitteln und Ausdrucksformen der elektronischen Bilder. *Numéro deux* ist, wenn man so will, die Absage an *Numéro un*, d.h. *A bout de souffle*, den ersten Kinofilm Godards, der 1959 mit seiner unkonventionellen Dramaturgie Aufsehen erregte, aus der Perspektive Mitte der 70er Jahre jedoch bereits als Klassiker der *nouvelle vague* erscheinen mag, den es zu überwinden gilt.[26] So

[26] Godard distanziert sich hierin explizit von anderen Regisseuren der *nouvelle vague*, die konsequent ihrem alten Filmstil treu bleiben, vgl. J.-L. Godard, „Warum ich hier spreche", in: *Filmkritik* 225/9 (1975), 421: „Ich wundere mich, daß die Leute, denen die Ideen ausblieben für neue Filme (es gibt da die alten Freunde wie Truffaut, Rivette...), immer noch an ein und demselben System des Filmemachens kleben.; vgl. auch K. Theweleit, *ONE + ONE*, 7, der den Sonderstatus Godards, seine konsequente Weiterentwicklung über die Zeit und die Gruppe der *Nouvelle vague* hinaus hervorhebt: „Heute ist Go-

ist der Titel auch keinesfalls als inhaltliche oder technische Referenz zu interpretieren, sondern als „finanzielles" oder „intellektuelles Remake" [27], das den Umbruch und die kontinuierliche Entwicklung der künstlerischen Theorie und Praxis Godards anzeigt und bereits auf ein *Numéro trois* und *Numéro quatre* vorausdeutet.

Mit der Entwicklung der neuen Medien verschieben sich die Relationen in den tradierten Medienkonstellationen und Künsten. Das Zeitalter des Fernsehens verlangt eine neue Positionierung des Kinos, die Godard mit seinen Filmexperimenten radikal formuliert und inszeniert: „Das Kino kann uns nur noch interessieren in dem Maß, wie es uns gelingt, es zu zertrümmern."[28] Die Auflösung einer kontinuierlich erzählten Geschichte in disparate Bildsequenzen, die unkonventionelle Multiplikation der Bildebenen und ihre digitale Manipulation, verwirrt und desillusioniert den Kinozuschauer: „*Numéro deux* est un film catastrophe pour l'œil du spectateur qui ne sait que faire de l'écran."[29] Godard stellt das Schauspiel der schönen Kinobilder nicht nur in Frage, sondern zerstört die Magie der kinematographischen Wahrnehmung und des Kinoortes selbst, indem er die große Leinwand mit Bildschirmen durchlöchert und intermedial ausleuchtet. Der dunkle magische Kinoraum – „lieu de l'hystérie facile, de l'immonde drague de l'œil"[30] – wird zum hellen intermedial reflektierten Bilder- und Sehraum. Die konsequente Einschreibung der Monitore und Fernsehbilder bewirkt eine Synthese von Kino und Fernsehen, sowie eine neue Kombination und Verschränkung ihrer dispositiven Ordnungen. Hierbei bewirken die Präsenz des Fernsehens und die explizite Medienreflexion einerseits eine Distanz des Zuschauers zur Kinoleinwand, andererseits bleibt mit dem voyeuristischen Blick auf die Fernsehbilder, die in die Intimität eines Familienlebens einbrechen, zum Teil eine Faszination, ja selbst eine Erotisierung des Ortes erhalten.

„Gespenstisch teilnahmslose Aufnahmegeräte"[31] registrieren Familienbilder und Szenen, die über die Bildschirme eingespielt werden. Drei Generationen – Sandrine und Pierre, ihre Kinder und Eltern – werden bei ihren alltäglichen Aktionen und Dialogen, bzw. Monologen, beobachtet: beim Gemüseputzen, Kochen, Waschen und Bügeln, beim Fernsehen und Musikhören, in der un-

---

dard [...] selber diese Gruppe, die Groupe Nouvelle Godard, die mit einigen Helfern ihre Erfindungen weitertreibt."

27 J.-L. Godard, *Einführung in eine wahre Geschichte des Kinos*, 31.

28 J.-L. Godard, „Warum ich hier spreche", 423.

29 S. Toubiani, „Le hasard arbitraire", in: *Cahiers du cinéma* 262-263 (1976), 16; vgl. auch L. Skorecki, „Questions/Réponses", in: *Cahiers du cinéma* 262-263 (1976), 27: „Quand on sort de *Numéro deux*, on est un peu sorti de soi, un peu à côté: on a peut-être vu un film auquel peut-être on essaie de se rattacher, qu'on essaie de rattraper en le rafistolant dans sa tête. A quoi bon?"

30 S. Daney, „Le térrorisé (pédagogie godardienne)", in: *Cahiers du cinéma* 262-263 (1976), 33.

31 F. Vossen, „Ohne Befriedigung und Bedauern. Jean-Luc Godard stellte in Paris seinen neuen Film vor", in: *Süddeutsche Zeitung*, 6.10.1975.

verstellten Nacktheit ihrer Körper und in der Monotonie des Liebesaktes. Sexuelle, soziale und politische Frustrationen, Ängste, Kommunikations- und Beziehungslosigkeit evozieren hierbei eine beklemmend nüchterne Atmosphäre. Es sind Bilder derer, die unter den soziopolitischen Bedingungen des Gesellschaftssystems, in dem sie leben, leiden und resignieren: „Quand on ne s'entend plus avec un homme, on peut toujours le quitter mais que faire quand c'est un état, tout un système social, qui nous viole?" – „C'est pas de la politique, c'est du cul, non c'est pas du cul, c'est de la politique." Die Individuen agieren manipuliert in definierten Bildklischees und Verhaltensmustern. Die Automatik und Mechanik der aufzeichnenden Fernsehkamera scheint hierbei mit der Mechanik und ‚Maschinalisierung' des gefilmten Alltags zu korrespondieren. In fixierter und verborgener Einstellung beobachtet die Kamera, wie es scheint ungefiltert, die Realität des Alltags. Die Bilder entstehen jenseits moralischer Wertungen und tabuisierter Grenzzonen und ziehen den Zuschauer gerade in ihrer scheinbaren Authentizität, Banalität und Präzision für das bekannte alltägliche Detail in ihren Bann. Die Bilder erwecken damit den ‚Eindruck' des Dokumentarischen, vermitteln jedoch gleichzeitig über die mediale Inszenierung ihren fiktionalen ‚Ausdruck'. Godards audiovisuelle Gestaltung des Filmmaterials provoziert die Fiktionalisierung der realen Bilder. Immer wieder löst sich mit der digitalen Verfremdung oder der Überblendung zweier Bilder die Trennschärfe von Realität und Fiktion, Traum und Wirklichkeit auf: das ‚reale Bild' gerät zum möglichen ‚Imaginationsbild', das filmische Bild markiert seinen Status der Kontingenz und Substituierbarkeit. „Für mich", so schreibt Godard, „ist ein Film, was etwas Dokumentarisches, ein Realitätsfragment dramatisiert".[32] Im Kamerablick wird die Realität fiktionalisiert. Dokumentarische Realität und Inszenierung lösen sich in einer unmittelbaren Einheit der „Dokufiktion"[33] auf und werden im Filmbild ununterscheidbar.

Die Realität der Medien, so veranschaulicht Godard kritisch mit *Numéro deux* – und wird diesen Ansatz in seinen Fernsehproduktionen *Six fois deux* (1976) oder *France tour détour deux enfants* (1977 - 78) weiter verschärfen – mischt sich ununterscheidbar mit der Realität des Alltäglichen. Hierbei gerät das Individuum als Medienkonsument zunehmend unter den suggestiven Einfluß der Medienwelt und ihrer Manipulationsstrategien. Besonders das Fernsehen, das sich in den 60er Jahren als neues Leitmedium etabliert, steuert als „objet familier"[34] zunehmend unsere Kommunikationsstrukturen und Beziehungsmuster. Um der Sprachlosigkeit und Beziehungslosigkeit auszuweichen,

---

[32] J.-L. Godard, *Einführung in eine wahre Geschichte des Kinos*, 126.

[33] Vgl. zum Begriff der „Dokufiktion" K. Theweleit, *ONE + ONE*, 18ff.; interessant erscheint in diesem Zusammenhang auch, daß der größte Teil der filmischen Dialoge in *Numéro deux* nicht erfunden wurde, sondern originalen Interviews und Gesprächssituationen entspricht bzw. Texten und Dialogen aus Godards persönlichem Alltag mit Anne-Marie Miéville.

[34] A. Bergala, *Jean-Luc Godard par Jean-Luc Godard*, 404.

schalten wir den Fernseher ein, und sofort füllt sich die Leere mit einer Flut von Bildern und Tönen. „Heute glaubt man zu kommunizieren, aber man tut es nicht. Die Orte der Kommunikation sind die Kommunikationsmittel."[35] Die Kommunikationsmittel sind die Schaltstellen für menschliche Beziehungen geworden und wirken nicht selten in ihrer Dominanz und Omnipräsenz als Überwachungs- und Kontrollinstanzen, die manipulativ unseren Lebensalltag dirigieren. *Numéro deux* dokumentiert die mediale, besonders die ‚televisuelle Bilderfalle',

> où les images servent d'abord d'appât, puis fonctionnent comme des dispositifs de surveillance. La machination est en cours, impossible d'y échapper. Irritant, agressif, le film [...] transforme les corps en machines et les machines en cerveaux capables d'ordonner le monde.[36]

In diesem Sinn findet, wenn man so will, eine paradoxe Umkehrung des Fernsehdispositivs statt: das elektronische Auge sieht und registriert alles, nicht wir sehen Fernsehen, das Fernsehen sieht uns (beim Leben) zu. Baudrillard beschreibt dieses Phänomen 1978 in seinen Ausführungen zur *Agonie des Realen* am Beispiel der Familie Loud, das sich quasi als Kommentar zu Godards medienkritischem Ansatz in *Numéro deux* liest: Es ist die Auflösung des Fernsehens im Leben, Auflösung des Lebens im Fernsehen – eine nicht mehr zu unterscheidende chemische Lösung: wir alle sind Louds; wir sind zwar nicht den Einbrüchen und dem Druck, der Gewalt und Erpressung der Medien ausgeliefert, aber dafür ihren Induktionen und Infiltrationen, ihrer unsichtbaren und unlesbaren Gewalt, [...] vielmehr muß man sich die Medien so vorstellen, als seien sie in einer äußeren Erdumlaufbahn, einem Orbit, eine Art genetischer Code, der die Mutation des Realen und Hyperrealen bestimmt.[37] Wir funktionieren als medialisierte Einheiten in einer medialisierten Welt, die sich in der Ununterscheidbarkeit von Realität und Bild, von Realem und Fiktionalem, von Sein und Schein, ins „Hyperreale" gesteigert hat. Alle Erscheinungen werden in diesem Sinne austauschbar. An die Stelle von Kommunikation und Sinn tritt das Spektakel, die Sinnverdrehung und mechanische Reproduktion. Der Mensch (ver)schwindet im Simulacrum der Medien. Die Augenoptik wird radikal durch eine Elektrooptik, die reale Welt durch eine Simulationswelt, die

---

[35] J.-L. Godard, *Einführung in eine wahre Geschichte des Kinos*, 43; vgl. auch A. Bergala, *Jean-Luc Godard par Jean-Luc Godard*, 382.

[36] *Cahiers du cinéma*, „Spécial Godard: trente ans depuis" (November 1990), 122.

[37] Vgl. J. Baudrillard, *Agonie des Realen*, Berlin 1978, 44 -51, bes. 49; sieben Monate lang wurde das Leben der Familie Loud direkt, d.h. ohne Skript und Scenario, mit der Fernsehkamera gefilmt und im Fernsehen vor 20 Millionen Zuschauern ausgestrahlt. Diese „schönste Leistung des Fernsehens", radikal Authentizität zu vermitteln bzw. „die perverse Lust" zu erfüllen, eine Intimität zu verletzen, fand dabei ein jähes Ende, da die Familie während der Dreharbeiten in eine Krise geriet und sich auflöste.

Beziehungen des einzelnen zur Gesellschaft durch radio-elektronische Bilder, ersetzt[38], oder, wie Godard zu Beginn in *Numéro deux* konstatiert:

> Il n'y a plus de machin, il n'y a que des machines. Machin, machine, tu vois, moi, machin en face d'une machine, et puis, homme, femme, machin, machine. [...] Ma main, c'est une machine à programme qui dirige une autre machine.

Die Gesellschaft und mit ihr die Medienwirklichkeit funktioniert als Fabrik („le cinéma est une fabrique comme la télévision"), der Mensch erscheint als programmierte Maschine, die andere Maschinen steuert. So geht es letztendlich nur noch darum, angeschaltet und vernetzt zu sein im Kreislauf des Medienschauspiels, das endlos Bilder und Töne produziert. „Bin ich nun Mensch oder bin ich Maschine?", möchte man mit Baudrillard fragen, aber es scheint im Medienzeitalter der Simulation keine eindeutige Antwort zu geben, außer der Formulierung eines neuen Paradoxon:

> Realiter und subjektiv bin ich Mensch, virtuell und praktisch bin ich Maschine. [...] Heute leben wir im Imaginären des Bildschirms, des Interface und der Vervielfältigung, der Kommutation und Vernetzung. Alle unsere Maschinen sind Bildschirme, wir selbst sind Bildschirme geworden, und das Verhältnis der Menschen zueinander ist das von Bildschirmen geworden.[39]

Zweifellos zeichnet sich hier die Gefahr der Entfremdung und Verkünstlichung ab, die Godard mit der zunehmenden Technisierung und Medialisierung in *Numéro deux* kritisch beleuchtet, gleichzeitig jedoch auch der innovative spielerische Freiraum, der sich mit den neuen Techniken eröffnet: die Lust an der Simulation und der Gestaltung virtueller Bilderwelten. Godard selbst inszeniert sich in *Numéro deux* als überwachendes elektronisches Auge, das die Bild-Ton-Maschinerie in Bewegung setzt und manipulativ mit ihren ästhetischen Wirkungen spielt. Er kritisiert einerseits unsere Mechanismen des Sehverlustes und der fremdbestimmten Wahrnehmung und stellt sie andererseits über die Inszenierung des intermedialen Bilderspiels in ihrer Faszination wieder her. *Numéro deux* formuliert damit in spielerischer Mehrdeutigkeit und paradoxer Struktur nicht nur den „Alptraum einer visuell wie akustisch total manipulierten Zukunft"[40], sondern auch die Verführung der möglichen Konfusion von Wirklichkeit und Illusion, wirklichen und virtuellen Bildern, der Vermischung und Transformation verschiedener Dispositive.

---

[38] Vgl. hierzu die Ausführungen zur „Industrialisierung des Sehens" im Zeitalter der Simulation von P. Virilio, *Die Sehmaschine*, Bern 1991. Vgl. auch N. Bolz, *Eine kurze Geschichte des Scheins*, München 1992, 103f.: „heute implementieren computergesteuerte Videokameras eine automatisierte Wahrnehmung, ein blickloses Sehen, in dem die Maschine selbst die Analyse des Realen leistet. Die Systeme automatischer Überwachung obsolezieren den Menschen hinter der Kamera."

[39] J. Baudrillard, „Videowelt und fraktales Subjekt", in: J. Baudrillard, H. Böhringer, V. Flusser u.a., *Philosophien der neuen Technologie*, Berlin 1989, 125 u. 130.

[40] G. Berghoff, „Berlinale unter Polizeischutz. Aufregung um iranischen Film – Jean-Luc Godards *Numéro deux*", in: *Kölner Rundschau* (3.7.1976).

In diesem Sinn bleibt abschließend die Überlegung, inwieweit Godard mit *Numéro deux* nicht nur videotechnisch experimentiert, sondern bereits Video- bzw. Performancekunst produziert, d.h. der aktuell angemessene Sende- bzw. Simulationsort für das intermediale Experiment nicht die Kinoleinwand oder der Fernsehbildschirm, sondern die Video-Installation ist, die – man denke beispielsweise an Nam June Paik und seine Multi-Monitor-Installationen[41] – die Institution Fernsehen und die Problematik der Kommunikation und Wahrnehmung, Bildproduktion und -rezeption sowohl kritisch als auch unterhaltsam, spielerisch und ironisch inszeniert.

[41] Interessanterweise präsentiert Paik in den 60er Jahren bereits eine Reihe von Videoarbeiten, die die gleichen Effekte und Techniken einsetzen, die Godard zehn Jahre später in seinen Videoexperimenten erprobt: Fernsehprogramme und Kinobilder als Ausgangsmaterial werden durch Magnete verzerrt, Bild- und Tonstörungen eingespielt, Bildsequenzen minutenlang wiederholt, um so das mächtigste Informationsmedium Fernsehen inhaltlich und formal, in seiner Programmstruktur und Ästhetik zu kritisieren und zu ironisieren.

Joachim Paech

Die Spur der Schrift und der Gestus des Schreibens im Film

Schriftmetaphern

Als die Faszination der Technik verflogen war, begannen sich die Zeitgenossen zu Beginn des Jahrhunderts für die Ausdrucksmittel des Films zu interessieren. Offenbar war es besonders schwer, eine Ästhetik *sui generis* des Kinematographen vorzustellen, deshalb blieb es zunächst dabei, je nach kulturellem Standpunkt den Film analog zu anderen Künsten ‚als bewegte Malerei', als ‚Bildermusik' oder als ‚Bilderschrift' zu beschreiben. Die Idee der ‚Bilderschrift' hatte für sich, daß mit der Schrift-Metapher eine Vielzahl von Überlieferungen und Erfahrungen zusammengefaßt werden konnte: Schon die Fotografie war von Talbot als *Pencil of Nature*[1] bezeichnet worden, umso mehr mußten die Bewegungsbilder des Films als Aufzeichnungen der lebendigen Natur empfunden werden. Die Ideographie der Hieroglyphen konnte als Beleg für die Semantik funktionierender Bilderschriften gelten. Das Bewegungsbild selbst schien sich im Kino mit dem Projektionsstrahl auf die Leinwand zu schreiben. 1912 liest sich das so:

> Der Kinematograph, das ist die Geschichte, in einer Sprache geschrieben, die jedermann versteht; das ist eine universelle Bilderschrift aus den Anfängen der Menschheit, nur viel perfekter, viel schneller. Es ist die Stenographie der Geschichte, die für alle lesbar ist.[2]

Die Schriftmetapher für den Film ist immer wieder aufgegriffen worden, zum Beispiel von Abel Gance (1927): „Das Kino erinnert uns an die Ideographie primitiver Bilderschriften, an Hieroglyphen, wo jedes Ding durch ein Zeichen dargestellt wird, und darin liegt vielleicht auch seine zukünftige Stärke."[3] Fortzufahren wäre mit Eisenstein, der auf einen Zusammenhang zwischen japanischen Schriftzeichen und filmischer Einstellungsmontage hingewiesen hat.[4] Und natürlich knüpft auch die Metapher von der „Kamera als Federhal-

---

[1] H.v. Amelunxen, *Die aufgehobene Zeit. Die Erfindung der Photographie durch William Henry Fox Talbot*, Berlin 1989.

[2] V. Perrot, „Le cinéma est-il une écriture?" in: *Le Crapouillot*, Okt. 1919, zit. nach Charles Ford, *Bréviaire du cinéma*, Paris 1959, 79.

[3] A. Gance, „Le temps de l'image est venu", in: M. Lapierre (Hg.), *Anthologie du cinéma*, Paris 1946, 148.

[4] S. Eisenstein, „Das Prinzip einer Filmkunst jenseits der Einstellung (1929)", in: H.J. Schlegel (Hg.), *Sergej M. Eisenstein. Schriften 3*, München 1975, 221-24.

ter"[5] an eine Idee vom Film als Schrift an, die sich ‚maschinenschriftlich' bis heute erhalten hat, wenn Computerprogramme für interaktive Filme ‚geschrieben' werden, in die der Nutzer seinerseits per Keyboard und Mausklick hineinschreiben kann.

Kinoleinwand und Monitor sind Schauplätze der Schrift vor allem in dem allgemeinen Sinne[6], daß sich auf ihren Oberflächen die Spur ‚der Geschichte(n)' einschreibt, damit ihr Verschwinden nicht endgültig, sondern aufgeschoben ist, damit sie sich im Erscheinen und Verschwinden ihrer Licht-Spuren immer wiederholen, solange diese ‚technische Stenographie' der Geschichte(n) schreibbar und lesbar bleibt.

Schrift im Film

Statt einer sind es mindestens zwei Bewegungen, die die Schrift und den Film verbinden. Anfangs sind es getrennte Welten, die das Geschriebene und das Gefilmte repräsentieren. Geschriebenes geht dem Film als Literatur und Szenarium voraus, um mit filmischen Mitteln neu ‚geschrieben' zu werden. Schriftliches, das den Bildern hinzugefügt werden soll, wird auch filmgeschichtlich anfangs separat mit der *Laterna magica* auf die Leinwand projiziert, um erst später fest in den Film als Schrift-Bild als Anfang des Films (Titelvorspann) oder zwischen und über den Film-Bildern (Zwischentitel, Überblendungen) eingefügt zu werden. Und natürlich gibt es in der vorfilmischen Szene selbst auch Schrift; es wird vor der Kamera geschrieben, und der Film zeichnet das Geschriebene auf, was dem Film, wo die Schrift erneut ihre Spuren hinterläßt, wieder einen ontologischen Status des Aufhebens der Spur zu verleihen vermag.

So kann man die Beziehungen zwischen Schrift und Film von innen nach außen aus der größten Nähe, wenn Film als Schrift identifiziert wird, über Schrift ‚im Film' (im Bild und zwischen den Bildern) bis zur größten Distanz im Verhältnis ihrer Medien von Literatur und Film bestimmen.

Literatur und Film

Wie kann man die Beziehung zwischen Literatur und Film beschreiben? Zum Beispiel als *Addition*: Ein Film, der auf Literatur beruht, hat sich jene hinzugefügt oder gar einverleibt und ist nun etwas mehr als nur ein Film, eben verfilm-

---

[5] A. Astruc, „Die Geburt einer neuen Avantgarde: die Kamera als Federhalter (1948)", in: T. Kotulla (Hg.), *Der Film. Manifeste, Gespräche, Dokumente. 1945 bis heute*, München 1964, 111-115.

[6] Vgl. J. Derrida, „Freud und der Schauplatz der Schrift", in: ders., *Die Schrift und die Differenz*. Frankfurt a.M. 1976, bes. 311; im Rahmen des Cinéma vgl. T. Kuntzel, „A Note Upon the Filmic Apparatus", in: *Quarterly Review of Film Studies*, Vol. 1, Nr. 3, 1976, 266-275.

te Literatur oder literarischer Film. Dem widerspricht die Forderung nach Subtraktion: Filme seien umso mehr sie selbst, je weniger Literatur sie verwenden[7]. Und immer dann, wenn sich die Einsicht durchsetzt, daß Literatur im Film weder anwesend noch abwesend sein kann, weil ihre Beziehung durch die Differenz ihrer Medien des Erzählens, durch Schrift auf der einen und Bilder und Töne auf der anderen Seite, und nur durch eine gewisse Gemeinsamkeit des Erzählten bestimmt ist, stellt sich die Frage nach einem *tertium comparationis*, über das erst diese Beziehung vermittelt sein kann. Dann werden Film und Literatur zu Texten und ihre Beziehung zur Intertextualität, die nicht nur die Mediendifferenz der Texte, sondern auch ihre jeweiligen Agenten, die schreibenden, lesenden und filmenden ‚Autoren' berücksichtigen muß. Das, was zwischen Literatur und Film passiert, ist dann ein Transformationsprozeß aus Lesen, Erinnern, (Ver-)Filmen in der gemeinsamen Teilhabe an einem ‚imaginären Universum', dessen Horizont das literarisch Erzählte und das filmisch Wiedererzählte (oder umgekehrt) verbindet[8].

Und doch kann man die Beziehung zwischen Literatur und Film viel unmittelbarer durch den Hinweis be-schreiben, daß man ein UND zwischen Literatur UND Film geschrieben hat. Das Schreiben des UND führt von der Literatur zum Film (und umgekehrt), die Spur der Schrift verbindet in der Kopula die Literatur mit dem Film, ihre Be-Schreibung selbst operiert als Beziehung zwischen Literatur UND Film. Zunächst natürlich im Schreiben von ‚Literatur' UND ‚Film'.

Jean-Luc Godard hat das UND direkt in seinen Film *Ici et Ailleurs* (1974) geschrieben, indem er das UND in seinem Film als Schrift-Bild zwischen zwei andere Bilder eingefügt und deren Beziehung auf diese Weise als UND beschrieben hat. (Abb.: Godard: *Ici et Ailleurs*) Das eine Bild ist nicht das andere, vielmehr ist das UND „identisch mit Verschiedenartigkeit, Vielfalt und Zerstörung der Identität. [...] Das UND ist weder das eine noch das andere, es ist immer zwischen den beiden, es ist die Grenze."[9] Die Grenze wovon? Die Grenze zwischen zwei Bildern (Einstellungen) zum Beispiel, das ist eine Position, an der immer schon die Schrift der Zwischentitel figurierte. Die Grenze aber auch zwischen Literatur und Film, indem das UND dort deren Beziehung als Nicht-Identität, als Verschiedenheit be-schreibt. Dennoch folgt das Be-Schreiben ihrer Beziehung im UND mit der Geste des Schreibens im Zwischenraum zwischen Literatur und Film einer Spur, der Spur der Schrift vom einen zum anderen, von der Literatur zum Film (und umgekehrt), weil das geschriebene UND das andere Medium der Literatur, die Schrift, repräsentiert (umgekehrt sind es vielleicht die Filmfotos, die in den Büchern das Medium

---

7 „Aussi, la valeur littéraire d'un scénario est-elle tout à fait négligeable.", R. Clair, „Cinéma pur et cinéma commercial", in: *Les cahiers du mois*, 16/17, 1925, 90.

8 T. Todorov „Die Lektüre als Rekonstruktion des Textes", in: W. Haubrich (Hg.), *Erzählforschung*, Bd. 2, Göttingen 1977.

9 G. Deleuze, „Veränderung, was ist das? Gilles Deleuze und ‚Six fois deux'", in: *Filmkritik* Nr. 242, 1977, 86.

des Films andeuten). Indem ich das UND schreibe, nehme ich die Spur der Schrift aus der Literatur auf und folge ihr in den Film ...

Orte der Schrift

Schrift im Film zu lokalisieren ist der wichtigste Schritt überhaupt. Je nachdem, wo im Film Geschriebenes auftaucht (oder gar der Film selbst als auf die Leinwand oder den Monitor geschrieben aufgefaßt wird), figuriert dieses ‚UND' als Markierung des anderen Mediums im Film. Zwischentitel zum Beispiel sind Bilder, in denen die Schrift in den Zwischenräumen zwischen den Bewegungsbildern des (Stumm-)Films ‚lesbar' figuriert. Weil ihre Lesbarkeit als Unterbrechung des Bilderstroms figuraler Sichtbarkeit und als unangenehmer Medienwechsel empfunden wurde, sollte der Anteil der Schrift so weit wie möglich reduziert oder ‚figural' integriert werden (durch Rahmung, Angleichung des Geschriebenen an den Charakter des Gesprochenen oder stilistische Ähnlichkeiten). Gegen die Idee (des filmischen Expressionismus[10]), ganz auf die Schrift in den Bildern und das Lesen im Sehen verzichten zu wollen, hat sich die Schrift zwischen den Bewegungsbildern des Stummfilms erhalten. Die Rede verlangt den Wortlaut und, wo sie stumm ist, die Schrift: „Kurze Zwischentitel, die bestimmte und charakteristische Gesten der Schauspieler begleiten in Augenblicken, wo auf der Leinwand ein Dialog stattfindet, werden als völlig natürliches Element des Films wahrgenommen."[11] Das gesprochene Wort wird schriftlich zwischen den Bildern des Sprechens zitiert; das geschriebene Wort dagegen teilt die Diegese (oder Fiktion), in der es als Brief, Telegramm, heimliche Botschaft u.v.m. funktioniert. In den Bildern des Films ist die Schrift vorfilmisch lokalisiert, d.h. sie gehört nicht zum ‚Film', sondern zur ‚Welt', die der Film zeigt. Eindeutig zum Film dagegen gehören die Schriften des Vorspanns und des Abspanns, deren Vor- und Nachtitel dem Charakter der Zwischentitel angeglichen werden können. Im Tonfilm markiert die Schrift des Titels manchmal, daß der ‚Film' allmählich zu der Geschichte, die er erzählt, transparent wird: Hörbar und sichtbar hat die Handlung bereits begonnen, während über den ersten Bildern noch die Schrift des Titels liegt. (Abb.: *An einem Tag wie jeder andere/Desperate Hours*, William Wyler, 1955)

Robert Siodmaks Film *Die Wendeltreppe/The Spiral Staircase* (1945) spielt mit dem Übergang vom Stummfilm zum Tonfilm. Der ganze Anfang des Films, wo während einer Stummfilmvorführung ein Mord passiert, ist

[10] „Es ist eine alte Behauptung vieler Theoretiker und Ästhetiker, daß in einem Film, als einer ‚Bilderzählung', keine Worte in Form von Zwischentiteln hineingehören. [...] denn Worte sind grundsätzlich und wesentlich etwas Anderes als Bilder", H. Pander, „Zwischentitel", in: *Der Bildwart*, Blätter für Volksbildung, Heft 1, 1923, 16.

[11] B. Eichenbaum, „Probleme der Filmstilistik", in: W. Beilenhoff (Hg.), *Poetik des Films*, München 1974, 20.

‚stumm'. Erst als auf dem ‚Film im Film' ENDE erscheint, findet Siodmaks Film die Sprache wieder: Nur Helen, die durch einen Schock verstummte Heldin des Films, bleibt stumm, bis sie die wahre Identität des Mörders erkennt, der sie daraufhin bedroht. Sie schreibt ihre Botschaften (wie in Stummfilmen üblich) auf, und erst durch einen erneuten Schock findet sie ihre Sprache am Telephon wieder: Sie sagt ihren Namen und ruft um Hilfe. ENDE. Der Film selbst, der mit einem Stummfilm begonnen hat, findet am Schluß seiner Erzählung vom Schreiben zum Sprechen, nachdem die Schrift wie eine Spur den Raum zwischen Anfang und Ende markiert hat. Aber das letzte Wort hat wieder die Schrift: ENDE. (Abb.: Siodmak: *Wendeltreppe*)

Intermedialität

Schrift figuriert an ihren verschiedenen Orten im Film jeweils doppelt, als Medium und als Form. Weil aber Medium nie ohne Form und Form nie ohne Medium denkbar sind, repräsentiert die Schrift (das ‚UND') einmal die (geschriebene) Form des Mediums Literatur, und zum anderen ist sie Medium ihrer Form (eine Figur), die gemeinsam mit anderen (stilistischen) Elementen den Film charakterisiert. Die Schrift (wie das ‚UND') figuriert also einmal intermedial an der Schnittstelle von Literatur UND Film im Film (oder der Literatur); zum anderen figuriert sie formal (und im Film selbst) zwischen Schrift-Bild und Bilderschrift. Intermedialität kann niemals die Darstellung oder das Funktionieren eines Mediums in einem anderen sein, sondern immer nur die Wiederkehr der Form eines Mediums in der Form eines anderen[12]. Verfilmte Literatur kann daher immer nur Film sein, das gilt sogar für die Elemente, die scheinbar ‚unmittelbar' übertragbar sind, zum Beispiel die geschriebenen Dialoge. In den Zwischentiteln der Bilder-Schrift des Stummfilms wird das literarisch Geschriebene zum Schrift-Bild des Films, zu einem ‚UND', das sowohl für die Literatur als auch für die narrative Kontinuität des Films figuriert, indem es sogar als Schrift-Figur Charakteristiken des Stils des Erzählten übernimmt. Daher fügt Béla Balázs hinzu:

> Und die ‚Charakterschrift', die man heute schon bei jedem Film benützt, damit die Kontinuität des rein visuellen Ausdrucks nicht ganz abreißt bei den Titeln, die Charakterschrift ist auch das Bild einer Gebärde. Die Graphologen können es bezeugen. Lebendige Schriftzeichen sind die graphischen Spuren einer emotionellen Bewegung.[13]

Das ‚UND' der Schrift erweist sich als intermedialer Gestus des Verbindens des Heterogenen, als Spur des Übergangs und der Herstellung von Beziehun-

---

[12] J. Paech, „Paradoxien der Auflösung und Intermedialität", in: Coy, Tholen, Warnke (Hgg.), *Medien – Kunst – Computer. HyperKult I-IV*, Lüneburg 1996.

[13] B. Balázs, „Der Geist des Films (1930)", in: ders., *Schriften zum Film*, Bd. 2, München, Budapest, Berlin 1982, 142.

gen zwischen verschiedenen Medien, Formen, Figuren und Fragmenten von Sinn.

Im Gestus des Schreibens selbst, der in der Schrift wiederkehrt, figuriert das Geschriebene zunächst für eine visuelle Gebärde des Films, eine ‚Figur' des Bewegungsbildes. Die Schrift kann den Charakter einer Gebärde ausdrükken, ist dann selbst das Bild einer Gebärde. Boris Eichenbaum hat darüber hinaus in der schriftlichen Form der Dialoge von Zwischentiteln den Gestus des Sprechens wiedererkannt[14]. Schließlich wird Intermedialität, das ‚UND' zwischen Malerei, Musik, Literatur, Fotografie usw. und Film als Gestus der Verbindung ihrer Formen markiert. In den Zwischentiteln von Robert Wienes *Das Cabinet des Dr. Caligari* (1919/20) setzt sich der expressive malerische Stil der Dekorationen des Films fort, der über den Film hinaus auch die Malerei des Expressionismus zitiert; die Schrift charakterisiert Lautstärke und Emotion des Sprechens. (Abb.: Wiene: *Callgari*) In Murnaus *Nosferatu* (1922) wird in den Schriften an ihren unterschiedlichen Orten das Geschriebene vom Gesprochenen, das Erzählen vom Erzählten (die Texte der Fiktion, wie Briefe Nosferatus, gehören dazu) unterschieden. (Abb.: Murnau: *Nosferatu*):

Die graphische Gestaltung der Zwischentitel macht sie (als Orte von Intermedialität) zunehmend zu einem selbständigen Film-Bild. Griffith hatte seine Zwischentitel mit einem Rahmen versehen und mit der Signatur seines Namens gezeichnet; und nicht nur wie ein Bild, sondern als Hinweis auf ein Bildzitat im Film wurde in einem Zwischen-‚bild' das zitierte ‚Original' eingefügt.[15] Renoir/Cavalcantis *La p'tite Lili* (1927) zitiert in den Zwischentiteln sogar die Musik, die dem Lied zugrundeliegt, dessen Geschichte von der kleinen Lili der Film erzählt. (Abb.: Renoir/Cavalcanti: *La p'tite Lili*) Dann aber mündet der Gestus des Schreibens in die Anverwandlung der Schrift an die Dynamik der filmischen Fiktion, wo sie unmittelbar be-schreibt, was die Kontinuität der Aktion verbindet, ohne Aufschub (der Schrift) zu dulden. Ein Brief ruft den Helden zurück zu seiner Geliebten, deren Gesicht (der Garbo!) ihm erscheint; mit dem Pferd, dem Schiff und der Eisenbahn eilt er zurück zu ihr, die ihm das Glück (FELICITAS) verheißt: Die Hufe der Pferde, das Stampfen der Motoren und das Rattern der Eisenbahn skandieren FELI-CI-TAS. (Abb.: Brown: *Flesh and Devil*)

An den Himmel geschrieben findet sich der Gestus des Schreibens kosmisch erhöht. David Copperfield (George Cukor, 1934) sieht in seiner Phantasie, wie sich die Sterne am Himmel zum Namen DORAS, seiner Angebeteten, zusammenfügen[16]. In dem Film von Fritz Lang: *Die Frau im Mond* (1929) schreibt vor dem Start der Rakete ein winziges Flugzeug die Schrift „START

[14] Vgl. Anm. 11.

[15] B. Hanson, „D. W. Griffith: Some Sources", in: *Art Bulletin*, Vol. 54, 1972, Nr. 4, 493-515.

[16] R. Haver, *David O. Selznick's Hollywood*, Frankfurt a.M. 1983, 160.

21.30“ an den Himmel und kein (diegetischer) Ort wäre besser geeignet, das Ereignis ‚schriftlich' anzukündigen. Aber nur scheinbar ist diese Schrift vollkommener Bestandteil der Handlung des Films; ‚geschrieben' wurde diese Himmelsschrift nicht am Himmel, sondern, der Oberfläche des Films näher, von Oskar Fischinger auf einer Glasplatte mit Kreide, die in Glyzerin aufgelöst auf der Platte die entsprechenden Spuren hinterließ.[17] (Abb.: Fritz Lang: *Die Frau im Mond*)

Der geschriebene Film

Die intermediale Einschreibung des ‚UND' in den Film figuriert dort am sinnfälligsten, wo der geschriebene (mehr oder weniger literarische) Text sich auch optisch mit den Bewegungsbildern des Films verbindet (ähnliches gilt auch für die akustische ‚Form' der Wiederkehr des anderen (literarischen) Mediums, zum Beispiel in der OFF-Erzählung des Films). Die Überblendung vom geschriebenen Text zur (audio-)visuellen Handlung des Films ist selbst ein Bild der Wiederkehr (der Form) des Mediums im (in der Form eines) anderen an der Schnittstelle des ‚UND'. Das Geschriebene in dem Film von Howard Hawks *Red River* (1948) ist das Tagebuch des Viehtriebs, dessen Geschichte förmlich auf der Grundlage dieses Tagebuchs der Film erzählt. Die Geschichte ist Vergangenheit; indem sie aufgeschrieben wurde, ist sie dem Vergessen entrissen und nun im Film wieder ‚lebendig', unmittelbar erlebte Gegenwart geworden. Dort, wo Text und Bild einander ablösen, wird die Erinnerung in der Spur ihrer (schriftlichen) Aufzeichnung wach, ihr Bild wird klarer und klarer, bis das Ereignis selbst wieder unmittelbar in der audiovisuellen Handlung des Films gegenwärtig ist. An den Peripetien der Handlung kehrt die filmische Erzählung wieder zu ihrem textuellen (literarischen) Ursprung zurück, wo das Erzählen selbst eine ‚Stimme' hat und aus der Distanz (das ist die Differenz) der Medien über die Geschichte und das Geschehen verfügt. Am Anfang des Films ‚schält' sich das Bild aus der Schrift heraus: Nur die Schreibschrift verweist auf die Tagebuchform des Schreibens; das Bild teilt sofort auch Ort und Zeit, Akteure und Aktionen und nicht zuletzt die Genrezugehörigkeit des Films mit. (Abb.: Hawks: *Red River*)

Etwas anderes ist es, wenn die Erzählung, die dem Drehen des Films vorausgeht, erst mit der Geschichte, die der Film erzählt, aufgeschrieben wird; wenn erst am Ende des Films auch der Text zu Ende geschrieben ist, der dem Film als Vorlage gedient hat. Intermedialität ist dann ein Paradoxon, das ‚operativ entfaltet' und scheinbar gelöst wird, indem die Unmöglichkeit der Gleichzeitigkeit beider medialer Formen ‚verzeitlicht' wird. Das in die Verzeitlichung entfaltete Paradoxon ist der Film selbst. François Truffauts Film *L'enfant sauvage* (1970) operiert mit genau dieser paradoxen Situation: In

[17] W. Moritz, „Oskar Fischinger“, in: *Optische Poesie. Oskar Fischinger, Leben und Werk*, Red. v. H. Gehr, Kinematograph, Nr. 9, Frankfurt a.M. 1993.

diesem Film schreibt Doktor Itard einen Bericht über seine Versuche der Erziehung eines ‚wilden Kindes', von denen der Film erzählt. Der Film, der die Entstehung des Berichtes zeigt, beruht auf eben diesem Bericht. Nicht genug damit, daß Truffauts Film dieses Paradox aufhebt, indem er es verzeitlicht, er verräumlicht es auch, indem dieselbe Person im Film als Doktor Itard den Bericht schreibt und ‚gleichzeitig' hinter der Kamera (als François Truffaut) den Film, der das Schreiben des Berichtes zeigt, dreht. Auch hier gibt es ein ‚UND' der intermedialen Gleichzeitigkeit, wenn Truffaut sich im Spiegel als Itard sieht.[18] (Abb.: Truffaut: *L'enfant sauvage*)

Maschinenschrift

Auch wenn die Schrift, die im Film geschrieben oder in den Film hineingeschrieben wird, maschinell produziert wird, bedeutet das nicht, daß nun eine ‚modernere' Schnittstelle zwischen zwei apparativen Medien, der Schreibmaschine und dem Filmapparat, entsteht, wie das erst die multimediale Verbindung von Computer (Keyboard) und Video ermöglichen wird. Das ‚UND' zwischen Schreibmaschine UND Film wird nach wie vor durch die Form repräsentiert, in der das Medium der Schrift in der Form des Mediums Films erscheint. In dieser Form jedoch entsteht aus der Beziehung zwischen Schreibmaschine und Film ein ganz neuer operativer Sinn intermedialen Schreibens, der sich in einer Vielzahl von Film-Metaphern des Maschineschreibens ausdrückt. Besonders geeignet für eine Verbindung von Körpern und Maschine sind die Revuefilme Hollywoods, in denen die ‚Girl-Truppen' zu exakt funktionierenden Körpermaschinen diszipliniert sind. In dem Film *Ready, Willing and Able* (1937) von Ray Enright (Abb.: Enright: *Ready, Willing and Able*) zum Beispiel werden die Körper der Revuegirls direkt in die Mechanik der Schreibmaschine eingebaut: Die Beine der Girls funktionieren als Typenhebel einer riesigen Schreibmaschine; sie bewegen sich im Rhythmus der Musik und des auf den Tasten tanzenden Paares und ‚schreiben' auf ein riesiges Blatt Papier. Ein Film wie ein getanzter (Alp-)Traum der Hunderttausenden von ‚Tippsen' in den Bürohochhäusern Amerikas. Nicht einmal im Tanz löst sich die starre Rhythmik des Maschineschreibens; während das tanzende Paar von Taste zu Taste springt, bilden die auf dem Rücken liegenden Körper der Girls mit ihren Beinen neue apparative Ornamente einer getanzten Körperschrift. Die springenden und schwebenden Figuren des tanzenden Paares auf den Tasten bewirken das mechanische Funktionieren des maschinellen Schreibens, dessen bloße phantastische und tänzerische Überformung sie sind. Tatsächlich ist es dasselbe, was jede Stenotypistin tagtäglich erlebt hat, wenn das wilde Springen der Finger über die Tasten in der Mechanik der mit ihnen gleichsam verwachsenen Maschine zu Anschlägen von Hebeln geordnet und in der Ma-

[18] J. Paech, „Der Platz des Autors beim Schreiben des Films", in: F.P. Ingold, W. Wunderlich (Hgg.), *Der Autor im Dialog*, St. Gallen 1995, 103-114.

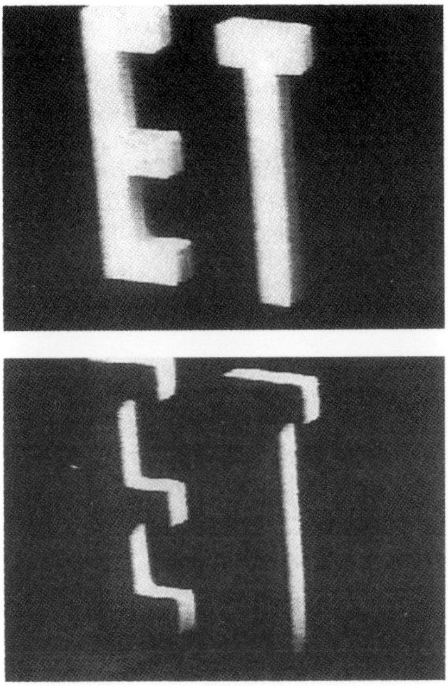

Ici et Ailleurs, 1974

Wyler, *Desperate Hours*, 1955

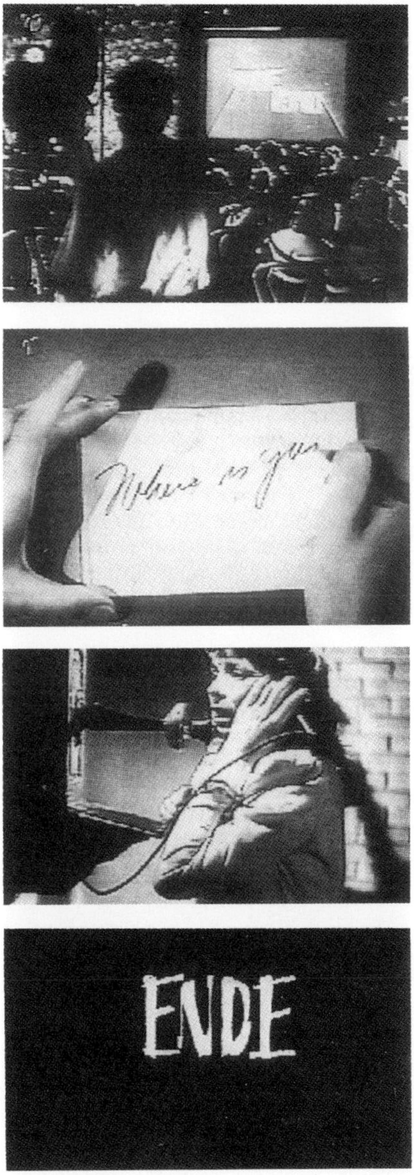

Siodmak, *The Spiral Staircase*, 1945

Wiene, *Caligari*, 1919/20

Murnau, *Nosferatu*, 1922

Renoir/Cavalcanti, *La p'tite Lili*, 1927

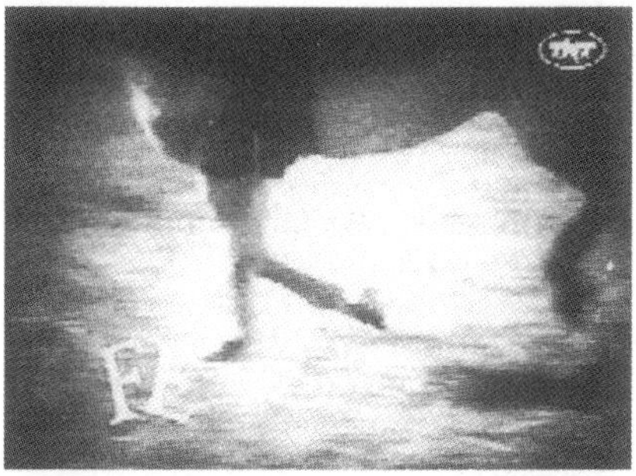

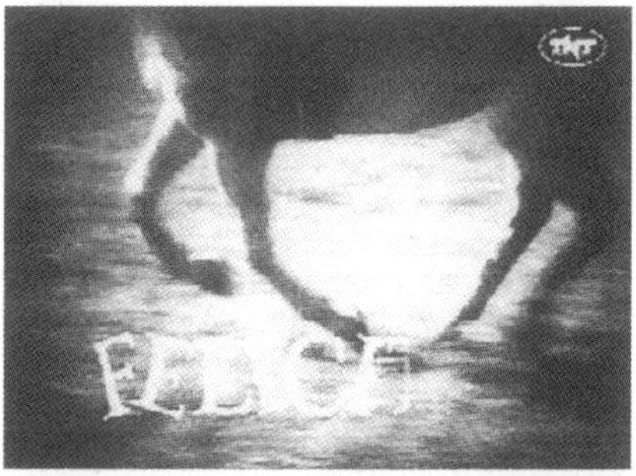

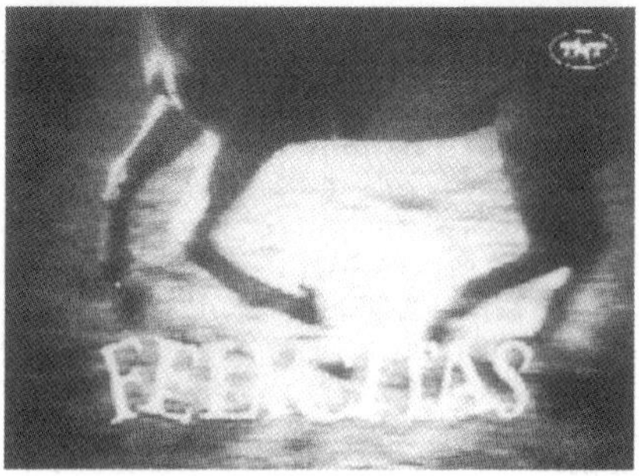

Brown, *Flesh and Devil*

Lang, *Die Frau im Mond*, 1929

Truffaut, *L'enfant sauvage*, 1970

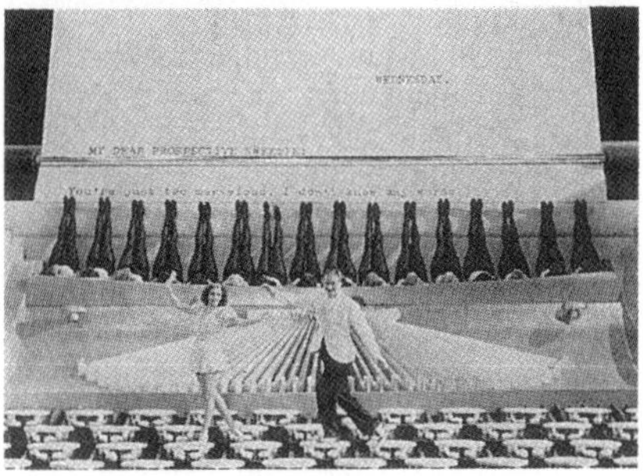

Enright, *Willing and Able*, 1937

Hawks, *Red River*, 1948

Wenders, *Hammett*, 1980-82

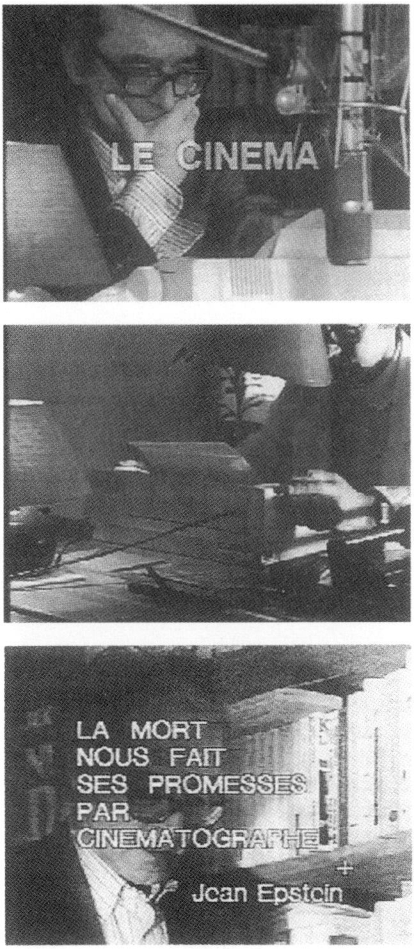

Histoire(s) du cinéma

Scénario du film Passion, 1982

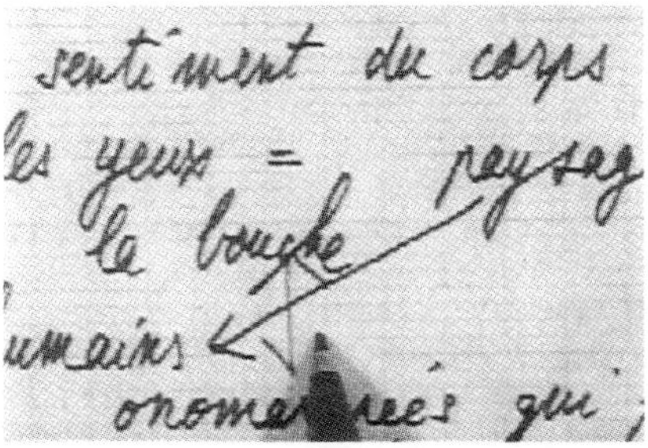

Pierrot le fou, 1965

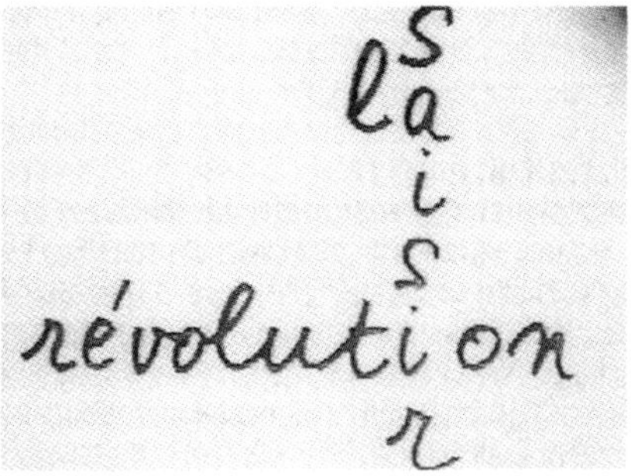

Cinétract, 1968

Le gai savoir, 1968

Thorsen, *Stille Tage in Clichy*, 1969

Greenaway, *Prospero's Books*, 1991

Greenaway, *M is for Mozart*, 1991

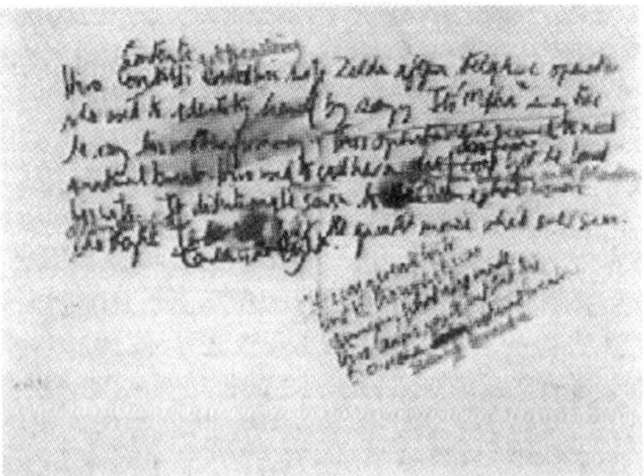

Greenaway, *Dear Phone*, 1976

Une femme mariée, 1964

W. Allen, *Annie Hall*, 1976

Flaherty, *Moana*, 1923/25

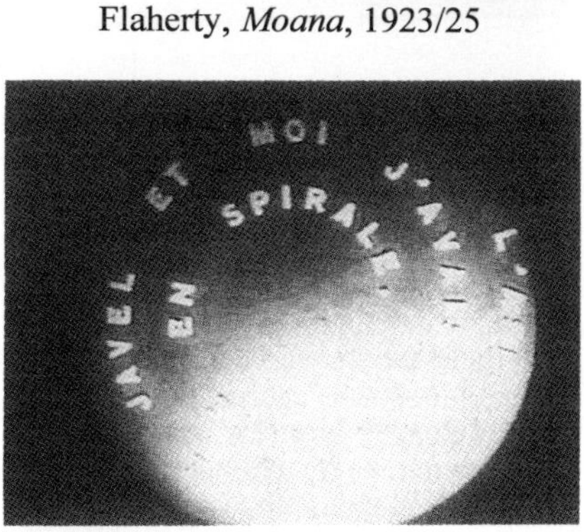

Duchamps/Man Ray, *Anémic-Cinéma*, 1924-26

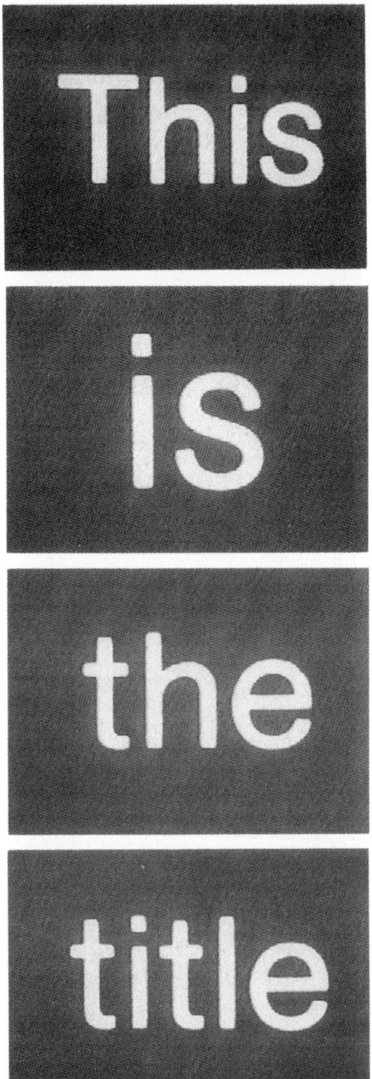

Snow, *So IS THIS*, 1982

← Frampton, *Zorns Lemma*, 1970

schinenschrift zu lesbarem und verwertbarem Sinn linear ausgerichtet wird. Umgekehrt ist es die starre Mechanik des apparativen Ablaufs von 24 Bildern in der Sekunde, die sich in den phantastischen Bewegungsbildern, die auf diese Weise projiziert werden, vergessen macht, indem sie auf der Leinwand vollkommen aufgelöst zu sein scheint. Es gehört zu den Mythologien der Moderne, daß der Film in seiner Doppelheit von apparativer Mechanik einerseits und montageförmiger Auflösung von Zeit und Raum im Bewegungsbild auf der Leinwand andererseits den Übergang von der Disziplinierung gutenbergscher Ausrichtungen der Schrift zur befreiten Bilderkultur moderner Massenmedien ‚am Ende der Gutenberg-Galaxis' symbolisiert. Allerdings haben die Filme, die die Auflösung der Schrift in die Bilder thematisiert haben, nur zu bereitwillig an diesem Mythos[19] mitgewirkt. Die avantgardistische Gegenaufklärung hält dagegen: „Eric Andersen [...] gibt folgende Anweisung, wie seine Manuskripte zu verfilmen sind: ‚Schreibe es auf das Farbband einer Schreibmaschine und filme das Band von einem Ende zum anderen.'"[20]

Der Übergang vom Maschineschreiben zum Film figuriert im Film als Widerspruch zwischen der sich linear auf dem Papier wie das Rinnsal der Gedanken ausbreitenden Schrift, das im Mechanismus des apparativen Schreibens gefangen, sich nur mühsam Buchstabe für Buchstabe aus‚drucken' kann und der scheinbaren Unmittelbarkeit der phantastischen Bilderwelt des Films. Der Text, der das Blatt bedeckt, hält noch im Gitter oder Netz seiner Zellen die Bilder gefangen, die dann im Filmwerden des Textes sich in die Spontaneität filmischer Einbildungen und ihrer Aktionen befreien sollen.

Man kann den Anfang des bei Coppola in Hollywood entstandenen Films *Hammett* (1980-82) wie eine Metapher für die amerikanischen Probleme seines europäischen Regisseurs Wim Wenders lesen: Nur mühsam gelingt es, die Handlung des Films aus ihrem literarischen Ursprung der Schrift und des Schreibens, der so sehr europäisch ist, in die Bewegungen der Filmbilder Hollywoods hinüberzuführen. Im Film wird sich Dashiel Hammett als Autor seiner Kriminalromane in die Intrigen seiner Phantasie verwickeln, aber nur ganz allmählich kann er sich vom geschriebenen Text seiner Schreibmaschine in die Bilderwelt seiner Phantasie begeben, der Mechanismus des Schreibens klingt (visuell) noch nach, als er längst auf der Straße dabei ist, sich im Netz krimineller Handlungen zu verstricken, das die Buchstaben, Wörter und Zeilen seiner Schreibmaschine über ihn geworfen haben. (Abb.: Wenders: *Hammett*)

Erst jenseits des Kinos figuriert die vierfache Gleichzeitigkeit der Intermedialität von Literatur (Buch), Film (das Band auf dem Schneidetisch), Schrift (in der elektronischen Schreibmaschine) und Ton (im Bild durch das Mikrophon visualisiert) neu. Diese Medien, die sich als Form in die Geschichten, die

---

[19] Zum Beispiel Walter Ruttmanns ‚neusachlicher' Städtefilm *Berlin, die Sinfonie der Großstadt* (1927).

[20] H. Scheugl, E. Schmidt jr. (Hgg.), *Eine Subgeschichte des Films. Lexikon des Avantgarde-, Experimental- und Undergroundfilms*, Frankfurt a.M. 1974, Bd. 2, 831.

der Film erzählt hat, eingeschrieben und eingebildet haben, sind von Jean-Luc Godard für die Geschichte des Films isoliert und separat in Form von apparativen Medien angeordnet worden. Die Romane von Flaubert stehen wieder im Bücherregal, das Schreiben ist eine Funktion des elektronischen Gedächtnisses einer Schreibmaschine, die Töne, die das Mikrophon aufnimmt, sind die der Filmmaschine und der Schreibmaschine. Und doch figurieren sie in der Form von Medien wieder auf der Formseite des Mediums eines mehrteiligen (Fernseh-)Films *Histoire(s) du Cinéma*, wo das Schreiben die Bewegung der Bilder in der Montage der Schrift organisiert, wo die Töne als Geräusche hinter die Oberfläche ihrer Bilder zurückfallen, damit sich der neue historische Sinn nicht mehr nur den viel zu problematischen Verlautbarungen der Bilder, sondern den Operationen des Historikers (Godard) verdankt, der mit den Bildern Filmgeschichte ‚schreibt', indem er den Sinn ihrer Geschichte in ihre Bilder hineinschreibt. (Abb.: Godard: *Histoire(s) du Cinema*)

Überschreibungen

Das intermediale ‚UND' der Schrift ist in Godards Filmen Kopula und Kupplerin geblieben, manchmal Operand im Gewebe des Bildertextes, manchmal Bilderzählung aus Schrift (zum Beispiel im Vorspann), manchmal auch feindlich, wenn die Schrift (die Literatur also) die Bilder zuzudecken droht und die Bilder sich gegen die Schrift (das Kino sich gegen die Literatur) behaupten muß. (Abb.: Godard: *Scenario du film ‚Passion'*) In einer dekonstruktiven Lektüre des Films von Godard *A bout de souffle* (1959) hat Marie-Clair Ropars[21] die operative Funktion graphischer (Schrift-)Strukturen im Genotext (oder textuellem Unterbau) des Films nachgewiesen. Die Verteilung männlicher und weiblicher Signifikanten zum Beispiel machen im graphischen System des Films ‚unterschwellig' lesbar, was sich an der Oberfläche des Films als fiktionale Handlung zwischen Patricia und Michel ereignet. Viel auffälliger allerdings sind die Überschreibungen der Bilder mit hand- oder maschinegeschriebener Schrift. Vom Vorspann aus haben sich die Schriften in Godards Filme vorgearbeitet, haben sie mit ihrer Graphik zugedeckt und mit ihren buchstäblichen Sinnspielen imitiert. Ferdinands (Belmondo) Tagebuch wird in Godards *Pierrot le fou* (1965) zum graphischen Subtext des Films, in dem sich die Oberfläche der Filmhandlung und ihrer Bilder durch Ausstreichungen, Umstellungen und Verweise der Schrift operativ reflektiert. (Abb.: Godard: *Pierrot le fou*)

Auch in Godards *Le gai savoir* (1968) greift die Schrift kritisch in die Bilder ein, diesmal sind es die massenhaften Bilder der Massenmedien, die Godard ‚be-schreibt' und durch den Schrift-Sinn ihren falschen Bild-Sinn zu entlarven hofft. Noch sind die Bilder vor-filmisch und die Schrift ‚be-schreibt' sie vor

[21] M.-C. Ropars-Wuilleumier, „L'instance graphique dans l'écriture du film. *A bout de souffle*, ou l'alphabet erratique", in: *Littérature*, Nr. 46, Mai 1982, 59-81.

der Kamera, aber der Punkt, wo sie mit den Bildern des Films identisch werden und es die Filmbilder sind, die von der Schrift ‚über-schrieben' werden, ist fast erreicht. Die elektronische Bildverarbeitung mit Video erlaubt Godard schließlich seit *Numéro deux* (1975), unmittelbar in und über die Bilder zu schreiben, wo die Schrift in einem zugleich figurativen und diskursiven Raum figuriert, der dem Schreiben ‚als figurativem Gestus' diskursive Funktion und der diskursiven Schrift den Status einer ‚Figur' unter Bildern verleiht. Die In-Schriften Godards, mit denen er seine Bilder be- und überschreibt, oszillieren zwischen Diskurs und Figur, sie sind ‚Ereignisse der Figuration'. (Abb.: Godard: *Le gai savoir*) Das Figurative als stilistisches Mittel[22] ist eng mit der (filmischen) Postmoderne verbunden. Es kündigt sich gegen Ende der 60er Jahre in einer Reihe von ‚jungen' Filmen oder ihren politischen Varianten, u.a. in Godards *Cinetracts* (1968), den filmischen Flugblättern des Mai ‚68' an: Diese Fotofilme sind manchmal überschrieben, oder sie bestehen aus bloßer Wortkombinatorik wie der Aufforderung „Saisir la révolution", eine formale Anknüpfung auch an den Surrealismus. (Abb.: Godard: *Cinetract*) Die Henry Miller-Verfilmung des Dänen Jens-Jörgen Thorsen: *Stille Tage in Clichy* (1969) leitet ‚maschinenschriftlich' von der Literatur ins pralle (Sexual-)Leben seines Helden über. Die Mechanik der Schreibmaschine hat ausgedient, wenn sich eine Frau ins Bohèmeleben des Dichters verirrt. Wenn es dann drunter und drüber geht, ist Schrift nur als nachträgliche Überschreibung in der Art von Comics möglich. (Abb.: Jens-Jörgen Thorsen: *Stille Tage in Clichy*)

Mit Peter Greenaway ist die Schrift im Film endgültig ‚postmodern' geworden. In seinen Filmen gibt es keinen Ort für die Schrift im Film, der ungenutzt bleibt: Der Kontrakt des Zeichners wird diegetisch in der Fiktion des Films ‚an Ort und Stelle' geschrieben. Zur Erfüllung des Vertrages wird die Schreibfeder mit dem Zeichenstift vertauscht, aber die Graphiken, die der Zeichner herstellt, setzen die Schrift des Vertrages fort, machen sie zu Einbildungen des Zeichners von einer Realität, die seine Bilder nicht be-schreiben können. Die Spur der Schrift des Vertrages mündet in die Spur eines Verbrechens, die sich, ohne daß der Zeichner es bemerkt, auch seinen Bildern eingeschrieben hat und dem schließlich auch der Zeichner zum Opfer fällt, weil er sie nicht zu ‚lesen' vermochte. Umgekehrt liest Greenaways Film die Schrift in *Prospero's Books* (1991), die sich im Film fortschreibt, verkörpert, in die Bücher zurückkehrt und dort zerstört wird. Die Leinwand des Kinos, jedes Filmbild auf ihr ist eine Buchseite, die noch einmal mit Schriftzügen überschrieben wird. Den Film sehen heißt auch, ihn buchstäblich lesen. Sogar den Film *M is for Mozart* (1991) hören bedeutet, seine Schrift lesen. Neben In-Schrift und Über-Schrift bedient sich Greenaway auch wieder der Trennung von Bild und Schrift: *Dear Phone* (1976) handelt vom Telephonieren. Auf das Klingeln verschiedener öffentlicher Telephone, das nicht beantwortet wird,

---

[22] D.N. Rodowick, „Reading the Figural", in: *camera obscura*, Nr. 24, 1990, 11-44; A. Dudley, „Figuration", in: ders., *Concepts in Film Theory*, Oxford 1984, 157-171.

folgt handschriftlich eine Telephongeschichte, die anstelle des Telephongesprächs das Telephonieren förmlich erzählend ‚be-schreibt'. (Abb.: Peter Greenaway: *Prospero's Books*, *M is for Mozart*, *Dear Phone*)

Untertitelung

Es geht um die Schrift, die der Tonfilm eingeführt hat. Es ist eine Ironie der Filmgeschichte, daß sich die Hoffnungen, die mit dem Kinematographen „eine neue Wendung zum Visuellen" verbunden haben, zumindest hinsichtlich der Schrift nicht erfüllt haben. Balázs hatte der Buchdruckerkunst angekreidet, daß „aus dem sichtbaren Geist ein lesbarer Geist und aus der visuellen Kultur eine begriffliche"[23] geworden sei. Und wenn der Film erst sprechen könne, würden auch die Zwischentitel überflüssig werden, die bis dahin das gesprochene Wort ersetzen sollten. Zwar konnte man für fremdsprachige Versionen die Zwischentitel relativ einfach austauschen; schon dieser Eingriff wurde allerdings als problematisch empfunden, weshalb Filme ohne Zwischentitel [zum Beispiel *Der letzte Mann* (1924) von Murnau] im Ausland auch aufgrund dieser Tatsache erfolgreich waren. Die fremdsprachige Version eines sprechenden Films mußte völlig neu in der jeweiligen Sprache gedreht oder nachvertont werden. Schließlich bot sich die Untertitelung der Filme mit der schriftlichen Darstellung der Dialoge in der jeweiligen Fremdsprache an. Seitdem kommt es zumal in mehrsprachigen Ländern wie Belgien oder der Schweiz vor, daß die mehrsprachigen Untertitel einen erheblichen Teil des Bildes bedecken: Filme zum beschleunigten Mitlesen sind das, die zwischen den Zeilen ihre visuelle Handlung ahnen lassen. Nein, die Bilder lassen die Schrift nicht los, und das Ende der Gutenberg-Galaxis scheint weiter denn je entfernt zu sein.

Wirklich interessant sind Untertitel erst dort, wo sie jenseits der alltäglichen Praxis schriftlich übersetzter Dialoge das leise oder nicht Ausgesprochene oder nur heimlich Gedachte repräsentieren, ähnlich dem ‚à part' Gesprochenen auf der Bühne. Der Ort ihrer Schriften ist, wie bei allen anderen Untertitelungen auch, die Oberfläche des Films, nur dort und nicht im dargestellten Raum der Fiktion haben sie Halt auf der materialen Fläche des Filmbildes. Und doch gehören sie wie verfremdende, manchmal ironische Effekte auch zur Fiktion, d.h. sie operieren auf der Grenze zwischen ‚Film' und Fiktion, ganz so wie der Arlecchino der *Commedia dell'arte*, wenn er sich ans Publikum wendet. Jean-Luc Godard läßt seine ‚verheiratete Frau' *(Une femme mariée,* 1964) das Gespräch zweier Teenager über ihre ersten Erfahrungen mit der Liebe belauschen. Obwohl die beiden Mädchen im Vordergrund sprechen, hören wir sie nicht; statt dessen bekommen wir das Gespräch in schriftlicher Form eingeblendet. Die Schrift figuriert zwischen den Sprechenden und uns Lauschenden,

[23] B. Balázs, „Der sichtbare Mensch oder die Kultur des Films (1924)", in: ders., *Schriften zum Film*, Bd. 1, München, Budapest, Berlin 1982, 51-52.

im Film und vor dem Film. Hinzu kommt, daß diese Situation Teil einer Sequenz ist, die fast vollkommen von der Illustriertenwerbung für Unterwäsche in Bild und Schrift ausgefüllt ist. In dieser Umgebung kommunizieren die geschriebenen Sätze der beiden Mädchen mit den Versprechungen der Werbung, beide in schriftlicher Form[24]. (Abb.: Godard: *Une femme mariée*) Woody Allen hat den schriftlichen Ausdruck der heimlichen Gedanken seiner beiden Helden in seinem Film *Der Stadtneurotiker/Annie Hall* (1976) deutlich ironisch verfremdend eingesetzt. Ihre jeweiligen ‚inneren' Kommentare zu ihrem Gegenüber bilden einen Subtext zum ‚förmlichen' Gespräch, in dem die beiden sich vorsichtig näherkommen. Der Balkon, auf dem das Gespräch stattfindet, ist die Bühne, die Gedankenschrift wendet sich ans Publikum, das seinen Spaß an dem Widerspruch zwischen dem Rollenspiel der beiden und dessen heimlicher Kommentierung hat. Außerdem handelt es sich um eine ironische Verwendung von Untertiteln am unteren Rand des Filmbildes, weil dieser Text zwar eine Übersetzung des Gesagten ist, aber in Form einer Verkehrung in sein Gegenteil, und weil es sich um die schriftliche Wiedergabe ausgerechnet der Teile des Dialogs handelt, die nicht gesagt wurden. (Abb.: W. Allen: *Annie Hall*)

Das Fernsehen hat seine ganz eigenen Konventionen der Schrift, die bisweilen zu Elementen intermedialer Konfigurationen werden, wenn sich in der Verwendung von Schrift auch die mediale Differenz, zum Beispiel zum Film ausdrückt. Diese Differenz kann noch vermindert werden, wenn etwa Untertitel oder sog. ‚Bauchbinden' (das sind u.a. eingeblendete Namen von Personen), elektronisch der Filmabtastung hinzugefügt werden. Diese Differenz ist offenkundig, wenn sich das aktuelle Medium Fernsehen mit eigenen Verlautbarungen (Lottozahlen oder Programmhinweisen) auf der Oberfläche des Bildschirms von dem ‚darunter' liegenden Film abhebt. Diese Differenz ist keine räumliche, sondern eine mediale. Es ist die Form ihrer Medien, die auseinandertritt, wenn während der Sendung von Flahertys Südsee-Film ‚Moana' (1923/25) am unteren Rand des Monitors die aktuelle Warnung an die Einwohner von Dinslaken (1988) zu lesen ist, sie sollen wegen Giftalarm Türen und Fenster geschlossen halten. Diese Schrift verweist auf die multimediale Verwendung der Oberfläche des Monitors als Projektions-, Schreib-, Spiel-, Kommunikations- und Interaktionsfläche. Die Bilder und die Schriften können ihren jeweiligen medialen Kontexten zugeordnet, nacheinander oder gleichzeitig in ‚Fenstern' angeordnet werden etc. *Moana* und Dinslaken gehen noch keine neue Symbiose ein, nicht weil Südseeromantik und industrielle Umweltprobleme nicht zueinander passen, sondern weil sie erkennbar unterschiedlichen ‚Orten' ihrer Medien Film und Fernsehen zugehören. Das bedeutet nicht,

[24] Unnötig darauf hinzuweisen, daß auch der geschriebene französische Dialog in der deutsch synchronisierten Fassung ‚untertitelt', d.h. in deutscher Sprache geschrieben wiederholt werden mußte.

daß künftig nicht andere, neue Orte ihrer multimedialen Verbindungen auf Monitoren möglich sein werden. (Abb.: Flaherty: *Moana*)

Bewegungsschrift

Das buchstäbliche UND ist von Godard in seinen Film als Bild eingefügt worden, wo es die Verbindung zweier Bilder als deren Differenz bezeichnet hat. Jeder Film konstituiert seine kontinuierliche Sichtbarkeit und seinen ‚lesbaren' Sinn aus Differenzen zwischen seinen Bildern, 24mal in der Sekunde: Die Bewegung selbst ist das UND, das der Projektionsapparat den linear angeordneten Momentbildern auf dem Film hinzufügt. Die Projektion des Kinematographen, des Licht-Schreibers, ist ein apparativer Gestus des Schreibens, allerdings hat dieses Schreiben aufgehört, an der „Oberfläche zu kratzen" und eine „eindringende, eindringliche Geste"[25] zu sein. Der flüchtige Eindruck, den er auf der Leinwand hinterläßt, verdankt sich dennoch einer „spezifischen Linearität"[26], die auch den maschinegeschriebenen und gedruckten Text formiert, allerdings nur auf der Seite der Aufzeichnung mit ihrer strikten Abfolge von Einzelbildern, die durch ihre Differenz im Licht der Projektion zum Eindruck ihrer Bewegtheit auf die Leinwand ‚geschrieben' werden, um dort eine ganz andere, nichtlineare Bewegung ‚in den Bildern' darzustellen. Auch das dargestellte Schreiben im Film, das Kratzen mit der Feder (in Truffauts *L'enfant sauvage)* ebenso wie das Maschineschreiben (in Wenders *Hammett)* ist erst lesbar durch die Auflösung der linearen Aufzeichnung ins Bewegungsbild des Films auf der Leinwand. Die ‚Schrift' des Films (seine lineare Aufzeichnung), der Gestus des kinematographischen ‚Schreibens' des Bewegungsbildes auf der Leinwand und das dargestellte Schreiben ‚im Film' als handschriftlicher oder maschinenschriftlicher ‚Gestus' (Flusser) sind drei ganz und gar unterschiedliche Schriften, die sich ebenso unterschiedlichen raumzeitlichen Zusammenhängen verdanken: Dem Schreiben vor der Kamera, der Aufzeichnung durch die Kamera, der jeweils aktuellen Projektion im Kino (oder auf den Monitor).

Wenn allerdings nicht mehr ein vor-filmisches Schreiben vor der Kamera durch das Bewegungsbild dargestellt, sondern das Bewegungsbild auch das Schriftbild, Bewegungsschrift ist, dann scheint eine direktere Verbindung zwischen der Linearität der Schrift, ihrer Aufzeichnung und dem Schrifteindruck des Bewegungsbildes möglich zu sein. Eine erste Annäherung an diese Form der kinematographischen Bewegungsschrift hat Marcel Duchamps und Man Rays Experiment *Anémic-Cinéma* (1924-26) vollzogen. Auf Scheiben hat Duchamp spiralförmig Sätze ‚geschrieben', deren lesbarer Sinn sich aus der gespiegelten oder auch (wie der Titel des Films selbst) anagrammatischen An-

---

[25] V. Flusser, „Die Geste des Schreibens", in: ders., *Gesten. Versuch einer Phänomenologie*, Frankfurt a.M. 1994, 32.
[26] Ebd., 33.

ordnung von Buchstaben und Wörtern erst ergibt, wenn die Scheiben in Bewegung versetzt werden. Der Satz wird dann in der Rotation auf eine veränderte Weise zu lesen gegeben, indem statt der linearen Abfolge der Wörter simultan im Bildeindruck der Bewegung der Scheibe neue Querverbindungen entstehen. Zum Beispiel lautet der Satz der letzten Scheibe (von 9) „L'ASPIRANT HABITE JAVEL ET MOI J'AVAIS L'HABITE EN SPIRALE." Um das Zentrum ET MOI sind spiralförmig korrespondierende Silben angeordnet, die sich in der Drehung der Scheibe durch ihre Ähnlichkeit aufeinander beziehen, z.B. JAVEL und J'AVAIS L, oder zweimal ‚HABITE'; je nach ihrer Kombination denotiert die Bewegungsschrift unterschiedliche Bedeutungen, die konnotativ (religiös, sexuell etc.) zugeordnet werden müssen.[27] Der Film seinerseits gibt die auf Scheiben rotierende Schrift zu lesen; die Rotation ist deutlich der Linearität ihrer filmischen Aufzeichnung entgegengesetzt, d.h. sie bricht ausdrücklich mit der gutenbergisch diszplinierten Anordnung des Lesens durch die Linearität des Geschriebenen, die in der Spiralbewegung und dem dadurch ermöglichten Querlesen aufgehoben ist. Dennoch ist es die lineare Bewegung des Films, die erst den Eindruck der (vorfilmisch) rotierenden Bewegung der Scheibe in der Projektion wiederherstellt. Beide Formen von ‚Bewegungsschrift' auf der Scheibe und im Film bleiben getrennt und sind erst als getrennte im Film aufeinander bezogen. (Abb.: Marcel Duchamp, Man Ray: *Anémic-Cinéma*) Das ist auch der Fall in Hollis Framptons Film *Zorns Lemma* (1970), der zu großen Teilen Schrift wiedergibt und problematisiert.[28] Die in der vorfilmischen Realität ‚gefundenen' Schriften werden in ihren ursprünglichen Bildräumen selbst unbewegt belassen; erst ihre filmische Zusammensetzung mit anderen Schriften zu einer Schrift (nicht Wort-)Folge läßt nun allerdings eine Bewegungsschrift entstehen, deren lineare Abfolge analog zu ihrer Anordnung auf dem Film selbst ist. Diese lineare Ordnung (der Schrift im Film) wird durch ihre zufällige räumliche Ordnung im Bild nur teilweise aufgehoben: Als Zuschauer des Films ist man versucht, die Folge der Schriften (vergeblich) als sinnvolle Reihe von Wörtern zu ‚lesen'. (Abb.: Hollis Frampton: *Zorns Lemma*) Erst in Michael Snow's Schrift-Film *So IS THIS* (1982) kommen Schrift, filmische Aufzeichnung und projizierte Bewegungsschrift (weitgehend) zusammen. Der Film besteht aus nichts anderem als einer Folge von einzelnen Wörtern, die sich auf der Ebene der Schrift grammatisch und aktuell im Gedächtnis des Zuschauers zu lesbaren Sätzen verbinden. Der Film spielt in unterschiedlichen Schriften semantisch, formal (große oder kleine Schrift etc.) oder durch die Beschleunigung und Verlangsamung mit dem ‚Lesen' des Zuschauers, der die Schrift ‚entziffern' muß, will er verstehen, was der Film ihm bedeuten will. Wenn der Wechsel von Wort zu Wort z.B. im Sekundenrhythmus erfolgt, müssen die

[27] K. Martin, „Marcel Duchamp's Anémic-Cinéma", in: *Studio International*, Vol. 189, 1975, 53-60; hier: 60.

[28] B. Lindemann, *Experimentalfilm als Metafilm*, Hildesheim, New York 1977, 212-240.

Wörter einzeln 24mal in der Sekunde bis zu ihrem Wechsel wiederholt werden; die vertikale Abfolge horizontal im Bildkader positionierter Schriften läßt erst in der Lektüre als Bewegungsschrift die horizontale Linearität des Geschriebenen (analog zur Maschinenschrift) entstehen. Das zeigt schon, daß die Schrift und ihre Darstellung in der filmischen Bewegungsschrift immer noch nicht (tatsächlich im Film: niemals) auf der gleichen Ebene funktionieren oder wie Michael Snow in seinem Film schreibt: „THIS IS THIS AND THIS IS THE MOVIE SHOWING THIS": Schrift und Film, der Schrift darstellt, bleiben zweierlei. (Abb.: Michael Snow: *So IS THIS*)

Der Gestus des Schreibens von Schrift im Film setzt die Differenz der beteiligten Medien in ihren geschriebenen, gefilmten und projizierten Formen voraus, in denen sie intermedial interagieren, damit das Geschriebene im Bewegungsbild des Films oder im Sonderfall der Bewegungsschrift für den Betrachter ‚lesbar', d.h. verstehbar wird. Literatur ist im Film nicht als Schrift und wenn, nur als Bild von Schrift präsent; Schreiben verbindet sich dann mit dem Erzählen, Schrift blendet über vom Geschriebenen zur filmischen Aktion und wechselt erzählend das Medium; Schrift, die im Film nicht nur ‚gesehen', sondern auch ‚gelesen' werden soll, hat verschiedene Orte, die das Geschriebene der Fiktion oder dem Medium Film zuordnen. Sogar wenn der Film eine lesbare Schrift als Bewegungsschrift schreibt, bleibt die mediale Differenz konstitutiv. Sie ist erst aufgehoben, wenn im digitalen Verfahren das Schreiben auf dem Monitor und die Form des Geschriebenen sich demselben simultanen Prozeß verdanken. Allerdings stellt sich dann die Frage[29], ob an dieser Stelle Schreiben und Schrift ihrerseits nur noch Metaphern ihrer digitalen Generierung sind.

[29] N. Bolz, *Am Ende der Gutenberg-Galaxis. Die neuen Kommunikationsverhältnisse*, München 1993.

Oliver Speck

Lemmy Caution als Bildner der Ich-Funktion

Intermedialität in Godards *Alphaville*

Orpheus: „sauver ceux qui pleurent"

Im Kanon der Filme, die Godard in den enorm kreativen sechziger Jahren drehte, nimmt *Alphaville, Une étrange aventure de Lemmy Caution (1965)* sicherlich eine Sonderstellung ein, wirkt er doch wie eine seltsam naive Anti-Utopie und scheint zunächst wenig mehr als eine Hommage an die Trash-Ikone der frühen sechziger Jahre zu sein – Eddie Constantine als Lemmy Caution, selbst schon eine Parodie auf die *tough guy*-Helden der Schwarzen Serie.

Tatsächlich entfaltet *Alphaville* jedoch ein äußerst komplexes Spiel der verschiedenen Erzählebenen, Verweise und Zitate. Godard kombiniert Versatzstücke aus verschiedenen Genres des Hollywoodkinos. So beginnt der Film mit dem *voice-over* einer elektronisch verfremdeten Stimme – wie später klar wird, ist dies die Stimme des Supercomputers Alpha 60, der das totalitäre Regime steuert. Die zweite Szene evoziert einen klassischen *film noir* – harte Chiaroscuro-Ausleuchtung, Lemmy Caution mit Trenchcoat und Hut, Großstadt bei Nacht, dramatische B-Film-Musik, quasidokumentarische Kameraführung.[1] Der *voice-over* des Helden erklärt dazu allerdings rätselhaft: „Il était vingt-quatre heures dix-sept, heure océanique, quand je suis arrivé dans les faubourgs d'Alphaville." Der Film spielt in einer nahen Zukunft, in der ein allwissender Computer die Macht übernommen hat; Lemmy Caution wurde von den „pays extérieurs" ausgeschickt, den Schöpfer von Alpha 60, Professor von Braun (alias Léonard Nosferatu), tot oder lebendig zurückzubringen. In diesem komplett kontrollierten Staat wurde selbst die Kolonialisierung des Unbewußten durchgeführt. So wurden Worte wie etwa „amour" und „tuer" aus dem Diskurs und somit aus dem Bewußtsein der Menschen gestrichen.

---

[1] Vgl. hierzu J. Copjec, „Introduction", in: dies. (Hg.), *Shades of Noir: A Reader*, London/New York 1993, vii-xii, hier xi: „Anyone familiar with the study of *film noir* [...] can recite a list of such units or elements thought to be necessary to the definition of the genre: a femme fatale, a morally compromised detective, an urban setting, voice-over narration, convoluted plot structure, chiaroscuro lighting, skewed framing, and so on." Vgl. zu diesen *film noir*-Stilmitteln ebenfalls die bekannte Studie von J.P. Telotte, *Voices in the Dark: The Narrative Patterns of Film Noir*, Urbana/Chicago 1989, bes. 12/13.

Lemmy Caution selbst ist ein wandelndes Zitat, er prügelt, schießt und trinkt sich durch die Stadt. Ein wandelnder Anachronismus in einer Welt, in der die offensichtlich unter Drogen stehenden Menschen alles mit einem blödsinnig lächelnden „Je vais très bien – merci – Je vous en prie" quittieren. Er macht Alpha 60 unschädlich und bringt als moderner Orpheus[2] Natacha aus dem Hades der kontrollierten Stadt.

Rätselhaft wird der Film vor allem durch die geheimnisvollen Worte Henry Dicksons, des Geheimagenten, der vor Caution sein Glück versuchte und versagte: „Conscience – conscience" flüstert er sterbend, und Lemmy Caution notiert sich weiter: „détruire α 60 par elle-même – sauver ceux qui pleurent – tuer V. – tendresse." Wie gelingt es Lemmy mit dieser Strategie und einem kleinen Rätsel, den Computer auszuschalten? Und wie könnte ein derart heterogener Text analysiert werden? Ein Schlüssel hierzu ist die faszinierende Koexistenz der verschiedenen Erzähl- und Diskursebenen in *Alphaville*. Darin liegt auch der Unterschied zu ‚postmodernen' *noir* Filmen. Dies bedeutet für die Ebene der Zitate keine ‚Vermischung' der Genres ‚Science-Fiction/Anti-Utopie' und *film noir*, wie das etwa bei *1984*, *Blade Runner* oder *Brazil* passiert: Die Stadt bleibt vielmehr von den Zukunftsvisionen seltsam unberührt, die Bilder zeigen ganz explizit das ‚reale' Paris von 1965. Die Verwandlung in Alphaville, „la capitale de la galaxie", wird ‚herbeigeredet', indem Straßen und Plätze andere Namen bekommen, wie etwa „Boulevard Heisenberg" oder „Parc du mathématique". Auch ist von Braun vor den „Kontrollpanelen des Computers" zu sehen, wobei die Kamera deutlich zeigt, daß es sich unzweifelhaft um ein Wasserwerk handelt.[3] Bei näherem Hinsehen erweist sich selbst die Bildebene als doppelbödiges Spiel. Paris, hier vor allem das nächtliche Paris, ist ein so beliebter Topos, daß es nur noch als Zitat fungieren kann; die Nachtfahrten sind denn auch mit der üblichen Handkamera aus dem fahrenden Auto heraus aufgenommen. Eine deutliche Reminiszenz an die Praktiken der *nouvelle vague*-Regisseure. Die einzelnen Ebenen (Zitat, *voice-over*, Bild) stehen konträr zueinander und vermischen sich nicht, dadurch bleiben die Einzelelemente subtrahierbar – die Formel für *Alphaville* könnte heißen: *nouvelle vague* plus *film noir*.

Um die eingangs formulierte Frage aufzugreifen – was ist der Effekt eines solchen Spiels? Ausgangspunkt für eine – auch die ideologische Position des Kinos und des Kino-Sehens berührende – Diskussion könnte die Weiterführung eines Gedankens von Terry Eagleton sein: Auf die Kontingenzerfahrung

---

2 So muß er in der Schlußszene zweimal Natacha daran hindern, sich umzudrehen. Vgl. hierzu auch den kurzen Abschnitt in M.-C. Ropars-Wuilleumier, „La forme et le fond ou les avatares du récit", in: M. Estève (Hg.), *Jean-Luc Godard: au-delà du récit*, Paris 1967, 17-34, hier 25-26.

3 Eine im besten Sinne ‚unheimliche' Atmosphäre, die nach Freud ja gerade entsteht, wenn das Altbekannte sich plötzlich als fremd erweist. S. Freud, „Das Unheimliche", in: ders., *Studienausgabe, Bd. 4: Psychologische Schriften*, Frankfurt a.M. 1970, 241-274.

der Moderne, so Eagleton,[4] reagiere das Subjekt mit einem mythologischen Denken, das den „ewigen Kreislauf der Waren“[5] mit der Wahrnehmung der chaotischen Welt verbindet:

> In dieser Welt des ‚neverchanging everchanging’, wie es im ‚Ulysses’ heißt, scheint der Raum sowohl bruchstückhaft wie homogen zu sein. Und insofern ist er der Ware angemessen, dem Bruchstück einer Materie, das alle Erscheinungen auf eine gemeinsame Identität hin nivelliert.[6]

Die „Wiederkehr des romantischen Symbols“[7], die Eagleton gerade auch in Lukács’ Forderung nach einer realistischen Kunst erkennt,[8] ist genau der einheitsstiftende Mythos, der durch den bedeutungsvollen Zusammenhang zwischen Teil und Totalität eine bürgerliche, subjektzentrierte Ästhetik installiert.

> Das fortdauernde Auslaufen immanenter Bedeutungen aus den Objekten macht den Weg frei für eine neue, wundervolle Totalisierung, so daß der Mythos in einer Welt, die von Subjektivität und Sinn entleert ist, gerade jene reduktiven Ordnungsschemata bereitzustellen vermag, die notwendig sind, um dem Chaos eine Einheit abzugewinnen.[9]

Das hier beschriebene ontologisierende Programm des Mythos aber entspricht exakt der Technik des ‚Illusionskinos’, das durch die Montage einzelner, perspektivischer Einstellungen jenen ‚homogenen Raum’ schafft, den Eagleton anspricht. Die ästhetische Erfahrung eines solchen Kinos ist eine tröstende Ausformung jenes Mythos, der chaotische Einzelbilder zu einem symbolisch lesbaren Universum zusammenführt.

Nicht umsonst spricht Siegfried Kracauer in seiner ästhetischen Theorie des Films buchstäblich von der „Redemption of Physical Reality“[10] durch ein Kino, dessen mythische Kraft die Differenz von Signifikat und Signifikant ‚aufhebt’: „Was an Kunst in Filme eingeht, entspringt daher der Fähigkeit ihrer Schöpfer, im Buch der Natur zu lesen.“[11]. Zudem verurteilt Kracauer ausdrücklich Asynchronien etwa von Bild und Ton[12] und „begriffliches Denken“ als „unfilmisch“[13]. Von der ‚Erscheinung’ über den ‚Begriff’ zum ‚Bild’ zu

---

4 Eagleton revidiert hier die Position von Adorno/Horkheimer, denen er eine „Fehleinschätzung“ der Kräfte des Kapitalismus vorwirft. Vgl. T. Eagleton, *Ästhetik: Die Geschichte ihrer Ideologie*, Stuttgart/Weimar 1994, 370f. und J. Habermas, *Der philosophische Diskurs der Moderne: Zwölf Vorlesungen*, Frankfurt a.M. 1996, 156f.

5 Eagleton, *Ästhetik*, 327.

6 Ebd., 328.

7 Ebd., 329.

8 Vgl. ebd., 334f.

9 Ebd., 329.

10 So der Titel des amerikanischen Originals, was sich mit „Die Errettung der äußeren Wirklichkeit“ nur unzureichend übersetzen läßt. S. Kracauer, *Theorie des Films: Die Errettung der äußeren Wirklichkeit*, Frankfurt a.M. 1964.

11 Ebd., 13.

12 Ebd., 175-177.

13 Vgl. ebd., 344-346.

gelangen, könnte im Gegenzug eine mögliche Strategie zur Zerstörung der Repräsentation darstellen.

Tatsächlich liegt dem Hollywoodkino ein klassisches ‚Naturverständnis' zugrunde, das in seiner Epistemologie feste Subjekt/Objekt-Verhältnisse setzt.[14] So existieren für das herkömmliche Erzählkino die Gegenstände der Beobachtung stets unabhängig, in einer „präexistenten Wirklichkeit"[15]. Selbst Traumbilder, eigentlich ja ‚subjektive' Bilder, sind immer als solche erkennbar. Die Position des Zuschauers ist dabei stets die eines unsichtbar beiwohnenden Zeugen. Diese Position ist natürlich keineswegs unverdächtig, setzt sie ihn doch an eine fast allmächtige, weil allsehende Position. Tatsächlich entspräche ein Film so dem panoptischen Dispositiv: Sehen-ohne-gesehen-zu-werden.[16] Die Herrschaft über die Bilder ist allerdings nur eine scheinbare, denn „das sehende Subjekt ist seinerseits eine Stelle innerhalb der Sichtbarkeit, eine abgeleitete Funktion der Sichtbarkeit"[17] – der Beobachter ist immer schon Teil des Dispositivs.

Die Erzähltechnik des Hollywoodkinos folgt so der Strategie des realistischen Romans des 19. Jahrhunderts: Die Handlung entwickelt sich kausallogisch und teleologisch, ‚aus sich selbst heraus' und so quasi ‚natürlich'. Ebenso bleibt die Zeitbehandlung stets chrono*logisch*. Die beschriebenen Räume werden durch die 180-Grad-Regel und die Gesetze der *continuity* streng euklidisch und somit ebenfalls als ‚natürlich' definiert.

Die intertextuelle[18] Ebene des Films, etwa die erwähnten *film noir*-Stilmittel oder die Anspielung auf Orpheus, ist demnach nicht mit der inter-

---

14 In diesem Zusammenhang erscheint die Metapher des „Organischen", die Deleuze zur Beschreibung des Hollywoodkinos benutzt, überaus passend. Deleuze stellt die „Ordnung des Organischen", die hier, auch auf die Gefahr hin, die Deleuzesche Bedeutungsvielfalt zu beschneiden, mit dem „klassischen Hollywood-Kino" (D. Bordwell, J. Staiger und K. Thompson, *The Classical Hollywood Cinema: Film Style and Mode of Production to 1960*, New York 1985) gleichgesetzt werden soll, gegen die „Ordnung des Kristallinen", also das, was unter „Autorenkino" verstanden wird. Im sechsten Kapitel seines Buches zum „Zeit-Bild" vergleicht Deleuze diese beiden Ordnungen, indem er verschiedene erzähltechnische Verhältnisse untersucht (G. Deleuze, *Das Zeit-Bild: Kino 2*, Frankfurt a.M. 1991, 68-204).

15 Kracauer, 168.

16 M. Foucault, *Überwachen und Strafen*, Frankfurt a.M. 1978, 259: „Das Panopticon ist eine Maschine zur Scheidung des Paares Sehen/Gesehenwerden: im Außenring wird man vollständig gesehen, ohne jemals zu sehen; im Zentralraum sieht man alles, ohne je gesehen zu werden."

17 G. Deleuze, *Foucault*, Frankfurt a.M. 1992, 82.

18 Der Begriff ‚Intertext' soll hier einengend und als sinnvolle Abgrenzung zum Begriff der ‚Intermedialität' (siehe unten) als wechselseitige Beeinflussung verstanden werden. Dies durchaus im Sinne des Dialogizitätsbegriffs von Bachtin, auf den sich Julia Kristeva in ihren bekannten Aufsätzen bezieht. Vgl. J. Kristeva, „Bachtin, das Wort, der Dialog und der Roman", in: J. Ihwe (Hg.), *Literaturwissenschaft und Linguistik: Ergebnisse und Perspektiven,* Bd. 3, Frankfurt a.M. 1972, 345-375, und: „Probleme der Textstrukturation", in: J. Ihwe (Hg.), *Literaturwissenschaft und Linguistik: Ergebnisse und Perspektiven,* Bd. 2, Frankfurt a.M. 1971, 484-507.

medialen Ebene zu verwechseln. Denn daß Lemmy Chandlers *The Big Sleep* liest und dieses Buch auch noch in französischer Übersetzung sowie Eluards *La Capitale de la douleur* stets mit sich führt, sind Elemente des Films als lesbarem Text. Die Asynchronien zwischen Bild und Ton[19] jedoch widersetzen sich einer hermeneutischen und auch dialogischen/intertextuellen Deutung. Für die Analyse dieser Phänomene erscheint der Ansatz der Intermedialität[20] am vielversprechendsten. Für Vittoria Borsò ist der Film der

> privilegierte Ort [...], in dem der Widerstreit verschiedener Diskurse und Medien inszeniert wird. Die Analyse der Beziehungen zwischen diesen und der Produktivität ihrer Differenzen ist ein wichtiger Schritt bei der Klärung der intermedialen Natur des filmischen Mediums als Ausdrucksmittel der Moderne.[21]

Film ist prinzipiell ein synästhetisches Medium – so sicher das Primat der Bilder für einen herkömmlichen Film gilt, so können auch andere ‚Kanäle' für die Vermittlung genutzt werden. Denn tatsächlich ‚genuin filmisch' ist die gleichzeitige Verwendung verschiedenster, historisch vorgängiger Techniken, deren Kombination sämtlich schon in den Vorläufern des Erzählkinos zum Einsatz kamen, entsprechend dem bekannten Diktum McLuhans, wonach jedes neue Medium die Techniken der älteren zum Inhalt hat:[22]

> [L]a *voix synchrone* renvoie au théâtre; *la musique de film* à l'opéra, au music-hall, et au mélodrame, etc.; et la *voix de commentaire* vient de la lanterne magique, de la projection commentée, qui est un art très ancien.[23]

Im Falle von *Alphaville* unterschreibt und untersagt eine *voice-over*-Stimme den Diskurs der Bilder so, daß sich der Intermedialitätsaspekt direkt als Widerstreit der Diskurse von Bild und subjektiver Erinnerung zeigt.[24] Der synästhetische Mehrwert des Films wird so wieder auf seine Einzelbestandteile zurückgeführt. Der *pictura* wird, wenn man so will, eine Unterschrift zugefügt,

---

19 Beispielsweise ist Cautions Stimme mit dem O-Ton zu hören, während die Stimme von Natacha – „la voix d'une jolie Sphinxe" – ohne die Straßengeräusche zu hören ist.

20 Es scheint m.E. praktischer, mit dem bereits angesprochenen Intertextualitätsbegriff eher das dialogische Prinzip der Beziehung zwischen filmischen und literarischen Texten herauszuarbeiten, während der Begriff der „Intermedialität" im folgenden im Sinne des Zitats von Borsò dissonante Erscheinungen betont. Zum intertextuellen Intermedialitätsbegriff vgl.: V. Roloff, „Film und Literatur", in: P. V. Zima, *Literatur intermedial: Musik – Malerei – Photographie – Film*, Darmstadt 1995, 269-309, hier 272: „Der Begriff Intermedialität bezieht sich [...] auf all das, was man, in Analogie zum Konzept der Intertextualität, als Präsenz von Prä- und Intertexten im künstlerischen Werk erkennen kann [...]."

21 V. Borsò, „Luis Buñuel: Film, Intermedialität und Moderne", in: U. Link-Heer, V. Roloff (Hgg.), *Luis Buñuel: Film – Literatur – Intermedialität*, Darmstadt, 1994, 159-179, hier 166. Vgl. dort auch den aufschlußreichen Gedankengang Buñuels zu Symbol und Bild.

22 M. McLuhan, *Die magischen Kanäle*, Wien/Berlin 1968, 14.

23 M. Chion, *La voix au cinéma*, Paris 1993, 18. Herv. i. Orig.

24 Weitere Beispiele hierfür sind: *L'Année dernière à Marienbad* (Resnais, 1960) und *Hiroshima – mon amour* (Resnais, 1959).

die das Bild kommentiert. Daraus folgen grundlegende Dissonanzen der Ununterscheidbarkeit: Kann dem (schriftlichen) Text Glaube geschenkt werden, oder gilt das ‚Primat der Bilder'? Selbstreflexive Texte verwenden die freigesetzten Spannungen zu einer gründlichen Destruktion des klassischen Repräsentationsraumes und seiner Zeichenverwendung. Das heißt, ‚widerstreitende Diskurse' in einem synästhetischen Medium müßten die Rekonstruktion einer eindeutigen ‚Botschaft' zwangsläufig verhindern, womit die Syntheseleistung des Textes an die Position des Beobachters verschoben wird. Mit anderen Worten – da intermedialen Diskursen eine *différance* zu eigen ist, muß der Rezipient die Differenz(en) selbst stiften.

Conscience: „[...] et moi, pour mon malheur, je suis moi, Alpha Soixante!"

Alpha 60 hat selbstverständlich weder Bewußtsein noch Gewissen („conscience – conscience") – denn, obwohl „Lichtjahre" weiter als unsere heutigen Rechenmaschinen, ist er immer noch ein Computer. Die ‚Seelenlosigkeit', die Computern so gerne attestiert wird, bedingt allerdings ebenfalls die Möglichkeit eines perfekten Funktionierens: Die Rechenmaschine Alpha 60 kann als Turing-Maschine[25] Antworten zwar perfekt simulieren, nie jedoch wirklich ‚antworten' im Sinne der Entgegnung eines anderen Subjektes. Alpha 60 ist die monströse Stimme ohne Körper, ein Diskurs ohne Subjekt. Wenn sich Alpha 60 erinnert, ist es immer ein ‚total recall', seine Vorhersagen sind stets mathematische Beweise.[26]

Wie könnte nun eine solche gigantische Turing-Maschine, die geradezu vollkommen im Symbolischen ist, zerstört werden? Die Strategie, die Lemmy Caution anwendet, um den Supercomputer auszumanövrieren, zeigt ihn als genauen Leser Lacans, denn er gibt Alpha 60 nichts weniger als die Dimension des Imaginären, die aus ihm ein ‚echtes' Subjekt macht. Lemmy stellt dem Computer ein Rätsel, das er bezeichnenderweise abliest und dessen Lösung Alpha 60 – so prophezeit Lemmy – zu „mon semblable, mon frère" machen würde. Das berühmte Baudelaire-Zitat muß nur noch um den Anfang, um „hypocrite lecteur" ergänzt werden, damit die Strategie klar wird: Man könnte

---

[25] Vgl. hierzu N. Bolz, *Das kontrollierte Chaos: Vom Humansimus zur Medienwirklichkeit*, Düsseldorf 1994, bes. 202-204 und F. Kittler, „Vom Take Off der Operatoren", in: ders., *Draculas Vermächtnis: Technische Schriften*, Leipzig 1993, 149-160, hier 159.

[26] Genau an einem solchen Beispiel erläutert Lacan den Unterschied zwischen Symbolischem und Imaginärem: Die Intuition des Sklaven in Platons *Menon* führt ihn, unter Sokrates Anleitung, zur Lösung, wie ein gegebenes Quadrat zu verdoppeln ist. Wo ein Computer – vollkommen im Symbolischen – die Wurzel aus 2 berechnen muß (=1,4142136...), zieht er rechtwinklig zu den Diagonalen des Quadrates vier Geraden, deren Schnittpunkte ein genau doppelt so großes Quadrat bilden. J. Lacan, *Seminar Buch II: Das Ich in der Theorie Freuds und in der Technik der Psychoanalyse*, Weinheim/Berlin 1991, 27-29.

hier von einer ‚Subjektivierung' sprechen. Auffälligerweise zerstört ja das Rätsel keineswegs Alpha 60, denn obwohl er die Kontrolle über die Stadt verloren hat, kann er durchaus noch sinnvoll sprechen: „Pour notre malheur, le monde est réel, et moi, pour mon malheur, je suis moi, Alpha Soixante!". Caution macht aus Alpha 60 einen Leser, ein kartesianisches Subjekt, das sich in seiner Selbstreferenz („je suis moi") (v)erkennt.

Die Subjektauffassung des Lacanschen Modells setzt tatsächlich ein Subjekt voraus, das sich selbst nicht durchschauen kann und das praktisch nur aus von außen ‚gespeisten' Gedanken besteht, das heißt von der Instanz des Anderen als Repräsentanten der symbolischen Ordnung bestimmt wird – meine ‚eigenen' Vorstellungen von mir selbst sind stets fremdbestimmt von/m Andern.[27]

Das psychoanalytische Subjekt im Sinne Lacans zerfällt in die Pole des eigentlich leeren, urverdrängten Subjektes der *énonciation* und dem durch die symbolische Ordnung erst konstituierten Pol des narzißtischen *moi*. Es fällt nun nicht schwer, in dem *Je* ein „Ding an sich" im Sinne Kants zu erkennen. Žižek führt hier, ausgehend von zwei ‚postmodernen' Filmen,[28] Lacans Subjektbegriff auf den Kants zurück. Schließlich hat Lacan „Kant mit Sade" als Begründer eines Prozesses bestimmt, der zur Psychoanalyse führte.[29]

Solange also Alpha 60 noch buchstäblich der ‚Herr des Diskurses' ist (mit Derridas Kommentar zu Platons *Phaidron*, der Vater als Ursprung des Logos[30]), sind seine gesprochenen Worte unverständlich und müssen symbolisch/exegetisch gelesen werden. So erklärt nach der Schulungsstunde Natacha den Sinn der Worte. Das bedeutet, die Einwohner lesen symbolisch, was Alpha 60 ihnen an Rätselhaftem vorträgt.

Damit Alpha 60 selbst zum „lecteur" wird, muß Lemmy den Vater, Professor von Braun, töten („tuer V."), denn, wie Derrida ausführt: „Die Schrift ist Vatermord."[31] Da der symbolische Vater der Rede noch über den ‚Total Recall' des Realen verfügt, benötigt er keine Schrift, kein „pharmakon" für die

---

[27] Das Andere ist „Ort des Signifikanten. Keine Aussage von Autorität kann hier anders garantiert sein als in ihrem Aussagen selbst [...]. Es gibt keinen Anderen des Andern." J. Lacan, *Schriften II*, Weinheim/Berlin 1991, 188.

[28] S. Žižek, „‚The Thing That Thinks': The Kantian Background of the *Noir* Subject", in: Copjec, *Shades of Noir*, 199-226. Typische *film noir*-Motive, wie der einsame Held, der trotz aller Anstrengungen Spielball fremder Interessen bleibt und der Gedächtnisverlust, der einen Menschen ohne Vergangenheit schafft, finden sich besonders konzentriert in den ‚postmodernen' Varianten. So entdeckt der Detektiv in *Angel Heart*, daß er selbst der Mörder ist und sein Auftraggeber Satan persönlich. Agent Deccer im *Blade Runner* muß schließlich vermuten, daß er eigentlich ein Replikant ist, dem sämtliche intimsten Erinnerungen von einem Hersteller eingepflanzt wurden.

[29] Lacan, *Schriften II*, 135: „Hier ist Sade der allererste Schritt einer Subversion, deren, soweit wir sehen, niemals bemerkter Wendepunkt Kant ist [...]."

[30] J. Derrida, „Platons Pharmazie", in: ders., *Dissemination*, Frankfurt a.M. 1995, 69-190, hier 85.

[31] Ebd., 182.

Erinnerung.[32] Das ‚Geschenk' von Lemmy – Droge/Heilmittel/Gift[33] – gibt Alpha ein Bewußtsein (conscience): Das 0/1, ein/aus wird zum Fort/Da von Licht. Signifikanterweise ist, wenn Caution in der Urszene zur ‚Subjektivierung/asujetissement'[34] schreitet, das Stöhnen einer Frau beim Geschlechtsakt/bei der Geburt zu hören.

Tendresse: Die Übertragung bei der Analyse

Das durchaus prekäre Verhältnis des Zuschauers, geschweige denn das des wissenschaftlichen Betrachters, zu solchen Erscheinungen blieb noch unausgelotet, denn psychoanalytisch betrachtet muß eine aktive Teilnahme des rezipierenden Subjekts am Text durch Identifizierung den Prozeß der Übertragung auslösen.

Kristeva geht in einem 1991 erschienen Aufsatz zum Problem der (Gegen-)Übertragung davon aus, „daß der Hysteriker an zwei Ängsten und an zwei Erinnerungen leidet."[35] Sie erklärt das Leiden des Hysterikers aus der Diskrepanz zwischen „der väterlichen Autorität des symbolischen Wissens" und der „radikalen und nicht symbolisierbaren Erregbarkeit"[36], dies führt zu einem „Mangel auf der Ebene der symbolischen Synthese"[37].

Übersetzt in das Problemfeld „*Alphaville*" würde die mangelnde Syntheseleistung der einzelnen diskursiven Elemente bedeuten, daß es sich um einen hysterischen Text handelt. Ein klassischer realistischer Text wird dagegen einen Garant für eine bruchlose Zusammenführung aller Elemente etablieren:

> Die Theologen lösen die Synthese, indem sie ihren Untertanen ein einziges Objekt vorschreiben, das Lust spenden darf, Gott [...]. Wenn kein Gott vorhanden ist, verlötet das Unbewußte die Fragmente der hysterischen Heterogenität und ihre Masken.[38]

Wenn demzufolge der Rezipient eines klassischen Textes im Text die göttliche/allsehende/allwissende Position besetzt, kann das Fehlen einer solchen

---

[32] Ebd., 84.
[33] Ebd., 141.
[34] Der hier verwendete Begriff des Subjekts (mit dem Doppelsinn des französischen Begriffs „sujet") erhält so den Bedeutungsgehalt eines „Sub-jectum". Subjektivierung ist im Foucaultschen Sinne immer auch eine Unterwerfung (franz. „assujettissement"), eine Machtwirkung, die ein Subjekt erst konstituiert. Vgl. hierzu T. Eagleton, *Ideologie: Eine Einführung*, Stuttgart/Weimar 1993, 171.
[35] J. Kristeva, „Die Gegenübertragung: Eine erweckte Hysterie", in dies., *Die neuen Leiden der Seele*, Hamburg 1993, 76-100, hier 82.
[36] Ebd., 84. Dies entspräche in etwa dem Konflikt zwischen dem „großen ICH" und dem „*ich* des Sexualwesens" bei von Braun (Chr. v. Braun, *Nicht ich, Logik, Lüge, Libido*, Frankfurt a.M. 1994, 67).
[37] J. Kristeva, „Die Gegenübertragung", 83.
[38] Ebd., 90.

Präsenz[39] einen Prozeß in Gang setzen, der hysterische Phantasmen erzeugt. Die Rezeption schreibt dabei einen Text, konvertiert ihn. Vor dieser Spur, der unrepräsentierbaren Nahtstelle zwischen Text und rezipierendem Subjekt, kann das Subjekt sich selbst nicht mehr präsent sein; sein mühsam aufrecht erhaltenes Selbstbewußtsein schwindet:[40]

Das hysterische Symptom gründet sich damit auf das Gebot der klassischen Repräsentation, stets mit dem erwähnten göttlichen Blick zu schauen. Ein Element im Text, das eine ortlose Perspektive anbietet, eine Perspektive, die nicht im räumlich/zeitlichen Netzwerk des Textes gesichert ist, darf damit nicht existieren. Tritt eine solche Perspektive trotzdem auf, im Sinn eines hysterischen Widerstands gegen das objektivierende Gesetz des Vaters, buchstäblich verkörpert in der Stimme von Alpha 60, kann sie niemals ‚authentisch' wirken. Vielmehr verweist die paradoxe Unter-sagung der Bilder durch die subjektive Perspektive von Lemmy Caution genau auf den Ab-Ort des Unbewußten. „Der traumatische Wert des [...] imaginären Einbruchs"[41] liegt im Kontakt des Subjektes mit etwas, das nicht symbolisch integrierbar ist, also seinem *objekt a*, dem vorsymbolischen Verlangen. Hieraus erklärt sich auch die enorme Zählebigkeit eines Symptoms, das sich durch eine Interpretation allein nicht auflösen läßt. Ein solches Symptom, das zunächst wie eine kodierte Botschaft erscheint, entzieht sich damit einer einfachen Lesart, verwischt sämtliche Textgrenzen und führt zu einer Unentscheidbarkeit. Genau hierin liegt seine subversive Kraft, die differentielle Zuschreibungen, seien sie biologischer,[42] zeitlicher oder räumlicher Natur, fraglich macht.

Während bei einem ‚psychotischen Text' die Signifikantenketten zerreißen, wie etwa in einigen Experimentalfilmen,[43] kann ein ‚hysterischer Text'[44] wie *Alphaville* durchaus oberflächlich einem ‚normalen' Hollywoodfilm entsprechen, wären da nicht die besagten hysterischen Symptome, die sich dissonant gegen die Geschlossenheit der Narration stellen. Der Ansatzpunkt für eine Analyse symptomatischer Konversionen in Texten wäre folglich eben jene

---

39 Vgl. hierzu G. Steiners Thesen zur ‚realen Präsenz Gottes' (G. Steiner, *Von realer Gegenwart: Hat unser Sprechen Inhalt?*, München 1990).

40 Vgl. Lacan, *Schriften II*, 174 f.

41 Lacan, I *Seminar Buch: Freuds technische Schriften*, Weinheim/Berlin 1990, 242.

42 „[D]er Hysteriker gehört keinem Geschlecht an [...]" (Kristeva, „Die Gegenübertragung", 86).

43 Zum Beispiel die direkt auf dem Filmkörper aufgemalten oder gekratzten Kurzfilme von Norman McLaren.

44 Karl Sierek entwickelt anhand der bekannten Studie von Chr. von Braun, *Nicht ich*, Frankfurt a.M. 1994, eine etwas anders gewichtete Theorie eines hysterischen Films. Vgl. K. Sierek, *Ophüls: Bachtin – Versuch mit Film zu reden*, Basel/Frankfurt a.M. 1994, 512-519.

‚existierende'[45] Fuge zwischen Text und rezipierendem Subjekt, die differentielle Spur, der es zu folgen gilt:

> Damit für uns Analytiker die Jagd nicht umsonst ist, müssen wir alles auf die Funktion des Einschnitts im Diskurs zurückführen, wobei der stärkste der ist, der einen Strich zieht zwischen Signifikantem und Signifiziertem. Hier ist das Subjekt zu überraschen, das uns interessiert, denn indem es sich in der Bedeutung verwickelt, ist es im Stand des Vorbewußten.[46]

Der Raum, oder besser, die Lücke zwischen dem Subjekt der Aussage und dem Subjekt des Ausgesagten ist jene paradoxe Leerstelle des „Inter-" eines intermedialen Textes und seiner ‚widerstreitenden Diskurse.' Das subversive und gleichzeitig auch ethische Moment liegt genau in der Anerkennung dieser radikalen Asymmetrie innerhalb jeder Kommunikation, die eine Anerkennung der sonst auf den Anderen projizierten Differenz im Selbst ist und die nur durch die letztlich vollkommen romantische Zärtlichkeit des *noir*-Helden Lemmy möglich werden kann.

---

[45] Vgl. Lacan, *Schriften I*, Weinheim/Berlin 1991, 9 (Herv. i. Orig.): „[...] die Insistenz der signifikanten Kette [...]. Diesen Begriff haben wir aus seiner Korrelation zu Ex-sistenz [...] abgeleitet, in der wir das Subjekt des Unbewußten [...] anzusiedeln haben."

[46] Lacan, *Schriften II*, 175.

Michael Lommel

68er-Reflexionen

Zur Heterotopie und Theatralität des politischen Engagements in Godards *La Chinoise*

68 als intermediale Heterotopie

Wenn „die Bilder selbst [...] mit Geschichte aufgeladen" sind, wie G. Agamben behauptet[1], dann werden die Abgrenzungen zwischen Simulation und Wirklichkeit unscharf. Die Wahrnehmung von Geschichte und die Geschichte der Wahrnehmung lassen sich im Zeitalter von Film und Fernsehen (und zunehmend auch im Zeitalter des Computers) nicht voneinander trennen. Individuelle und kollektive Vorstellungen verdichten sich zu Bildern, die durch die Medien (re)produziert und distribuiert werden. Dadurch setzen die Medien selbst Geschichtsbilder frei, die ihre Vor-Bilder und Vor-Schriften ebenso voraussetzen wie überschreiten.[2] Die 68er-Ereignisse geraten zugleich als (inter)mediale Ereignisse in den Blick, im Sinne einer Vermittlung, Dynamisierung und Inszenierung historischen Handelns durch Radio, Fernsehen, Zeitungen, Programme, Ansprachen, künstlerische und politische Projekte etc.[3] Die kulturellen Spielformen, die in den späten 60ern erprobt wurden, insbesondere die Formen der künstlerischen Praxis, sind durch Grenzüberschreitungen, durch neuartige Kombinationen und Mischformen geprägt. Diese intermedialen Experimente sind nicht voraussetzungslos, sondern knüpfen an die ästhetischen, bereits intermedial angelegten Innovationen des Surrealismus sowie der 40er, 50er und frühen 60er Jahre an (in Frankreich beispielsweise an Künstler wie Buñuel, Artaud, Duchamp, Cocteau, Robbe-Grillet, Beckett, Sartre, Boris

---

1 G. Agamben, „Wiederholung und Stillstellung. Zur Kompositionstechnik der Filme Guy Debords", in: *documenta documents 2*, documenta GmbH (Hg.), Ostfildern-Ruit 1996, 72-75, hier 72.

2 Vgl. G. Jutz, *Geschichte im Kino. Eine Semio-Historie des französischen Films: Rohmer, Resnais, Godard, Allio*, Münster 1991, 35f.

3 J. Baudrillard glaubt hingegen, daß sich im Mai 68 noch zwischen wahren und falschen, subversiven und repressiven Medien unterscheiden ließ: „das wahre revolutionäre Medium des Mai waren die Wände mit ihren Parolen, die Siebdrucke oder handgemalten Plakate, die Straße, in der das Wort ergriffen und ausgetauscht wurde – all das, was unmittelbare Einschreibung war [...]." J. Baudrillard, „Requiem für die Medien", in: ders., *Kool Killer oder Der Aufstand der Zeichen*, Berlin 1978, 101. Die Annahme einer isolierbaren, ‚unkorrumpierten' medialen Zirkulation ist m.E. jedoch eine (retroaktive) Utopie.

Vian u.v.a.). Dabei erscheinen die Bemühungen um eine Transgression ästhetischer ebenso wie politischer Spielräume nicht voneinander getrennt, sondern durch das Konzept des Engagements, das an den Existentialismus – und besonders an Sartres Begriff der *littérature engagée* – anschließen konnte, miteinander verschränkt. Ästhetik sollte nicht als Sonderbereich, als funktionales Teilsystem der Gesellschaft etabliert werden, sondern sollte in der ursprünglichen Bedeutung von *aisthesis* eine Aufwertung der Sinne betreiben, das heißt Syn-Ästhesien freisetzen, die aufgrund ihrer viel grundsätzlicheren Ausrichtung an den Dispositiven des Wahrnehmens die Dichotomie Kunst (bzw. Kultur) versus Politik unterlaufen. M.E. wäre es lohnend, in diesem Kontext der intermedialen Spielformen und der Erkundung neuer politischer und ästhetischer (Wahrnehmungs-)Räume auch die Filme dieser Zeit, etwa diejenigen der *nouvelle vague*, neu zu sehen und zu diskutieren. Denn die Regisseure der *nouvelle vague* liefern nicht in erster Linie authentische oder mimetische Geschichtsbilder; vielmehr regen sie zu Gegen-Bildern und Gegen-Diskursen an und lassen damit – im Sinne einer dekonstruktiven Lesart – unter den Texturen der offiziellen Geschichtsschreibung eine „Palimpsest-Geschichte" der 68er durchscheinen.[4]

Im folgenden soll am Beispiel von Godards im Frühjahr 1967 – also im Vorfeld des Pariser Mai – entstandenen Film *La Chinoise* der Objektbereich (die 68er) gleichsam indirekt anvisiert werden. In der Forschung wird dieser Film (ebenso wie der wenige Monate danach fertiggestellte Film *Week-end*) häufig einseitig als Antizipation oder filmische ‚Verarbeitung' der Utopien und politischen Projekte aufgefaßt, die wenig später zu den Revolten der 68er-Bewegung führen sollten. Eine solche Einschätzung übersieht m.E. jedoch die Paradoxien und Diskontinuitäten, durch die sich *La Chinoise* einer eindeutigen historischen und politischen Situierung entzieht. Godards eigene Charakterisierung des Films als ‚embryologische Form' scheint da angemessener: „Die Embryologie ist etwas Geheimnisvolles, etwas, das sich nicht unbedingt an die Gesetze hält."[5] Indem Godard gewohnte Wahrnehmungsmuster und Filmtraditionen durchbricht und ideologische Sinnzuweisungen dekonstruiert, überführt er die Utopien der 68er in Heterotopien.[6] Das heißt aber auch, daß Godards medien- und erkenntniskritische Filmästhetik nicht im Konzept einer negativen Utopie – als Utopiekritik – aufgeht.

---

[4] Chr. Brooke-Rose, „Palimpsest-Geschichte", in: U. Eco, *Zwischen Autor und Text. Interpretation und Überinterpretation*, München, Wien 1994, 135-149. Vgl. auch M. Ferro, „Gibt es eine filmische Sicht der Geschichte?", in: R. Rother (Hg.), *Bilder schreiben Geschichte: Der Historiker im Kino*, Berlin 1991, 17-36.

[5] J.-L. Godard, *Einführung in eine wahre Geschichte des Kinos*, München, Wien ^{2}1983, 217.

[6] Zum Begriff „Heterotopie" vgl. M. Foucaults Vortrag von 1967, abgedruckt unter dem Titel „Andere Räume", in: K.-H. Barck et al. (Hgg.), *Aisthesis. Wahrnehmung heute oder Perspektiven einer anderen Ästhetik*, Leipzig ^{5}1993, 34-46.

Während die Utopien nach Foucault in gewisser Weise beruhigen und trösten, weil sie sich „in unsere tausendjährige Handhabung des Gleichen und des Anderen" einordnen, handelt es sich bei den Heterotopien um Tableaus „ohne kohärenten Raum", um eine Gleichzeitigkeit von Ungleichzeitigem sowie um eine Koexistenz heterogener Räume, in denen auch der Logozentrismus der Sprache keinen Ort findet.[7] Mit dem Vokabular der Semiotik könnte man sagen, daß der Begriff ‚Heterotopie' als Gegenkonzept zur Isotopie (griech. gleiche Ebene) fungiert. Die Isotopien „garantieren den Zusammenhang der Rede, schließen Widersprüchlichkeit aus und sorgen so für Verständlichkeit."[8] Demgegenüber operieren die Heterotopien auf verschiedenen Ebenen, machen das Verständliche unverständlich und sind nicht auf Binäroppositionen aufgebaut, vielmehr durch (Isotopie-)Brüche, Modulationen, Verfremdungen und Paradoxien gekennzeichnet. Vor allem die Heterotopie der Bilder und Dispositive des Films/des Kinos kann als Grenzform, als Inter-Stitium der Sprache aufgefaßt werden. Unter dem Aspekt der Zeit manifestieren sich die Heterotopien als Heterochronien, als kristalline *images-temps* (Deleuze); in solchen Vexierbildern sind Beobachter und Objekt, Realität und Imagination, Gegenwart und Vergangenheit, Aktualität und Virtualität nicht mehr ohne weiteres unterscheidbar.[9] Die Film-Bilder – sui generis gespenstische Wiedergänger der Realität – ließen sich daher mit Derrida auch als *spectres* bezeichnen, in denen sich die „disjointure du temps" spiegelt/spektralisiert:

> Wenn es so etwas gibt wie die Spektralität, das Gespenstige [*spectre*, M.L.], dann gibt es Gründe, diese beruhigende Ordnung der Gegenwarten anzuzweifeln, der aktuellen oder präsenten Realität der Gegenwart [...]. Vor allem muß die Gleichzeitigkeit der Gegenwart mit sich selbst bezweifelt werden.[10]

Das heißt aber auch, daß sich im trügerischen *clair-obscur*, in den *spectres* des Zeit-Bildes die Grenzen zwischen Theatralität (*spectacle*) und Authentizität verwischen. Diese Doppeldeutigkeit, die sich in *La Chinoise* aus den imaginären Rollenkonstruktionen der Protagonisten herleitet, motivierte Godard dazu, auf bekannte antiillusionistische Dramentechniken wie das Spiel-im-Spiel-Motiv und den *theatrum mundi*-Topos, besonders auch auf Brechts epi-

---

[7] M. Foucault, *Die Ordnung der Dinge*, Frankfurt a.M. ³1980, 17ff. (Vorwort).

[8] J. Link, *Literaturwissenschaftliche Grundbegriffe*, München ⁴1990, 73.

[9] Vgl. G. Deleuze, *Das Zeit-Bild. Kino 2*, Frankfurt a.M. 1991, 95ff. („Die Zeitkristalle") und 349. J. Paech spricht im Zusammenhang mit der Montage-Technik des Films von „filmischen Heterotopien, den Zwischenräumen zwischen den Einstellungen, wo die Montage sich kontrapunktisch artikuliert" („Der Schatten der Schrift auf dem Bild. Vom filmischen zum elektronischen ‚Schreiben mit Licht' oder ‚L'image menacé par l'écriture et sauvé par l'image même'", in: M. Wetzel, H. Wolf (Hgg.), *Der Entzug der Bilder. Visuelle Realitäten*, München 1994, 213-234, hier 222).

[10] J. Derrida, *Marx' Gespenster*, Frankfurt a.M. 1996, 69f. Derridas ‚Spektrologie' ist auch deshalb für die aktuelle Medientheorie interessant, weil in *spectre* zugleich *spectrum* und *spectare*, das Sehen, aber auch das Gespiegelte und die Schau-Spiele (*spectacles*) des Sehens anklingen.

sches Theater und Sartres *théâtre de situations* (hier vor allem auf den Zusammenhang von Engagement und Theatralität), zurückzugreifen und – in der Form einer intermedialen Reflexion – für den Film fruchtbar zu machen. In diesem Sinne ist Godards Film auch Teil einer Theatergeschichte der 60er Jahre, denn Godard interessiert sich für dieselben Formen und Experimente wie die Dramatiker dieser Zeit; neben den bereits genannten Bezügen, auf die ich mich hier beschränken werde, könnte im Falle von *La Chinoise* auch auf das Dokumentartheater, auf Artaud, das Straßentheater, Happening etc. verwiesen werden.

Die 68er-Reflexionen in *La Chinoise* können als imaginäre Projektionsräume und audiovisuelle Frakturen veranschaulicht werden, in denen sich die symbolische Ordnung der utopischen Entwürfe und die Hermeneutik des historischen Phänomens 68 brechen. Von Interesse scheint mir bei der Analyse von *La Chinoise* also weniger, inwiefern Godard Diskurse, Ikonen und (Selbst-)Beschreibungen der 68er-Gruppen zitiert und abbildet, sondern wo er sich gerade davon entfernt, wo er eine ironische und heterotopische Distanz sucht. Die Figur der Reflexion ist sozusagen doppelt reflexiv: Der Film stellt sich dar als Interpretation der Interpretationen, die sich die 68er selbst gegeben haben. Dadurch leistet Godard einen Beitrag zu einem „audiovisuellen Archiv“ des Sichtbaren und Sagbaren einer Epoche, zu einer Art ‚Dispositiv 68’, das „die Verhaltensweisen und Mentalitäten, die Ideen überschreitet“, da es „sie ermöglicht.“[11] Im folgenden soll anhand von exemplarischen Fragestellungen gezeigt werden, wie Godard in *La Chinoise* mit *non-lieux* und *non-temps* zwischen den Medien, Diskursen und ‚Zeiten’ spielt, das heißt mit historischen und medialen Zwischen-Bildern, *entre-images* (oder *spectres*) des audiovisuellen Archivs und intermedialen Grenzüberschreitungen.[12]

Le discours des autres

Ursprünglich wollte Godard eine ‚richtige’ Gruppe marxistisch-leninistischer Studenten filmen. Die hatten wohl geahnt, daß sein Blick nicht unkritisch sein würde, und vorsorglich abgelehnt. Die im Film dann von Schauspielern verkörperte *groupe Aden Arabie* bezieht sich auf eine symbolische Praxis im Sinne Lynn Hunts, die aus Bildern, Gesten, Ritualen und einem sprachlichen Code besteht, bei dem die Zeichen als magische Beschwörungsformeln die-

[11] G. Deleuze, *Foucault*, Frankfurt a.M. 1987, 71.

[12] Damit werden freilich nur Fragmente einer Analyse von Godards 68er-Reflexionen angeboten. Eine solche Untersuchung bleibt – trotz einiger Ansätze – ein Desiderat der Godard-Forschung. Ein umfassenderes Bild ergäbe sich erst dann, wenn man Godards Entwicklung von den Filmen der frühen 60er Jahre bis hin zu den Videoarbeiten der 70er Jahre – und damit auch eine Veränderung der zugrundeliegenden Deutungsmuster – nachvollzöge.

nen.[13] Dieser symbolische Rahmen strukturiert sich um ein Zentrum, eine „zentrale Fiktion", der „ein geheiligter Status zukommt".[14] Die zentrale Fiktion – für einen Teil der Gruppe ist dies Mao Tse-tung – besetzt den leeren Ort der alten Mächte, die ihre Autorität eingebüßt haben. Der Maoismus bzw. der Marxismus-Leninismus fungiert dabei als ‚Letztelement', als Paradigma, das die symbolische Ordnung konstituiert, ohne je selbst Teil dieser Ordnung werden zu können, ohne selbst signifizierbar zu sein. Godard interviewt in *La Chinoise* vier der fünf Mitglieder der Gruppe. Dabei zeigt sich: Die heterogenen Motive, die der symbolische Rahmen bündelt, vermischen sich wiederum mit politischen Parolen, mit Texten (Brecht, Althusser, Mao etc.) und Bildern, so daß die Grenze zwischen Zitat und Meinung, Vor-Bild und Selbst-Bild, zwischen fremder und eigener Rede kaum auszumachen ist; ihre Informationen über die sogenannte „Kulturrevolution"[15] in China bezieht die Gruppe beispielsweise aus den Propagandasendungen von Radio Peking. Der rhetorisch autorisierte revolutionäre Text unterminiert so beständig den Anspruch, (rhetorische) Autorität abbauen zu wollen. Der ‚Nullpunkt' der Sprache und Kommunikation, den Véronique und Guillaume anvisieren – „se parler, comme si les mots étaient des sons et de la matière" – zeigt sich als Illusion, als Phantasma. Ihre freie Assoziation, ihre *parole automatique*, ist nicht frei, sondern fördert nur eine absurde Kombination von kulturell präformierten Signifikaten zu Tage: „un film de Nicholas... Ray", „Les... procès... de... Moscou", „Rock [...] and roll" etc. Die Suche nach dem Ursprung der Sprache („sons et matière"), nach der Materialität der Worte vor ihrer Verdinglichung, ihrer Abnutzung und Entfremdung im alltäglichen Gebrauch als Zeichen („Un mot, c'est qui se tait"), ist eine Utopie, verfängt sich in einem *circulus vitiosus*.

La Chinoise wird m.E. erst interessant, indem der Film die Geschlossenheit der Diskurse, den symbolischen Rahmen, durch außersprachliche Codes, vor allem durch filmische Techniken wie Montage und *mise en scène*, kontrapunktiert und relativiert – im Sinne einer Dissemination (Derrida) der symbolischen Ordnung. Die zweite Szene des Films führt die Dialektik von Sprache und Bild, auf die es Godard ankommt, exemplarisch vor: Wie auch zu Beginn von *Une femme mariée* (1964) sind zwei zunächst nicht identifizierbare Stimmen (eine männliche und eine weibliche) aus dem *off* zu hören, während im *cadre* ein Spiel der Hände zu sehen ist: wie sich die Hände suchen, finden,

---

[13] L. Hunt, *Symbole der Macht, Macht der Symbole. Die französische Revolution und der Entwurf einer politischen Kultur*, Frankfurt a.M. 1989, 26ff.

[14] Ebd., 109f.

[15] Zur Absurdität dieses Begriffs vgl. G. Koenen, *Die großen Gesänge. Lenin, Stalin, Mao Tse-tung. Führerkulte und Heldenmythen des 20. Jahrhunderts*. 2. korr. Aufl., Frankfurt a.M. 1992, 389: Während „[j]edes menschliche Wesen, vom Säugling bis zum Greis [...], ein Exemplar des abwaschbaren ‚Roten Buches' zum Studieren, Rezitieren oder wenigstens zum Schwenken in die Hand" bekam, wurden andere Bücher und Schriften verboten, die meisten Bibliotheken geschlossen.

wieder verlieren usw.[16] In diesem Wechselspiel zwischen Sprache, Bild und Bewegung geht es um die Frage, wie das *moi* auf das *toi* zu beziehen ist und wie das *nous* als prekäre Balance im *discours des autres* aufgeht oder sich ihm entgegensetzt. Das Sichtbare und das Sagbare setzen sich gegenseitig voraus und sind doch unendlich voneinander getrennt. In diesem Sinne geht es in *La Chinoise* darum, den im *discours des autres* gefährdeten Ort der eigenen Stimme in die *non-lieux* der Bilder einzuschreiben. Denn diese entziehen sich in gewissem Sinne dem Taumel der Schrift und der Rede[17]: „vergeblich spricht man das aus, was man sieht: das, was man sieht, liegt nie in dem, was man sagt."[18]

Bereits der Ort, das Appartement, in dem die Gruppe *Aden Arabie* Revolution spielt, markiert das Geschehen als historisches und filmisches Zwischenspiel: Die bürgerlichen Bewohner, die mit der Revolution nichts zu tun haben wollen, befinden sich für ein paar Wochen in Urlaub. Am Ende des Films nehmen sie den Ort wieder in Besitz und werfen die Mao-Bibeln aus den Regalen. Dieser Ort fungiert in *La Chinoise* als intermediale Heterotopie und Heterochronie: Parolen, Vorträge, auf Wände, Türen und Tafeln gemalte Zitate und Ideologeme, Anleihen aus der Bildenden Kunst (Hundertwasser), Photos von Künstlern, Revolutionshelden etc. bilden ein Gewebe von polyphonen Diskursen und multiplen Bildern. (s. Abb.) Dabei betonen vor allem die literarischen Intertexte, z.B. die Dostojewskij-Persiflage, die Fiktionalität der Figuren. Kirilows Selbstmord – der wie bei Dostojewskij ein Attentat dekken soll – ist ein Roman-Tod im Film, der Schein eines Scheins. Wie in den *Dämonen* gründet sich sein „pädagogischer Selbstmord", sein Selbstopfer, auf die Logik des Absurden, auf das „glühende Verlangen nach Klarheit".[19] Aber Kirilow muß sich, als stünde er auf einer Theaterbühne, dafür entscheiden, sich selbst zu verlieren, um die Illusion aufrechtzuerhalten: so wie der „Schauspieler sich opfert [...], damit ein Schein existiere."[20]

Die Protagonisten in *La Chinoise* irrealisieren sich alle mittels solcher literarischen und historischen Vor-Bilder und fallen dadurch (als gleichfalls ima-

---

[16] Es wäre übrigens interessant, diesem in Godards Filmen häufig vorkommenden (Leit-)Motiv gründlicher nachzuspüren. Vgl. dazu auch S. Hesper, „Berührungen auf Distanz. Kommunikation und Kontakt in Jean-Luc Godards *Détective*", in diesem Band, hier 140-142.

[17] Die Hypertrophie der Sprache und der Schrift ist in *La Chinoise* auffällig: es gibt verschiedene Diskursformen (Vorträge, Ansprachen, vorgelesene Zitate, Kommentare, Interviews, Dialoge, Stimmen aus dem Radio) sowie Zwischentitel, verschiedene Schrifttypen im *cadre* etc.

[18] Foucault, *Die Ordnung der Dinge*, 38.

[19] A. Camus: *Der Mythos von Sisyphos. Ein Versuch über das Absurde*, Reinbek b.H. 1987, 23; zur Kirilow-Figur vgl. 87ff. Vgl. auch P.G. Christensen, „Dostoevski and Jean-Luc Godard: Kirilov's Return in La Chinoise", in: A. Ugrinsky, V.K. Ozolins (Hgg.), *Dostoevski and the human condition after a century*, New York u.a. 1986, 134-145.

[20] J.-P. Sartre, *Der Idiot der Familie. Gustave Flaubert 1821-1857. II. Die Personalisation*, Reinbek b.H. 1986, 22.

La Chinoise, 1967

ginäre Figuren auf der Kinoleinwand) einer ,doppelten Fiktion' anheim. Ihre Rollen sind aus Versatzstücken und Fragmenten modelliert und „lösen sich auf, wenn sie [die Figuren] ihre paradoxen Rollen nicht mehr beherrschen können."[21] Ihre Aktionen sind immer schon simuliert. Auch Véroniques Attentat auf den sowjetischen Minister für Kultur ist ein Substitut, ein Comic-Mord, wie das von Godard eingeblendete Bild aus einem Action-Comic zeigen soll. Die Bilder und Diskurse von Mao, Che Guevara etc. vermischen sich mit den Bildern, die sie sich bei der Lektüre literarischer Stoffe gemacht haben (Brecht, Nizan, Goethe etc.). Bereits der Gruppenname *Aden Arabie* ist ein literarisches Zitat (nach dem gleichnamigen zivilisationskritischen Essay Paul Nizans). Dieses Repertoire des Imaginären stellt die Bilder und Bausteine für die Utopien zur Verfügung, die damit als Mythen erscheinen. Der fiktionale und der politische Mythos lassen sich nicht voneinander trennen, denn beide sind im phantasmagorischen Raum der Protagonisten angesiedelt. Diese werden zu Kunst-Figuren im doppelten Sinne des Begriffs: die politische Revolte ist eine Fortsetzung imaginärer Revolten, die geträumte Tat geht der wirklichen Tat voraus. Doch diese Ordnung des Imaginären ist instabil, sie trägt bereits ihren Zerfall in sich. Im letzten Drittel des Films wird die Handlung zunehmend episodischer, die Gruppe zerfällt, am Ende steht eine Dekomposition und Depersonalisation. Henri geht nach seinem Ausschluß aus der Gruppe eigene Wege, Kirilow begeht Selbstmord, Véronique radikalisiert ihr Engagement und gleitet in den Terrorismus ab. Damit spielt Godard bereits im Frühjahr 1967 hypothetisch die Spannweite der 68er-Bewegung durch, nachdem diese ihren Höhepunkt überschritten hatte. Doch statt die Extreme Terror (Véronique) oder Resignation (Henri) zu wählen, gibt es auch die Möglichkeit, die gesammelten Erfahrungen in neue künstlerische und politische Experimente umzusetzen (Guillaumes „vocation théâtrale") – eine Möglichkeit, für die sich auch der Filmemacher Godard in den folgenden Jahren entschieden hat.[22]

Indem Raoul Coutard die Protagonisten – durch Travellings mit der Kamera – von außen, durch die Fenster hindurch filmt, wird die Isolation der Gruppe und die Hermetik der Situation deutlich, ihre Künstlichkeit (was auch durch Godards Farbdramaturgie, die Dominanz von Rot, Gelb und Blau, hervorgehoben wird). Ebenso künstlich und gestellt wirken die eingeschnittenen Spots und Sequenzen des ,Außen': die Bilder aus Véroniques Studienort Nanterre, die Bilder von dem Bauernhof, auf dem Yvonne gelebt hat, und vor allem Véroniques Attentat im grellen Tageslicht der Frühlingssonne, vor der anonymen, immateriell wirkenden Glaswand eines Hotels, die das Licht bricht und reflektiert. Es handelt sich um eine paradoxe Umkehrung, da einerseits die

---

[21] A.M. Freybourg, *Film und Autor. Eine Analyse des Autorenkinos von Jean-Luc Godard und Rainer Werner Fassbinder*, Hamburg 1993 (Diss.), 114.

[22] Insofern gibt es bei Godard einen Zusammenhang von den Filmen der späten 60er über die *Cinétracts* bis hin zu den Videoarbeiten der 70er Jahre.

Bilder außerhalb des Appartements, außerhalb des hermetischen Raums, eigentlich die ‚wirklichen' Bilder vorstellen; andererseits wirken gerade diese Sequenzen und Photos wie hyperreale Aufnahmen (im Sinne Baudrillards), die durch den Kontrast zur surrealen Atmosphäre des Appartements erst recht mit Künstlichkeit geschlagen werden und so als Simulacren erscheinen. Diese Bilder wirken unwirklich, weil sie buchstäblich auf-gerufen werden, weil sie als Medienbilder das Gesagte untermauern, bebildern sollen, und gerade dadurch – durch ihre Irrealität oder Hyperrealität – Authentizität ironisieren. Dadurch ironisiert Godard zugleich die Verfahrensweisen einer bestimmten Reportageform, vor allem der des Fernsehens, die dem gesprochenen Wort eine größere Glaubwürdigkeit zu verleihen glaubt, wenn sie es durch visuelle Verdoppelungen scheinbar bekräftigt und verifiziert. Es geht damit in *La Chinoise* auch um die Macht der Bilder und der Täuschungen, um die Illusion, Be-glaubigung und vermeintliche Evidenz abgebildeter Wirklichkeit, aber auch um eine Gegen-Macht, die die Bilder und die politischen Phantasien, die sich in ihnen verdichten, wieder auseinandernimmt, seziert, d.h. um eine Pädagogik des Sehens und Hörens: „Die Macht der Bilder entwickelt Suggestion und Faszination und kann diese andererseits auch in einer dem Sprachlichen nur selten zugänglichen Weise destruieren."[23]

Godard mit Améry

In Frankreich waren bis in die 60er Jahre die politischen Differenzen der intellektuellen Diskurse schärfer ausgeprägt, oder zumindest in den Medien so inszeniert, als in anderen europäischen Ländern. Das hängt damit zusammen, daß die KPF, die während der Résistance die meisten Opfer zu verzeichnen hatte, nach dem Krieg als stärkste Partei in die Nationalversammlung einzog und eine enorme Anziehungskraft auf die gesamte französische Linke ausübte. Außerdem wurde das publizistische Engagement der französischen Schriftsteller und Mandarine, ihre Einflußnahme auf gesellschaftspolitische Fragen, traditionell ernster genommen als beispielsweise in Deutschland; Emile Zola gab in dieser Hinsicht mit seiner während der Dreyfus-Affäre am Ende des 19. Jahrhunderts verfaßten Streitschrift *J'accuse* eine Art Vorbild ab. Vor allem Sartre galt seit den späten 40er Jahren als ein Musterbeispiel des engagierten Intellektuellen. In den Sechzigern, nachdem die offensichtliche Erstarrung des Sowjet-Kommunismus die Fronten bereits aufzuweichen begonnen hatte, kam es noch einmal zu regen Disputen, Abgrenzungsbemühungen und neuen Positionsbestimmungen der Intellektuellen in den *journaux*, an denen sich auch Sartre beteiligte. Vor diesem Hintergrund muß auch ein Aufsatz des Schriftstellers Jean Améry über Godard gelesen werden, der 1968 verfaßt wurde. Améry, der sich selbst dem intellektuellen Milieu Sartres zurechnete, bezieht

---

[23] K. Hickethier, *Film- und Fernsehanalyse*, Stuttgart, Weimar 1993, 159.

sich vor allem auf *La Chinoise*. Sein Text ist diskursgeschichtlich sehr aufschlußreich, weil er die Schwierigkeiten dokumentiert, Godards Film einen Ort innerhalb der Links-Rechts-Topographie zuzuweisen. Die Vorbehalte, die Améry gegenüber dem Film hegt, spiegeln zugleich die Befangenheiten dieser Generation von (,klassischen') Intellektuellen wider, die sich selbst als links verstanden und deren Verhältnis zu den französischen Kommunisten zwischen Annäherung und Abgrenzung schwankte. Zunächst vermeidet er eine Polemik, wie sie in Sartres Zeitschrift *Les Temps Modernes* anläßlich der Aufführung von *La Chinoise* zu lesen war: „Dieser Film ist in der Tat vollkommen konservativ, um nicht zu sagen: reaktionär!"[24] Mit diesem Zitat wird bereits die Unsicherheit und Verschwommenheit der Definitionsversuche dessen deutlich, was in diesen Jahren als links oder rechts zu bezeichnen ist, das heißt die Austauschbarkeit der Formeln. Indem Améry jedoch für Godards heterotopische Ästhetik aufgeschlossen ist, spiegelt sich in seiner ambivalenten Kritik, die ihre Faszination nicht verleugnet, der Wandel der Diskurse und der intellektuellen Biographien dieser Zeit, aber damit auch der Wertbegriffe und tradierten Denkmuster: „die soziale und kulturelle Umwelt, die Godards Arbeiten bedingen", sei „eine Welt der in volle Konfusion geratenen Wertkategorien":

> Man sieht einen Godard-Film mit Zustimmung, ja Entzücken, aber schon auf dem Nachhauseweg, sobald erst die Stimmung abklingt, ist man seiner Billigung nicht mehr sicher. [...] In seinen Äußerungen provoziert er den Intellektuellen und den Proleten ebenso wie den Bourgeois.[25]

Diese Unsicherheit, die Améry dann auf dem Nachhauseweg verspürt, während der Film in seinem Kopf weiterläuft, neutralisiert er anschließend wieder (nach seiner ,Ernüchterung'). Er rekurriert auf das scheinbar sichere Fundament einer „Realität der Gesellschaft"[26], deren Umfang und Konturen in den späten 60ern gerade schimärisch werden. Die Ordnung der Dinge, über die Foucault 1966 geschrieben hatte –und damit auch der Primat ökonomischer Erklärungsmuster –, begann sich zu verschieben. Doch für Améry ist die „*wirkliche* Welt der Franzosen, die ihr Dasein ausmacht, aus dem Film ausgespart".[27] Godards Aktualität ist ihm verdächtig, ist für ihn ,ohne Gewicht', weil er hier die traditionellen, ,zeitlosen' Paradigmen der französischen Linken nicht wiedererkennt. Godard sei

---

[24] Zit. nach J. Améry: „Jean-Luc Godard oder Das Mißverständnis der künstlerischen Freiheit", in: ders., *Cinéma. Arbeiten zum Film*, J. Kalka (Hg.), Stuttgart 1994, 71-86, hier 71.

[25] J. Améry, 73.

[26] „Die Realität der Gesellschaft indes, und sei sie [z.B. in *La Chinoise*] hundertmal erwähnt, bleibt verborgen". Was allerdings darunter zu verstehen ist, bleibt recht abstrakt, etwa wenn Améry auf „einen noch gar nicht abzusehenden Prozeß wirtschaftlicher, industrieller und sozialer Umwälzung" verweist (79).

[27] Ebd., 80 (Kursivdruck – wie auch in den folgenden Zitaten – im Original).

> auf nachgerade beängstigende Weise aktuell, womit ich meine: Der Zeit verfallen oder auch ausgeliefert. [...] Eigentümlich ist dabei nur, wie dieser Autor sich dabei zugleich *jenseits* der Zeit zu stellen scheint, und dies auf zweierlei Weise: einmal in der thematischen Aussageform, indem er sich hütet, Positionen zu beziehen (für oder gegen die Studentenkommune [...]); zum anderen in seiner Ästhetik, die durch Kaskaden von Verfremdungseffekten das Thema, *jedes* Thema, neutralisiert.[28]

Diese Offenheit und Mehrdeutigkeit des Films *La Chinoise* – sein Ort inmitten und zugleich jenseits seiner Zeit – sowie Godards spielerischen Umgang mit der Film- und Literaturgeschichte – all das bemerkt Améry sehr luzide. Er heftet seinen Eindrücken jedoch sogleich ein traditionelles Etikett an. Indem er Sartres Konzept des engagierten Kunstwerks verengt (und dadurch mißversteht), benutzt er es als positiv konnotierten Gegenbegriff zur „*Autonomie des Kunstwerks*." Améry greift damit ein Etikett der *l'art pour l'art*-Debatte auf, das dann wiederum als Parole des 68er-Ikonoklasmus fungierte. Darin eben, in einer falsch verstandenen ästhetischen Autonomie, bestehe das Mißverständnis von Godards künstlerischer Freiheit, einer „Freiheit des Spiels, aber eines Spiels, das keine Regeln hat, und deshalb kaum noch als Freiheit durchgehen kann."[29] Damit hat sich Améry unmerklich auf die Seite derer geschlagen, die für das Kunstwerk definierbare Regeln und einen Rückbezug auf eine ominöse ‚soziale Relevanz' oder gar ‚Volksnähe' („die *wirkliche* Welt der Franzosen") einfordern; dieser Seite hätte er sich jedoch bestimmt nicht zurechnen lassen wollen.

> Man verzichtet aber in der Suche nach einer authentischeren Form des Wirklichen, da doch das Suchen so viel Spaß macht, auf die Wirklichkeit schlechthin. So erging es im Roman Robbe-Grillet. So ergeht es im Film Jean-Luc Godard.[30]

Indem er sich bei seinem Urteil an Begriffe wie ‚Authentizität' und ‚gesellschaftliche Realität' hält, Kategorien, die gerade in Godards Filmen porös erscheinen, verteidigt er eine moralisierende Version des politischen Engagements, die der Film *La Chinoise* bereits hinter sich gelassen hat. Mit seiner jedoch offen eingestandenen Ambivalenz und Irritation markiert Améry eine Nahtstelle des Paradigmenwechsels der politischen und ästhetischen Dispositive zur Zeit der späten 60er. Vor allem verdichtet sich in seinem Aufsatz der Übergang von den Utopien zu den Heterotopien, der bei Godard (den Améry, wenn auch im Sinne eines ‚unglücklichen Bewußtseins', durchaus schätzt) reflektiert wird.

---

[28] Ebd., 81f.
[29] Ebd., 82f.
[30] Ebd., 86.

Filmisches Theater

Die Revolution als theatrales Spiel macht in *La Chinoise* das Verhältnis von Existenz und Rolle transparent, das heißt die absurde Scheinwelt der Figuren, die sich nach eigenem Verständnis „von der Welt her begreifen“[31], *realiter* aber gerade – besonders auffällig bei Véronique und Kirilow – ihre eigenen Rollen ernst nehmen, sich in sie entfremden, indem sie sich ein symbolisches Mandat zuschreiben. Das „Subjekt des Aussagens“ wird auf das „Subjekt der Aussage“ reduziert, auf die symbolische Funktion der *parole fondatrice*[32] (in Sartreschen Termini formuliert: das *pour-soi* entfremdet sich in das *en-soi* der Rolle). Indem Godard aus einer ironischen Distanz auf die Rollenspiele seiner Protagonisten blickt, dekonstruiert er deren *esprit de serieux* im revolutionären ‚Alltag'; diese Perspektive verbindet seine Filmästhetik mit der Theorie und Praxis des Theaters bei Sartre (überhaupt werden die Bezüge in Godards Werk zum Existentialismus in der Forschung meist übersehen): „Die Situationen, Gespräche und Gesten des Alltags, die [...] Sinnhaftigkeit, Wichtigkeit, Ernst beanspruchen“, werden „als marionettenhafte Szenen einer permanenten Komödie der Realitätsflucht“ durchschaubar.[33] Aber letztendlich gibt es immer einen Überschuß, der dem symbolischen Mandat entgeht, weil die Identifikation mit der Rolle nie einfach gegeben ist, sondern stets erneuert werden muß. In diesem Sinne handeln die Figuren Godards noch ‚unterhalb' eines *théâtre de situations*, wie Sartre es bestimmt, da sich die Gruppe *Aden Arabie* beständig darum bemüht, (Extrem-)Situationen überhaupt erst herbeizuführen. Dieser Überschuß, die Differenz von Rolle und Existenz, manifestiert sich im Film jedoch nicht in den Figuren selbst, sondern als Spannung zwischen Diskurs und Bild: In *La Chinoise* werden die Interviews so gefilmt, daß die Bilder, die das Subjekt und den Ort der Aussage markieren – die Situation im Sinne Sartres, die Gesten, die Blicke, die Mimik, die ‚Erotik der Stimmen' (Barthes) etc. –, mehr bezeichnen als das Ausgesagte, das sich dem Mandat der *parole fondatrice* unterordnet.[34] Die dispositive (kinematographische) An-Ordnung der Interviews sowie des Körpers als „Ausdruck des Menschen“

---

[31] So J.-P. Sartre über die „Ernsthaftigkeit der Revolutionäre“, in: *Tagebücher. Les carnets de la drôle de guerre. November 1939 - März 1940*, Reinbek b.H. 1984, 472, 475.

[32] Das Konzept der *parole fondatrice*, das Lacan in seinen ersten Seminaren entwickelte, wird hier nach Žižeks Interpretation zitiert: S. Žižek, *Denn sie wissen nicht, was sie tun. Genießen als ein politischer Faktor*, Wien 1994, 243ff.

[33] V. Roloff, „Existentielle Psychoanalyse als *theatrum mundi*. Zur Theatertheorie Sartres“, in: T. König (Hg.), *Sartre. Ein Kongreß*, Reinbek b.H. 1988, 93-106, hier 97.

[34] M. Pfister spricht in bezug auf das Drama von „außersprachlicher Informationsvergabe“ (*Das Drama. Theorie und Analyse*, München 1977, 67ff.). Nach Hickethier soll die Film- und Fernsehanalyse gerade diesem „Nichtgesagten, aber körperlich Ausgedrückten nachspüren“ und die „Ambivalenzen und körperlichen Aussagen im dargestellten Spiel [...] entschlüsseln“ (Hickethier, 172).

im Sinne Merleau-Pontys[35] kontrastieren und relativieren die übermittelte Information, etwa wenn Yvonne ständig mit ihren Haaren spielt, wenn Henri, nach seinem Ausschluß aus der Gruppe, beim Frühstück gefilmt wird, oder wenn Véronique die an sie gerichteten Fragen immer häufiger durch Mao-Zitate beantwortet und dadurch die Interviewsituation geradezu *ad absurdum* führt.[36] Insofern präsentiert auch die schnelle Schnittfolge des Films (vor allem in der ersten Hälfte) die Montage als Demontage der (Selbst-)Gewißheiten.

Bei dem fingierten Interview mit Guillaume ist dessen Spiel im Spiel selbst die Botschaft, da es dort auf eine „Theatralisierung des Körpers" ankommt, wie es Deleuze im Anschluß an Brechts Begriff des Gestus formuliert.[37] Das heißt: Godard erkundet neue, die Intermedialität von Theater und Film reflektierende Formen, mit denen die für das Kino-Schauspiel typische Ablösung des körperlichen Ausdrucks und der raumzeitlichen Präsenz des Theaterschauspielers rückgängig gemacht werden könnte. Dies geschieht in *La Chinoise* jedoch so, daß die Differenz der Medien nicht kaschiert, sondern akzentuiert wird, etwa indem Godard durch die Einblendung der Klappe zeigt, daß der Filmschauspieler immer nur einzelne Takes spielt, daß sein Spiel das Ergebnis einer diskontinuierlichen Produktion ist und daß die Gestaltung der Rolle als Fülle segmentärer Bewegungen erscheint, die auf die Stiftung von Kohärenz durch die Zuschauer angewiesen sind.[38] Godards Ziel ist es, dem Film den Körper zurückzugeben, eine Art filmischen Theaters zu schaffen. Gerade im Film kommt dem Gestus und der Mimik – die in unserer Alltagswahrnehmung als unbewußt artikuliert gelten – aufgrund der Reduktion der ganzheitlichen Präsenz des Schauspielers besondere Relevanz zu (normale Gesten können monströs wirken etc.). Dadurch fungiert der Körper als Signifikant, der die Bedeutungsfunktion des gesprochenen Wortes überlagert.[39] Dieses „Kino der Verhaltensweisen und Stellungen", das Deleuze bei Jean-Pierre Léaud besonders eindrucksvoll verwirklicht sieht (Léaud mache aus „sich selbst ein Theater"), sei von der Theatralität des Theaters und besonders von Brechts Verfremdungstechnik, mit der Godards Filmästhetik immer wieder verglichen wird[40], zu unterscheiden: „Der Gestus ist zwangsläufig, wie Brecht dies forderte, sozial und politisch, doch er ist zwangsläufig auch etwas

[35] M. Merleau-Ponty, „Das Kino und die neue Psychologie", in: *Filmkritik* 11 (1969), 695-702, hier 701.

[36] Ein Beispiel für Godards ironische Konjunktionen von Bild und Rede: Véronique hält eine Zigarette in der Hand; im Hintergrund (tiefenscharf) ist ein Foto des rauchenden Mao zu sehen.

[37] *Das Zeit-Bild*, 249.

[38] Vgl. K. Hickethier, 160ff.

[39] Ebd., 161.

[40] Guillaume selbst bekennt sich ausdrücklich zu Brecht, indem er auf einer Tafel alle Schriftstellernamen, von Shakespeare bis zur Gegenwart, ausradiert und nur Brechts Namen stehen läßt.

anderes [...]. Er ist biovital, metaphysisch und ästhetisch."[41] Brecht hingegen fordert vom Schauspieler eine bestimmte gestische Distanz zur verkörperten Rolle. Der Gestus soll sozial sein[42], und zwar in dem Sinne, daß er sich von den Figuren ablöst, nicht mit ihnen verschmilzt („daß dieser Nachahmende / Nie sich in einer Nachahmung verliert"[43]). Wie in Brechts berühmtem Beispiel eines Verkehrsunfalls, der von einem Zeugen für das umstehende Publikum demonstriert und rekonstruiert wird, müsse der Gestus „heraustreten, sich emanzipieren."[44] Ästhetisch soll er bei Brecht gerade nicht sein. Aus der Relation von Imitiertem und dem Imitierenden soll „kein Drittes"[45], keine *imitatio* als ästhetische Kategorie hervorgehen.

Wie Brecht kommt es zwar auch Godard darauf an, die Identifikation, die Einfühlung in die Figuren und das Spiel, zu durchbrechen, allerdings haben Brechts und Godards antimimetische Verfahren unterschiedliche Prämissen. Bei Brecht wird, anders als bei Godard, die Simulierbarkeit und Virtualität des sozialen Raums, der hinter dem theatralen Spiel durchscheinen soll, nicht zum Problem. Godards Illusionsbrechungen funktionieren so, daß der Gestus ästhetisch wird – was nur vordergründig ein Widerspruch ist. Der Gestus verweist nicht in erster Linie auf eine dahinter verborgene soziale Wirklichkeit, z.B. auf ökonomische Strukturen, sondern macht die Figuren, die sich vor keinem Hintergrund abheben, als solche transparent: ihre Theatralität ist zu ihrer Existenzform geworden. Oder genauer: Allein der Gestus und die Bilder, die ihn zur Schau stellen, machen die Disparität von Rolle und Existenz augen-fällig. Der Gestus ist entlarvend, weil er sich, wie bereits angemerkt wurde, inkongruent zur *parole fondatrice* verhält. Gerade indem er sich von seinem Träger *nicht* ablöst, zeigt er, daß die Figuren die Distanz zu ihren Rollen weitgehend verloren haben (und diesen Verlust stets erneuern) und daß sie dadurch absurd, sogar komisch wirken.[46] Der Verfremdungseffekt ist also

---

[41] *Das Zeit-Bild*, 251.

[42] Brecht gebraucht den Begriff ‚sozialer Gestus' meist sogar synonym zum ‚Gestus'. Der Gestus des *Schauspielers* darf nach Brechts Theatertheorie jedoch nicht ohne den Verfremdungseffekt gedacht werden: „Es ist der Zweck des V-Effekts, den allen Vorgängen unterliegenden gesellschaftlichen Gestus zu verfremden. Mit sozialem Gestus ist der mimetische und gestische Ausdruck der gesellschaftlichen Beziehungen gemeint, in denen die Menschen einer bestimmten Epoche zueinander stehen" (B. Brecht, „Neue Technik der Schauspielkunst", in: ders., *Schriften zum Theater*, Bd. 3, 163); vgl. dazu auch J. Knopf, „Verfremdung", in: W. Hecht (Hg.), *Brechts Theorie des Theaters*, Frankfurt a.M. 1986, 93-141, hier 119-122 („Gestik").

[43] B. Brecht, „Gedichte aus dem Messingkauf", in: *Schriften zum Theater*, Bd. 5, 253 („Über alltägliches Theater").

[44] „Neue Technik der Schauspielkunst", 161.

[45] Vgl. „Der Messingkauf", in: *Schriften zum Theater*, Bd. 5, 79: „was das Publikum sieht, ist nicht eine Fusion zwischen Demonstrant und Demonstriertem, nicht ein selbständiges, widerspruchloses Drittes [...]."

[46] K. Theweleit charakterisiert Godards Filme als „Kenntlichmachung des Wirklichen durch die Drehung ins Absurde, eine Art Über-Brecht, die mit kühler Komik triumphier-

nicht, wie bei Brecht, primär auf seiten der Schauspieler zu verorten (die bei Godard zunächst ‚für sich selbst' spielen), sondern eher auf seiten der Zuschauer. Das hängt auch damit zusammen, daß der Theaterzuschauer durch die Trennung von Bühne und Publikum immer schon einen distanzierten Blick auf die Figuren einnimmt. Demgegenüber hat die Identifikation von Kamera- und Zuschauerauge einen ‚zweideutigen Charakter', wie Sartre es formuliert. Die Kamera könne als subjektive Kamera den Blickwinkel einer Figur einnehmen, häufiger aber gebe sie einen „unpersönlichen Zeugen" ab, der dem Kinozuschauer beispielsweise die Gesichter in Großaufnahme vor Augen führen kann, also ihm gleichsam ‚taktile Blicke' ermöglicht. Im Theater hingegen „sehe ich mit meinen Augen, und ich bleibe immer auf derselben Stelle, auf demselben Platz [...]."[47] Gerade in bezug auf den Gestus sieht Sartre eine gegenseitige, intermediale Beeinflussung zwischen Theater und Film. Der Film habe die falsche Handlung auf der Bühne als bloße Geste entlarvt; aber „es ist gut, daß im Theater die Geste und nicht die Handlung erscheint."[48] Godard begnügt sich jedoch nicht mit dieser Dichotomie. Er bemüht sich darum, den Gestus wieder in den Film einzubringen, die medialen Grenzziehungen zu verwischen, um so die Handlung, das sensomotorische Band des filmischen Aktionsbildes, aufzubrechen.

Der distanzierte Blick des Rezipienten resultiert in *La Chinoise* aus der Distanzlosigkeit von Rolle und Existenz, die ihm, mittels der heterotopischen Bilder, vorgeführt wird. Das Spiel der Figuren betont also keine sozial typischen Verhaltensweisen, sondern widersprüchliche Existenzweisen, die dem Zuschauer – und hier trifft sich Godard wieder mit Brecht – die Identifikation erschweren. Allerdings soll nach Brechts politischer Fundierung seiner Theatertheorie die Welt auf dem Theater so dargestellt werden, ‚wie sie ist', also mit all ihren (Klassen-)Gegensätzen. Indem der Gestus diese ‚wirkliche (falsche) Welt' verfremdet, weist er *ex negativo* darauf hin, daß sie auch ganz anders sein könnte:

> wenn sie [die Arbeiter] / Die Welt zeigen wollen, wie sie ist / Damit wir sie verändern können / Kommt zum Ausdruck, daß es unter der Würde des Menschen ist / Zu täuschen.[49]

Godards medientheoretische (Auto-)Reflexionen[50] problematisieren jedoch Abgrenzungen wie Wahrheit vs. Täuschung sowie die von Brecht geforderte

---

te, wo jener nur belehrte" (*One + One. Rede für Jean-Luc Godard zum Adornopreis*, Berlin 1995, 60).

47 J.-P. Sartre, *Mythos und Realität des Theaters. Aufsätze und Interviews 1931-1971*, Reinbek b.H. 1979, 11-30, hier 12.

48 Ebd., 127. Beispielsweise würde im Film eine gestellte Erdolchung lächerlich wirken; andereseits ist für Sartre ein überzogener Naturalismus auf der Bühne, ein Verleugnen des Gestischen, ebenso lächerlich.

49 „Gedichte aus dem Messingkauf", 274 („Reinigung des Theaters von den Illusionen").

analytische und kognitive Sicht der Rezipienten, d.h. die Möglichkeit eines wahren, objektiven Blicks auf gesellschaftliche Antagonismen, eines Blicks innerhalb der Gesellschaft auf die Gesellschaft als Ganzes („Die Welt [...] wie sie ist").[51] Godards filmisches Theater ist nicht politisch im Brechtschen Sinne, sondern die Politik selbst erscheint in *La Chinoise* theatralisch. Indem Godard jedoch an das Kernstück der Brechtschen Theatertheorie anknüpft, wird deutlich, daß Brechts Realismus-Begriff – die Kunst solle die Wirklichkeit nicht einfach nur verdoppeln – bereits auf ästhetische Möglichkeiten zielt, die dieser selbst noch einzugrenzen versuchte[52]; dieser ‚Realismus', so Kirilow, ist nicht „le reflet du réel, il est le réel de ce reflet."

Godards intermediales Spiel, die Theatralität der filmischen Rollenspiele, unterläuft zugleich die Abgrenzung zwischen Dokumentarizität und Fiktionalität[53], wie vor allem Guillaumes Spiel im Spiel zeigt. Wie bereits in *Masculin-féminin* (1965/66), in dem Paul (J.-P. Léaud) die (reale) „Mademoiselle 19 ans" des Jahres 1965 interviewt, problematisiert Godard in *La Chinoise* sowohl die Objektivität des Fragenden als auch die Authentizität des Befragten. Der Kameramann Raoul Coutard, der Guillaume filmt, wird wiederum von einer anderen Kamera gefilmt. Indem das inszenierte, scheinbar dokumentarische Interview – *als* Simulation – selbst inszeniert wird, distanziert Godard den vermeintlichen Dokumentarismus und thematisiert das Verhältnis von Fiktionalität und Dokumentarizität im Bild selbst, als fiktives ironisches Spiel mit dem Genre Dokumentarfilm. Diese Spiel-im-Spiel-Technik charakterisiert M. Pfister für das Drama dadurch, daß die primäre Fiktionalität durch eine sekundäre potenziert wird. Dies führt – da Godard die Differenz von Kamerablick und Zuschauerblick in den Bildern selbst reflektiert – „zu einer kalkulierten Verunsicherung des Publikums über die Grenzen von Sein und Schein, von Realität und Fiktion" und damit zu einer Problematisierung des Mediums (des filmischen Codes).[54]

Die Kameralinse ist für Guillaume ein Spiegel, in dem er seine (Selbst-)Inszenierungen widergespiegelt sieht, während das Bild, das sich jenseits des Kameraobjektivs, d.h. im filmischen Endprodukt, wieder zusammensetzt und eine Metamorphose durchmacht, ihm gerade entgeht. Der Spiegel wird quasi zum paradoxen, illusorischen Spiegel, zum *spectre*: die Präsenz des Schauspielers Guillaume wird im dispositiven Feld ‚Schauspieler – Kamera – Zuschauer'

---

[50] Vgl. dazu G. Deleuze, *Das Zeit-Bild*, 241: „Zum Kino gehört ebenso eine Reflexion über sich selbst wie über andere Gattungen, insofern die visuellen Bilder [...] sich selbst anschicken, [...] Theater zu ‚machen'."

[51] Vgl. N. Luhmann, „Protestbewegungen", in: ders., *Protest. Systemtheorie und soziale Bewegungen*, K.-U. Hellmann (Hg.), Frankfurt a.M. 1996, 201-215, hier 201.

[52] „Der Dadaismus und der Surrealismus benutzen Verfremdungseffekte extremster Art. Ihre Gegenstände kehren aus der Verfremdung nicht wieder zurück" („Neue Techniken der Schauspielkunst", 186).

[53] Vgl. dazu den Beitrag von Kathrin Fahlenbrach in diesem Band.

[54] M. Pfister, 300.

wieder zur Absenz. Nicht Guillaumes Selbst-Bild, seine Selbst-Projektionen, sondern sein narzißtischer Blick und sein Spiel der Verstellungen werden widergespiegelt, oder besser: von einer Virtualität, einem ‚mehr' des Spiegels, einem unsichtbaren Gespenst, das ihn anblickt, ‚spektralisiert'. Guillaume selbst ist im „Bild/tableau". Bei dieser „Dialektik von Auge und Blick" herrscht nie Koinzidenz, wie Lacan betont, sondern zutiefst „Trug/leurre". Es geht „um die Täuschung des Auges", weil „*Du mich nie da erblickst, wo ich Dich sehe*."[55] In diesem theatralen Spiel der Illusionen, in Godards Konstellation eines *Inter-Views*, verwirren sich die Kategorien: Der von einer Kamera gefilmte Schauspieler Léaud spielt den – von der Kamera *im* Film gefilmten – Schauspieler Guillaume, der einen Schauspieler, den chinesischen Studenten mit dem Kopfverband, nachahmt. (s. Abb.) Auf was sich Guillaume also bezieht, wenn er behauptet, er sei Schauspieler, bleibt unklar (man könnte hier auch von einer medienreflexiven Modifikation der Brechtschen Nachahmungstheorie sprechen). Er erahnt und bestätigt die Erwartungen des Filmteams – und der Zuschauer, die er bereits vor Augen hat – in ein- und demselben Zeitintervall. Seine Gesten antizipieren bereits den interessierten Beobachterblick. In diesem Sinne könnte man *La Chinoise* als deiktischen Film bezeichnen, der nicht nur zeigt, wie ein Film gemacht wird, sondern das Zeigen selbst thematisiert – „en train de se faire". Aber Guillaumes Theatralität im Medium Film, seine simultane Präsenz und Absenz im Bild/tableau, ist – aufgrund dieser intermedialen Verschränkung – auch ein Gegen-Spiel zur Modellierung von Wirklichkeit in den Medien, vor allem im Fernsehen. Er nennt dies „vrai théâtre, une réflexion sur la réalité". Der chinesische Student, der die sensationslüsternen Reporter anlockt und die Erwartungen ent-täuscht, da sich hinter seinem Kopfverband kein grausam entstelltes Gesicht verbirgt, macht „wahres Theater", das heißt (medien-)kritisches Theater, weil er die Inszenierung politischer Wirklichkeit und eine bestimmte Form des Attraktionsjournalismus durch eine subversive Gegen-Inszenierung mit deren eigenen Verfahren konfrontiert. Die medienkritische Note dieses Schau-Spiels erhält jedoch erst dadurch ihre Prägnanz, indem sie von Guillaume im Film reproduziert wird. Das Filmteam, das seine voyeuristische Kamera auf Guillaume richtet, erhält auf diese Weise (stellvertretend für den Zuschauer) das eigene Begehren zurück: das Inter/esse für das Faszinosum der Gruppe *Aden Arabie*.

Das Gespräch im Zug

In *La Chinoise* gibt es einen Ort – oder besser: einen *non-lieu* –, an dem sich die Utopien brechen und an dem die Inszenierungen der Revolte ins Leere laufen: Véroniques Gespräch mit Francis Jeanson, dem langjährigen Mitarbeiter in Sartres Zeitschrift *Les temps modernes*, in einem Zugabteil. Bei dieser

[55] J. Lacan: „Linie und Licht", in: G. Boehm (Hg.), *Was ist ein Bild?*, München 1994, 60-74, hier 72 (kursiv im Original).

La Chinoise, 1967

La Chinoise, 1967

Sequenz handelt es sich um eine dispositive Verdoppelung, durch die der Zuschauer ein bewegtes Bild wahrnimmt (Véronique und Jeanson), das seinerseits auf Bewegung hin ausgerichtet ist (die vorbeiziehende Landschaft im Abteilfenster). Die kinematische Eisenbahnfahrt weist, wie J. Paech betont, eine kinoähnliche, präfilmische Wahrnehmungspraxis und dispositive Struktur auf, die den Betrachter einschließt; dessen Blick aus dem Abteilfenster bleibt „nur das Bild der Bewegung als Evidenz."[56] Im *cadre* des Films *La Chinoise* läuft quasi ein zweiter Film ab, der vom *cadre* des Fensters im Abteil eingerahmt wird und mit dem bewegten Bild des (Kino-)Films in Interdependenz steht, dieses Bild verdoppelt und zugleich konterkariert, durchbricht, es in seine eigene Bewegung hineinzieht. Dadurch verzahnt Godard die unbewegte Bewegtheit der Zugreisenden mit der kinematographischen Bewegung auf der Kinoleinwand, die ein gleichfalls unbewegt-bewegter Zuschauer wahrnimmt, und bewirkt so die eigentümliche in sich ruhende Spannung oder bewegte Ruhe dieser surrealen Szene: eine Oszillation zwischen dem Kinematischen und dem Kinematographischen. Die Landschaften im ‚Fensterkino', die in wechselnder Geschwindigkeit vorbeiziehen, ein Standbild ergeben oder zu irisierenden Lichtflecken beschleunigt werden, siedeln sich genau im Zwischen-Raum des Sichtbaren an: im Halbschatten, der Véronique und Jeanson trennt. (s. Abb.) Die Bilder im Fensterkino durchdringen den Raum, der die beiden trennt, sind Ausdruck (nicht Symbol), d.h. Bilder-Passagen dieser Differenz. Ruhe und Bewegung, Halt, Beschleunigung und Verlangsamung, das Spiel von Licht und Schatten, von Hell und Dunkel, durchziehen (passieren) in ein- und derselben Dynamik und Kinematik das Gespräch der beiden Passagiere, die Bilder der Landschaft und die mit dem Filmbild vereinigte, aber dennoch autonome Bewegung des Zuges, und drücken das Ganze einer Bewegung aus, deren distinkte bewegte Ensembles in einer Spannung zueinander stehen. Die fremde, äußerliche Bewegung (der Eisenbahnfahrt)[57], der Véronique und Jeanson ausgeliefert sind, durchkreuzt die jeweilige Wahrnehmung des einen durch den anderen und überträgt sich auf den Zuschauer, für den die äußerliche, verfremdete Wahrnehmung durch die Bewegung des kinematographischen Bildes (des Films, den er sieht) ein weiteres Mal verfremdet wird. Das Spiel der Illusionen wird verdoppelt – oder besser: potenziert. Vielleicht ist dies einer der seltenen Fälle, in denen das Wahrnehmungsdispositiv bereits

[56] J. Paech, „Das Sehen von Filmen und filmisches Sehen. Zur Geschichte der filmischen Wahrnehmung im 20. Jahrhundert", in: K. Hickethier (Hg.), *Filmgeschichte schreiben. Ansätze, Entwürfe und Methoden*, Berlin 1989, 69-77, hier 71. Vgl. auch ders., „Unbewegt bewegt. Das Kino, die Eisenbahn und die Geschichte des filmischen Sehens", in: U. Meyer (Hg.), *Kino-Expreß. Die Eisenbahn in der Welt des Films*, München, Zürich 1985, 40-49, sowie P. Virilio: „Der Film leitet ein neues Zeitalter der Menschheit ein", in: *Aisthesis*, 166-195.

[57] J. Paech, *Literatur und Film*, Stuttgart 1988, 74.

per se eine Heterotopie[58] darstellt und einen *non-lieu* eröffnet, bevor dieser leere Ort mit Bedeutungen, mit Utopien, Diskursen, politischen Plänen und Bildphantasien angefüllt wird.

Der Wahrnehmungsheterotopie des bewegten Bildes korreliert dabei die Heterotopie des Diskurses. Der Innenraum (Abteil), in dem sich die Außenwelt in Form von kinoähnlichen Licht-Bildern irrealisiert, wird zum Raum des Imaginären. Die utopischen Projekte und Diskurse werden in diesem nur noch virtuellen Raum infrage gestellt, ihre Realisierbarkeit erscheint also schon auf der visuellen Ebene als unwirklich. Die rhetorische Form, die Véronique dem Katechismus der Mao-Bibel entlehnt zu haben scheint, gleitet an Jeansons Gegen-Diskurs ab. Ihre (mit der Absicht der Rechtferigung ihrer Ziele) praktizierte Mäeutik, die den Gesprächspartner in einen restringierten Code einschließen soll, wird von Jeanson umgekehrt, indem dieser seine Gesprächspartnerin mit den grotesken Folgen ihres Denkens konfrontiert. Er läßt sich auf diesen Stil der in den Fragen implizierten Antworten und der Entweder-oder-Schematisierung nicht ein, läßt sich nicht aus der Reserve locken. Sein Diskurs kombiniert eine kritische und eine ironische Distanz. Aber zugleich ironisiert Godard auf einer (filmischen) Meta-Ebene auch die Nonchalance des pfeiferauchenden intellektuellen „père noble' im Tweed“[59], der sich – da Godard ihm keinen Text vorgegeben hat – buchstäblich selbst spielt.

[58] Die Virilio („Der Film [...]“, 182) lapidar durch die Frage ausdrückt: „Wo sind wir, wenn wir reisen?“

[59] J. Améry, 86.

Manfred Schneider

ENTROPIE tricolore

Die Logik der Bilder in Godards *Week-end*

Zeiten

Cineasten wissen, daß in *Week-end* (1967) eine der längsten Kamerafahrten der Filmgeschichte zu sehen ist. Die Story des Films läßt das Ehepaar Corinne und Roland auf dem Wege zum sterbenden Vater, dessen Geld sie rechtzeitig kassieren möchten, auf einer Landstraße in einen Verkehrsstau geraten. Während sie nun unter Gehupe und Geschrei eine Reihe von ziemlich genau fünfzig blockierten Fahrzeugen passieren, beobachtet sie die Kamera fast ständig auf gleicher Höhe. Das Auge des Zuschauers gleitet mit ihnen vorbei an stillstehenden Autos und an Personengruppen, die sich zum Zeitvertreib auf die verschiedensten Kulturtätigkeiten besonnen haben und ihren Zeitpfeil selber lenken: Stricken, Ballwerfen, Schach- und Kartenspielen. Einer pinkelt, andere betrachten die Tiere eines im Stau steckengebliebenen Kleinzoos. Corinne und Roland jedoch haben die Verbindung zu solchen entlastenden Kulturtechniken längst verloren. Für sie bildet der Stau eine Verzögerung, die sie paradoxerweise daran hindern wird, den Lohn einer heimtückischen Beschleunigung zu kassieren: Sie haben dem vermögenden Schwiegervater fünf Jahre lang Gift in den Kartoffelbrei gemischt, um den Stau seiner Lebendigkeit und die Stokkung ihrer Erbwünsche aufzulösen. Jetzt besteht die Gefahr, daß die Mutter den Sterbenden im Krankenhaus abholen läßt und daß dieser über sein japanisches Tonbandgerät die testamentarischen Bestimmungen zum Nachteil von Corinne und Roland ändert. Zeitverluste drohen. Eile tut not. Doch die begreifliche Hast, die die besorgten Erben auf eine Nebenstraße lockt, um den Stau zu umfahren, wird Corinne und Roland in eine völlig andere Zeit, in ein ganzes Register von Zeiten katapultieren. Bereits dieser Abschnitt des Films macht die Heterogenität von Erlebniszeit und von technischer Zeit zum Thema. Man könnte auch unter den Voraussetzungen der Relativitätstheorie sagen: Eine Kamera, die sich bewegt, hat eine andere Zeit als eine Kamera, die stillsteht.

Die Kamerafahrt entlang dem Stau ist eine Sequenz von mehr als sieben Minuten Dauer. Raoul Coutard, der Kameramann Godards in nahezu allen großen Filmen von *A bout de souffle* (1959) bis *Week-end*, berichtet von den Schwierigkeiten mit diesem langen Take. Vierzehn Tage nahmen die technischen Vorbereitungen in Anspruch. Es mußte eine mehrere hundert Meter lange Schienenstrecke gelegt werden, um den Kran, auf dem ein Dolly installiert wurde, auf gleicher Höhe fahren zu können. Dieses lange Travelling stellt indessen nicht nur einen Rekord in der Filmgeschichte bis dahin dar, sondern auch ein Rätsel im Spiel mit der Zeit, das Godard in *Week-end* betreibt. Niemandem ist das bislang aufgefallen. Der technische Aufwand gilt einer groben Täuschung. Durch einen Titel, der die Uhrzeit angibt, ist der Zuschauer informiert, daß Corinne und Roland den Stau exakt um 11 Uhr vormittags erreichen. Nachdem sie in ihrem Facel-Vega etwa zwanzig Autos überholt haben, denen sie die frohe Botschaft ihrer Hupe zuleiten sowie den Segen ihrer Flüche erteilen, wird die bis dahin schnittlose Sequenz nach etwa drei Minuten Filmzeit erneut durch einen Titel unterbrochen. Der Zuschauer erfährt jetzt, daß bei diesem Überholmanöver zwei Stunden und vierzig Minuten verstrichen sind. In rund drei Minuten kontinuierlicher filmischer Laufzeit sollen sich beinahe drei Stunden historischer Real-Zeit zusammendrängen. Dabei suggeriert der fehlende Schnitt einen Echtzeitvorgang. Doch die Zeitvorstellung des Zuschauers wird noch radikaler auf das Unmögliche hin ausgerichtet. Wenige Sekunden nach dem zweiten Titel mit der Zeitangabe 13 Uhr 40 folgen bei ununterbrochener Kamerabewegung erst die Einblendung „Week-end" und dann gleich ein dritter Filmtitel mit dem Hinweis 14 Uhr 10. Eine Sequenz von kaum fünf Sekunden Dauer soll also gleich eine halbe Stunde historischer Real-Zeit verzehrt haben. Offensichtlich operiert dieser Film als bewegtes technisches Medium in einer Eigenzeit. Darauf verweist die Selbstaussage: Da er sich, wie ein Zwischentitel bemerkt, „in den Kosmos verirrt" hat, verläuft seine kosmische Zeit offenbar gemäß der Relativitätstheorie in einer anderen, sehr viel langsameren Gangart.

Die vom Film registrierten Beschleunigungen des irdischen Geschehens stehen in offensichtlicher Beziehung zu den pharmakologischen Beschleunigungen, die die Protagonisten betreiben: zu den Giftportionen, die der Schwiegervater, dessen Leben sich unerträglich lange bis zum Erbfall zu dehnen droht, jeden Samstag über das Medium des Kartoffelbreis zu sich nimmt. Auch Corinne und Roland haben Beschleunigungsexperimente aneinander vorgenommen. Sie betrachten sich ja gegenseitig als Antikräfte ihrer erotischen Wünsche. Die ersten Szenen des Films geben den Zuschauern zu sehen, wie sich beide mit ihrem jeweiligen Geliebten darüber unterhalten, durch welche mechanischen und chemischen Mittel der lästige Ehepartner und Rivale aus dem Wege geräumt werden könnte. Corinne hat dafür gesorgt, daß die Bremsen an Rolands Auto nicht repariert wurden (mechanische Beschleunigung), und Roland hat Corinne schon ein bißchen mit Gas und Schlaftabletten ans Jenseits gewöhnt (chemische Beschleunigung). Was nicht ohne weiteres einleuchtet: daß Morde Beschleunigungen sind, inszeniert der Film unmißverständlich und in grellen Bildern. Wie Unfälle müssen auch Morde auf der Ebene von Zeit- und Raum- und Energieverhältnissen, von Ordnung und Entropie analysiert werden. So entwickelt sich die Filmstory als ein durch Unfälle, Zufälle, Mordversuche zugleich beschleunigter und unendlich aufgeschobener

Erbfall. Auch Geld ist – für jedermann einsehbar – ein Energiepotential. Denn was am Samstag um 11 Uhr mit der Verzögerung des Staus beginnt, der Ausflug zum Erblasser, auf den der Tod im Kartoffelbrei lauert, und zur Schwiegermutter, währt schließlich genau eine Woche. Die beiden Protagonisten erleben auf der kurzen Strecke reihenweise Unfälle, sie verirren sich in Zeit und Raum, bis sie nach vielen Abenteuern und Umwegen ans Ziel gelangen. Eigentlich erreichen sie das Ziel zu spät, denn der Schwiegervater ist bereits den Giftrationen erlegen.

Ihre Reise verläuft als Irrfahrt in Zeit und Raum, als eine in vielen Episoden verzögerte Heimreise – ganz nach dem Modell der *Odyssee*. Das Vorbild gilt für zwei Antriebskräfte der Handlung: sowohl für die Verhinderung des familialen *happy ends* als auch für die Vermessung mythischer Räume. Wie Odysseus durchqueren die beiden Helden keinen realen geographischen Raum: Kein Kartograph vermöchte ihre Reise nachzuzeichnen; sie durchmessen völlig heterogene Räume: historische, literarische, mythische und utopische. Sie treffen beispielsweise den berühmten Abenteurer und Scharlatan Cagliostro, der von 1743 bis 1795 lebte und mit bürgerlichem Namen Balsamo hieß; sie stoßen auf die Schriftstellerin Emily Brontë (1818-1848) in einer durch Zwischentitel doppelt literarisch ausgezeichneten Gegend: Sie heißt in Anspielung auf Proust und auf den Erfinder von Alice im Wunderland „Du côté de chez Lewis Carroll“. Eine weitere seltsame Begegnung schenkt ihnen die Bekanntschaft des Revolutionshelden Saint-Just, der unermüdlich aus Rousseaus *Contrat social* rezitiert. Die Technik des Kinos erlaubt es auch, den Zeitpfeil durch Wiederholungen und Repetitionen zu steuern. Die historische und die mythische Zeit durchdringen sich schließlich noch in einer utopischen Zeit: Plötzlich stößt das in die Vergangenheit verirrte Paar auf zwei Müllkutscher aus der Dritten Welt. Dabei gleiten sie allmählich in eine revolutionäre (politische) Zukunft hinüber. Diese Zukunft wirft zunächst einen akustischen Schatten in die filmische Jetztzeit: Aus dem Off ertönen revolutionäre Texte von Franz Fanon, Malcom X und Friedrich Engels. Corinne und Roland haben für diese Rezitation Platz auf dem Müllwagen genommen und sitzen unmittelbar neben einem Stück blauen Stoffs, das eine weiße Lilie zeigt. So sind sie gemeinsam mit dem heraldischen Zeichen der Bourbonen auf dem Müllhaufen der Geschichte gelandet. Das Ende ihrer Irrfahrt erleben die beiden Helden als Gefangene einer Gruppe Guerillas. Roland wird bei einem Fluchtversuch getötet, Corinne verzehrt am Schluß mit dem Führer dieser Gruppe genußvoll ein gebratenes Stück Fleisch, das möglicherweise vom Körper ihres Ehemannes stammt. Sie ist in einer archaischen paganen Welt angekommen, am Ziel eines kontinuierlichen Abbaus von Ordnungen.

Räume

Was Corinne und Roland erlebten, ehe sie als Opfer im Kochtopf der vorzeitlichen Hippies landeten oder an einer anthropophagischen Mahlzeit teilnahmen, war tatsächlich eine Odyssee. (Auch Odysseus hatte es mit dem Menschenfresser Polyphem zu tun bekommen). Allerdings konnte Odysseus dank seiner überragenden Intelligenz noch alle jene mythischen und archaischen Mächte überlisten, die in *Week-end* die modernen Helden ohne Gegenwehr überwältigen. Es lassen sich aber noch weitere strukturelle Gemeinsamkeiten zwischen Epos und Film festhalten: *Week-end* verknüpft wie die *Odyssee* unterschiedliche Zeiten und Räume. Die einzelnen Sequenzen von *Week-end* werden durch kontingente Ereignisse, durch Unfälle und Zufälle, miteinander verschaltet. Nicht Absichten und Pläne, sondern Kontingenzen und Unmöglichkeiten steuern das aus kosmischen Weiten auf die Erde gestürzte Zeit-Szenario. So wird auch Homers Odysseus von mythischen Gewalten, von Stürmen und Unglücksfällen in die Irre getrieben; aber hinter der auf diese Weise in der *Odyssee* errichteten Topographie der antiken Welten und ihrer Wissenschaft steckt ein Götterwille oder ein Götterzwist. Die Topographie der postmodernen Räume in *Week-end* kennt dagegen nur den Zufall als Operator aller Verbindungen. Diesen Begriff des *Operators* entwickelt Michel Serres. Serres analysiert mythische Erzählungen nach mnemotechnischen Funktionen. *Operatoren* verbinden und verknüpfen Wege (Anordnungen von Informationen im Raumkontinuum), die in Geschichten durchmessen werden. Sie organisieren über narrative Bauelemente, über Begegnungen, Unglücke, Zufälle, Relais, die zugleich die Erzählung als auch ein Wissen organisieren. Große Ereignisse bilden Gedächtnisse für bemerkenswerte Daten. Mit Hilfe solcher narrativen Prozeduren und epischer Systeme halten orale Kulturen ihr Wissen von Zeit, Raum, Geschichte, Natur fest. Eine mythische Erzählung von einer Reise/Irrfahrt wie die *Odyssee* oder wie die Argonautensage, trägt in ihren sequenziell geordneten Verlauf wissenswerte Daten ein. Erzählräume sind daher vortechnische (vorschriftliche), zeitresistente mentale Speicher. Da dies heute vergessen ist, läßt sich erkennen, daß solche Narrationen ebenso wie Maschinen gemeinhin nur ein Gedächtnis sind und keines haben. Nun zeigt Serres aber gerade am Beispiel der *Odyssee*, daß diese Erzählung doch auch ein Bewußtsein von der eigenen medialen Funktion besitzt, denn sie setzt in ihrer erzählerischen Logik Narration und narrative Theorie zueinander in Beziehung. Serres bringt das auf die Formel: „Im Palast von Ithaka findet Odysseus, wenn er endlich zurückgekehrt ist in die Arme der Königin, die Theorie seines eigenen Mythos vor“[1]. Wieso das? Die *Odyssee* verbindet zwei Erzählungen (mithin zwei Funktionssysteme): Auf der einen Seite (auf der

---

[1] M. Serres, „Mythischer Diskurs und erfahrener Weg“, in: J.-M. Benoist (Hg.), *Identität. Ein interdisziplinäres Seminar unter Leitung von Claude Lévi-Strauss*, Stuttgart 1980, 22-47, hier 33.

Seite der Narration) erleidet Odysseus die unendlichen Aufschübe und Verzögerungen seiner Heimfahrt. Das ist die Folge der Geschichten, die als Träger des Wissens fungieren. Auf der anderen Seite (auf der Seite der Topologie) geht sein Weg über zahlreiche Relaisstationen antiker Mythologie und Nautik. Das ist das System des Wissens. Während also sein Schiff zwischen immer neuen Punkten des Wissens hin- und hertaumelt, und indem das Protokoll seiner Irrfahrt eine (vorschriftliche) Topographie der geographischen, mythischen Räume erstellt, webt Penelope jenen Teppich, der das Zeitmaß für die wartenden Freier bestimmt. In der Erzählung heißt dies: Was sie tagsüber gewebt hat, in der Linearität des Textes, des Gewebes, das löst sie nachts wieder auf. So wie das Schiff des Odysseus von Punkt zu Punkt getrieben wird, treibt Penelope das Schiffchen ihres Webstuhls hin und her, vor und zurück. Mithin kann Serres behaupten: Die Theorie des Mythos, die Odysseus bei seiner Gemahlin vorfindet, ist die Theorie des Textes. Der Text, die Textur, die speichert und vergißt, bildet mithin ein drittes Funktionssystem. Der Text organisiert eine andere Verbindung (Verknüpfung) des Wissens, er ist ein anderer Speicher als die alte Erzählung, als die aus einer oralen Tradition hervorgegangene Narration, die noch den Namen der *Odyssee* trägt[2].

Diese Lesart verarbeitet eine Ordnung des Zufalls in der *Odyssee*, die das Spiel der Ereignisse und die Masse des Wissens anders organisiert, als die Regie der Kontingenzen, die sich in *Week-end* beobachten läßt. Denn die Serie von Zufällen und Unmöglichkeiten in Zeit und Raum, die der Film dem Zuschauer zumutet, läuft auf nichts anderes hinaus als auf eine in die Form (in das Gewebe) der alten Literatur- und Filmgeschichten eingetragene Theorie des Kinos. Wenn Corinne am Ende ihrer Irrfahrt nicht in die Arme ihres Geliebten, sondern in die Armee des FLSO, einer anarchischen revolutionären Guerilla, fällt, dann ist die Theorie des Godardschen Kinos gleichfalls fertig. Zu jedem Medium gehört eine andere Revolution. Die alte orale Narration baut auf der genealogischen Ordnung (d.h. die Ordnung der linearen Zeit) auf: Der König muß zurückkehren, sonst geraten die Kontinuitäten von Zeit und Raum durcheinander. Die neue filmische Ordnung vermag alle möglichen Zeitfelder zusammenzuziehen und kann daher die Paare kinderlos auseinanderreißen und sich wechselseitig verzehren lassen: Anarchie buchstäblich. Man wird noch sehen, welche Theorie des Kinos das sein wird.

Speicher

Was für eine Theorie der Narration ist hier im Spiel? Mit Serres läßt sich festhalten, daß eine Erzählung vorderhand ein Speicher ist. Erzählungen bilden das privilegierte Gedächtnis einer Kultur, die über keine Schrift verfügt. Nur

---

2 Vgl. hierzu E.A. Havelock, „The Alphabetizition of Homer“, in: E.A. Havelock, J.F. Hershell (Hgg.), *Communication Arts in the Ancient World*, Cambridge (Mass.) 1978, 3-21.

von dieser elementaren Funktion her läßt sich begreifen, daß alle großen mythischen Erzählungen als Reiseerzählungen, als Fahrtenabenteuer in Räumen konzipiert sind – von der *Odyssee* über die Argonautensage bis zu den mittelalterlichen *aventuire*-Romanen. In dem Maße, wie neues Wissen entsteht, wird auch das alte Gedächtnismuster reaktiviert – es reicht bis in die inflationären Abenteuer- und Reiseromane des 18. und 19. Jahrhunderts. Hier wäre nun eigentlich der Ort für eine ausführliche literaturwissenschaftliche Abhandlung[3]; aber es genügt zu sehen, daß das Speichermedium Film, um seine Theorie des Wissens zu ‚formulieren', in signifikanter Weise an die alten literarischen und vorliterarischen Reisegeschichten anknüpft, sie jedoch völlig anders verlaufen läßt als in der Vergangenheit der Epen und Romane. In geschichtlicher Zeit – das heißt nicht, wie die Geschichtsschreibung weismachen möchte: seit das historische Bewußtsein erwachte, sondern seit es das Schriftmedium gibt – in der Epoche der Schrift und Geschichte wird die Erzählung allmählich entlastet von der elementaren Speicherfunktion, die darin besteht, das geographische Wissen, die Register der Götter und Halbgötter, die Genealogien der Helden, die Reihe der Feste und Ursprünge in sich zu tragen und zu tradieren. Nach Einführung des Schriftmediums und auch nach Erfindung des Druckmediums werden Struktur und Verlauf der Reiseerzählungen daher immer komplexer. Der sogenannte Bildungsroman, der als Reise oder Flucht konzipiert ist, wie etwa Wielands *Agathon*, führt den Helden durch eine Serie von Orten, Erfahrungen, Beziehungen, aus denen er entweder tot oder als perfekter Bürger hervorgeht.

Filmische Reisegeschichten gibt es unzählige. Die berühmten Kino-Reisen der vergangenen Jahrzehnte führen nicht mehr von einem Ausgangspunkt über eine Reihe von Stationen zu diesem Ausgangspunkt zurück, sondern führen an einen bestimmten Endpunkt: Man denke nur an Murnaus *Nosferatu*, an Kubricks *Space Odyssey*, an Herzogs *Aguirre* oder *Fitzcarraldo*, an Coppolas *Apocalypse Now* oder an Tarkowskis *Nostalgia*. Diese Reihe von Filmtiteln läßt sich beliebig verlängern. Im Unterschied zu den Narrationen, die den Mythos oder auch den Roman bis ins 19. Jahrhundert hineintragen, verlaufen diese neuesten filmischen Reisenarrationen nach einem veränderten Muster: Sie führen von der Ordnung ins Chaos[4]. Dies ist ein elementarer Unterschied. Die traditionelle Narration – in mündlicher wie in schriftlicher Überlieferung – entwickelte die immer gleiche Struktur der Ordnung: Unfälle, Zufälle, Verbrechen, Krieg, Krankheit, Liebe wurden in ein Ordnungssystem eingetragen, das stets auf die Überwältigung des Chaos zielte. Odysseus erledigt die Freier, Troja wird zerstört, die Argonauten kehren zurück, Ödipus erleidet seine Strafe. Stets schließt die Erzählung mit einem Triumph über alle Unordnun-

---

[3] Vgl. der Einfachheit halber W.J. Ong, *Orality and Literacy. The Technologizing of the World*, London 1982, 139ff.

[4] Vgl. M. Schneider, „Das Kino und die Architekturen des Wissens", in: G.C. Tholen, M. Scholl (Hgg.), *Zeit-Zeichen. Aufschübe und Interferenzen zwischen Endzeit und Echtzeit*, Weinheim 1990, 281-296.

gen. Auch die Nibelungen werden aufgerieben, damit das Spiel von Betrug und Rache ans Ende gebracht werden kann. Der Nibelungenhort, Emblem der Kriegshandlungen und mithin Energiequelle der Machtwünsche und Mordtaten, versinkt in der Tiefe des Rheins. Es ist wie das *happy end* der Abrüstung: die Vernichtung der Mittelstreckenraketen. Doch dies verweist auf die allgemeine Funktion des alten narrativen Modells: Bis auf den heutigen Tag operiert die menschliche Vernunft (das mentale Ordnungsprogramm mit seinen Verknüpfungsregeln und Kombinationsmöglichkeiten) nach dem überlieferten mythischen Modell, das eine zunehmende Ordnung gegenüber dem ursprünglichen Chaos erstrebt. Das menschliche Bewußtsein ist, auf sich allein gestellt, nur in der Lage, Geschichten mit höher geordnetem Endzustand als Speicher zu nutzen. Die traditionelle Ästhetik, die eine abgeschlossene Handlung verlangt, erweist sich als blinder Service einer mnemotechnischen Operationsweise des Gehirns. Daher ist es auch kein Zufall, daß der Gründungsmythos der Mnemotechnik, die Geschichte vom Sänger Simonides, der als Überlebender eines Unfalls die Toten im Raum identifiziert, den Ruin einer Sitte und den Zusammenbruch eines Hauses ins Zentrum rückt. Das Gedächtnis ist die ordnende Gegenkraft zum Zerfall der Dinge und damit zum Vergessen. Auch eine Geschichtstheorie, die für die Zukunft Zuwächse an Freiheit, Wohlstand, Aufklärung, Frieden, verheißt, überträgt lediglich zerebrale Funktionsweisen auf die Kontingenzen und Ereignisse im empirischen Raum der Systeme. Im Realen gegebener Energieverteilung, das allein der theoretischen Physik zugänglich ist, gilt eine entgegengesetzte Dynamik. Das 19. Jahrhundert überlieferte die letzte große Anstrengung, den unendlichen Verlust an Energie und Ordnung, der das Schicksal der Welt tatsächlich ausmacht, in eine Erzählung von Ordnung und Utopie zu überführen. Eine unbewußte Verbundenheit mit den alten Narrationen oder auch eine Anhänglichkeit an die Operatoren des menschlichen Gehirns läßt Karl Marx im *Kapital* nicht in Größen von Energie und Bewegung argumentieren, sondern in Einheiten von Arbeit und Wert. Die Entdeckung der Thermodynamik im 19. Jahrhundert bildete aber exakt jenen Wendepunkt, über dessen Gründe heute so viel spekuliert wird: Über das Ende der Moderne und den Beginn der Postmoderne. Der berühmte zweite Hauptsatz der Thermodynamik rechnet auch der Zivilisation unbarmherzig ihr Schicksal aus: Erst im Zustand maximaler Entropie erreichen isolierte Systeme ihren stabilsten thermodynamischen Zustand. Man könnte auch so formulieren: Dem Menschen geht es am besten, wenn er tot ist. Auf die Zivilisation bezogen, heißt dies aber auch: Die großen, stets komplexer werdenden Einheiten, Gesellschaften, Städte, Verkehrssysteme, können immer nur auf dem Wege eines Energieaustauschs mit der nächsten Umgebung ihre Prozesse kontrollieren. Darum gibt es etwa in New York neben Manhattan Stadtteile wie Harlem oder die Bronx, deshalb transportiert Europa seinen Müll im Tausch gegen Rohstoffe und Energien nach Afrika, deshalb hält sich Japan seine asiatischen Wüsten.

Entropie

Die Entdeckung der thermodynamischen Erfahrungsgesetze im 19. Jahrhundert hat, wie Serres betont, eben auch jene Organisationen, die die zunehmende Entropie des Vergessens behindern, die Datenspeicher mit Namen Literatur, in ihrer inneren Organisation allmählich verändert. Die Literatur verläßt sich nicht mehr auf jene Sequenzierung der Ereignisse, die auf das *happy end* oder auf Gerechtigkeit oder auf Frieden, also auf Ordnungszustände von hohem Wert, zielten; sondern die Autoren erzählen zunehmend solche Ereignisserien, die, wie das Beispiel Thomas Manns *Buddenbrooks* zeigt, als „Verfall einer Familie", als zunehmende Unordnung, als Energieverlust, als Verfall konzipiert sind. Das zeigt *Week-end* in ironischer Radikalität: Selbst Paare überleben nur, wenn ein Teil den anderen verzehrt. Damit ist das physikalische, katastrophische Wissen des Films aber noch nicht erschöpft. Zu der erkannten Unmöglichkeit, Systeme ohne Ausbeutung der Umgebung, ohne Produktion von Wüsten stabil zu halten, gesellte sich zu Beginn unseres Jahrhunderts noch die Erkenntnis über die Relativität von Zeit und Raum. Die spezielle Relativitätstheorie von 1905 und die allgemeine Relativitätstheorie von 1916 ratifizieren aber nur eine Erkenntnis des Kinos: nämlich, daß Zeit eine Variable des Raumes ist[5]. Und da es technisch herstellbare, manipulierbare Zeiten gibt, gibt es auch reversible Zeiten und unterschiedliche Zeiten. Alles neue und moderne Denken der Physik beruht auf der Möglichkeit, Abläufe in der Zeit in jeder Form der Geschwindigkeit zu simulieren. In *A brief history of time* erörtert Stephen Hawking die Frage, warum der thermodynamische, der psychologische und der kosmologische Zeitpfeil für uns die gleiche Richtung haben müssen. Bemerkenswert dabei ist das Bild, in dem Hawking sein Argument vorträgt:

> Wenn die Naturgesetze (durch alle Arten der Umkehrung) nicht verändert werden, dann müssen sie auch bei der Operation T (= Umkehrung des Zeitpfeils) unverändert bleiben. Trotzdem gibt es einen gravierenden Unterschied zwischen der Vorwärts- und Rückwärtsrichtung realer Zeit im alltäglichen Leben. Stellen wir uns eine Tasse Wasser vor, die vom Tisch fällt und auf dem Boden in tausend Stücke zerspringt. Wenn man diesen Vorgang filmt, ist es leicht zu sagen, ob er vorwärts oder rückwärts läuft. Läuft er rückwärts, so sieht man, wie sich die Scherben auf dem Fußboden wieder zur plötzlich unversehrten Tasse zusammenfügen und auf den Tisch zurückspringen. Man kann sagen, daß der Film rückwärts läuft, weil ein solches Verhalten im normalen Leben niemals zu beobachten ist. [...] Warum sich zerbrochene Tassen nicht auf dem Fußboden zusammenfügen und auf Tische zurückspringen, wird gewöhnlich mit dem Hinweis auf den Zweiten Hauptsatz der Thermodynamik erklärt. Danach nimmt in jedem geschlossenen System die Unordnung oder Entropie mit der

[5] Zum Zusammenhang von Wissenschaft und Kino vgl. T. Lorenz, *Wissen ist Medium. Die Philosophie des Kinos*, München 1988.

Zeit zu – wie in Murphys Gesetz: Alles, was schief gehen kann, wird auch schief gehen![6]

Nicht Hawking hat das Paradigma des Films in seine physikalischen Überlegungen eingeführt. Spätestens seit Einstein werden die Spekulationen über eine Reversibilität der kosmischen Zeit im Kinobeispiel anschaulich gemacht[7]. So hat überhaupt erst das Kino im Verbund mit anderen technischen Speichermedien die Umkehrung des Zeitpfeils darstellbar und das heißt: denkbar werden lassen. Daher ist es nur konsequent, daß im Jahre 1992 Hawkings *Kurze Geschichte der Zeit* als Kinofilm produziert wurde, worin die berühmte Tasse, die sich aus Scherben wieder zusammensetzt, eine Hauptrolle spielen darf. Die Relativitätstheorie ist eine Kino-Theorie. Und nur ein technisches Gedächtnis wie der Film vermag die Muster der Narration vom Gesetz des höher geordneten Endzustandes zu erlösen. Aus diesem Grunde verbinden sich in den erwähnten Reise-Filmen von Kubrick, Coppola, Tarkowski, Herzog und vielen anderen die Erkenntnisse der Thermodynamik mit denen der Relativitätstheorie. Und um es deutlich zu sagen: Die Filme enden in einer entweder kosmischen oder realen oder psychologischen Zeit, die zuvor für unmöglich galt. Mit diesen gleichen Voraussetzungen, aber vielleicht nur radikaler als die erwähnten Regiekollegen, arbeitet Godard. Daher ist klar, warum das *tracking* des Verkehrsstaus in *Week-end* den Zuschauer gleich mit einer unmöglichen Disjunktion von Real-Zeit und von filmischer Bildlauf-Zeit überfordern muß. Er wird so auf die Gleichzeitigkeit von vielen Zeiten und Räumen in dem Film eingestellt. Und das ist eine völlig logische Konzeption.

Zunächst einmal wissen die Godard-Cineasten, daß bei Godard Autofahren (technisch ermöglichte Bewegung im Raum) gleich Kino ist. Man erinnere sich an die Worte von Charlotte, der Heldin in *Une femme mariée* (1964), die sich in Roberts Auto tief in den Vordersitz eingräbt, die Füße vorne auf die Verlängerung des Armaturenbretts gestützt, und dabei sagt: „Das ist die ideale Haltung für einen Kinobesucher." Aber die Autofahrt wird leicht zum Eintritt in andere Zeiten. In *Pierrot le fou* (1965) sitzen Ferdinand und Marianne in einem gestohlenen Ford, auf der Reise ans Ende der Nacht, und man hört sie die Worte Aragons sprechen: „Die Landschaft fliegt vorbei, Jahrhunderte und Aberjahrhunderte entschwinden wie Gewitterwolken in der Ferne." In *One plus one* (1968) sieht man eine Gruppe von Schwarzen auf einem Autofriedhof; gleichzeitig zitiert eine Off-Stimme aus einem absurden Polit-Thriller, der von einem Trick des Sowjet-Diplomaten Suslow erzählt, wie man einen Virus über Amerika verbreiten könnte; als Träger soll eine „Yankee-Substanz aus Auto und Kino" dienen. Und in *Week-end* läßt sich der Scharlatan und Film-

---

6 St.W. Hawking, *Eine kurze Geschichte der Zeit. Die Suche nach den Urkräften des Universums*, Reinbek 1988, 182.

7 Vgl. B. Russell, *Das ABC der Relativitätstheorie* (1925), neu herausgegeben von F. Pirani, Reinbek 1988, 132. – Ebenso: N. Wiener, *Kybernetik. Regelung und Nachrichtenübertragung im Lebewesen und in der Maschine* (1948, 1961), Düsseldorf 1922, 65.

regisseur der Zukunft, Joseph Balsamo, im Auto mitnehmen. Man weiß nun seit Virilio, daß das Auto auf Straßen fährt, die eigentlich für Kriegszeiten angelegt sind. Die Blockade des Verkehrs durch einen Unfall ist nur die Variante der Blockade, die der Krieg erzwingen wird, dessen zufälliges Produkt auch das Kino ist[8].

Vor und Zurück

Wenige Augenblicke nachdem sich Corinne und Roland in *Week-end* des Filmzauberers Balsamo entledigt haben, der als Probe seines magischen Talents erst ein Kaninchen ins Auto praktizierte und später einen Autofriedhof in eine Schafherde verwandelt – in Analogie zu der Schlußszene von Buñuels *Würgeengel,* auf den auch in einem Zwischentitel verwiesen wird – kurz also nach dieser Befreiung von Cagliostro-Balsamo verunglücken die beiden ebenfalls und bewegen sich zu Fuß weiter. Sogleich bemächtigt sich eine Art archaischer Kino-Zeit der Helden. Immer wieder gehen die beiden an blutigen Unfall-Szenarios vorbei, ganz so, als hätte das Verkehrssystem jenen maximalen Entropie-Zustand erreicht, den die ganze Zivilisation noch anstrebt. Die Handlung – sofern überhaupt von Handlung gesprochen werden darf – die Logik der Bilder und Sequenzen in *Week-end,* verläuft demnach in zwei entgegengesetzten Richtungen der Zeit. Indem Corinne und Roland immer tiefer in Räume der Vergangenheit eintauchen, in Räume der historischen und der zivilisatorischen Früh-Zeit, bewegt sich die Handlung durch immer schärfer akzentuierte Räume zukünftiger Unordnung. Allerdings gibt es auch hier – wie bei Penelopes Textil – ein Vor und Zurück: Eben haben Corinne und Roland noch auf dem Müll gesessen, da finden sie sich im Badezimmer der Schwiegermutter wieder. Oder eben haben sich die beiden durch den Mord an der kompromißlosen alten Frau Geld verschafft, da geraten sie in die Hände der Guerillas, die an Geld kein Interesse zu haben scheinen. Ein solches Vor und Zurück gibt es zumal während der langen Off-Erzählungen der beiden Müllarbeiter aus der Dritten Welt. Gezielt werden ja Afrikaner in den hochindustrialisierten Ländern mit dem Müll befaßt, weil sie eben im Auge der westlichen Zivilisation den menschlichen Abfall in der Welt repräsentieren. Diese Reden aus dem Off werden durch kurze Einblendungen aus vergangenen Szenen des Films, wie auch durch Vorwegnahmen zukünftiger Filmausschnitte, unterbrochen. Während aus dem Off eine langatmige Vorlesung aus Friedrich Engels' Schrift *Über den Ursprung der Familie, des Privateigentums und des Staats* ertönt, worin die Irokesen-Gesellschaften als kulturgeschichtlich früher Typus der Konföderation zitiert werden, blendet die Regie kurze Bilder von revolutionären Hippies ein, die sich mit Indianer-Emblemen schmücken und auch eine Reihe merkwürdiger archaischer Rituale praktizieren. Die Hippies

---

[8] Vgl. P. Virilio, *Fahren, fahren, fahren...*, Berlin 1978. – P. Virilio, *Krieg und Kino. Logistik der Wahrnehmung*, München 1986.

warten noch auf ihren Auftritt im Schlußteil des Films. Ein solches Vor und Zurück operiert mit einer anderen Technik und Theorie des Wissens als das Schiffchen der Penelope und ihres Textes/Textils. Das freie Legen und Umlegen des Zeitpfeils realisiert eine *Theorie des Kinos*, die Godard implizit und explizit formuliert. Denn daß *Week-end* eine Kino-Geschichte ist, das wird unaufhörlich unterstrichen. Daß Autos Kino-Vehikel sind, ist eine andere Godard-Obsession. Corinne und Roland erwähnen auf ihrer Irrfahrt mehrfach, daß sie sich in einem – natürlich schlechten – Film befinden. Vom unzeitgemäßen Regisseur Balsamo war bereits die Rede. Das Kinohafte der Geschichte unterstreichen auch zahlreiche Selbstzitate: In der Figur des Rousseau-Rezitators Saint-Just – verkörpert von Jean-Pierre Léaud – kehrt der exakt gleich kostümierte Guillaume Meister aus *La Chinoise* (1967) wieder, der dort vom ersten oder zweiten Rang eines Theaters herab seine kulturrevolutionären Thesen verkündete. Guillaume ist nicht nur eine Figur Goethes, sondern nach eigener Auskunft auch Sohn eines Schauspielers, der mit Antonin Artaud zusammengearbeitet hat. Der verträumten Emily Brontë erklärt Corinne, daß man sich nicht in einem Roman, sondern im Leben, nämlich im Film, bewegt, ehe Roland das imaginäre Geschöpf anzündet. Emilys Begleiter, der Däumling, rezitiert aus der Ballade vom armen B.B., worin Brecht lebhaft Klage über seinen Kampf mit den Hollywood-Kapitalisten führt. Und als sich die Hippies mit einem Feld-Funkgerät anrufen, geben sie sich Codenamen aus Filmtiteln: *Panzerkreuzer Potemkin ruft Gefangene der Wüste* oder *Johnny Guitar ruft Gösta Berling*.

Konversionen

Man hat das Verfahren Godards, der in seinen Filmen immer wieder auf das Mediale der filmischen Informationen verweist, mit Brechts Theatertheorie in Verbindung gebracht. An diesem Vergleich ist nur seine Schiefheit zu bewundern. Godards Kino ist nämlich *immer* Medientheorie, *immer* Kino-Theorie, und er handelt stets explizit von Massenkommunikation. Das Auto ist wie das Kino ein Massenkommunikationsmittel. Die beinahe einzige sichere Erkenntnis, die sein Kino verarbeitet, ist das Wissen von den technischen Bedingungen seines Funktionierens. Während das sogenannte Unterhaltungskino mit Vorliebe die Konvertierbarkeit von Texten in Bildern beweist, spricht Godards Kino von der Konvertierbarkeit des Bewußtseins durch Informationen und Medien. Ausdrücklich setzt sich Godard in einem Interview in Beziehung zu Luther. Luther reagierte auf den entropischen Zustand des Katholizismus, indem er ein bereitliegendes neues Medium – den Buchdruck – als Instrument zur kulturellen Reorganisation des religiösen Systems einsetzte. Ähnlich reagierte Godard auf den entropischen („verkalkten") Zustand des Mediums Film, indem er seinen Bildern das Bewußtsein seiner technischen Gegebenheiten einschrieb. Das Kino protokolliert die Desorganisation und kann so in eine

„wahre Geschichte" eintreten. Beide – Luther und Godard – reorganisierten ein veraltetes Kommunikationssystem mit Hilfe neuer Medien. Doch gibt es auch einen wichtigen Unterschied. Die Methode Godards macht die Zuschauer zu Zeugen jenes Prozesses, worin das Chaos als anderer Zustand die Ordnungen überwältigt. Daher erklärt Godard in seiner *Einführung in eine wahre Geschichte des Kinos*:

> Ich habe versucht, einen großen Salat zu machen [...], und das ist das Kino, das ich immer zu machen versucht habe und das den Leuten immer etwas konfus vorkommt[9].

Luther machte den Leuten klar, daß die Gnade – nämlich die Verheißung der Ordnung – nicht die Sache der anderen, sondern die Sache ihrer eigenen Lektüre sei; Godard erklärt, daß das alte narrative Muster mit seinen Verheißungen nicht die Wahrheit des Schicksals verkündet, sondern daß das Schicksal gemäß den Kräften der entropischen Konvertierung operiert. Diese Konvertierbarkeit aller Dinge (bezogen auf das kulturelle System des Wissens) zeigt er unaufhörlich in seinen Filmen. Konvertierbarkeit entspricht dem Vor und Zurück im Raum. Sie bilden ein kybernetisches System: Man könnte zeigen, daß alle Motive und Bilder in *Week-end* in zwei Zuständen vorgeführt werden – geordnet und ungeordnet. Dies gilt zunächst einmal vom Auto: Das schöne Cabrio von Roland sieht man später brennen und in einen Schrotthaufen verwandelt. Das von Balsamo herbeigezauberte Kaninchen liegt später enthäutet und blutüberströmt im Hof der Schwiegermutter. Die zwei Zustände gelten auch für moralische Systeme. So erklärt Saint-Just in seiner Rede, daß die Freiheit wie das Verbrechen ein Zustand der Gewalt sei. Sichtbar werden sie aber nur in Zuständen, die durch Differenzen in Zeit und Raum (Vor und Zurück) sichtbar werden. In allen Filmen Godards zeigt sich dieser entropische Verfall als Medienwirkung. Stets erweisen sich reale Zustände als Verfallszustände von Bildern – von Kunstwerken, von Reklame, von Photos oder auch von Literatur. Aus diesem Grunde brennen nicht nur die vielen Autos, sondern auch Menschen in Autos oder sogar die arme Emily Brontë. Aber es geht noch weiter: Der in vielen Bildern gehäufte Schrott und Müll bildet nicht nur den anderen Zustand der Zivilisation, sondern – das erklärt ein mehrfach eingeschalteter Zwischentitel – *Week-end* selbst nennt sich einen Film, der auf einer „Abfallhalde gefunden" wurde. Dies ist – wenn man so will – der Energie-Zustand von *Week-end*, während sein Raum/Zeit-Zustand so definiert wird: Er ist „im Kosmos verirrt". Aber in *Week-end* finden sich noch viel mehr Beispiele für konvertierte Zustände in der aufgelösten, nämlich alogischen Zeitordnung des Vor und Zurück. Eine der ersten Szenen zeigt Corinne in der von Godard so bevorzugten weiblichen Bekleidung mit Büstenhalter und Slip, während sie ihrem Freund einige erotische Erlebnisse mit einem Dritten namens Paul erzählt. Sie schildert offenbar imaginäre Szenen, deren Bilder aus

---

9 J.-L. Godard, *Einführung in eine wahre Geschichte des Kinos*, Frankfurt a.M 1992, 256.

Batailles *Histoire de l'œil* genommen sind. Die erotischen Rituale, von denen Corinne erzählt, während die Musik einen akustischen Vorhang darüber senkt, folgen einem Prinzip der Umkehrung: Grundnahrungsmittel werden mit den Ausscheidungsöffnungen des Körpers kombiniert: Frauen setzen sich nackt in mit Milch gefüllte Teller, oder ihnen werden Eier zwischen die Gesäßbacken geschoben, um sie dort zu zerbrechen und auslaufen zu lassen. Bei den Indianer-Guerillas wird ein ähnliches Ritual im Realen praktiziert. Eine Gefangene wird gezwungen, sich zu entkleiden – diesmal sogar völlig nackt –, um sich dann mit gespreizten Beinen auf den Boden zu legen. Schließlich sieht man, wie der Koch der Gruppe erst ein zerschlagenes Ei und dann einen Fisch zwischen ihren Beinen einführt. Ein realer Zustand von Literatur oder von erotischen Phantasien verbindet sich mit einem Zustand höherer Unordnung und Brutalität. Dies gilt auch für eine andere Episode: In einer der Anfangsszenen bekämpft Roland die Nachbarin, die ihn wegen ihres demolierten Autos festhalten will, mit einer Spraydose. Bei den Guerrilas wird die nackte Gefangene von Kopf bis Fuß mit Farbe bemalt. In der Szene auf dem Parkplatz legt der Ehemann der mit Farbe besprühten Frau vergeblich sein Gewehr auf die abfahrenden Corinne und Roland an. Zwar weigert sich der Guerillaführer später, auf den flüchtenden Roland mit einem Gewehr zu schießen; stattdessen nimmt er eine Steinschleuder, trifft aber damit tödlich. Die Hippie-Guerillas sind nicht nur ein realer Zustand der Theorie von Engels/Morgan, sondern auch der ins Ernste gewendete Zustand des spielenden Jungen aus der Anfangsszene, der sich mit einem Indianer-Federbusch geschmückt hat. Zwei Zustände zeigt auch der Zauberer-Regisseur Balsamo, wenn er mit einem Schlag einen Autofriedhof in eine friedliche Schafherde verwandelt. Es ist das einzige Beispiel (nämlich ein filmisches Beispiel), wo ein Zustand hoher Unordnung in sein Gegenteil verwandelt wird.

Blau-Weiß-Rot

Der Titel dieses Textes verspricht: ENTROPIE tricolore. Die Entropie hat der Leser glücklich hinter sich, jetzt kommt die Tricolore. Tricolore heißt die französische Flagge, die bekanntlich aus den drei Farben blau-weiß-rot besteht. Diese drei Farben spielen in *Week-end* eine wichtige Rolle. Schon in die zweite Szene, in die Prügelei auf der Straße, sind die Insassen eines roten Matra und eines blauweißen Mini-Cooper verwickelt. Die lange Reihe der Autos im Stau – die zufällige Serie – zeigt regelmäßige Folgen der Farben blau-weiß-rot und gelb. Solche über den Zufall geworfenen, regelmäßigen Farb-Codes verweisen einmal auf das historische Ereignis der französischen Revolution, als die Tricolore die bourbonische Lilienflagge auf den Abfallhaufen der Geschichte beförderte. Nun erscheinen die drei Farben nicht nur insistierend in diesem politischen Zusammenhang, sondern die Farben blau-gelb-rot spielen in allen Farbfilmen Godards eine wichtige Rolle. Der Regisseur hat sich zu dieser Obsession offenbar selbst nie geäußert. Keineswegs muß man sie als frankomanische Signalgebung auffassen. In *La Chinoise* beispielsweise erklärt der Maler Kirilov, daß man eigentlich nur in den drei Grundfarben blau-gelb-rot malen dürfe. Hier legt der Regisseur die Spur einer ästhetischen Motivation. Die drei Farben, die mit weiß insofern zusammenhängen, als sie die beiden Ränder und das Zentrum im Farbspektrum des weißen Lichtes darstellen, haben auch etwas mit Energiezuständen zu tun. Bevor sich Ferdinand am Ende von *Pierrot le fou* in die Luft sprengt, malt er sein Gesicht blau an; die erste Dynamitladung, die er sich um den Kopf bindet, ist gelb eingefärbt und die zweite rot. Aber schon zu Beginn des Films, in der langen Einstellung, die Ferdinand mit Marianne nachts im Auto zeigt, spielen vor ihren Gesichtern abwechselnd kreisförmig bewegte blaue und rote Lichter auf der Frontscheibe. Es lassen sich hier nicht alle Beispiele für blau-gelb-rot oder blau-weiß-rot in *Week-end* oder in anderen Godard-Filmen aufzählen. Könnte man den Film nur als farbsemiotische Serie sehen, so würde er als Symphonie in blau-weiß-rot erscheinen. Die verschiedenen Kombinationen dieser Farben organisieren die einzige kontinuierliche optisch-ästhetische Logik des Films. Diese ganz abstrakte Integration läuft jedoch mit den beiden anderen Strukturen, mit der Zeit/Bewegungs-Struktur und mit der Energie/Entropie-Struktur, auf eine bestimmte Weise zusammen. Aber wie? Die Antwort spielt mit dem Vor und Zurück der kosmischen Physik. Gemäß dem Doppler-Effekt, wonach leuchtende Objekte, die sich im Raume bewegen, je nach Richtung ihrer Bewegung Verschiebungen im Frequenzspektrum verursachen und dadurch unterschiedliche Färbungen aufweisen, bedeutet blau, daß sich Objekte auf den Betrachter zu bewegen, und rot, daß sich die Objekte entfernen. Der Doppler-Effekt erklärt somit die akustische Erfahrung, daß Autos, die sich auf uns zu bewegen, Geräusche im höheren Frequenzbereich verursachen, während im umgekehrten Falle die Geräuschfrequenz nach unten sinkt.

Week-end ist ein Film dieser zwei Bewegungsvektoren Vor und Zurück. Das gilt für die Bewegung im Raum, und das gilt für die Bewegung in der Zeit. Die Vektoren sind – dank der technischen Möglichkeit des Kinos – paradoxerweise entgegengesetzt. Der Film verkündet in einem Zwischentitel, daß die folgende Sequenz von der Französischen Revolution bis zur Epoche der Gaullisten reiche. Tatsächlich führt der Handlungsvektor in die genau entgegengesetzte Richtung. Es wurden ja genügend Beispiele für dieses Vor und Zurück genannt. Nur in der Einführung einer solchen Farbordnung blau-weiß-rot bleibt eine visuelle Kohärenz erhalten – die mediale des Eastmancolor-Materials – und eine gemeinsame Logik gewahrt. Das Kino-Auge ist die erste und letzte Instanz, die beobachten kann, wie sich die Welt allmählich in einen Schrottplatz verwandelt.

Wolfgang Bongers

Die Auto-Bahn

Zum Zivilisationsstau in Godards *Week-end* und Cortázars *La autopista del sur*

Auf Abwegen: *Week-end*

Godards „evasives" Verhältnis zum Auto und die Autofahrt als quasikinematographische Wahrnehmungssituation sind hinlänglich bekannt.[1] Wenn im 1967 gedrehten Film *Week-end* nach knapp fünfzehn Filmminuten in einer fast achtminütigen Sequenz ein Verkehrsstau auf einer französischen Landstraße gezeigt wird, fällt daher der Kamera als fahrendem Film-Mobil eine nicht ganz unschuldige Rolle zu.

Eingeleitet wird die Sequenz durch die abwechselnd in schnellem Rhythmus eingeblendeten Inserts WEEKEND (blau) und SAMEDI 11 HEURES (rot), die nach zweieinhalb Minuten durch die nacheinander erscheinenden Inserts 13H40 (rot), WEEKEND (blau) und 14H10 (rot) ergänzt werden. Godards Kamera gleitet bei der Aufnahme in geringer Geschwindigkeit – es erfolgt nur einmal ein schneller Schwenk nach der zweiten Insert-Serie – an der Landstraße vorbei und verfolgt die ausbrechenden Fahrbewegungen Rolands und Corinnes auf dem Weg nach Oinville zum Begräbnis und zur Beerbung von Corinnes Vater. Ohrenbetäubendes Gehupe begleitet die beiden bei ihren unzulässigen Überholmanövern auf der Fahrbahnmitte. Während sich ihr schwarzes Facel Vega Cabriolet immer wieder unter großen Protesten anderer Wartender in die Blechschlange einreiht, zeigt uns die Kamera zwischen den weißen, roten, blauen, schwarzen und grauen Karosserien Szenen eines Staus an einem „gaullistischen" Wochenende der sechziger Jahre. Die Farben der Karosserielacke variieren die auf die Frankreich-Tricolore gemünzte Farbsymbolik aus den ersten Prügel-Szenen vor Rolands Haus, die sich außerdem im Wechselspiel mit den blauen und roten Zwischentiteln wiederholt.[2] Einige

[1] J. Collet, *Lexique*, in: ders., J.-P. Fargier, *Jean-Luc Godard*, Paris 1974, 78. Zu Auto und Kino: P. Virilio, *Fahren, fahren, fahren...*, Berlin 1978; G. Deleuze, *Das Bewegungsbild. Kino 1*, Frankfurt a.M. 1990, 17/41; Ch. Grivel, „Automobil. Zur Genealogie subjektivischer Maschinen", in: M. Stingelin, W. Scherer (Hgg.), *HardWar-SoftWar. Krieg und Medien 1914-1945*, München 1991, 171-196; ders., „Des émotions traduites à la vue: (Automobile et cinéma)", in: *La Licorne* 37, Poitiers 1996, 209-230.

[2] Vgl. zu optisch-akustischen Bildern der *nouvelle vague* und zu Godard als Kolorist: G. Deleuze, *Das Zeit-Bild*, Frankfurt a.M. 1991 (1985).

Reisende haben ihre Autos verlassen, stehen um sie herum, sitzen am Straßenrand, unterhalten sich, spielen Karten, hören Autoradio. Singende Kinder laufen durch die anliegenden Felder am Stau entlang. Andere werfen sich aus ihren offenen Wagen einen Ball zu. Ein älteres Paar spielt auf der Fahrbahn Schach. Roland und Corinne überholen zwei Zoo-Wagen, in deren Käfigen Löwen, Affen und ein Lama zu sehen sind, außerdem einen Reisebus, einen Muttererde transportierenden Pferdewagen, ein Segelboot mit Besatzung auf einem Anhänger und einen gelbroten Shell-Transporter, dem ein in Gegenrichtung stehender PKW den Weg versperrt. Während der Kamerafahrt sind drei Autowracks am Straßenrand zu sehen, die die Ursache und damit das unglückliche Ende des Staus schon vorwegnehmen: ein Polizist leitet die Fahrzeuge durch einen blut- und ölverschmierten Straßenabschnitt, an dem verstreut Autowracks und Unfallopfer herumliegen. Man sieht Roland und Corinne zügig vorbeifahren und kurz darauf in einiger Entfernung in eine durch Felder führende Landstraße abbiegen.

Was zeigt diese berühmte Sequenz aus *Week-end*? Was zeigt sie nicht? In welchem Verhältnis steht das Stau-Fragment zum Undurchsichtig-Fragmentarischen des ganzen Films? Und schließlich: Welche Geste drückt sich beim Filmen mit der Kamera aus, und wie unterscheidet sie sich von der des literarischen Schreibens? Denkprozesse werden nach Flusser immer in Gesten transferiert: „Es gibt kein Denken, das nicht durch eine Geste artikuliert würde."[3] Und Godard zeigt als Filmemacher die technische Geste des Filmens. Wenn er sich dabei der Kamera als Waffe bedient, wiederholt er zunächst die fotografische Geste des Jagens und Stellens: „Es ist die uralte pirschende Geste des paläolithischen Jägers in der Tundra. Nur verfolgt der Fotograf sein Wild nicht im offenen Grasland, sondern im Dickicht der Kulturobjekte."[4]

Die Stau-Situation mit den wartenden Autos, den Reisenden und ihren Beschäftigungen zeigt Kulturobjekte einer für die moderne Zivilisation typischen Konstellation. Godards Kamera verfolgt deren Bewegungen, die im Stau kristallisiert zu sein scheinen. Doch das ist nicht alles. Die Geste des Filmens bekommt in ihrer technischen Differenz zur Fotografie eine andere Qualität:

> Der Fotograf schaut – ebenso wie der Philosoph – durch einen ‚kategorialen' Apparat und verfolgt damit das Ziel, die Welt als eine Serie distinkter Bilder (bestimmbarer Begriffe) einzufangen. Der Filmemacher schaut durch einen

[3] V. Flusser, *Gesten. Versuch einer Phänomenologie*, Düsseldorf 1993.

[4] Ders., *Für eine Philosophie der Fotografie*, Göttingen 1994 (1983). Vgl. zum räuberischen Aspekt der Fotografie und seiner Analogie zum Automobil als Wunschmaschine auch S. Sontag: „In Platos Höhle", in: *Über Fotografie*, Frankfurt a.M. 1980 (1977), 20: „Wie Schußwaffen und Autos sind auch Kameras Wunsch-Maschinen, deren Benutzung süchtig macht."

‚prozessualen' Apparat, mit dem Ziel, die Welt als einen Strom ununterscheidbarer Bilder (unbestimmbarer Begriffe) einzufangen.[5]

Das Kino unterläuft mit der Möglichkeit seiner ungerichteten Bewegung in Zeit und Raum lineare Abläufe innerhalb eines kulturell vorgegebenen Zeit-Raums und kann diesen in heterotopischen und heterochronen Dimensionen transgredieren.[6] Die Film-Bilder haben nicht den Status einer unveränderlichen, magischen Emanation des vergangenen Wirklichen im *„Es-ist-so-gewesen"* der Fotografie, das nach Barthes in paradoxer Simultaneität Leben und Tod vorwegnimmt.[7] Godard demonstriert im selbstreflexiven Umgang mit seinem Medium – gerade auch im Wechselspiel von Schrift und Bild – die diskontinuierliche Prozessualität, die oft grausame Flüchtigkeit der durch den Vorführapparat und über die Leinwand strömenden Kino-Bilder.

In *Week-end* gleiten unsere Augen langsam mit der sich frei bewegenden Kamera an der stehenden Blechkolonne entlang. Die interferierenden Zwischentitel referieren auf eine außerbildliche, zeiträumliche Begriffswelt, der die Film-Bilder jedoch entgleiten. Sie sind immer (wo)anders als die „Wirklichkeit".[8] Der Stau – absurdes Symbol des unberechenbaren und doch immer schon eingeplanten Stillstands einer Zivilisation – ist lediglich Kultur-Objekt der jagenden Filmkamera und verliert sich im Fortgang des Films, das heißt in der Verfolgung des auf der anderen, „innerbildlichen" Seite ebenfalls – allerdings mit anderen Mitteln – gegen den Zivilisationsstau rebellierenden Facel Vega in das Nichts französischer Felder. Das Zivilisationsproblem STAU gerät in der von Godard filmisch inszenierten Differenz von Stillstand (Stau) und Bewegung (Filmkamera) zur Demonstration von Kino und seinen Strategien. Im Sinne einer „metageschichtlichen Geste" macht der Film Geschichte: „Nicht nur Geschehenes (Mögliches und Wirkliches) erzählen, sondern (allerdings als Trompe-l'œil auf einer Höhlenwand) geschehen machen."[9] Der Film fragmentarisiert zeiträumliche Wirklichkeiten und ordnet sie zu neuen Geschichten. Er hat dadurch die Fähigkeit, die Zuschauer im Vor-Spiegeln geschichtlicher Wirklichkeit zu bannen. Diese Hypnose geschieht im dafür prädestinierten Kino-Kontext, der sich vom omnipräsenten Fernsehen in den Komponenten seiner medialen Inszenierung unterscheidet.[10]

Wenn Godard nach *Week-end* das Medium wechselt und hauptsächlich mit Video arbeitet und Fernsehfilme macht, ist gleichzeitig eine Veränderung in

---

5 V. Flusser, *Gesten*, 111.

6 Für *Week-end* zeigt dies Manfred Schneider in diesem Band.

7 R. Barthes, *Die helle Kammer*, Frankfurt a.M. 1989 (1980), 87ff.

8 Während in *Week-end* noch die Bilder die Schrift dominieren, strebt Godard mit seiner Fernseh- und Videoarbeit nach 1968 die Kontrolle der Schrift über die Bilder an.

9 V. Flusser, *Gesten*, 123.

10 Vgl. zu magisch-hypnotischen Effekten des Kinos auch R. Barthes, „En sortant du cinéma", in: *Le bruissement de la langue (Essais critiques IV)*, Paris 1984, 383 und zur Differenz von Kino und Fernsehen und deren Kontexte: S. Zielinski, *Audiovisionen. Kino und Fernsehen als Zwischenspiele in der Geschichte*, Reinbek 1989.

seiner filmischen Geste markiert. Im neuen Werkzeug Video, das gegenüber dem Film vor allem durch seine dialogische, oft unkontrollierbare Struktur zwischen Filmendem und Gefilmtem gekennzeichnet ist, sieht Flusser ein Medium „einer ganzen Serie noch nicht entfalteter epistemologischer Virtualitäten", die dem Film als vornehmlich „künstlerisches Werkzeug"[11] gegenüberstehen. Die Geste des Video erscheint schließlich im Gegensatz zur fotografischen wie zur filmischen Geste als „Seinsweise, die die traditionellen Kategorien (beispielsweise die der Kunst, der historischen Aktion oder der Objektivität) in Frage stellt und neue Kategorien entwirft, die noch nicht klar analysierbar sind."[12] In diesem Horizont – auch in Hinblick auf die höhere Publikumswirksamkeit des Massenmediums – erlangen Godards Fernsehprojekte gegenüber der Kino-Arbeit einen neuen Charakter.

Treffpunkt: Auto-Bahn

In der Sequenz von *Week-end* sehen wir den Stillstand einer modernen, an maximaler Geschwindigkeit orientierten Zivilisation auf ihren vorgezeichneten Spuren – den asphaltierten Autobahnen – im Kamera-Travelling an uns vorbeiziehen. Die umherliegenden Opfer am Unglücksort, deren Kleidung ebenfalls der Godardschen Frankreich-Farbsymbolik entspricht, sind der Endpunkt des zufälligen Miteinanders und der willkürlich entstandenen Kommunikationssituationen auf der Straße. Sie markieren auf der einen Seite das Ende des Staus und das Resultat der für westliche Gesellschaftsformen unabdingbaren Geschwindigkeit, deren Wahn in immer schnelleren Autos realisiert und in Godards antiquiertem Pferdewagen mitten im Stau ironisiert wird. Auf der anderen Seite markieren die Leichen den Tod der Zivilisation, indem sie als selbstverständliche Opfer einer motorisierten Gesellschaft hingenommen werden. Die Unfallopfer und Autowracks nehmen die späteren Katastrophen vorweg, die die Odyssee Rolands und Corinnes begleiten. Überall werden uns Unfälle, brennende Autowracks, blutüberströmte Leichen begegnen. Godard entwirft mit seinen Bildern eine grausam unpathetische Zivilisations-Vision. Die Unsichtbarkeit von *Week-end* – das Gespenst der Pariser 68er-Bewegung spukt schon durch den Film – wird zum *demonstrandum* der Godardschen Vor-Sicht:

> ...wir hatten uns von den Vorgängen anregen lassen, die noch nicht ganz sichtbar zutage getreten waren. Das heißt nicht, daß es sie noch nicht gab, sondern nur, daß ich sie zeigte, bevor sie für jedermann sichtbar passiert waren.[13]

---

11 V. Flusser, *Gesten*, 197.

12 Ebd., 198.

13 J.-L. Godard, *Einführung in eine wahre Geschichte des Kinos*, München 1983 (1980), 256f.

Mit dieser historischen, auf Godards französisches Umfeld referierenden Notiz kommen wir zum Stau bei Cortázar. Der argentinische Schriftsteller lebte zwischen 1951 und seinem Todesjahr 1984 in Frankreich und dabei meistens in Paris. Der erste Teil seines Hauptwerks *Rayuela*[14] spiegelt seine kulturellen, literarischen, philosophischen und künstlerischen Erfahrungen in der europäischen Metropole. Viele seiner Kurzgeschichten spielen ebenfalls in Paris.

Im Blickpunkt von *La autopista del sur*, erschienen 1966 in dem Band *Todos los fuegos el fuego*[15], steht ein kleiner Ausschnitt eines sonntagnachmittäglichen Staus im August auf einem Autobahnabschnitt vor Paris auf der Höhe von Fontainebleau. Dem Stau auf einer zweispurigen Landstraße bei Godard geht bei Cortázar die großstädtische Horrorvision eines zwölfspurigen Verkehrschaos voraus. Cortázar wählt als Erzählfokus einen Ingenieur und seinen Peugeot 404. Er ist auf dem Rückweg nach Paris und befindet sich in der zweiten Reihe, von der mittleren Fahrbahnbegrenzung aus, hat also vier Fahrzeuge in gleicher Richtung rechts neben sich und insgesamt sieben auf der anderen Seite, davon das erste wie sein eigenes in Richtung Paris. In diesem benachbarten Wagen, einem Dauphine, sitzt ein Mädchen, auf das der Ingenieur später noch seine Aufmerksamkeit richten wird. Rechts von ihm sitzen zwei Nonnen in einem Citroën 2HP, vor ihm steht ein Simca mit jungen Männern, hinter ihm ein Caravelle. Hinter dem Dauphine des Mädchens steht ein Peugeot 203, der einem Ehepaar mit Kind gehört; vor dem Dauphine ein Taunus, in dem zwei Männer und ein blonder Junge mit einem Spielzeugauto sitzen. Außerdem wird ein ID Citroën eines älteren Ehepaars genannt, der nach den Angaben im Text vor den beiden Nonnen plaziert sein müßte. Dieser Orientierungsplan, der die unmittelbare Umgebung in der visuellen Wahrnehmung des Ingenieurs wiedergibt, wird dem Leser in den ersten Abschnitten präsentiert und bildet mit späteren Ergänzungen aus dem erweiterten Sichtfeld die referentielle Wirklichkeitsebene des Textes. Cortázar schildert die voraussehbaren Kommunikationsstrategien der im Stau Festgesetzten:

> Niemand zweifelte, daß sich auf dieser Strecke ein schwerer Unfall ereignet hatte, denn wie sonst sollte man sich eine so unglaubliche Einschränkung der Fahrt erklären. Dann kam die Rede auf die Regierung, die Hitze, die Steuern, die Straßenverhältnisse, ein Thema folgte dem anderen, drei Meter, und wieder ein allgemein interessierendes Gespräch, fünf Meter, und ein belehrender Satz oder eine gemäßigte Verwünschung. (9)

Doch die Banalität der ausgetauschten Vermutungen und Gerüchte über die Ursache des Verkehrschaos münden zusammen mit den Gemeinplätzen alltäglicher Kommunikation und den Motiven für eine baldige Ankunft in Paris in

---

[14] J. Cortázar, *Rayuela*, Madrid 1995 (1963); deutsch: *Rayuela. Himmel und Hölle*, Frankfurt a.M. 1996.

[15] J. Cortázar, *La autopista del sur*, in: *Cuentos completos/1*, Madrid 1994 (1966), 505-523; deutsch: *Südliche Autobahn*, in: *Das Feuer aller Feuer*, Frankfurt a.M. 1976, 7-37 (wird im folgenden mit der Seitenzahl in Klammern zitiert).

der zeit- und raumlosen Endlosigkeit des nur von sporadischem Vorwärtskommen unterbrochenen Stillstands. Dem Autoradio als Medium für den Stau betreffende Informationen ist trotz der Meldungen über baldige Abhilfe nicht mehr zu trauen. Der Stau wird – spätestens vom nächsten Tag an – zum *status quo* des Daseins der auf der Autobahn Reisenden. Im Laufe der Zeit finden sie zueinander. Zaghafte zwischenmenschliche Annäherungsversuche und Hilfsangebote, die zunächst auf Langeweile, Untätigkeit und Mitleid basieren, führen schließlich zu Freundschaften und koordinierten Aktivitäten. Aus automobilisierten Einzelkämpfern werden aufgrund des Notstandes bald soziale Kleinzellen, die durch Arbeitsteilung im Verlauf des nunmehr Tage bis Wochen dauernden Staus zunächst Verpflegung, an kalten Tagen und bei Regen und Schnee auch Kleiderverteilung und Krankenversorgung, organisieren. Aus den sich parallel bildenden Aktionszellen entsteht nach der Erschöpfung aller auf der Autobahn vorhandenen Lebensmittelreserven eine Gesellschaft in Kleinformat mit den für jede Zivilisation typischen Kommunikationsstrukturen: Hierarchisierungen, Versammlungen, Handelsbeziehungen mit der Umwelt, Kriegsräte, Friedensgespräche mit benachbarten Organisationen, Regelübertretungen, Bestrafungen, Desertionen. Es geschieht ein Selbstmord – der Fahrer des Caravelle bringt sich um; es kommt zu sexuellen Beziehungen zwischen dem Ingenieur und der Dauphine-Fahrerin, die daraufhin schwanger wird; die alte Frau aus dem ID Citroën stirbt. Der Ingenieur befindet sich schließlich in einem Zustand „angenehme[r] Gleichgültigkeit" (32), die ihm in seinen täglichen Aktivitäten und in Erwartung des Kindes soziale Befriedigung verschafft. Doch dann kommt die unverhoffte Auflösung des Staus: „Alles geschah irgendwann, ohne voraussehbaren Plan; das Wichtigste aber geschah, als es keiner erwartete." (32)

Während die Wagenkolonnen bald darauf weiterrollen, macht das Paar beim langsamen Nebeneinanderherfahren Pläne für die kommende Zeit in Paris. Ihre Wünsche werden jedoch vom immer höheren Tempo der Autos durchkreuzt. Die beiden Liebenden verlieren sich im aufkommenden Verkehr aus den Augen, und mit ihrem Glück verschwindet die Harmonie des Autobahn-Lebens in der Geschwindigkeit:

> [...] aber jede Minute überzeugte ihn, daß die Gruppen sich unwiederbringlich aufgelöst hatten, ihre gewohnten Zusammenkünfte sich nicht wiederholen würden, die minimalen Rituale, der Kriegsrat im Auto von Taunus, die Zärtlichkeiten von Dauphine im Frieden des neuen Tages, das Lachen der Kinder, die mit ihren Autos spielten, der Anblick der Nonnen, die ihren Rosenkranz durchrechneten. (35)

Der Stau birgt bei Cortázar als zunächst unliebsames Nebenprodukt individuellen und unbegrenzten Freiheitsstrebens surreale und fantastische Effekte sowie heterotopische Potentiale. Die Autobahn wird zum Ort für Begegnungen und für ein Leben jenseits zivilisatorischer Zwänge. Cortázar fragt im letzten Satz: „wozu diese Eile, warum dieses Rennen in der Nacht zwischen fremden Autos, in denen keiner etwas vom anderen wußte und jeder nur geradeaus starrte, nur geradeaus." (37)

Die Autobahn funktioniert auch in *La autopista del sur* als Emblem fortschrittlicher Geschwindigkeit. Sie ist die zivilisatorische Bahn der ausschließlich vorwärtsgerichteten Fortbewegung. Der Stau blockiert die Zivilisation, und Cortázar nutzt ihn als paradoxen „Dschungel von Maschinen [...], die für schnelles Fahren bestimmt waren" (8), um die Maschinen endlos stehen und ihre Besitzer in Kommunikation treten zu lassen. Erst wenn die Maschinen wieder laufen, müssen sich die Menschen ihrem unmenschlichen Rhythmus beugen: „Nichts anderes konnte man tun, als sich der Fahrt überlassen, mechanisch der Geschwindigkeit der Wagen ringsum anpassen, nicht denken." (36)

Die Autobahn als emblematische Spur modernen Lebens hat Cortázar bis zum Ende seines Lebens fasziniert. Die Rastplätze auf der Autobahnstrecke Paris - Marseille waren in seinem letzten Buch die Interstitien für neue Sichtweisen außerhalb des zivilisatorischen Geschwindigkeitswahns.[16] Innerhalb von einem Monat sucht er mit seiner Gefährtin Carol Dunlop täglich zwei Rastplätze auf und übernachtet jeweils auf dem zweiten. Sie werden zu Spielorten philosophischer, poetischer, alltäglicher und autobiographischer Reflexionen und Handlungen. Das surrealistische Unternehmen subvertiert den Utilitarismus moderner Gesellschaften und deren raumzeitliche Zweckbestimmung. In ihren Koordinaten sind die Rastplätze funktionelle Einheiten in immer besser ausgebauten Autobahnnetzen, die in der Schrift Cortázars zusammen mit dem Phänomen des Staus zu paradoxen, interstitiellen Wahrnehmungsräumen werden.

Kreuzung: Godard (Film) und Cortázar (Literatur) in der Geste des Schreibens

Cortázars Ästhetik des Interstitiums[17] als wahrnehmungsspezifischer Zwischenraum zeigt Analogien zu Godards Filmästhetik:

> Und mir wurde klar, so nach und nach, daß das Kino das ist, was zwischen den Dingen ist, und nicht die Dinge selbst, was zwischen einem selbst und einem

[16] J. Cortázar, C. Dunlop, *Los autonautas de la cosmopista o Un viaje atemporal*, Buenos Aires 1983; deutsch: *Die Autonauten auf der Kosmobahn. Eine zeitlose Reise Paris - Marseille*, Frankfurt a.M. 1996.

[17] Diesen Begriff benutzt Cortázar schon in den sechziger Jahren in seinen Almanachen *La vuelta al día en ochenta mundos*, Madrid 1993 (1967) und *último round*, Mexico 1969 (1992) und bezieht ihn auf seine Wahrnehmungssituation: „escribo desde un intersticio" (*La vuelta*, 32). Die Wahrnehmung geschieht in einem *entre*, einem Intervall, das das Gefühl einer „virtuellen Porosität" hervorruft, die wiederum „interstitielle Eruptionen" provoziert (*último round*, 261).

anderen ist, zwischen dir und mir, und auf der Leinwand ist es dann zwischen den Dingen.[18]

Das Un/Sichtbare des Filmausschnitts aus *Week-end* wird im Zwischenspiel der Godardschen Bilder mit dem Cortázarschen Text zu einem *Interstitium*, das im Thema *Zivilisation* filmische und literarische Strategien aufeinanderstoßen läßt. Der Stau als paradoxes Zivilisationsphänomen ist die interstitielle Spur beider Erzählungen und fungiert als Austragungsort virtueller Wirklichkeitskonstruktionen.

Godard filmt, Cortázar schreibt. Indem Flusser die Geste des Schreibens an den alphanumerischen Text-Code bindet, sieht er angesichts der sich verbreitenden technischen, multidimensionalen Codes im Schreiben eine „ärmliche, primitive, wenig effiziente und kostspielige Geste."[19] Enthebt man jedoch die Schrift mit Derrida und Wetzel der textuellen Verantwortung[20], wird sie in der Kunst – ob im Text als Buchstaben-Schrift, im Film als Licht-Schrift, in der Musik als Klang-Schrift oder in der Malerei als Pigment-Schrift – zu differierenden Spuren des Ausdrucks von Gesten.

Cortázars literarische Strategien stehen den filmischen Godards gegenüber. Statt eines Kamera-Travelling, das den Zuschauer von *Week-end* den zivilisatorischen Stillstand in paradoxer, auto/kinematografischer Bewegung miterleben läßt, fokussiert er einen beliebigen Punkt und entfaltet ausgehend von der austauschbaren Figur des Ingenieurs die fantastische Entwicklung des Staus vom lästigen Zivilisationsphänomen zum Zwischenraum neuer, interpersonaler Relationen.

Obwohl die zeiträumliche Diskontinuität der Bilder Godards im fantastischen Moment des in Zeit und Raum endlosen Staus ihre Entsprechung findet, weist *La autopista del sur* die für Cortázars Kurzgeschichten typische geschlossene Form auf und ist traditionell konstruiert.[21] *Todos los fuegos el fuego*, im selben Band als Titelgeschichte erschienen[22], zeigt wiederum eine Konstruktion, die der kinematografischen Montage- und Schnittechnik nahekommt und Cortázars Experimentalität in der Reflexion auf andere Medien demonstriert. Zwei zeitlich ca. 2000 Jahre auseinanderliegende Situationen

---

[18] J.-L. Godard, *Einführung in eine wahre Geschichte des Kinos*, 145.

[19] V. Flusser, *Gesten*, 40.

[20] Vgl. J. Derrida, *Grammatologie*, Frankfurt a.M. 1972 (1967); ders., „Freud und der Schauplatz der Schrift"; „Die Struktur, das Zeichen und das Spiel im Diskurs der Wissenschaften vom Menschen", in: *Die Schrift und die Differenz*, Frankfurt a.M. 1976 (1967), 302-350 und 422-442; M. Wetzel, *Die Enden des Buches oder die Wiederkehr der Schrift. Von den literarischen zu den technischen Medien*, Weinheim 1991; ders. „Dekonstruktion der Kunst oder Kunst der Dekonstruktion", in: *Surfing Systems: Die Kunst der 90er - Positionen zeitgenössischer Art*, Basel, Frankfurt a.M. 1996, 135-144.

[21] Vgl. Cortázars Poetik der Kurzgeschichte in: „Del cuento breve y sus alrededores", in: *último round*, Mexico 1992 (1969), 59-82 und „Algunos aspectos del cuento", in: *Obra crítica/2*, Madrid 1994 (1963), 365-385.

[22] J. Cortázar, *Todos los fuegos el fuego*, 580-589; deutsch: *Das Feuer aller Feuer*, 135-151.

werden ineinander verschachtelt und quasi-simultan erzählt. Die Schauplätze sind ein römisches Amphitheater, in dem ein Prokonsul einen Gladiatorenkampf zwischen dem ruhmreichen Gladiator Marco und einem nubischen Netzkämpfer stattfinden läßt, und die Wohnung Rolands, in der er zunächst mit Jeanne am Telefon ihre Beziehung beendet und anschließend Sonia, die neue Partnerin, nach ihrem Besuch bei Jeanne empfängt. Die beiden Geschichten scheinen außerhalb zeiträumlicher Strukturen über folgende Motive miteinander zu kommunizieren: Eifersucht innnerhalb einer Dreierkonstellation – Tod – Kampf – Feuer. Sind die Situationen und ihre Figuren am Anfang des Textes noch durch Absätze getrennt, vermischen sie sich im Verlauf der Geschichte in immer kürzeren Abständen. Im Feuer gehen sie schließlich ineinander über. Der Stoffetzen aus Rolands brennender Wohnung erscheint über der brennenden Arena und fliegt auf die Schulter des Prokonsuls.

Die Textmontagen und die abrupten Schnitte im Handlungsablauf machen aus *Todos los fuegos el fuego* ein Beispiel für ein filmisches Schreiben, das Cortázar auch in anderen Kurzgeschichten und in seinen Romanen[23] praktiziert. Das Feuer als Hauptmotiv der Geschichte erinnert wiederum an die kulturkritische Grundstimmung während Godards entropischem *Week-end*-Trip. Auch hier verschwindet die automobilisierte Zivilisation in Feuer und Rauch.[24] Während Godards zivilisationsfeindliche, kannibalisch-revolutionäre Licht- und Tonspuren im französischen Ur-Wald am Ende ein zynisch verzerrtes, apokalyptisches Menschen-Bild erzeugen, ersticken Sonias und Rolands Todesschreie in der schwarzweißen Maske des Cortázarschen Textes – wie schon die vergebliche Suche des Ingenieurs zwischen den rasenden Autos nach seiner im Stillstand des Staus gewonnenen Liebe.

---

[23] Beispiele, vor allem auch in Analogie zu Traumstrukturen, finden sich in *Rayuela* und *Libro de Manuel*, Madrid 1988 (1973); deutsch: *Album für Manuel*, Frankfurt a.M. 1976.

[24] D. Cronenberg steigert die auto/kinematografische Unfall-Passion Godards in *Week-end* wiederum zur sexuellen Gleichschaltung von Mensch und Maschine. In seinem Film *Crash* (1996) inszeniert er den obsessiv-orgiastischen Zusammenstoß von Menschen und Autowracks.

Jürgen E. Müller

Jean-Luc Godard und die Zwischen-Spiele des Films

Godard

Wohl kaum ein anderer zeitgenössischer Regisseur hat sich über Jahrzehnte in ähnlicher Weise mit den ästhetischen Möglichkeiten des Kinos befaßt wie Jean-Luc Godard. Godards Filme sind immer auch ein Spiel mit den Optionen des Mediums. Seit *A bout de souffle* (1959) stellt Godard in verschiedenen Variationen und medialen Realisierungen die Frage nach der ‚Spezifizität' und ‚Intermedialität' des Films. Seine Filme sind etwas anderes als ‚nur' Film, sie überlagern und überschneiden sich mit anderen Medien, der Malerei, Photographie, dem Video etc.; sie bieten Grenz-Überschreitungen und Grenz-Erfahrungen des Mediums.

In diesem Artikel möchte ich am Beispiel zweier Filme, *Le mépris* (1963) und *Passion* (1986), einige Formen und Verfahren von Godards medialen Zwischen-Spielen rekonstruieren.[1] Die zu beschreibenden intermedialen Prozesse beschränken sich natürlich nicht auf unsere beiden ‚Fälle', sondern finden sich – in unterschiedlicher Weise – in den meisten Filmen Godards.

Intermedialität/mediale Autoreflexion und *nouvelle vague*: Godards *Le mépris*

- Das *Neue* der *nouvelle vague*

> La *nouvelle vague*, c'est une invention de journalistes [...]. Ce que font les nouveaux cinéastes, je voulais le faire en 1937.[2]

In der europäischen Filmgeschichte markiert der Begriff *nouvelle vague*[3] eine der seltenen Phasen, in denen der kritische Diskurs über den Film offenbar mit

---

[1] Dieser Artikel stellt eine Zusammenfassung einiger Reflexionen dar, die ich in meinem Buch *Intermedialität. Formen moderner kultureller Kommunikation*, Münster 1996, vorgestellt habe.

[2] J.-P. Melville, „La *nouvelle vague*, je l'ai inventée en 1937", in: *Arts*, 25, avril 1962.

[3] Zur Begriffsgeschichte der *nouvelle vague* und zu ihrem pressegeschichtlichen Hintergrund (dieser Begriff tauchte zuerst als allgemeiner, sozial- und mentalitätshistorischer Begriff im *Express* vom 3. Oktober 1957 auf und war auf die ‚neue Jugend der 50er Jahre' und deren Lebensgefühl gerichtet, bevor er einige Monate später im *Express* und im *Cinéma* explizit auf den neuen Film bezogen wurde) vgl. J.P. Nicolas, *Le cinéma des français*, Paris 1979, 110. Nicolas verweist in seinem Band auf die „phraséologie de la

der Realisation von ästhetischen Postulaten dieses Diskurses in der Filmproduktion und -rezeption zusammenfiel. Bazins und Truffauts Thesen in den *Cahiers du Cinéma* und die Vorführungen von Hunderten von ‚neuen Filmen' in den Pariser Ciné-Clubs – von denen heute leider nur noch ein geringer Teil über Forschungen in den Filmarchiven zugänglich ist und von denen nur noch wenige als Filme bekannter „Autoren" in unserem kollektiven Gedächtnis vorhanden sind[4] – verweisen auf ein mediales Handlungs-System,[5] welches ein neues Kapitel der Filmgeschichte geschrieben hat.

Als François Truffaut in den *Cahiers du Cinéma* seinen berühmten Artikel „Une certaine tendance du cinéma français"[6] publizierte, waren die Implikationen seines Statements für das französische und internationale Kino noch nicht abzusehen. Heute gilt dieser Text als *das* filmästhetische und ‚filmtheoretische' Manifest der *nouvelle vague*, als erste Artikulation der Auflehnung einer Gruppe junger Cineasten gegen den etablierten, erstarrten und ‚traditionellen' Film-Betrieb im Frankreich der 50er Jahre. Protest und Negation waren die Triebfedern, die bedrohte Zukunft des Mediums „Film" zu sichern und dessen ästhetische Qualität in einem veränderten sozial- und mentalitätsgeschichtlichen Kontext zurückzugewinnen.[7] Die vorherrschende und eingeschliffene Praxis der *tradition de la qualité*,[8] der *adaptations*[9] und die daraus resultierende untergeordnete Rolle der Regisseure („[...] *ils affadissent les œuvres qu'ils adaptent.*")[10] bildeten die Steine des Anstoßes; erste Abhilfe sollte das Konzept des *cinéma d'auteurs*[11] schaffen. Truffauts Bestandsaufnahme und Zukunftsentwurf entwickelt indes – auch wenn sein Postulat nach der Wiederbelebung des Autorenfilms dies suggerieren mag – kein kohärentes filmtheoretisches Programm; und ebensowenig konstituieren die Filme der *nouvelle vague* einen monolithischen Block eines klar umrissenen und ‚strukturell determinierten' Genres.

Das *cinéma d'auteurs* bewirkte im Frankreich der zweiten Hälfte der 50er Jahre einen Innovations-Schub, dessen Auswirkungen auch gegenwärtig noch fortbestehen. Der Film der *nouvelle vague* und dessen ästhetische und funk-

---

nouveauté" als einem wichtigen Element sozialen Wissens in der französischen Gesellschaft gegen Ende der 50er Jahre.

4 Vgl. dazu die Liste von Filmen, die sich in den *Cahiers du Cinéma* (Bd. XXIII) Nr. 138, 1962, befindet.

5 Zum theoretischen Konzept der Medien als Handlungssysteme und zur Medienpragmatik vgl. die Beiträge in folgenden Bänden: J. E. Müller (Hg.), *Towards a Pragmatics of the Audiovisual*, Bd. 1 und Bd. 2, Münster 1994/5.

6 F. Truffaut, „Une certaine tendance du cinéma français", in: *Cahiers du cinéma*, Nr. 31, 1954, 15-29.

7 Vgl. dazu etwa: C. Clouzot, *Le cinéma français depuis la nouvelle vague*, Paris 1972, 16-19.

8 F. Truffaut, „Une certaine tendance du cinéma français"

9 Vgl. ebd., 16-21.

10 Ebd., 20.

11 Ebd., 26.

tionale Konzepte wurden zum Vor-Bild für besondere Produktionsformen, für die Realisation spezifischer subjektiver Intentionen eines „créateur" in einem „œuvre" und für Rezeptionsmuster des Zuschauers, die an den Kunst-Film gebunden sind. Wie jedes Vor- oder Geschichts-Bild,[12] so zeichnet sich auch das Handlungsschema *nouvelle vague* durch einen hohen Grad an eingebildeten oder imag(o)inierten mentalen Konstrukten aus. Oder anders gesagt, die sogenannten Kenn-Zeichen oder Merkmale der *nouvelle vague* lassen sich nicht allein an der Zeichen-Substanz oder den ‚objektiven Merkmalen' einer Reihe von französischen (oder besser: Pariser?) Filmen, die etwa zwischen 1958 und 1962 entstanden, festmachen,[13] vielmehr sind sie das Resultat der Konstruktion und Interaktion von Handlungsschemata, die sich in Form bestimmter sozialer Wissenskonfigurationen fassen lassen. Mit anderen Worten: die Eigenart der *nouvelle vague* definiert sich nicht über das Auflisten sogenannter ‚struktureller Merkmale' ihrer Filme, wie etwa von „jump cuts", „shaky hand-held cameras", „disruptive editing" etc.,[14] sondern über *spezifische Handlungsschemata*, die zentral auf mentalitätsgeschichtlichen Vorstellungen und Wissenselementen über den Film und dessen soziale und ästhetische Funktion beruhen.[15] Das Konzept der *nouvelle vague* setzt diese historischen Ein-Bildungen bzw. Wissenskonfigurationen auf Seiten des Produzenten und des Rezipienten voraus.

Doch halten wir fest: Die Explosion der Filmproduktion in den Jahren 1958-1962 befreite das Kino aus seinen konventionalisierten Erscheinungsformen; die heterogenen Produktionen des Jungen Films erhielten das Etikett *nouvelle vague*. Auch angesichts aller Differenzen in ihrer filmästhetischen Realisation haben die Filme der *nouvelle vague* ein Kapitel des medialen Spiels fortgeschrieben und wiedereröffnet, das bislang nicht gebührend beachtet wurde: Gilt in Filmgeschichte und Filmtheorie das Geflecht intertextueller Verweisungen und Zitate als ein konstitutives Element der ‚vielfältigen Einheit' der *nouvelle vague*, so wird der Sachverhalt des *inter-medialen* Spiels der *nouvelle vague* nicht ausreichend gewürdigt.[16] Das Skandalon des kreati-

---

[12] Im Sinne von G. Schmid, „Geschichtsbilder. Von der Metaphorik zur Wörtlichkeit und retour", in: *Zeitgeschichte* 13, 1986, 271-288.

[13] Vgl. dazu C. Clouzots Auflistung von Merkmalen in ihrem Band *Le cinéma français depuis la nouvelle vague*, Paris 1972; bes. 23ff.

[14] Vgl. D.A. Cook, *A History of Narrative Film*, New York/London 1981, 462.

[15] Diese Elemente des gesellschaftlichen Wissensvorrats sind selbstverständlich biographisch und sozial differenziert. Vgl. dazu die wissenssoziologische Theorie und Methode, wie sie von P. Berger und T. Luckmann in ihrem Band *Die gesellschaftliche Konstruktion der Wirklichkeit*, Frankfurt a.M. 1970, entwickelt worden ist. In unserem Fall grenzen wir diese Gruppe mit Blick auf Frankreich vorläufig und aus ‚forschungspragmatischen' Gründen auf den Kreis der jungen Generation rund um Bazin in den *Cahiers du Cinéma* und auf die Gruppe der jungen Intellektuellen und Cinéphilen rund um die *Cinémathèque Française* und die Pariser Ciné-Clubs ein.

[16] Dies hat sich erfreulicherweise aufgrund der vor kurzem erschienenen Ergebnisse des an der Universität Siegen begonnenen Forschungsprojektes *Kino und Fernsehen: Institu-*

ven Entwurfs der jungen Regisseure lag für die Filmkritik der fünfziger Jahre nicht allein in *libertinage* und Repräsentation bürgerlicher Accessoires und Verhaltensmuster, sondern auch im fortwährenden intermedialen Zitieren und funktionalen Einbetten anderer Medien in das Medium „Film“:

> Additionnez un manoir somptueux, des chemises blanches qui savent se tenir à table, des petites andouilles qui lisent Kafka, des négligés coûteux, un électrophone sur la terrasse en calcaire patiné, du libertinage et du remords au petit matin, vous aurez la recette de la *nouvelle* tambouille.[17]

Gewiß konnotieren die Kafka lesenden *petites andouilles* quasi-intellektuelle, bourgeoise Attitüden, und gewiß konstituiert auch der *électrophone* ein grundlegendes Repertoire-Element[18] der Filme der *nouvelle vague*, doch Lektüre im Film und zeitgenössische ‚Neue Medien' verweisen darüber hinaus auf Strategien[19] filmischer Repräsentation, die im Film ein neues Gewicht erhalten. Der Zukunftsentwurf der *nouvelle vague* intensiviert das kreative und ästhetische Spiel mit traditionellen und modernen Medien im Medium „Film“. Wenn wir so wollen, setzt die *nouvelle vague* die gewohnten „intermedialen Dichotomien: Kinofilm-Literatur; Photo-Malerei; Fernsehen-Kinofilm“ außer Kraft, da sie eine „stetige Veränderung der Dispositive und ihrer diskursiven Einbindungen [...], den sukzessiven Abbau der Trennschärfe zwischen den dispositiven Anordnungen“,[20] initiiert. Dies bedeutet ein fortwährendes Oszillieren zwischen Annäherung und Differenzierung und die Konstruktion dispositiver Netze.[21] Im folgenden möchte ich kurz an einige Aspekte meines Vorschlags einer Theorie der „Intermedialität“ erinnern und anschließend am ersten Beispiel von Godards *Le mépris* einige ‚Regeln' des intermedialen Zukunfts-Entwurfs der *nouvelle vague* re-konstruieren.

- Medialität und Intermedialität

Die Mediengeschichte zeigt uns, daß die Entwicklung der Medien, der Schrift, des „graphophone“, der Photographie, des Films, des Rundfunks ... auf *désirs*, auf Wünschen und Projektionen, auf Faszinationstypen aufruht und immer

---

tionelle und ästhetische Relationen in der Zeit der „nouvelle vague“ (unter der Leitung von Volker Roloff) geändert. Vgl. dazu: V. Roloff. „Film und Literatur. Zur Theorie und Praxis der intermedialen Analyse am Beispiel von Buñuel, Truffaut, Godard und Antonioni“, in: P. V. Zima (Hg.), *Literatur intermedial. Musik Malerei Photographie Film*, Darmstadt 1995, 269-309.

17 R. Borde in: J.L. Douin (Hg.), *La Nouvelle vague 25 ans après*, Paris 1983, 189.

18 Im Sinne von W. Iser, *Der Akt des Lesens*, München 1976.

19 Ebenfalls in Sinne von W. Iser, *Der Akt des Lesens.*

20 J. Paech und S. Zielinski, zitiert in: V. Roloff, „Der Ort des Fernsehens in der Zeit der *nouvelle vague*: Anmerkungen zur Theorie und Praxis intermedialer Analyse“, in: H. Kreuzer, H. Schanze (Hgg.), *Bausteine III. Beiträge zur Ästhetik, Pragmatik und Geschichte der Bildschirmmedien*, Siegen (Arbeitshefte Bildschirmmedien 50) 1994, 133-139; hier: 135.

21 Zu letztgenanntem Aspekt vgl. K. Hickethier, zitiert in: V. Roloff, „Film und Literatur“, 280.

neue Faszinationstypen schafft, neue Köder auslegt. Dies nicht allein, weil die Medien eine Verlängerung unserer zeichenproduzierenden und zeichenrezipierenden Sinne erlauben, mit deren Hilfe wir das hic et nunc direkter und unmittelbarer Kommunikation hinter uns lassen können, sondern weil ihre Entwicklung zugleich auch neue Möglichkeiten ästhetischer Produktion und der Lust des Schauens, Hörens und Fühlens eröffnet. Der multi- und inter-mediale Spiel-Raum[22] vergrößert sich mit jedem neuen Medium, und die ästhetische Funktion geht mit dessen Entwicklung einher. Der von mir vorgeschlagene Medienbegriff impliziert keine rigiden Trennungslinien zwischen apparativen Gegebenheiten, technischen Optionen und ästhetischen Dimensionen. Auch wenn ich in meinen Analysen aus forschungspragmatischen Gründen den Akzent auf ästhetische Aspekte intermedialer Prozesse lege, so möchte ich diese damit nicht völlig von deren Interaktionen mit den jeweiligen technischen Gegebenheiten des Dispositivs losgekoppelt sehen. Oder konkreter, mit Blick auf die *nouvelle vague* gesprochen: wir sollten uns dessen bewußt bleiben, daß eine Reihe innovativer filmästhetischer (und intermedialer) Verfahren eng mit den kamera- und filmtechnischen Entwicklungen der späten 50er Jahre verbunden sind. Dies gilt z.B. für die häufig genannte neue Beweglichkeit der Kameraführung und Kadrierung, die erst durch die neuen und erheblich leichteren Kameras dieser Zeit möglich waren und die auch die Genese ‚neuer' Gattungen, etwa des *cinéma vérité*, stimuliert haben.

Wenn wir den Zukunftsentwurf der *nouvelle vague* als kreative Leistung verstehen, und wenn wir – in aller Vorläufigkeit und angesichts eines riesigen, zumeist psychologisch-empirisch fundierten Angebots an terminologischen Apparaten – „Kreativität" als „geistige Transformation einer konventionellen Struktur" fassen wollen,[23] dann ergibt sich als Schlußfolgerung: Der Zukunftsentwurf der *nouvelle vague* entfaltet sich nicht nur im konventionellen und strukturellen Rahmen des Mediums „Film", sondern *zwischen* den Medien. Er fördert unausgeschöpfte Potentiale der Medien zutage; die Filme der *nouvelle vague* setzen *Selektion, Transformation und Kombination von Medien und medialen Fragmenten* voraus. Dies impliziert auch eine besondere Beziehung zur Literatur und zum Theater,[24] ebenso wie zur Malerei und zum Pin-Up.[25] Einige Formen dieses kreativen und intermedialen Spiels wollen wir im folgenden an einer paradigmatischen Sequenz aus Godards *Le mépris* rekonstruieren.

---

[22] Zu meinem Verständnis dieser Begriffe im Rahmen einer Forschungsperspektive der Intermedialität vgl. die Bemerkungen in meinem Band *Intermedialität. Formen moderner kultureller Kommunikation*, Münster 1996, 80ff.

[23] Vgl. dazu etwa J. Ritter, K. Gründer (Hgg.), *Historisches Wörterbuch der Philosophie*, Bd. 4, Darmstadt 1976, 1199.

[24] Vgl. dazu: V. Roloff, „Film und Literatur", 285ff.

[25] Vgl. dazu: H. Schleicher, *Film-Reflexionen. Autothematische Filme von Wim Wenders, Jean-Luc Godard und Federico Fellini*, Tübingen 1991, 116.

- Il cinema è un'invenzione senza avvenire – „C'est comme ça que se passe le cinéma" – oder fünf Einstellungen aus Godards *Le mépris*

Le mépris, ein Werk der *nouvelle vague*? - Sicherlich nur mit Einschränkungen, setzt dieser Film doch einen Höhepunkt der gattungsgeschichtlichen Entwicklung der *nouvelle vague*. Seine Strukturmerkmale decken sich nur zum Teil mit denjenigen der ersten Werke der filmischen ‚Gattung'. Zwischen *A bout de souffle* und *Le mépris* liegt - auch wenn nur vier Jahre vergangen sind - ein langer Weg ästhetischer Erfahrung des Umgangs mit dem Medium „Kino" und des damit einhergehenden Erfolges beim Publikum. *Le mépris* führt die funktionsgeschichtliche Reihe von Godards frühen Filmen fort und leitet gleichzeitig über in seine neue biographische Phase als arrivierter und etablierter Filmregisseur.

(Ich bin mir der Problematik dieser historisierenden ‚Ortsbestimmung' bewußt, setzt sie doch ein von mir anderenorts in meinen Bemerkungen zur Geschichte der Intermedialität[26] beargwöhntes teleologisches Prinzip voraus. Ich schlage deshalb vor, sie als vorläufigen Versuch einer Sequenzierung der frühen Filme Godards zu betrachten. Ein weiteres Problem liegt im Sachverhalt, daß diese Beschreibung eine Einheit der ‚Person' und des ‚Autors' Godards suggeriert, die als solche nicht bestehen kann.[27] Es stellt sich die Frage, inwieweit wir dieses mit der *nouvelle vague* – aber übrigens nicht allein dort – einsetzende Autorenkonzept ‚ernst' zu nehmen haben, oder ob wir es nicht vielmehr als ein inzeniertes, ambivalentes, selbst-ironisches Spiel der ‚Instanz' Godard aufzufassen haben, die zwar beständig die ‚Autorenschaft' im Munde führt, diese allerdings gleichzeitig auch zur Disposition stellt.)[28]

Doch kehren wir zurück zu *Le mépris*: Hohes Budget, Starbesetzung (Brigitte Bardot, Michel Piccoli), Studioaufnahmen, Farbe etc. verleihen unserem Film die Perfektion einer Hollywood-Produktion, und dennoch bleibt er zumindest einigen Intentionen der *nouvelle vague* treu. Der Zuschauer wird beständig auf das *Filmische* am Film gelenkt. Die Konstruktion eines Films, das Sehen und das Hören, die eigene imaginierende Bewußtseinstätigkeit werden für den Betrachter zum Thema. *Attention, c'est un film que tu regardes!* – so ließe sich die durch die spezifischen filmästhetischen Verfahren hervorgerufene Einstellung des Rezipienten fassen. Godard repräsentiert in *Le mépris* das Filmen, er entwirft einen Film im Film, er verfremdet (im Brecht'schen Sinne), er läßt die Produktion eines Films (der Homerischen Odyssee) zum Rahmen

---

[26] In: J.E. Müller, *Intermedialität. Formen moderner kultureller Kommunikation*, 26-70.

[27] Zur Problematik des *Autorenkonzeptes* vgl. auch die Bemerkungen in meinem Artikel „Je suis une légende – Das Inter-Medium Godard in den Niederlanden", in: J. Mecke & V. Roloff (Hgg.), *Intermedialität*, 1997. Sowie meine Bemerkungen in Kap. 5. von *Intermedialität. Formen moderner kultureller Kommunikation*.

[28] Vgl. dazu ebenfalls die Bemerkungen in Kap. 5. von *Intermedialität. Formen moderner kultureller Kommunikation*.

eines verfilmten Beziehungsdramas werden. Und nicht ohne Grund hat Michel Marie unseren Film mit Blick auf dessen *enunziative Kraft* analysiert.[29]

So besehen, bildet *Le mépris* einen gelungenen, äußerst komplexen Höhepunkt der Strömung *nouvelle vague*, der deren intermediales Spiel zur Perfektion führt. Die Komplexität von *Le mépris*, seine intertextuellen und intermedialen Verschachtelungen, mögen indes dazu beigetragen haben, daß dieser Film beim Publikum nicht den erhofften Erfolg hatte. Doch gerade, weil er die Spiel-Regeln bis an ihre Grenzen ausschöpft, erscheint er uns in unserer intermedialen Forschungsperspektive als besonders relevantes Paradigma. Godard bemerkt zu *Le mépris*:

> *Le mépris*, c'est l'histoire d'un malentendu entre un homme et une femme. Je crois que le malentendu est un phénomène moderne. Il faut essayer de le contrôler ou de le fuir pour qu'il ne finisse pas en tragédie. Il est des moments de la vie où l'on ne peut pas revenir en arrière, et où quelque chose, définitivement, se casse, qui n'est ni de la faute de l'un, ni de la faute de l'autre, chacun en éprouvant souffrance, amertume et regret.[30]

Le mépris konstituiert eine Parabel gegenseitiger Verachtung und gegenseitigen Verachtens; einer Verachtung, die als quasi physisches und unausweichliches Phänomen von der Existenz der Protagonisten Besitz ergreift. Der Produzent Prokosch (Jack Palance) verachtet den Drehbuchautor (Michel Piccoli), er verachtet die Frauen (insbesondere seine Dolmetscherin und Assistentin Angéla, die ihm intellektuell weit überlegen ist), und er verachtet den Regisseur Fritz Lang. Fritz Lang verachtet den „Scheckheft-Revolver-Helden" und Macho Prokosch. Javal, der Drehbuchautor, verachtet sich selbst und wird von seiner attraktiven Ehefrau Camille (Brigitte Bardot) verachtet. Dieses Geflecht gegenseitiger Verachtung kann nur durch Camilles und Prokoschs Tod aufgelöst und gesprengt werden.

Wenden wir uns wieder dem intermedialen und kreativen Spiel der *nouvelle vague* zu: Die Sequenz der fünf Einstellungen der „*Odyssee* im Vorführraum der Cinecittà" illustriert in paradigmatischer Weise den filmischen Umgang Godards mit dem Medium „Film" und mit anderen Medien. In diesen fünf Einstellungen sieht der Zuschauer zunächst einige Ausschnitte aus der imaginären Odyssee Fritz Langs. Die Vorführung bricht ab, und das Blau des Himmels und des Meeres, welches sich auf den Gesichtern der Betrachter spiegelt, kippt in das Weiß der Leinwand des Vorführraumes; die filmische Repräsentation der *Odyssee* schlägt um in einen Film im Film, in einen poetologischen und theoretischen Diskurs zwischen Prokosch, Fritz Lang, Angéla und Javal

---

[29] Vgl. M. Marie, „Richard, Paul, Jean-Luc et les dieux (sur le dispositif énonciatif du Mépris, Jean-Luc Godard, 1963)", in: M. Larouche (Hg.), *Le Cinéma aujourd'hui. Films, théories, nouvelles approches*, Montréal 1988, 135-158. Vgl. zu dieser Infraierungsstruktur ebenfalls: Harald Schleicher, *Film-Reflexionen*, 102-107. Schleicher weist ebenfalls auf die wichtige Rolle des Tons in *Le mépris* hin, vgl. ebd., 116 f.

[30] J.-L. Godard in: Raymond Lefèvre, *Jean-Luc Godard*, Paris 1983, 55.

Le mépris, 1963

über das Gesehene und über Strukturen des Mediums; die getragen-feierliche Musik, die den Panoramaschwenk des Ozeans und des Himmels untermalt, wird abgelöst von der Lautgestalt gesprochener Worte und dem blechernen Scheppern von Film-Rollen. (Abb.: Godard: *Le mépris*)

Griechische Mythologie, Odysseus, das Blau des Ozeans auf den Gesichtern der Zuschauer im Vorführraum der Cinecittà; filmische Re-Präsentation der Rezeption, Brüche, Sprünge, Interferenzen und ästhetische Brechungen unterschiedlicher Wirklichkeitsebenen und medialer Gestalten – die fünf Einstellungen unserer Sequenz führen uns in ein Labyrinth intertextueller und intermedialer Verweisungen. Der Film im Film wird auf eine Leinwand projiziert, deren Unter-Titel mit dem Ende der Vorführzeit in einer *Retrospektive* Louis Lumière zitiert, Louis Lumière, der in seiner historischen Situation *prospektiv* dem Kino jede Zukunft abspricht (*Il cinema è un'invenzione senza avvenire*).[31] Und dennoch lebt das Kino, es entsteht vor unseren Augen als Film im Film.

Vergegenwärtigen wir uns den Sachverhalt, daß *Le mépris* auf einer literarischen Textvorlage basiert (auf Moravias Roman *Il disprezzo*) und daß dieser literarische Text den intertextuellen Verweis auf die Homer'sche *Odyssee* voraussetzt, dann wird deutlich, daß unsere Sequenz äußerst komplexe Verschachtelungen einschließt und ein äußerst komplexes Spiel mit verschiedenen medialen Realisierungen entfaltet:

> Der Film ist darauf angelegt, die Transformationsprozesse selbst – vom Roman zum Drehbuch und Film bzw. vom antiken Mythos zum Film – als solche zu veranschaulichen.[32]

Ein auf der Basis einer literarischen Vorlage entstandener Film thematisiert in ästhetischer Weise und mit filmischen Mitteln die Realisierung eines Films. Er kreiert indes kein weiteres der bekannten und auch im Jahre 1962 bereits kanonisierten Lehr-Stücke der Filmgestaltung, sondern eine neue Dimension der Erfahrung, die den Produktionsprozeß – bei allen Rückbindungen an materielle Gegebenheiten (hierfür steht die Figur des Produzenten Prokosch) – in der Kontamination mit der griechischen Mythologie und europäischen Kultur (Homer, Dante, Heinrich Heine)[33] von den Fesseln technischer Banalitäten befreit. Die Einstellungen geben vor, die Entstehung eines Films zu zeigen, doch für den Zuschauer wollen sich weder reflexive Zuwendung auf das Medium „Film" noch die Enthüllung seiner medialen Strukturen einstellen, viel-

---

[31] Diesen Satz soll er übrigens niemals geäußert haben, doch verzichte ich hier auf eine weitere historische Spurensuche.

[32] V. Roloff, „Film und Literatur", 293.

[33] Die Frage nach der Aktualisierbarkeit der antiken Mythen hinterläßt ein Gefühl von Absurdität: „das Wirken der Götter erscheint einerseits lächerlich, banal und zufällig (wie der Autounfall am Ende) und führt doch mit einer absurden und tragischen Konsequenz zum Tode." V. Roloff. „Film und Literatur", 296.

mehr sind Verrätselung und Verschleierung die Folge. – Wie kommt es zu dieser Wirkung?

Wir erleben den von Christian Metz in *Le signifiant imaginaire*[34] beschriebenen schockartigen Übergang von der repräsentierten Traum-Welt in die grelle Welt des Vorführraumes. Wir erleben im Film, wie die Figuren eines Films als Zuschauer (in diesem Fall handelt es sich um besondere Zuschauer, sie sind zugleich auch die Schöpfer des Gezeigten) ihren Film erleben und wie sie mit Dante ihre Erfahrung des Übergangs kommentieren: „[...] et notre joie se métamorphose vite en pleurs [...]".

Versatzstücke filmischer Produktion (das Stimmengewirr der *film-équipe*, die Klappe) indizieren den *medialen* Kunst-Charakter der Sequenz und des gesamten Films. Die Einstellungswechsel zwischen Zuschauern und der griechischen Sagenwelt zeigen das Sehen und verweisen auf das Zeigen. Ein deutscher Regisseur, Fritz Lang, spielt einen deutschen Regisseur.[35]

> [...] c'est que le personnage de Fritz Lang dans son propre rôle est construit de telle façon qu'il produit dans le film à la fois une certaine sorte de dimension documentaire, et une certaine sorte de dimension mythologique, les deux bien spécifiques de la démarche godardienne, qui n'est soucieuse ni de la réalité ni de la fiction, mais de la vérité du cinéma, ce qui n'est pas une mince affaire.[36]

Lang verkörpert und ‚dokumentiert' gleichsam in persona seinen eigenen Mythos der Rolle des bekannten Filmregisseurs.[37] *Le mépris* stellt allerdings nicht nur am Beispiel der Figur des Regisseurs die Frage nach der Aktualisierbarkeit moderner (und archaischer) Mythen. So spielt z.B. Brigitte Bardot distanzierend und ironisierend ihren eigenen Mythos.[38]

Godard, der eigentliche Regisseur des Films, fungiert im Vorführraum als *opérateur*. In vier Sprachen entfaltet sich ein Spiel intertextueller Beziehungen, direkter und versteckter Zitate aus der abendländischen Kultur- und Sozialgeschichte und aus früheren Stellungnahmen der Akteure zur Filmästhetik. Fritz Lang hat seinen Satz „Le cinémascope [...], ce n'est pas fait pour les hommes, c'est fait pour les serpents ou les enterrements" schon vor 31 Jahren in einem Aufsatz zum Filmformat formuliert:

---

[34] C. Metz, *Le signifiant imaginaire*, Paris 1977.

[35] „Le sujet du *Mépris*, ce sont des gens qui se regardent et se jugent, puis sont à leur tour regardés et jugés par le cinéma, lequel est représenté par Fritz Lang jouant son propre rôle." J.-L. Godard, *Le Mépris*, in: A. Bergala (Hg.), *Jean-Luc Godard par Jean-Luc Godard*, Paris 1985.

[36] S. Pierre, „Godard et *Le Mépris*", in: *Cahiers du cinéma,* Nr. 437, 1990, 32-35; hier 32.

[37] Vgl. dazu auch: M. Marie, *Le Mépris*, Paris 1990, 57ff.; sowie V. Roloff, „Film und Literatur", 294ff.

[38] Volker Roloff hat darauf hingewiesen, daß das von Brigitte Bardot provozierte Lob ihrer eigenen Körperteile in der literarischen Tradition der erotischen Blasons aus der Zeit der Renaissance steht. Vgl. ders., „Film und Literatur", 297.

> Wir wünschten uns eine höhere Leinwand, stattdessen bescherte man uns eine breitere. Das ist nicht für Menschen, das ist für Schlangen und Beerdigungen.[39]

Die vier Sprachen entwickeln einen Meta-Diskurs über die gezeigten Einstellungen, der wiederum filmisch repräsentiert wird und der die fundamentalen medialen und intermedialen Gestalten[40] des Films und des Filmens thematisiert – so z.B. das Verhältnis von Drehbuch und Film.

Der Produzent macht Lang den Vorwurf: „You cheated me Fritz, that's not what it is in the script", und Lang antwortet voller Ironie: „In the script it is written, on the screen it's pictures. Motion pictures it is called."

Das Verhalten des Scheckbuch-Revolver-Helden Prokosch (mit all seinen auch misogynen Konnotationen) und sein brutaler Umgang mit der Materie „Film" (er schleudert die Filmrollen wie ein Diskuswerfer durch den Raum) lenken auf den Unterschied zwischen der *ästhetischen Erfahrung* der gezeigten Sequenz und der *materiellen Basis* dieser Erfahrung in der Gestalt der Filmrollen. Prokosch erweist sich als Macho gegenüber dem Medium „Film" und seiner weiblichen Umgebung. Angélas gebeugter Rücken, der als Schreibunterlage für sein Scheckbuch dient, bedarf mit Blick auf das hier repräsentierte Verhältnis der Geschlechter keiner weiteren zeichentheoretischen Erörterungen. Indes sollten wir uns davor hüten, generell den Filmen der *nouvelle vague* diese spezifische Repräsentation der Geschlechterrollen zuzuschreiben. Camilles nackter Körper im Ehebett erweckt beim Zuschauer die Vorstellung einer griechischen Skulptur; das filmische Spiel der *nouvelle vague* erlaubt das Zeigen ohne dominanten maskulinen Voyeurismus. Während des ganzen Filmes bleibt Camille die „femme mystérieuse, celle qu'on ne lit pas à livre ouvert."[41] Doch erinnern wir uns an den Titel dieses Absatzes und an den Untertitel der Leinwand: *Il cinema è un'invenzione senza avvenire*. – Wie steht es in *Le mépris* mit der Gegenwart und der Zukunft des Films?

- Das Neue der *nouvelle vague*

Das *filmisch* repräsentierte Geschehen im Vorführraum der Cinecittà wird durch das Motto unter der Leinwand ironisch gebrochen; gleichzeitig wird die Aussage der *Schrift*-Zeichen ironisch negiert, haben doch kurz zuvor die bewegten *Bilder* der *Odyssee* den *Text* überdeckt und mit ihrer Präsenz die Gültigkeit des Lumière'schen Satzes gestrichen. In der Retention[42] des Zuschauers *gibt* es die bestrittene Zukunft des Kinos. Odysseus' Irrwege zwischen Vergangenheit, Gegenwart und Zukunft wurden in den Saal der Cinecittà projiziert, sie setzten sich vor der weißen Leinwand fort und fungierten – im

---

[39] Vgl. dazu F. Lang, „Mein Film ‚M' (Martha) – ein Tatsachenbericht", in: *Die Filmwoche*, 9. Jg., Nr. 21, Berlin 1931.

[40] Ich gebrauche diesen Begriff im Sinne der Gestaltpsychologie R. Arnheims.

[41] C. Clouzot, *Le cinéma français depuis la nouvelle vague*, 36.

[42] Im Sinne der phänomenologischen Bewußtseinstheorie, wie sie von A. Schütz und T. Luckmann in den *Strukturen der Lebenswelt*, Neuwied, Darmstadt 1975, entwickelt wurde.

kontrastiven Zusammenspiel mit dem Lumière'schen Satz – als Metapher für die Situation des Kinos im Jahre 1962 (und auch des Kinos unserer Gegenwart). Damit läßt sich in gewisser Parallelität zu Camus' *Le Malentendu*[43] eine Verspottung des Prinzips der Chronologie konstatieren. Die Topographie der Begrifflichkeiten chronologischer Betrachtungsweisen scheinen zugunsten einer diffundierten synchronen Gegenwart gelöscht, und wir befinden uns – durchaus im Sinne der Virilio'schen Beschleunigung[44] – in einer Zeit, die das fundamentale chrono-logische Prinzip des Films und der Filmgeschichte aufgebrochen hat.[45] So gesehen, liegt das ‚Neue' der *nouvelle vague* im beharrlichen, reflektiert-narzißtischen Fortführen des medialen und intermedialen Spiels des Films. Die Lage des Kinos ist paradox: *ohne Zukunft, entwirft es fortwährend seine Zukunft und stellt sich somit außerhalb der traditionellen Zeit-Strukturen.* Nicht umsonst schreibt Jean-Luc Godard im Januar 1965 in den *Cahiers du cinéma*: „J'attends la fin du cinéma avec optimisme." Auch wenn der *Zukunftsentwurf* der *nouvelle vague* in der *Vergangenheit* eingeholt wurde, so hat er dennoch dazu beigetragen, daß wir weiterhin voller Optimismus auf das Ende des Kinos warten können. Unternehmen wir daher wohlgemut einen weiteren Schritt zu Godards *Passion*.

Malerei/Video/Film: Godards *Passion* und das intermediale Spiel des Films

- Die Leidenschaft des Filme-Machens

Kein anderer zeitgenössischer Regisseur hat sich in mehr als drei Jahrzehnten seines Schaffens - sowohl in der filmischen Praxis als auch der theoretischen Reflexion dieser Praxis - leidenschaftlicher mit den Strukturen und Dynamiken des Mediums „Film" auseinandergesetzt, als Jean-Luc Godard. Bereits in seinen frühen Filmen der *nouvelle vague*, etwa in *A bout de souffle* und *Pierrot le fou*, verweist Godard den Zuschauer auf grundlegende Prinzipien medialer und filmischer Bild- und Ton-Konstruktion. Im Medium „Film" entfaltet er ein *intermediales* Spiel mit Prinzipien und ästhetischen Verfahren anderer Medien. Der Regisseur wird zum *‚Maler'* mit der Kamera, er aktiviert und revitalisiert im Film Repräsentationsmuster der Malerei, des Theaters, des Hörspiels, des Videos und weiterer Medien.

---

[43] A. Camus, *Le Malentendu*, in: R. Quilliot (Hg.), *Albert Camus. Œuvres complètes*, Bd. 1, Paris 1965.

[44] Vgl. Paul Virilio, *Rasender Stillstand*, München, Wien 1990.

[45] Ich danke Volker Roloff sowie den Teilnehmerinnen und Teilnehmern am Graduiertenkolleg der Universität Siegen für diese wertvollen Hinweise, die ich im Zusammenhang zweier Vorträge erhielt.

Mit Blick auf diese Leidenschaft Godards und sein Œuvre nimmt der Film *Passion* (zusammen mit dem Videofilm *Scénario du film Passion*)[46] eine besondere Stellung ein, markiert er doch einen Höhepunkt dieser Suche nach neuen Optionen eines Mediums, das sich *zwischen* den anderen Medien situiert und daraus neue Wirkungsmöglichkeiten zu gewinnen sucht. So erweisen sich die *tableaux vivants* dieses Films in den Augen des Zuschauers weniger als intertextuelle Zitate eines festen kulturhistorischen Kanons von Bildern, sondern vielmehr als *intermediale Spiele* mit Grundbedingungen des Malens, des Filmens und des Sehens, die den Rezipienten auf die eigenen Sinn-Bildungen und Konstitutionsleistungen lenken. *Passion* mit seinen Brüchen und Interferenzen zwischen verschiedenen Medien, zwischen der Welt der ‚Arbeit' und der Welt der ‚Kunst', bietet dann auch nicht mehr die Konstruktion einer linearen Erzählung, sondern thematisiert die Dynamik der Medialität des Films und die Unmöglichkeit einer filmischen Narration. Die Faszination dieser intermedialen Spiele des Produzenten überträgt sich auf den Rezipienten. Einige Facetten dieser Faszinationstypen werde ich im folgenden – mit Blick auf potentielle Modalitäten der Rezeption – am Beispiel dreier ausgewählter Sequenzen zu erhellen suchen.

- Sechs Einstellungen oder das „*bain turc*" und die Medien

Filmische Repräsentation einer Fabrikhalle samt Arbeiterinnen, eines *theatral* inszenierten *tableau vivant* nach der Vorlage von Ingres' *La Petite Baigneuse* (1808) und *Le Bain Turc* (1862) inklusive der unmittelbaren Präsenz des Mediums „Video" im *tableau* des Films, einer *Post-Production-Session* am Videogerät und einer Kulissenmontage für ein weiteres filmisches Gemälde (Delacroix' *Ankunft der Kreuzfahrer in Konstantinopel* – 1840). Dazu in der Tonspur dieser Sequenz, teilweise untermalt von Mozarts *‚Großer Messe' in c-moll* (KV 427) und dem Gesang des *Et incarnatus est*, ein Metadiskurs über das Filme-Machen und über das Filme-Sehen, über filmische Topoi, über Arbeit und *Passion*, übers Geld und die Kunst. – Soweit ein erster vorwissenschaftlicher Eindruck von den ausgewählten sechs Einstellungen, die den Hintergrund dieses ersten Abschnittes bilden.

Godard, der *peintre du cinéma*, entfaltet in diesen sechs Einstellungen im Medium „Film" ein Spiel zwischen den Medien. Wären uns Godard, der Film *Passion* und der weitere Kontext unserer Sequenz nicht bekannt, dann würde uns vermutlich der abrupte Wechsel, bzw. die alternierende Verknüpfung zweier disparater Settings (die Welt der Arbeit und die Welt der Kunst), überraschen, doch hat sich zu diesem Zeitpunkt auch in den Augen des Zuschauers dieses filmästhetische Verfahren bereits als eines der dominanten strukturellen Merkmale des Films gefestigt. Unsere sechs Einstellungen stehen allerdings

[46] Vgl. dazu auch die Bemerkungen von F. Jost im letzten Kapitel seines Aufsatzes „Der Picto-Film", in: J.E. Müller, M. Vorauer (Hgg.), *Blick-Wechsel. Tendenzen im Spielfilm der 70er und 80er Jahre*, Münster 1993, 223-236.

auch nicht unverbunden gegeneinander, sondern die Ton- und Wort-Zeichen des akustischen Kanals liefern entscheidende Verbindungen zwischen den Shots. Die Mozart-Arie nimmt Isabelle Hupperts Wort *Freude* vorweg; Töne und Worte verknüpfen im *Sound and Voice Over* die Welt der Arbeit mit der Welt der künstlerischen und filmischen Praxis. Dies geschieht auch in der überlappenden Tonmontage der dritten und vierten Einstellung; für einige Sekunden sehen wir uns einem Geräuschgemenge aus beiden Welten gegenüber.[47]

Um welche Art von Filmpraxis und Filmkunst handelt es sich nun im Falle von *Passion*? Die zweite Einstellung re-konstruiert als *tableau vivant* eine Gemäldereihe von Ingres, die um das Sujet *Le bain turc*[48] kreist. Godards filmische Rekonstitution erweist sich indes als sehr viel mehr denn allein als intertextuelles Zitat eines bekannten Elementes des ikonischen Kanons und Kaleidoskops unserer Kultur. Die Art der Kameraführung, die Komposition einzelner Bildelemente und Bildinhalte, das Ver-*Filmen* einer *Fernseh-* und *Videokamera*, einschließlich der durch diese auf einem Bildschirm generierten *Fernseh-Bilder*, die *theatrale mise-en-scène* und – wenn wir so wollen – *mise en mouvement* des ursprünglich unbewegten Bildes, verweisen als *intermediales* Spiel auf die Frage nach der Möglichkeit medialer Repräsentation. Läßt sich „Passion“, „Leidenschaft“, heute noch ikonisch repräsentieren? Godard beschreitet in seinem Film den Weg, das Kino zu pikturalisieren.[49] Die Transformation des ursprünglichen Bild-Rahmens in den von Godard eher zeitlich begriffenen Rahmen seiner Einstellung(en) eröffnet neue *rencontres*, neue Begegnungen zwischen dem Gemälde und dem Film. Dabei steht weniger das Problem einer möglichst exakten Wiedergabe im Vordergrund, denn der *filmische* Umgang mit Fragen, Prinzipien und Konzepten der abendländischen Malerei.[50] Vorzugsperspektiven, visuelle Fluchtpunkte, Rahmungen, Farben, Licht und deren mögliche und unterschiedliche Relevanz für Film und Video, darum kreisen der verbale Diskurs der Protagonisten des Films und deren theatrale und filmästhetische Bemühungen. Insofern können wir in den

---

[47] Zur Bedeutung des Tons und der Tonmontage in den Filmen Godards vgl. z.B. M. Holthof, „Il faut fermer les Yeux, au Lieu de les ouvrir“, in: *Andere Sinema*, Nr. 95, Januar/Februar 1990, 4-8. Vgl. zu dieser Sequenz auch die Analyse von J.-L. Leutrat, *Des Traces qui nous ressemblent. ‚Passion' de Jean-Luc Godard*, Paris 1990, 57 ff. Leutrat gelangt dort zu ähnlichen Schlußfolgerungen, wie ich sie hier vorstelle. Zu den oben entwickelten Thesen vgl. ebenfalls: J. Paech, *PASSION oder die Ein*bild*ungen des Jean-Luc Godard*, Frankfurt a.M. (Kinematograph) 1989, 52.

[48] Dieses Sujet ist in einem Geflecht intertextueller und intermedialer Beziehungen zu situieren, welche sich von Ingres' Versionen des *Bain Turc* und der *Petite Baigneuse* bis zur Photographie des 19. und 20. Jahrhunderts erstrecken. Zum intertextuellen und intermedialen Spiel der *Petite Baigneuse* und ihren Inszenierungen und Zirkulationen in Malerei und Photographie (etwa in den Photographien Eugène Durieus) vgl. Leutrat, *Des Traces qui nous ressemblent*, 49 f.

[49] Vgl. dazu J. Aumont, *L'œil interminable - Cinéma et peinture*, Paris 1989.

[50] Vgl. ebd., 227.

(inzwischen fast als Gemeinplatz etablierten?) Kanon der Filmkritiker und -theoretiker einstimmen, daß sich *Passion* als ein Film über das Filmen erweist. Doch darüber hinaus thematisiert dieser Film – auch in unserer ausgewählten Sequenz – mehr als die Möglichkeiten nur *eines* Mediums.[51] Godard sucht im Film das Wagnis, das unter anderem die Malerei bietet: „Les peintres à des moments, osent faire ça ou ça, moi je ne sais pas et si je reviens à des moments à examiner la peinture, c'est pour oser ça."[52] (Abb.: Ingres: *La Petite Baigneuse*, 1808; Ingres: *Le Bain Turc*, 1862; Godard: *Passion*)

Im Film werden ‚Wagnisse' und damit auch Strukturen und Verfahren *anderer* Medien transparent. So indiziert etwa das Ver-Filmen der Videokamera und deren Aufzeichnung die zeitliche Unmittelbarkeit dieses Mediums, dessen spezifischen Prozeßcharakter, welcher den Moment der Aufzeichnung mit dem Moment der Wiedergabe zusammenfallen lassen kann. Es sind *keine* Videoaufnahmen, die wir sehen, sondern filmisch inszenierte Videobildschirme mit ihren entsprechenden Bildqualitäten. Godard, der *créateur*, wagt es, sich mit dem Medium „Film" *zwischen* die anderen Medien zu stellen; er suggeriert im Medium „Film" optische, zeitliche und rhythmische Strukturen des Fernseh- und Videofilms. Das Spektakuläre von Ingres' *Le Bain Turc* wird medial gebrochen; dazu tragen auch bei: die visuelle und akustische Integration des Quasi-Theater-Regisseurs mit seinen Anweisungen und das getragene Schreiten der Badenden (sie begibt sich zum inter-textuell und inter-medial vorgegebenen Ort am Rande des Schwimmbeckens), welches mit dem profanen Gehen der Regieassistentin (dieses erscheint zeitgleich aus der Perspektive der Fernsehkamera auf dem Monitor) kontrastiert.

Die *Handlung* des *tableau vivant* (falls wir mit Blick auf *Passion* noch von Handlungen im Sinne linear angelegter narrativer Muster sprechen wollen) oszilliert in verschiedenen Ebenen eines medialen Kaleidoskops. Für den Rezipienten wird durch diese Brechungen die Frage nach den Mechanismen visueller und akustischer Re-Präsentation pro-filmischer Gegebenheiten virulent. Was geht mit dem gesteuerten und steuernden Eingriff der Repräsentationsmaschinen einher? Was macht die Film- und Videomaschinerie aus diesen Gegebenheiten? Dieses Thema wird ebenfalls durch die dritte Einstellung im Studioraum suggeriert, die, wie bereits erwähnt, auch durch ein Voice Over mit dem vorangehenden Shot verknüpft ist. Die Hand des Regisseurs greift in das audiovisuelle Material ein; stellt auch die *musikalische* Verbindung mit dem Mozart'schen *Passion*-Thema wieder her, während der filmische Bild-Rahmen den Rahmen von Videobildschirmen kadriert; zwei kleinere Bildschirme konstituieren ihrerseits wiederum eine andere, digitale Repräsentati-

---

51 Diese Multiplizität bedeutet allerdings niemals eine simple Addition unterschiedlicher Medien oder Elemente, sondern ein Verwischen von Grenzziehungen, wie Deleuze mit seinen Bemerkungen über Godard und das „UND" verdeutlicht hat. Vgl. dazu G. Deleuze, „Three Questions about *Six Fois Deux*", in: R. Bellour, M.L. Baudy (Hgg.), *Jean-Luc Godard: Son + Image 1974-1991*, New York (Museum of Modern Art) 1992, 35-41.

52 J.-L. Godard, in: J. Aumont, *L'œil interminable*, 227.

onsform der auf dem Videobildschirm gezeigten Bewegungen der Protagonisten. Vor dem Bildschirm kommentieren im Wechselbad voyeuristischer, narzißtischer (und anderer) Gefühle Schauspielerin und Regisseur eine in der Bildqualität deutlich als *Videoaufzeichnung* markierte Einstellung. Blickachsen von Videoakteuren und filmischen Betrachtern wenden sich ab, laufen parallel und treffen sich, zärtliche Begegnungen und Bewegungen der Hände, Gesten geschehen choreografiert *auf* dem Bildschirm *und vor* diesem, und dazu läuft in der Tonspur ein kritischer Kommentar zum Gezeigten. Mögliche Modalitäten der Rezeption (in diesem Fall spielt Hanna Schygulla die Schauspielerin Hanna, die ihr Schau-Spiel retrospektiv und kritisch betrachtet) werden als Folge spezifischer Produktions- und Post-Produktions-Prozesse thematisch. Kommentare, kontrastierende TV-Bilder, sowie das nahezu im Brecht'schen Sinne verfremdende Einbrechen des Telefons in diese Situation (welches diesen Ort an den filmischen und imaginären Ort der Badenden des *Bain Turc* zurückbindet) lenken den Zuschauer auf bestimmte Spiel-,Regeln' medialer Transformation und auf die medialen Spannungen zwischen analogem und digitalem Bildaufbau. „The structures and options of the media are the message", so ließe sich hier in Abwandlung von McLuhan formulieren. Ein ähnlicher Effekt wird auch in den drei anschließenden Einstellungen erreicht: Meta-Diskurs und Streit des Produzenten übers Geld für die Produktion kontrastieren mit der Suche nach dem ästhetischen *vantage point,* nach einer ,Vorzugsperspektive' für das mediale Spiel des Films ebenso wie mit dem Montieren und dem Bildaufbau für den *tableau vivant* des *Einzugs der Kreuzfahrer in Konstantinopel.* Wir partizipieren gewissermaßen an der raumzeitlichen Dynamik der inneren Montage eines weiteren bekannten Gemäldes unseres pikturalen Kanons.

Zusammenfassend können wir mit Blick auf unsere Sequenz festhalten: Die verschiedenen Ebenen filmischer Praxis unserer sechs Einstellungen verweisen den Zuschauer auf die Fragen von inter-medialer Repräsentation und Wahrnehmung, von medialen Strukturen und ästhetischen Effekten; der *créateur* lenkt uns auf einige Funktionen dieser Prozesse.

- Nacht- oder Tag-Wache?

(Abb.: Rembrandt: *Nachtwache*, 1642)

Godard konstruiert in *Passion* eine *filmische* ,Narration' mehrerer klassischer Gemälde des visuellen Kanons unserer abendländischen Kulturgeschichte. Werke von Delacroix, Goya, Ingres, Greco, Watteau und Rembrandt und deren mediale Transformationen bilden den intertextuellen Hintergrund für seine audiovisuelle *mise-en-scène. Passion* unternimmt darüber hinaus auch den Versuch, gegen die *Abnutzung* anzugehen, die diese visuellen Vorgaben in ihrer Rezeptionsgeschichte erfahren haben.

Am Beispiel der Repräsentation von Rembrandts *Nachtwache* (1642) lassen sich einige weitere Verfahren des intermedialen Spiels rekonstruieren. Godard stellt in einer Reihe von Einstellungen (diese Shots werden ähnlich

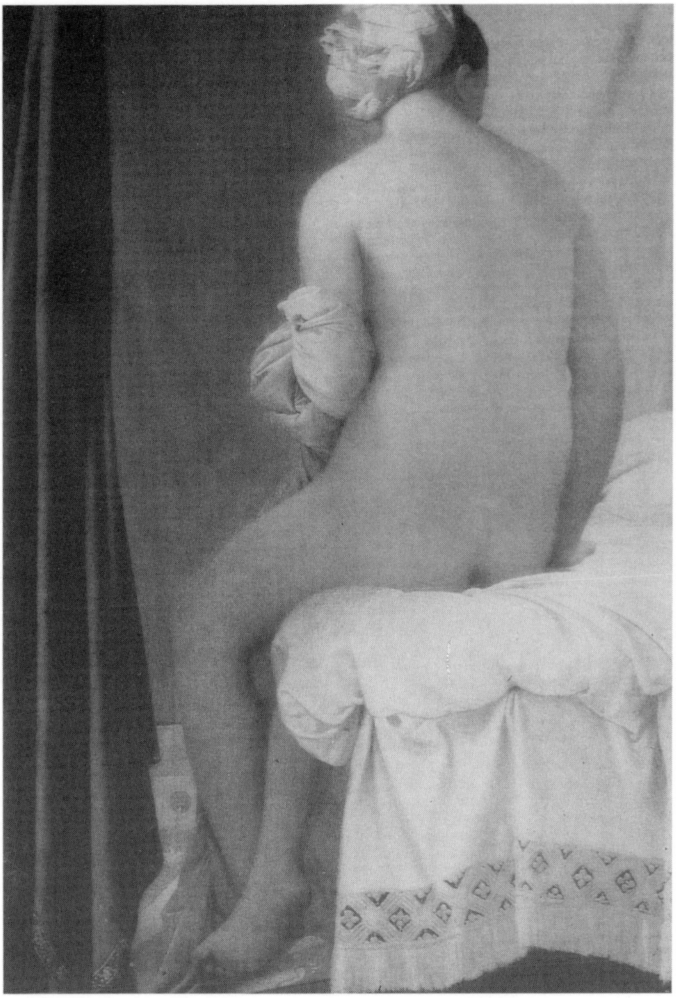

Ingres, *La Petite Baigneuse*, 1808

Ingres, *Le Bain Turc*, 1862

unserer eingangs beleuchteten Sequenz mehrmals ‚kontrastiv' von Einstellungen aus der Welt der Arbeit und der Fabrik(halle) unterbrochen) eine filmische Erzählung des ursprünglichen pikturalen Zeichens vor. Sehen wir von den eingefügten Einstellungen aus der Arbeitswelt ab (die sich trotz des Kontrastes ihres Settings durchaus ‚komplementär' zur *Nachtwache* verhalten), dann ergibt sich für die Rembrandt-Sequenz eine nahezu ‚klassische' Montage, die sich von einer Totalen in der ersten Einstellung bis zu Nahaufnahmen in den letzten Shots erstreckt. Die Abfolge der Bilder und Töne vermittelt dem Zuschauer allerdings weitaus mehr, als eine traditionelle ‚filmische Wiedergabe' eines ‚klassischen' Gemäldes. (Abb.: Godard: *Passion*)

Passion konstituiert im eigentlichen Sinne des Begriffs ein „tableau vivant". Durch Bewegungen der Kamera, Manipulation der Kameraperspektive, des Bild-Rahmens, des Lichts, durch Bewegungen der Figuren erfährt die Nachtwache eine Dynamisierung in Raum und Zeit, die deutlich auf die Spannung zwischen dem Medium „Film" und dem Medium „Malerei" verweist:

> C'est comme s'il y avait [in *Passion* – J.E.M.] lutte, empoignade dans le film entre le cinéma et la peinture. Cette différence inscrite, cette disjonction accentuée entre le mouvement du plan et l'immobilité du tableau, porte un nom: dialogisme. La fonction du plan-tableau est dialogique. Ambivalence, discours à deux voix, mélange instable du haut (la peinture) et du bas (le cinéma), du mouvement (le plan) et de l'immobilité (le tableau).[53]

Die filmische *mise-en-scène* mit ihren spezifischen Möglichkeiten und Grenzen der Konstitution eines Bildes in der Zeit eröffnet zusammen mit dem gesprochenen Wort, welches die Bilder begleitet,[54] einen Meta-Diskurs über visuelle Repräsentationsmöglichkeiten, über Kadrierungen, über Licht und Dunkel und über eine Nachtwache, die aufgrund ihrer Strukturmuster und Licht-Spiele eigentlich *Tagwache* heißen müßte. Dies geschieht unter anderem durch Beleuchten und Abdunkeln von einzelnen Figuren des *tableau vivant* und durch die Stimme im Off, die eine kunsthistorische und kunstkritische Einführung liefert, die die filmische Bildkonstitution kommentiert und die sich mit den ‚Original'-Kommentaren des fiktiven Regisseurs und seines Assistenten zur *Nachtwache* abwechselt.[55] Durch die mediale Brechung des Films, durch sein Spiel mit dem Licht, mit Kadrierungen, Farbgebungen und Bewegungen werden Konzepte und Verfahren von Malerei und Film transparent. Es entsteht eine Tag-Nacht-Wache, die ihre zeitgebundene Dynamik im inter-medialen Raum entfaltet.

---

[53] P. Bonitzer, *Peinture et Cinéma – Décadrages*, Paris 1987, 30.

[54] Dieser Meta-Diskurs, welcher selbst wiederum fragmentiert und kommentiert wird, zitiert aus Fromentins kunsthistorischem Band: E. Fromentin, *Les Maîtres d'autrefois*, Paris 1965, 317 und 324.

[55] Vgl. dazu auch die Analyse von Leutrat in: *Des Traces qui nous ressemblent*, 22ff. Zum Verhältnis zwischen Rembrandts Vor-Bild und (filmischer) Geschichte vgl. die scharfsinnigen Bemerkungen von J. Paech in seinem Band *PASSION oder die Ein*bild*ungen des Jean-Luc Godard*, 12f.

- *Passion* und die Insel der Liebenden

(Abb.: Watteau: *Die Einschiffung nach Cythère*, 1717; Godard: *Passion*)
Ein Long-Take von ca. einer Minute führt den Zuschauer in ein komplexes intertextuelles und intermediales Labyrinth. Die Kamera folgt der Schauspielerin Hanna, die am Drehort auf der Suche nach Jerzy, dem Regisseur, ist. Auf ihrem Weg trifft sie auf verliebte Paare in historischen Kostümen (auf einer verschneiten Wiese), auf ein Schiffs-Modell, auf einen Traktor, auf Scheinwerfer und Filmutensilien; sie ist auf der filmischen Insel Kythera gestrandet. Vergegenwärtigen wir uns den mythologischen Hintergrund dieser Einstellung und einige Aspekte von dessen Bild-Geschichte, dann wird deutlich, daß *Passion* diese Bild-Geschichte fortzuschreiben trachtet. Aphrodite, die auf Zypern oder Kythera dem Meer entstieg, bildet das mythische Motiv einer Vielzahl antiker und moderner Bild-Repräsentationen (hier sei nur an Botticellis *Geburt der Venus* (1485) erinnert) und literarischer Texte. Die Einstellung unseres Films stellt eine Beziehung zu einem Gemälde von Watteau (*Die Einschiffung nach Cythère*) aus dem Jahre 1717 her. Als Vorlage für dieses Gemälde diente vermutlich das französische Lustspiel *Die drei Cousinen* (1700) von Florence Dancourt mit seinen Versen:

> Kommt zu der Insel Kythere. Der Pilgerfahrt schließt euch an. Ein Mädchen kommt zurück schwere. Sei's ohne Freund oder ohne Mann; Man macht dort die größte Affäre. Aus zärtlichstem Amusement.[56]

Godard schreibt sich mit *Passion* in den kulturellen und historischen Intertext unserer Epoche ein. Der Long-Take der *Insel der Liebenden* leistet darüber hinaus auch eine intermediale De-Konstruktion und Konstruktion eines zentralen Ikons von mythischem Ursprung. Konfligierende Repräsentationsmuster unterschiedlicher Medien und konfligierende Bildelemente werden in eine einzelne Einstellung eingebunden. Es entstehen Konflikte aus der bewegten Wiedergabe eines unbewegten Gemäldes, aus dem Zusammenprall historisch-‚mythologischer' Figuren (und deren Aktualisierung in der gemalten Version des 18. Jahrhunderts, welche z.B. aus deren Kleidung ersichtlich wird) mit der zeitgenössischen Hanna und ihrem (banalen) Regenschirm, aus der Konfrontation von Handlungs- und Kommunikationsstrukturen (es gelingt Hanna nicht – ebenso wie dem Zuschauer des Films – mit den ‚Liebenden' in eine direkte und sprachliche Kommunikation zu treten), aus der Spannung zwischen den ‚Liebenden' und dem Schnee, aus dem Blockieren der (Kamera-)Sicht auf die Szene durch einen Baumstamm (der für einige Zeit einen beträchtlichen Teil des Bildrahmens ausfüllt und verdunkelt), aus dem Kontrast zwischen dem Erhabenen und dem Profanen (ein Traktor bewegt die Rekonstruktion des Schiffs in ‚idyllischer' Landschaft), aus der akustischen Spannung zwischen Mozart-Arie und dem invasiven Gedröhn des Traktors ..., um nur einige Bei-

---

[56] F. Dancourt, *Die Drei Cousinen*, zitiert in: M. Wundram (Hg.), *Die berühmtesten Gemälde der Welt*, Bergisch Gladbach 1976, 88.

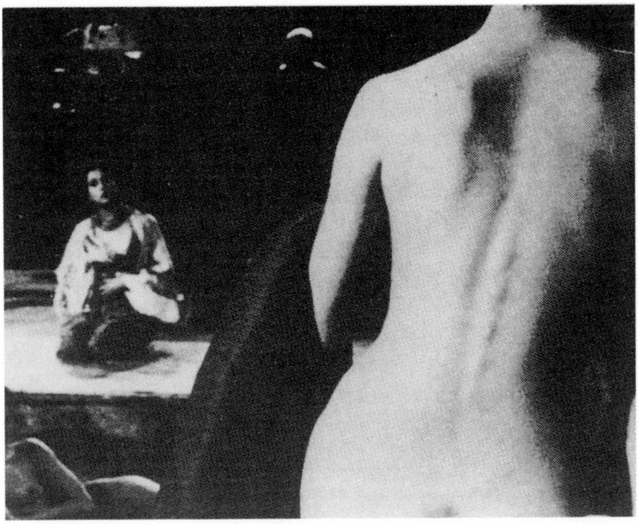

Passion, 1981

Rembrandt, *Nachtwache*, 1642

Passion, 1981

Watteau, *Die Einschiffung nach Cythère*, 1717

Passion, 1981

Passion, 1981

spiele zu nennen. Im Rezipienten erzeugen diese Konflikte weniger das Bedürfnis, eine ‚abstrakte' Synthese (im Eisenstein'schen Sinne) aus diesen Elementen zu ziehen, als die Bewußtseins-Spannung, dem *Wie* und *Warum* spezifischer Möglichkeiten von Bildkonstitution nachzugehen. Die *Insel der Liebenden* wird zum Paradigma für die *Passion*, einen neuen und eigenen Text zu kreieren und diesen in (s)einen inter-textuellen und intermedialen Raum zu stellen.

- Video und Film

> La vidéo, l'utiliser comme quelqu'un de cinéma et utiliser le cinéma comme quelqu'un de télévision, c'est faire une télévision qui n'existe pas, un cinéma qui n'existe plus.[57]

Godards *Passion* situiert sich *zwischen* den Medien; und dies nicht allein mit Blick auf die Malerei und den Film, sondern auch auf Video und Film.[58]

Die Frage nach den ästhetischen Möglichkeiten *audiovisueller* Repräsentation in unterschiedlichen Medien konstituiert ein redundantes Thema von Godards Film. Es gilt, mediale Strukturen zu beleuchten und zu transformieren, das, was noch nicht oder nicht mehr besteht, zu schaffen. In einer Reihe von Einstellungen werden dem Zuschauer mediale Charakteristika des Mediums „Video" vor Augen geführt.[59] Die Manipulationen von Video-Bild und Video-Ton, von Bild-Inhalten und Bild-Qualitäten lenken auf spezifische raum-zeitliche Strukturen des Mediums. Ein gefilmtes Close-Up von Hanna auf dem Bildschirm indiziert deutlich Eigenart und (mindere?) Qualität des in Zeilen gerasterten Video-Bildes, und gleichzeitig verweist dieses Video-Bild – zusammen mit dem Kommentar des fiktiven Regisseurs – auf die besonderen narrativen Qualitäten des menschlichen Gesichts. Die Verfremdung, die das Antlitz im Medium „Video" erfährt (Hannas Gesicht ist grobkörnig und blaß, mit pointierten Kontrasten zwischen hellen und schattierten Flächen), verstärkt dessen visuelle und narrative Gestalt. So mag es denn auch nicht verwundern, wenn der (fiktive) Produzent als Antwort auf sein Drängen nach

---

[57] J.-L. Godard, in: A. Bergala (Hg.), *Jean-Luc Godard par Jean-Luc Godard*, 406.

[58] Es ist sicherlich von großem Belang, daß er sein ‚fiktives' *Scénario du film ‚Passion'* als *Video*-Film verfaßt hat; wobei sich dieses Szenario durch eine Verschiebung der zu erwartenden raum-zeitlichen Strukturen auszeichnet. Es konstituiert eher ein Nach-Wort des Mediums „Video" zum Film, denn einen Vor-Entwurf zu *Passion*. Zur Funktion dieser Nach-Bilder vgl. auch J. Paech, *PASSION oder die Ein*bild*ungen des Jean-Luc Godard*, 63f.

[59] Godard bemerkt zum Medium „Video": „La vidéo est intéressante, pourrait être intéressante parce qu'on voit l'image tout de suite. Les rapports techniques et la hiérarchie technique ne sont pas les mêmes, car l'opérateur est voyant. Ça pourrait être cela mais ça n'est pas cela, parce que la vidéo est utilisée à la télévision et le cinéma utilise le film, car si en vidéo l'opérateur voit l'image tout de suite il n'est plus le spécialiste de celui qui met l'œil." J.-L. Godard, zitiert in: J.-C. Polack, „Les passions: les interprétations et les fantasmes (à propos de ‚Passion' de Jean-Luc Godard)", in: *CinémAction*, Nr. 50, 1989, 192-199, hier 197.

einer Geschichte, nach „una storia“, erhält: „Dieses Gesicht, bei dem Licht, das ist eine Geschichte.“ Die Narration von *Passion* entsteht aus Gesichtern und Bildern, die auf dem Video-Bildschirm wiedergegeben werden und welche von den Händen des Regisseurs manipuliert werden. Die Ges(ch)ichts-Bilder werden beschleunigt, arretiert, vorwärts und rückwärts bewegt, wiederholt und der eingreifenden und fluktuierenden *Passion* der Erinnerung, des Re-Vitalisierens und des Vergessens ausgesetzt. Der Rückgriff aufs Medium „Video“ erhöht die *filmische selfconsciousness* und *reflexivity*[60] in *Passion*. Am Paradigma „Video“ wird im Medium „Film“ die Metapher des Regisseurs als ‚Meta-Erzähler' thematisch.[61]

Godards *Passion* des Filmemachens – oder einige Modalitäten des medialen Spiels im Film

Der Film ist kein medialer Monolith, seine Praxis schließt – wie wir am Beispiel von *Le mépris* und *Passion* sehen konnten – das Spiel mit Konzepten und strukturellen Mustern *anderer* Medien ein. Dieser Sachverhalt trifft in unterschiedlicher Weise für nahezu alle filmischen Produktionen und Genres zu, wobei sich freilich die Modalitäten dieses Spiels unterscheiden. Sie können vom simplen Zitat über Parodie, Pastiche bis zum Versuch der ‚Filmisierung' der Strukturmuster anderer Medien und Künste reichen.[62]

Das Ziel unserer Skizze lag nicht darin, eine umfassende, semiotisch-semiologisch fundierte Systematik medialer Transformationsprozesse und medialer Relationen mit den dazugehörigen ästhetischen Optionen auszuarbeiten, wie sie z.B. Patrice Pavis entwickelt hat (der im übrigen heute auch einen anderen Weg verfolgt),[63] sondern ein heuristisches Konzept vorzustellen und dieses an zwei Paradigmen auf dessen Relevanz zu überprüfen.

---

[60] Vgl. dazu die Thesen von R. Stam, die er in seinem beachtenswerten Band *Reflexivity in Film and Literature. From Don Quixote to Jean-Luc Godard*, 2. Aufl., New York 1992, auf den Seiten 223-227 vorstellt. Vgl. dazu auch: D. Bordwell, *Narration in the Fiction Film*, 58.

[61] In gewisser Weise läßt sich diese Metapher auf eines der zentralen Themen von Godards frühen Schriften und Filmen zurückführen: auf die Position und Funktion des Regisseurs im *‚cinéma d'auteurs'*, die für ihn auch nach dem Ende der *nouvelle vague* eine große Relevanz besitzt. Zur filmischen Thematisierung der Position und Metapher des Regisseurs vgl. auch den Artikel von R. Altman, „Eine Narration der 24 Ton-Spuren? Robert Altman's Nashville“, in: J.E. Müller, M. Vorauer (Hgg.), *Blick-Wechsel*, 21-43.

[62] Hier sei etwa auf R. Altman's *Nashville* (1975) oder Soderbergh's *Sex, Lies and Videotape* (1989) verwiesen.

[63] Vgl. P. Pavis, „Le théâtre et les médias: spécificités et interférences“, in: A. Helbo (Hg.), *Théâtre, Modes d'approche*, Bruxelles 1987, 33-64; sowie ders., „Le théâtre au cinéma: prolégomènes à une non-comparaison (à propos du *Tartuffe* de Murnau)“, in: *Protée*, Bd. 17, Nr. 1, 45-53. Vgl. zu diesem Problem auch den Artikel von F. Jost, „Der Picto-Film“.

Was Godard und seinen Film *Passion* betrifft, so bleibt festzuhalten, daß sich – abgesehen von unseren ausgewählten drei Sequenzen – für unsere Analyse ebenso die filmischen Re-Konstruktionen anderer Gemälde, etwa von Goya oder Delacroix, geeignet hätten. Es hätten sich sicherlich ähnliche intermediale Strukturen rekonstruieren lassen. *Passion* situiert sich *als Film zwischen anderen Medien*. Theater, Fernsehen, Video, Malerei und das Kaleidoskop von Bildern, welches wir in unseren Köpfen haben, werden einer medialen Transformation und Bearbeitung unterzogen, indem sich der Film einigen ihrer Konstruktionsprinzipien anzunähern versucht. Der Film thematisiert mediale und ästhetische Optionen, indem er zugleich dekonstruiert und konstruiert. Ähnliches gilt für Godards Filme der *nouvelle vague*. Am Beispiel von *Le mépris* sahen wir, wie das selbstreflexive Kino seine eigenen ästhetischen und dispositiven Grundkonstituenten ironisiert. Das Kino ‚ohne Zukunft' lebt als multi- und intermediales Phänomen fort. Wir können noch immer voller Optimismus auf dessen ‚Ende' warten. Dem Regisseur bleibt bei diesem Spiel die Faszination einer intermedialen filmischen Praxis und der Genuß des kreativen Handelns; es liegt am Zuschauer – freilich ohne die geschlossenen präfabrizierten narrativen Schemata der traditionellen Genres erwarten zu können –, an dieser *Passion* zu partizipieren. Leidenschaft entsteht aus dem Bilder-Machen und aus dem Bilder-Sehen oder mit Jean-Luc Godard gesprochen:

> J'existe plus en tant qu'images qu'en tant qu'être réel puisque ma vie sera d'en faire.[64]

---

[64] J.-L. Godard, zitiert in: R. Bellour, *L'Entre-Images. Photo. Cinéma. Vidéo*, 1990, 102.

Dietrich Stern

Film als Anti-Oper

Die Erweiterung der filmischen Handlung durch Musik bei Jean-Luc Godard

In der folgenden Skizze bringe ich einige Beobachtungen aus Filmen von Godard in Zusammenhang mit dem Beginn des Tonfilms. Ich sehe hier eine Gemeinsamkeit in der Offenheit der dramaturgischen Haltung, im Vortasten zu dem, was die spezifische filmische Handlung heißen könnte. Die historische Situation vom Beginn des Tonfilms gegen Ende der 20er Jahre, in der die Elemente Bild, Sprache, Musik, Aktion, Geräusche neuartig und unerprobt auf dem Zelluloidstreifen zusammenprallten, schafft sich Godard immer wieder selbst, indem er bestehende dramaturgische und erzählerische Muster über den Haufen wirft. Er ist der Filmemacher, der sich vielleicht am konsequentesten vor jedem neuen Film ‚auf Null' bringt. Deshalb mögen hier einige theoretische Fragen zur Dramaturgie des Films und der Rolle der Musik darin besonders klar zu sehen sein.

Die Problemstellung ist einfach: kann es im Film eine Arbeitsweise (Poetik) und eine Ästhetik geben, die sich aus den materialen Grundbedingungen des Films selbst herleiten – aus Aufnahme, Schnitt, Montage und Projektion, und kann diese Arbeitsweise und Ästhetik die Hauptelemente des Films – Bild, Aktion, Musik, Sprache, Geräusche – gleichermaßen umfassen? Die Frage klingt formal oder vom Standpunkt einer dogmatischen Materialästhetik formuliert, sie ergibt sich aber logisch aus einer ebenso einfachen Tatsache: daß eben diese Hauptelemente ganz verschiedenen Gesetzen gehorchen, eine unterschiedliche Geschichte haben, durch die sie geprägt sind, und im Film heterogen zusammenprallen. Es ist die Frage nach dem „gemeinsamen Nenner" (Sergej M. Eistenstein).

Der Film gleicht der Oper darin, daß er die komplexeste Vielheit künstlerischer Elemente zu organisieren hat. Es fehlt ihm aber im Gegensatz zur Oper die tradierte Dramaturgie, die ein Zusammenwirken, eine gegenseitige Verstärkung der Elemente im Sinne eines eindrucksvollen Ganzen hervorzubringen vermag. Vielleicht liegt hier die geheime Affinität des Films zur Oper – in der Sehnsucht, aus all den zerschnittenen Aktionen, Bildern und Geräuschen etwas Ganzes zu ‚komponieren' – und die geheime Verführung, durch Musik die Härte des sezierenden Kamerablicks und des unterbrechenden Schnitts zu mildern, den kalten Bildern Leben und Wärme einzuhauchen.

Nachdem der Stummfilm bereits versucht hatte, eine musikalische Dramaturgie zu finden – mit Mitteln, die oft rührend lächerlich waren –, öffnete der

Tonfilm alle Fragen noch einmal neu. Das ist nun an die sechzig Jahre her, und diese sechzig Jahre haben eine gigantische, massenhafte Gewöhnung der Sinne an ursprünglich unbegreifliche, die Wahrnehmung verwirrende und verletzende Dinge gebracht. Daß die zweidimensionale Projektion Stimmen und Geräusche bekam, schien zuerst monströs zu sein. Kracauer schrieb:

> Die Wirklichkeit des Tons vernichtet die des Bildstreifens. Die Stimme, die ihren Träger ausrunden sollte, entlarvt ihn als eine Spiegelung auf der Leinwand. Das rührt daher, daß der Ton in die Geschlossenheit der Filmzeit und des Filmraums einbricht wie der Wolf in die Herde. Der Ton hat seine eigene Zeit, seinen eigenen Raum.[1]

René Clair stieß sich besonders an den nun das Kino überschwemmenden Dialogen, die das dümmste Schmierenschauspiel wiedererstehen ließen, und schlug den Tonfilm ohne Dialog vor. „Der Tonfilm kann seine Grammatik nur finden, wenn man ihn mit Theater und Literatur vollkommen verschont. Sonst wird er Kunst aus zweiter Hand.“[2] Oft war von Rückfall die Rede, Rückfall in ein „Zerrbild des dramatischen Gesamtkunstwerks“. Godard knüpft hier direkt an, wenn er den Übergang vom Stummfilm zum Tonfilm als einen Akt der Kolonialisierung der Bilder durch die Sprache beschreibt:

> Was macht man mit einem Kind, das sich einfach weigert, Wörter wie Mama und Papa zu sprechen, bei dem man spürt, daß es etwas anderes will? Man erklärt es für anomal. Genauso ist das Kino von der Literatur für anomal erklärt worden. Nachher hat man es normalisiert, indem man es zum Sprechen brachte, und deshalb hat es heute so unglaubliche Mühe, daß aus ihm was wird.[3]

Hier wird bewußt hinter die heute selbstverständliche, völlig normal wirkende Einheit von Bild und Sprache wieder zurückgegangen. Das Kino sucht seine Kindheit wieder. In den ersten Jahren des Tonfilms warf die neue technische Möglichkeit, Bild und Ton in gleicher Weise aufzunehmen, zu bearbeiten und abzuspielen, vor allem die Frage auf, nach welcher Dramaturgie sich denn diese Bearbeitung zu richten hätte. Sollte die Musik ihre Einheit wahren und die Bilder in ihrem Rhythmus tanzen lassen? Mußte eine neue, montierbare Musik erfunden werden, die der vom Stummfilm hochentwickelten Montage der Bilder folgen konnte? Und wenn beides möglich wäre, machte dann nicht das gesprochene Wort alle rhythmischen Übereinstimmungen von Bildern und Musik wieder zunichte, d.h., mußte die Filmdramaturgie eigentlich Theaterdramaturgie werden, in der Bilder und Musik nur Nebenrollen spielten. Für all diese Möglichkeiten gab es Beispiele. In Zeitschriften wie *Melos* oder *Musik und Gesellschaft* wurden die ästhetischen Alternativen so ausführlich diskutiert, wie später nie mehr. Der Beginn des Tonfilms war eine Phase vielfältiger

---

1 S. Kracauer, „Der erste deutsche Tonfilm (1929)“, in: S. Kracauer, *Von Caligari zu Hitler*, Frankfurt a.M. 1979, 416.

2 R. Clair, *Vom Stummfilm zum Tonfilm*, München 1952, 109.

3 J.-L. Godard, *Einführung in eine wahre Geschichte des Kinos*, Frankfurt a.M. 1984, 107.

Experimente und eines geschärften Bewußtseins für die Widersprüche der modernen Wahrnehmung.

Allerdings ging die Haupttendenz der Diskussion dahin, nach Übereinstimmungen zu suchen. Daß es möglich wäre, gerade mit dem nicht Übereinstimmenden zu arbeiten, wurde selten gesehen. Bald zeichnete sich ab, daß das Bedürfnis, die Widersprüche vergessen zu machen, die Oberhand gewinnen würde. Der kommerzielle Film suchte zunächst einen dramaturgischen Halt in den lockeren Formen der Revue und der Operette. Mit dem musikalischen Unterhaltungsfilm wie *Drei von der Tankstelle* (1929) gab es zunächst noch gekonnte Realisierungen von offenen Dramaturgien. Doch die ernsthafte Veroperung des Tonfilms im großen Stil ließ nicht lange auf sich warten. Parallel zu einer Weiterentwicklung der Schnittechnik, die die filmischen Übergänge immer unmerklicher gestaltete (nachdem die Zwischentitel nun entfielen), baute die Musik aus ihrem Fundus an dramatischer und lyrischer Musik ein Repertoire zu Verstärkung filmischer Emotionen und zur sanften Ankündigung und Überbrückung von Übergängen auf. Das ging nicht ohne neue Widersprüche ab. Um in einer offenen, montierten Kunstform wie dem Film den Anschein und das Gefühl von Geschlossenheit zu vermitteln, mußte sich die Musik verbiegen, hineinschmieren in die Übergänge, ausblenden, einblenden, in lächerlich kurzen Phasen himmelhoch jauchzen und zu Tode betrübt sein, und dabei immer so tun, als sei alles ganz unwillkürlich und könnte gar nicht anders sein. Und dieser sich verrenkende Diener, der einem in den Mantel half, wenn man vielleicht einen Pullover brauchte, oder der einem die Schuhe putzte, wenn man gerade Bewegung haben wollte, dieser ewig anwesende, ewig einverstandene Domestik trübte schließlich auch die Integrität und Glaubhaftigkeit des Ganzen.

Sucht man nach Beispielen praktischer, filmischer Kritik an den Pseudo-Opern aus Hollywood, dann ist man mit den Filmen Godards nicht allzuweit im exotischen Abseits, denn die *nouvelle vague* lenkte als erstes wieder die Aufmerksamkeit der Sinne auf die Disparität der filmischen Elemente und intensivierte damit die in Klischees eingehüllte Wahrnehmung. Godard nahm wohl am bewußtesten den Faden vom Beginn des Tonfilms wieder auf. Er bezog sich in einfacher, klarer Weise auf theoretische und praktische Grundprämissen aus der Umbruchzeit vom Stummfilm zum Tonfilm.

Godard nimmt Eisensteins Gedanken von der Montage der Attraktionen, vom Zusammenprall der sich folgenden Einstellungen (zeitlich nacheinander, aber gedanklich übereinander) wieder auf.

> Was mir Spaß macht, ist, zwei Bilder zusammenzustellen, daß daraus sich etwas Drittes ergibt, nicht ein Bild, sondern das, was man mit den zweien gemacht hat. So wie die Justiz es macht, mit Anklage und Verteidigung und dann den Geschworenen, einer gewissen Wahrheit.[4]

---

[4] Ebd., 328.

Godard hält wie Brecht daran fest, daß der Zuschauer im Kino nicht vergessen soll, daß er im Kino sitzt, daß ihm der Film also auch Distanz ermöglichen muß.

> Leute, die noch nie einen Film gesehen haben, vergessen nicht, daß sie im Kino sind. Das ist eine Frage der Gewohnheit. Ich versuche immer zu denken: dies ist das erste Mal ... das erste Mal, daß man diesen Film sieht. Und wenn man ihn zum zweiten Mal sieht, ist es das erste Mal, daß man ihn zum zweiten Mal sieht.[5]

Godards Art und Weise des Produzierens ist immer auch ein Forschen in der filmischen Sprache. Ihn interessieren mehr die ungesicherten als die bekannten Gebiete. Mit der Musik, dem am meisten zur Einfühlung verwendeten Element (Einfühlung des Films in den Zuschauer, des Zuschauers in den Film), geht Godard objektivierend um, d.h., er macht die Musik dort, wo sie verwendet wird, immer auch thematisch zum Gegenstand der Betrachtung, nicht nur zu einem Mittel. Diese Thematisierung der Musik charakterisiert auch viele frühen Tonfilme. Und schließlich knüpft Godard an ein häufig verwendetes Stilmittel des frühen Tonfilms an: die Gliederung und Zusammenfassung bestimmter Sequenzen durch ein Lied, ein Chanson, einen Schlager.

Es ist also nicht ganz so, wie es bei Godard stellenweise anklingt, daß der Tonfilm prinzipiell einen ästhetischen Rückschlag gegenüber dem Stummfilm brachte, indem der Ton die entwickelte Sprache der Bilder lahmlegte. Es gab genügend Fäden, an die man anknüpfen konnte. Nicht die Sache selbst stellte den Rückschlag dar, sondern eine bestimmte Auffassung von der Sache. Erst um die Mitte der 30er Jahre setzten sich unerbittlich feste Gewohnheiten durch, entstanden Hierarchien, die dann quasi als naturgegeben galten, wie die von Held – Story – Handlung – Text – Bilder – Musik, so daß sich die Worte des Kritikers Emile Vuillermoz zusehends bestätigen:

> Immer sind es die Irrtümer, die sich durchsetzen. Jedesmal, wenn die Wissenschaft den Filmindustriellen ein Mittel in die Hand gibt, einen Schritt vorwärts zu tun, benutzen sie es, um drei Schritte rückwärts zu gehen. Sie haben nur einen Ehrgeiz: die alten Bühnenformeln serienweise zu kopieren. Wenn es Farbe gibt, werden sie Kostüme und Dekorationen eines Konversationsstücks in Farbe bringen, und nun, da sie den Ton haben, lassen sie begeistert eine Primadonnenstimme ertönen. Jede Möglichkeit, in unbekannte Regionen vorzustoßen, benutzen sie unweigerlich dazu, die Grenzen des Bekannten noch hermetischer zu verschließen.[6]

Dies wurde 1928 geschrieben. Der Anspruch, ins Unbekannte vorzustoßen, geht bei Godard so weit, daß er quasi jeden Film als seinen ersten betrachtet. Das muß übrigens nicht bedeuten, daß nicht auch ganz offenkundige Klischees

---

[5] P. W. Jansen, W. Schütte (Hgg.), *Jean-Luc Godard*, München – Wien 1979, 43.

[6] Zit. nach R. Clair, *Vom Stummfilm zum Tonfilm*, 89.

auftreten, wie die Parallelität von Liebe, Leidenschaft und Meeresbrandung in *Prénom Carmen* (1982).

'Vorstoß ins Unbekannte' bezieht sich auch weniger auf das Material, mit dem gearbeitet wird, als auf die immer neue Art, es zusammenzusetzen. Gerade in der Musik ziehen sich gewisse Konstanten durch das gesamte Werk, so die Vorliebe für Beethoven. Die Musik zu *Prénom Carmen* deckt sich über weite Strecken mit der Musik zu *Une femme mariée* (1964). Es sind die mittleren und späten Beethoven-Streichquartette. An der Oberfläche sieht sogar die Verarbeitung ähnlich aus, mit den für Godard typischen kurzen Ausschnitten, die sich mit Geräuschen und Sprache verschlingen und unterbrechen. Und doch ist in *Prénom Carmen* alles noch einmal neu gedacht worden. War in *Une femme mariée* die Musik noch eine Impression, ein Stimmungselement, das vielfältig in den Filmzusammenhang montiert wurde, so ist in *Prénom Carmen* die filmische Handlung nach muskalischen Prinzipien selbst - Exposition, Vordersatz – Nachsatz, Thema – Durchführung, lyrischer zweiter Satz – Finale – parallel konstruiert. Und was paradox erscheinen mag: gerade diese Konstruktivität des Musikeinsatzes, die musikalische Durcharbeitung des Films, rückt ihn von der Oper weg, weil dadurch die Handlung entmythologisiert wird, das Formale, Gemachte der Handlung betont wird.

Das musikalische Spektrum in Godards Filmen ist nicht besonders breit. Abgesehen von den original komponierten Musiken sieht man, was der Regisseur im Plattenschrank hat: Bach – Klaviersuiten, Matthäus-Passion; Beethoven – Sinfonien und Streichquartette; Dvorák – Cellokonzert; Mozart – Klaviersonaten; etwas Jazz, Rolling Stones ... Godard teilt seinen Geschmack mit vielen Regisseuren und Plattenspieler-Besitzern. Aber was er damit macht, ist etwas anderes, und die neuen großen Kinofilme seit *Sauve qui peut (la vie)* (1979) ziehen nun die Summe aus einem langjährigen Experimentieren und Montieren. Godard legt das Material nicht nur auseinander, dekomponiert es, so wie er in „Rette sich wer kann" die Bewegung von Personen zerlegt. Er komponiert auch mit dem bekannten, vertrauten Material weiter. In *Prénom Carmen* wird die Musik des Streichquartetts an mehreren Stellen mit anderer Musik überlagert. Sie legt sich zum Beispiel über den schon einige Zeit laufenden Song von Tom Waits, *Ruby Arms*, wie ein Raster oder Gitter. Die rauhe, zerdehnte Bluesstimme von Waits wird mit der kühlen Ordnung des 1. Satzes aus dem C-dur-Streichquartett op. 59, Nr. 3, konfrontiert und offenbart sich als das, was sie ist: der gedämpfte Schrei des 'lonely wolf'. Oder Godard montiert zwei Streichquartett-Aufnahmen übereinander, zum Zeitpunkt der größten inneren Verwirrung von Joseph, während man sein Gesicht in Großaufnahme sieht. Oder man sieht in einem kurzen Zwischenschnitt das Prat-Quartett spielen, hört dazu aber nur Möwenschreie... und überraschenderweise wirken sie synchron – eine kurze Probe aufs Exempel, wie sehr man als Zuschauer heute schon geübt ist, unbewußt Töne und Bilder einander zuzuordnen. Diese letzte Stelle könnte eine Analyse des heutigen Zuschauers vom Standpunkt des ersten Tonfilms sein.

Schon ein flüchtiger Schwenk über Godards Arbeitsweise zeigt, daß Schnitt und Montage als Artikulationsmittel filmischer Gedanken nicht nur auf der Ebene der Bilder, sondern in allen Schichten des Films wirken. Auch zum Film neu komponierte Musik ist davon nicht ausgenommen, wenngleich mit ihr nicht so detailliert gearbeitet wird, wie mit bereits bestehenden Werken. Wahrscheinlich ist hier die Objektivierung als Voraussetzung für das filmische Weiter-Bearbeiten schwieriger, da eine eigens komponierte Musik ja selbst schon zu den Bildern Stellung bezieht. Das mag mit der Grund sein, weshalb viele Regisseure heute vor einer Neuaufnahme einer eigenen Filmmusik zurückschrecken und dafür im Umgang mit dem Material ihres Plattenschranks ihre eigene Phantasie entwickeln. Eine moderne Sicht des Films, die das Fiktive dokumentarisch behandeln und umgekehrt am Dokument das Fiktive sichtbar machen will, wie die Godards, muß gegen die Komposition von Filmmusik mißtrauisch sein, weil diese leicht die Distanz und damit die filmische Bewußtheit wieder einübt. Andererseits wäre Musik, die diesem Anspruch genügte, möglicherweise selbst ein so vielschichtiger ‚Film', daß sie den Bildern keinen Platz mehr ließe.

Man muß allerdings sagen, daß die Filmkomposition zwar handwerklich einiges geleistet hat, dramaturgisch aber absolut in den Kinderschuhen steckt. Seit der Arbeit Hanns Eislers für den frühen Tonfilm hat es kaum einen Komponisten gegeben, der über sein kompositorisches Metier wesentlich weiter gedacht hätte, als fertige Bilder mit Tönen zu füllen und eine fertige Handlung emotional zu unterlegen; Nino Rota und Ennio Morricone vielleicht am ehesten. Die dramaturgischen Probleme der Filmkomposition sind die am wenigsten geklärten im Film überhaupt. Godard läßt sich für *Sauve qui peut (la vie)* von Gabriel Yared eine ziemlich ‚amerikanische', d.h. einfühlende Musik schreiben, die einen improvisatorischen, aus dem Jazz kommenden Zug hat. Er beginnt auch breitflächig, sinfonisch zu einem tiefblau eingefärbten Wolkenhimmel, dann aber, im weiteren Verlauf, beschneidet er die komponierte Musik radikal auf kürzeste Reminiszenzen einer Reminiszens – etwa, wenn Fetzen einer bluesartigen Klaviermusik auftauchen, während Denise und Paul, die dabei sind, sich zu trennen, miteinander telefonieren. Die in gewisser Weise konventionelle Filmmusik wird zum Zitat verknappt. Ansonsten herrscht viel Stille in diesem Film. Der bleibende musikalische Eindruck am Schluß kommt dann doch wieder von einer Montage-Idee.

Völlig unvermittelt steht ein Streichorchester auf der Straße, nachdem Paul Godard vor ein Auto gelaufen ist und nicht weiß, ob er noch lebt oder schon tot ist. Es spielt eine Musik von Amnilcare Ponchielli. Die Oper bricht als Verfremdung in den Film ein. Die Kamera fährt am Orchester vorbei; wie Tramper stehen die spielenden Musiker auf der Straße. Wenn sie aus dem Bild kommen, schneidet der Ton wieder auf die original komponierte Musik. Dabei müßte man einschränken, daß nur vom Standpunkt der heutigen Tonfilm-Gewohnheiten dieser Orchesterauftritt eine Verfremdung bewirkt, nicht aber das Erklingen desselben Orchesters im Off, das eigentlich viel weiter hergeholt wäre. Ein ‚prähistorischer' Filmemacher wie der Ethnologiestudent Godard kann dagegen die Sache einfacher sehen: ‚Wenn ich ein Orchester in meinem Film spielen lassen will, dann muß man das Orchester auch sehen. Nicht mehr und nicht weniger.' „Musik kommt ins Spiel, wenn man kein Bild mehr braucht, und sie drückt etwas anderes aus."[7]

Der Bruch wird dann auch wieder vermittelt – es geht keineswegs um Montage als Provokation –, und zwar dadurch, daß die neu komponierte Filmmusik direkt an das Streichorchester herangeschnitten ist, und dieses dann auch noch einmal untergründig durchklingt. Der kleinere Schnitt in der Musik mildert den größeren in der Filmhandlung. Der horizontale Schnitt auf der Tonebene mildert den Schnitt von der Bilderzählung zur Musikerzählung. Godard wollte, daß „zwei unterschiedliche Arten von Musik genau das Gleiche spielen"[8], nicht dieselben Noten, aber inhaltlich das Gleiche. Dies am Schluß des Films, der durchaus ein Finale darstellt: der gestürzte Paul und seine Tochter, die mit ihrer Mutter gleichgültig weggeht. Die komponierte Filmmusik bekommt so ihre dramaturgische Notwendigkeit in der filmischen Montage. Sie deckt die Schnitte nicht zu, aber vermittelt sie. Sie ist in diesem Fall einfach das fehlende Dritte, an einer Stelle im Film, an der die simple Konfrontation von Materialien ausgeschlossen sein mußte.

Mit der Interpretation von Montageideen im Film kann man leicht in Sackgassen geraten. Wenn man die Schnitte zu sehr nach Bedeutungen absucht, kann das nicht zum Freiwerden, sondern zur Fesselung der filmischen Wahrnehmung führen. Ein Sehen und Hören, das nur auf Aha-Effekte wartet, sieht und hört nur als Mittel zum Zweck. In diesem Punkt war wohl Eisensteins Montage der Attraktionen nicht reif genug, daß direkt an sie angeschlossen werden konnte. Vielleicht mußten wirklich erst dreißig Jahre Anstrengung, dem Tonfilm zu einer geschlossenen Form zu verhelfen, vergehen, damit jemand wie Godard den Faden wieder aufnehmen konnte – nun aber ungleich entwickelter, sensibel für falsche Festlegungen der Bilder, und vor allem: zum ersten Mal mit einer adäquaten Übertragung von Prinzipien der (horizontalen) Bild-Montage auf die horizontale und vertikale Bild-Ton-Montage.

Diese ergibt ein kompliziertes Geflecht der Montage-Beziehungen: Bild-Bild, Bild-Ton, Ton-Ton. Und auf diese Beziehungen in ihrer Unvorhersehbarkeit und Vielfältigkeit kommt es an. Eine einfache Kontrast-Montage von Bild und Ton erschöpft sich schnell; sie kommt als bloßer Effekt bei Godard auch relativ selten vor. Er verfolgt die Montage immer dort, wo sie ihm Freiheit verschafft, Freiheit in allen Punkten, von vorne anzufangen, die Grammatik neu zu suchen, ja die Suche selbst zum Thema zu machen. Zunächst einmal macht Godard die Elemente, die er montiert, kenntlich. Tritt Sprache oder Musik auf, so wird sie in irgendeiner Weise zum Thema, zum Gegenstand der Betrachtung. Der Zelluloidstreifen und die weiße Leinwand werden zu Gast-

---

[7] J.-L. Godard, *Einführung in eine wahre Geschichte des Kinos*, 294.
[8] J.-L. Godard, *Liebe Arbeit Kino*, Berlin 1981, 66.

gebern für ein Zusammentreffen sehr unterschiedlicher Subjekte. Es gibt dabei keines, das als Diener für ein anderes fungieren müßte. Man kann auch sagen, sie bilden ein Kollektiv. Dabei spielt in der Musik noch eine besondere Meta-Bedeutung mit. Musik ist für Godard auch eine Metapher für die Art und Weise, mit der er überhaupt Kunst machen möchte – mit ihrem Zusammenspiel von Individuen, ihrer horizontalen und vertikalen Ordnung. „Meine Kamera macht Musik", sagt er selbst als abgewrackter Filmregisseur in *Prénom Carmen*. Godard thematisiert die Musik so ungezwungen, daß das Orchester oder das Streichquartett ohne Rechtfertigung in der Geschichte mitspielen. Schon in *Week-end* (1967) tritt das Klavier samt Pianist zu der Musik, die es beitragen soll, auf: Mozarts Klaviersonate D-dur op. 576. Und auch wenn die Musik nicht sichtbar ist, wird sie angesprochen: in dem Spiel mit den Schallplattenhüllen in *Une femme mariée* beispielsweise. Manchmal genügt eine kleine Bemerkung: „Haben Sie die Musik eben gehört?", fragt Denise in *Sauve qui peut (la vie)*, nachdem sie alleine durch die Landschaft geradelt ist, von Background-Musik begleitet. War das Orchester am Schluß dieses Filmes noch fast ein Gag, so ist das Streichquartett in *Prénom Carmen* ein wirklich gleichberechtigter Teilnehmer der Handlung. Es tritt zunächst unvermittelt auf, wird aber dann durch mehrere Brücken immer mehr in die übrige Handlung eingebunden. Musikalische Handlung und filmische Handlung beginnen weit auseinander und treffen schließlich im letzten Abschnitt des Films, bei der versuchten Entführung, am selben Ort, in der Hotelhalle, zusammen. Eine erste Brücke ist die Gestalt der Claire, die in der Musik mitspielt – als Schauspielerin, nicht musikalisch. Sie ist als Gast in der Musik ebenso wie die Musik Gast im Film ist, hat zwar eine Geige in der Hand, spricht aber Beethoven-Zitate aus dessen Tagebüchern. Ihr forschender, angestrengter Blick auf die Musik und ihre Fehler verkörpern den Versuch, das, was geschieht, zu verstehen, und stehen im Gegensatz zum „frage nicht, handle" von Carmen. Claire ist die entfernte Verwandte der Micaela in der Oper.

Eine weitere Brücke sind die parallelen Ereignisse in der Musik und der übrigen Handlung. Der Banküberfall, bei dem Carmen und der Wachmann Joseph aufeinandertreffen, wird immer wieder unterbrochen vom Streichquartett, das die Durchführung des 1. Satzes von Beethovens Es-dur-Quartett op. 74 probiert. Die Musiker unterhalten sich darüber, daß die Sechzehntel doch gewaltsamer, „plus violent" gespielt werden müßten. Das ist natürlich eine Art Kommentar zur Schießerei in der Bank. Formal erreicht der Überfall genau sein Ende, wenn der Schluß des 1. Satzes erreicht ist. Mit der überraschenden Liebesszene zwischen Carmen und Joseph beginnt der 2. Satz „Adagio ma non troppo". Die formale Verklammerung der Filmhandlung durch die Musik ist so, daß man das Gefühl hat, die Musik spiele immer unhörbar weiter, erfülle sich in ihrer eigenen Zeit, und fließe, wie der Lauf der Donau, mal unterirdisch, mal an der Oberfläche. Das erste Kapitel des Films, in dem Godard sich selbst thematisiert, wird so von der Exposition des 2. Satzes aus dem Streichquartett C-dur op. 59,3 gegliedert. Mit dem Nachsatz der musikalischen Exposition findet auch die Film-Exposition ihr Ende.

Deutungen liegen bei solcher Art von Parallelität auf der Hand, aber sie sind vielleicht nicht das Wichtigste. Wichtiger scheint mir zu sein, daß durch die Musik der Begriff der Filmhandlung erweitert wird. Held und Geschichte sind nicht alles und beherrschen nicht alles. Dazu ist auch keine realistische Motivierung nötig, in der Weise, daß die Geschichte oder der Held irgendetwas mit Musik zu tun hätten.

Prénom Carmen ist als Antwort auf den musikalisch besetzten Carmen-Stoff ein Musikfilm geblieben, aber einer, in dem die Musik genau das Gegenteil von dem tut, was man normalerweise von ihr erwartet. So wie Godard mit ihr seinen Film konstruiert, versachlicht sie den Stoff, stellt ihn schärfer ein, statt ihn zu mythologisieren und verschwimmen zu lassen. Godard behält sich sogar die Freiheit, zwischen Entmythologisierung und Remythologisierung zu spielen.

Das Thematisieren der Musik, und auch der Bilder und der Sprache, hat zur Folge und bedingt, daß die einzelnen Elemente selbständiger gegeneinander stehen, als das die normale Spielfilm-Gewohnheit zuläßt. Es bleiben Lükken, Teile stehen über; die Wahrnehmung kann sich über den Einsatz einer Musik, eines Textes, eines Bildes oder Zwischentitels bewußt werden. Die Elemente weden gegeneinander verschoben und verrückt, so daß immer wieder das Baugerüst des Films sichtbar wird. Dieses Verfahren wird leicht mit Fehlermachen verwechselt. Musikeinsätze schneiden zu früh ab, einem Bild fehlt plötzlich der Ton, Zwischentitel bremsen den Fluß der Bilder, eine schon angesagte Musik kommt zu spät, wie die Coltrane-Platte, die in *Je vous salue Marie* der Professor auflegt, bevor er zum Liebesspiel schreitet. Das Ausblenden der Musik kommt fast nie vor, und wenn, dann gezielt, wie in *Prénom Carmen*, wo das Streichquartett langsam im Geräusch der Brandung von Trouville untergeht. Das Zerstückelte ist für Godard wesentlich. Über *Weekend* äußerte er sich, es sei „ein Film in tausend Stücken oder ein verlorengegangener Film, ein auf dem Schrottplatz wiedergefundener Film, im Weltall verlorengegangen und auf dem Schrottplatz wiedergefunden“[9].

Aus diesen tausend Stücken kann ein sanft ausgewogenes Mobile entstehen, wie *Une femme mariée*, eine geradezu perfekte Form, gebildet aus sich verschiebenden Gewichten. So kann ein dichtes, den Zuschauer fast erschöpfendes Geräusch-Musik-Geflecht entstehen wie in *Je vous salue Marie*. Und so können auch Filmhandlung und Musikhandlung gleichgesetzt werden und sich gegenseitig vertreten wie in *Prénom Carmen*. Die Montage gibt keine Dramaturgie an sich vor. Sie gibt aber dem Künstler, der sich der Eigenständigkeit seiner Elemente bewußt ist, die Freiheit, in Frage zu stellen und in Unbekanntes vorzudringen.

---

9 J.-L. Godard, *Einführung in eine wahre Geschichte des Kinos*, 314.

Stefan Hesper

Berührungen auf Distanz

Kommunikation und Kontakt in Jean-Luc Godards *Détective*

> Faire un film, c'est être détective, avocat, juge ou procureur: on apporte une preuve, on essaye de découvrir la vérité. *Jean-Luc Godard*[1]

Hotel Concordia, Saint Lazare: „Lazare, veni foras"

Der Film *Détective* (1984) beginnt: Rauschen und Video-Bilder einer elektronischen Kamera, die auf einem Pariser Hotelbalkon gegenüber einer Leuchtreklame steht. Ein Film, der nicht mit Film-, sondern mit Video-Bildern beginnt. Eine Protagonistin des kommenden Films, Françoise Chenal (gespielt von Nathalie Baye) geht hin und her und wird beobachtet: „Sie kommt, sie geht, man könnte sogar sagen, sie zögert. Ja, ja, sie zögert", kommentiert die Stimme aus dem Off des Polizeikommissars Isidor. Zur Unterstreichung der Diagnose des Zögerns werden die Bilder bis zum Stillstand verlangsamt, bis zum Moment des Wechsel der Bewegung von einem zum anderen Bein. Die verlangsamte Bewegung und schließlich angehaltene zeigt: eine angehaltene Bewegung, aber kein Zögern. Die Videobilder enden, und man sieht die Videokamera selbst, nun als Filmbild, auf einem Stativ auf dem Balkon, daneben Frauenbeine, ein wehender Rock, man hört eine Stimme: Eine Videokamera, die starr aufzeichnet, eine Frau, die wahrnimmt und spricht: „Sieht so aus, als hätte sie Angst", und sich umwendet, ins Zimmer geht. Bilder, Sprache, eine Videokamera, ein Film. Der Film beginnt mit einer Beobachtung und einer Diagnose und zuallererst mit einer Antwort auf eine fehlende Frage aus dem Off: „Na, weil die Liebe ewig ist." Er beginnt ohne wirklichen Anfang und mit einem Film im Film, der zeigt, was man mit Filmen machen kann: seine Bilder beobachten und benennen. Doch wie verhalten sich Sprache und Bilder gleich in der Anfangsszene zueinander?

Der Begriff des „Zögerns" tritt zu dem hinzu, was man sieht, aber er verdoppelt es nicht, er identifiziert nur scheinbar das Bild der Bewegung. Das Zögern ist eine Bewegung in der Bewegung, die zwar in dem liegt, was man sieht, was sich aber nicht durch ein angehaltenes Bild zeigen läßt. Das angehaltene Bild der Bewegung zeigt gerade das Zögern nicht. So beginnt der Film mit einer Form von Misreading, mit einer zugleich richtigen und falschen Dia-

[1] Godard, zitiert nach: J.-L. Douin, *Jean-Luc Godard*, Paris 1994, 101.

gnose: Die Frau im Bild zögert, aber man kann dies nicht in der gezeigten Bewegungslosigkeit sichtbar machen. Der Begriff einer Bewegung zeigt sich nicht im einzelnen Bild, der Begriff im Medium der Sprache ist nicht durch ein einzelnes Bild ersetzbar, er kommt zu den Bildern von außen hinzu. Er supplementiert sie, ohne sie dominieren zu können. Es entsteht so gleich zu Beginn eine für den ganzen Film typische Dissonanz zwischen den zwei Glaubenssystemen des Bildes und der Sprache.

Vielleicht wissen wir noch gar nicht, was ein Film ist? So könnte man sich angesichts vieler Filme Godards fragen – auf der Suche nach Begriffen, die beschreiben, unterscheiden und erklären helfen, was sich da vor unseren Sinnen abspielt. Wie schreibt und spricht man über Filme – im Unterschied zu Literatur, Malerei, Musik usw.? Wie geraten wir „in Kontakt mit dem Bild" des Films, wie werden wir „in das Bild eingeblendet"?[2] Im Rahmen einer noch zu formulierenden Theorie der Intermedialität fällt in der Begegnung mit den Filmen Godards auf, daß ihre Inszenierung des Verhältnisses verschiedener Medien und Sinne zueinander schwierig zu beschreiben ist. Musikalische Begriffe wie: dissonant und polyphon fallen da schneller als z.B. rhetorische wie Metapher, Metonymie. Sprache scheint in diesen Filmen nur ein Medium unter anderen zu sein, das die Vielfalt der Wahrnehmungsebenen und Ausdrucksmöglichkeiten nicht bündeln und kontrollieren kann. Für die Filme Godards kann deshalb vielleicht vorab gelten, was Michel Foucault anläßlich der Bilder Gérard Fromangers geschrieben hat: Es gehe der bildnerischen Kunst heute darum, „die Langeweile der Schrift zu bannen, die Privilegien des Signifikanten aufzuheben, den Formalismus des Nicht-Bildes zu verabschieden, die Inhalte aufzutauen und in jeder Wissenschaft und mit Vergnügen in, mit, gegen die Mächte des Bildes zu spielen."[3] Das ist, wenn dieser Eindruck stimmt, eine folgenreiche Behauptung für die Formulierung der intermedialen Beziehungen in den Filmen Godards. Denn dann könnte man Godard einerseits von einer filmischen Gesamtkunstwerk-Ästhetik unterscheiden, die zu einer Veschmelzung und Synchronisation der Sinne unter der Schirmherrschaft des Films, des Bildes und letztlich der Sprache aufruft (wie bei Eisenstein), und andererseits von einer aktuellen Hybrid-Ästhetik, die den Film mit diversen Medien kombiniert, um sein synthetisches Potential zu steigern im Hinblick auf die Entlarvung und Ausstellung des Films als Illusion (hier treffen sich vielleicht so unterschiedliche Filmemacher wie Greenaway und Lynch).[4]

Godard *glaubt* an den Film und an das Recht der Bilder gegenüber der Sprache, vielleicht so, wie Barthes an die Photographie geglaubt hat, als Ge-

---

2 G. Deleuze, *Unterhandlungen. 1972-1990*, Frankfurt a.M. 1993, 106f.

3 M. Foucault, „La peinture photogénique", in: ders., *Dits et écrits*, Bd. II, Paris 1994, 710 (Übers. des Verf.).

4 Eine ganz entgegengesetzte Konzeption des Rahmens bei Greenaway im Unterschied zu Godard hat Y. Spielmann beschrieben in: dies., „Framing, Fading, Fake. Peter Greenaways Kunst der Regeln", in: J. Paech (Hg.), *Film, Fernsehen, Video und die Künste. Strategien der Intermedialität*, Berlin, Weimar 1994, 132-149.

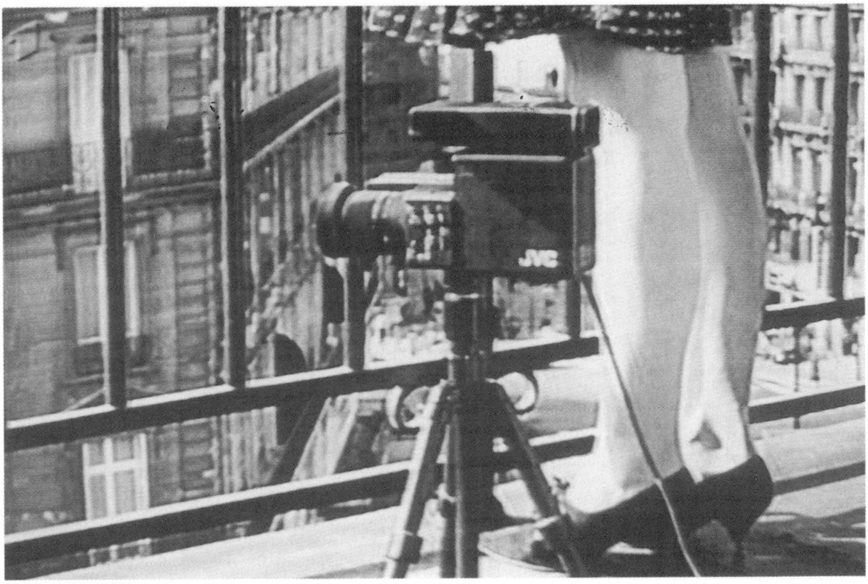

Détective, 1984

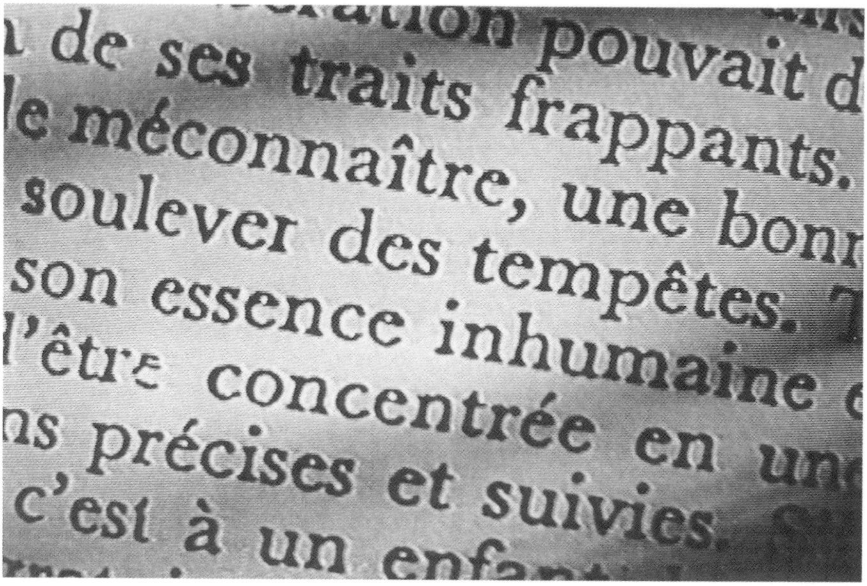

Détective, 1984

dächtnis, Dokumentation und Vision der gegebenen Welt vor dem Objektiv: „Für mich sind die Bilder das Leben und das Geschriebene der Tod. Es muß beides geben: Ich bin nicht gegen den Tod.“[5] Zugleich sind seine Filme Hinweise auf die vielfältigen, simultanen Beziehungen zwischen Medien und Sinnen, die sich nicht mehr integrieren lassen in ein Modell mit nur einer, politischen oder ästhetischen Dominanz. Seine Dramaturgie der Simultaneität von Sinnes-Reizen folgt weder dem totalisierenden Modell des Panoramas oder dem offenen, seriellen Modell des Defilés (wie bei Fellini), noch dem Modell der glücklichen Koinzidenz (mit vorangegangener Intrige) oder einer Simultanästhetik des Schocks und der Plötzlichkeit. Seine Intermedialität oder Simultanästhetik verweist auf eine grundlegende Ambivalenz: Die Indifferenz der einzelnen Sinnes-Ordnungen zueinander korrespondiert mit ihrer möglichen Beziehung. Jede Beziehung zwischen Musik, Geste, Sprache und Geräusch ist gleichermaßen kontingent und konventionell plausibel. Die Berührung des anderen beim Sprechen, die Stimme aus dem Off, die den Blick des Kopfes im Bild sich heben läßt: Sie gehören zusammen und scheinen doch in ihrer Simultaneität zufällig, voneinander unabhängig.

Die wiederholte und für Godard-Filme typische Geste des Lesens im Film kann in diesem Sinne vielleicht als Modell gesehen werden: als Modell für die zeitversetzte, anachrone Haltung des Wahrnehmens (hier des Lesens), für die Unterbrechung von Handlungs- und Ereignisketten durch eine Ungleichzeitigkeit, durch ein Zitat, einen Blick auf die Seite, eine Einblendung der Seite. Durch das Lesen entsteht eine Entfernung, Lösung von der Zeit der Umgebung in der Szenerie, eine Entfremdung von der eigenen Wahrnehmung auf der Stelle, ein Zwischenraum und eine Verzögerung, ein Kontakt (jetzt, hier) – auf Distanz. Lesen heißt, daß man Zeit braucht für die Wahrnehmung einer sequentiellen, linearen Ordnung (der Schrift, der eigenen Geschichte) im Unterschied zu einer Intuition, während gleichzeitig die Zeit weiterläuft: Lesen ist so Unterbrechung und Andauer der linearen Zeit, Vervielfältigung der Zeit in der Zeit ohne Schock- und Panorama-Effekte. Das Lesen ist in den Filmen Godards, insbesondere in dem hier zu untersuchenden Film *Détective*, eine Allegorie der Zeit als Zögern zwischen der horizontalen Flucht und der vertikalen Dauer. Die für die Figuren im Film *Détective* typische Geste des Zögerns scheint eine Art Lektüre der eigenen Wahrnehmung und Erinnerung zu sein, eine Überblendung von Zeiten (Gegenwart, Erinnerung, Ahnung), die irgendwie konfundiert sind und koordiniert werden wollen. Die Handlung unterbricht zwar in solchen Momenten, sie steht aber nicht still, sondern dauert an auf verschiedenen, nicht sichtbaren Ebenen. Die Lektüre entziffert nicht mehr eine gegebene Ordnung, sondern sie ist eine Neu-Anordnung von Wahrnehmungen, auf die man nicht mehr unmittelbar zu reagieren weiß. Man kommuniziert auf und mit einem Plateau unterschiedlichster Elemente. Von

---

[5] J.-L. Godard, in: *Libération*, 2. Mai 1980 (Übers. des Verf.).

diesem Plateau und der Dissonanz zwischen Kontakt, Faszination und Kommunikation soll im folgenden am Beispiel des Films *Détective* die Rede sein.

Die Sprache der Hände

> Wie kommuniziert man? Das bedeutet nicht, wie spricht man von einem zum anderen oder wie berührt man sich, sondern wie wählen wir unsere Kommunikationsmittel. [...] Was mich in meinen Filmen interessiert, ist nicht die Unmöglichkeit zu kommunizieren, es ist das Unverständnis. Deshalb gibt es ein Mißverständnis in der Liebe.[6]

Kommunikation ist ein Leitthema in den Filmen Godards, und zwar als die eine Seite einer Unterscheidung, deren andere Seite der Kontakt ist. Die Unterscheidung Kommunikation-Kontakt ist typisch für die Filmästhetik Godards und typisch für seinen Ort zwischen Sprache, Musik und Film im aktuellen Medienensemble. Er filmt nicht nur, daß, wie und wieviel gesprochen wird, sondern auch, daß das Sprechen immer wieder nicht weit genug reicht, daß andere Medien und Künste (Musik, Farben, aber auch Photographie, Video, Computer) und vor allem Gesten – der Berührung der Körper durch die Hände – hinzukommen müssen. Es sind immer wieder die Hände, die den Körpern eine Eindeutigkeit und Diesheit zeigen: daß man da ist, daß man gehört werden will, daß man es ernst meint, daß es jetzt Zeit ist. Es sind vor allem die Hände, die mit den Körpern oder Maschinen (so auch in *J.L.G.*) oder mit den eigenen Händen in Kontakt treten. „Wie spürt man körperlich seinen Bezug mit dem Nächsten und der Welt? [...] Da ist etwas, was ich spürbar machen wollte im Film, und was ihm immanent ist."[7]

Die Unterscheidung Kommunikation und Kontakt ist jedoch bei Godard nicht deckungsgleich mit der Unterscheidung von Sprache und Körpern, denn auch auf der medialen Ebene des Bildes und der Sprache gibt es Möglichkeiten, eine Berührung zu erzeugen oder weiterzugeben. Insofern bietet es sich an, den Film *Détective* daraufhin zu untersuchen, inwiefern einerseits das Sprechen durch einen manuellen Kontakt der Körper begleitet wird auf der Ebene der Figuren, die vor der Kamera agieren, und wie andererseits der Zuschauer durch eine besondere Bildästhetik, die starre Kadrierung mit ihrer besonderen Bildtiefe den ganzen Film hindurch, in visuellen Kontakt und ins Bild gerät.

Szenen der Berührung von Händen mit Körpern oder anderen Händen, sei es zärtlich oder aggressiv, wiederholen sich leitmotivisch durch den ganzen Film, zumeist im Laufe eines Gesprächs. Während Françoise Chenal zum ersten Mal ein längeres Gespräch mit Jim Fox-Warner im Hotel-Restaurant führt, zeigt die Kamera die für einen Moment anhaltende Berührung ihrer

[6] J.-L. Godard, zitiert nach Douin, 86.
[7] Ebd., 109.

Hände wie in einem Stilleben. Trotz des gereizten Gesprächstons wird deutlich, daß sie (die Hände und die Körper) sich kennen und begehren, ja begehrt haben. Nur auf der Ebene der Berührung der Hände spricht ihr Begehren und ihre Erinnerung, während das eigentliche Thema, die Rückgabe geschuldeten Geldes, beide kalt läßt. Einige Zeit später wiederholt sich diese Szene, diesmal ist auch der Ehemann Émile Chenal dabei, wieder geht es um die Rückgabe des Geldes, das der Box-Promoter Jim Fox-Warner dem Ehepaar schuldet, und wieder führen die Hände der Männer einen Tanz der Begegnung mit einer Hand der Frau rund um einen Kerzenleuchter aus (bei dem sich der Ehemann am Feuer verbrennt), während sie miteinander sprechen. Diese Subkommunikation der Hände unterhalb der Ebene des eigentlichen Gesprächs verdoppelt und allegorisiert das Sprechen. Sie deutet an, was verschwiegen wird, und wie schwierig es ist, mit der Sprache zu streiten und zu verhandeln, wenn die Körper sich lieben. Die Choreographie der Gesten des Kontakts, einschließlich derjenigen des Boxers, der andere niederschlagen soll, aber schließlich aus Liebe vor dem Kampf flüchtet, macht ein wenig die andere Seite der Kommunikation transparent.

Der Körper ist neben der Sprache zwar das zentrale Medium des Ausdrucks im Film, aber er ist nicht leicht lesbar. Sein Zögern, Innehalten, Berühren zeigt sich der Kamera, ohne sich offenbaren zu können. Gesten sind zum Teil übertrieben heftig (wie die von Jean-Pierre Léaud beim Reichen der Speisekarte) oder unvermutet. Die Gesten sind dabei nicht mehr die prägnanten Gesten der klassischen Film-Ästhetik, die in sich codiert und lesbar sind, gleichsam Symbole einer Handlung auf Körperebene, aber auch nicht (nur) die entlarvenden, sozialen Gesten des Theaters von Brecht (wie bei Léaud, der sich auch ausdrücklich an die Kamera als Beobachter wendet).[8] Die Gesten im Film sind eindringlich und zugleich vage. Die Berührung der Hände, des Körpers, der Blick nach oben oder unten, der gesenkte Kopf. Sie verweisen auf eine Sprache in actu, deren Bedeutung noch offen ist und die zur Deutung aufruft:

> Beim ‚Anhören' eines klassischen Musikstücks wird der Zuhörer aufgefordert, dieses Stück zu ‚entziffern', das heißt (durch seine Bildung, seinen Fleiß, seine Sensibilität) dessen Aufbau zu erkennen, der genauso kodiert (vorbestimmt) ist, wie der eines Palastes derselben Epoche; beim ‚Anhören' einer Komposition (das Wort ist hier in seinem etymologischen Sinne zu verstehen) von Cage jedoch höre ich jeden einzelnen Ton nacheinander, nicht in seiner syntagmatischen Ausdehnung, sondern in seiner rohen und gleichsam vertikalen Distanz: Indem sich das Zuhören dekonstruiert, veräußerlicht es sich und zwingt das

[8] Siehe zum Gestus in der klassischen Ästhetik und bei Brecht: R. Barthes, „Diderot, Brecht, Eisenstein", in: ders., *Der entgegenkommende und der stumpfe Sinn. Kritische Essays III*, Frankfurt a.M. 1990, 94ff.

Subjekt zum Verzicht auf seine ‚Intimität'. Das gilt mutatis mutandis für viele andere Formen der modernen Kunst.[9]

Immer dann, wenn Sprache auf Medien trifft (einschließlich des Körpers), die sie nicht übersetzen, interpretieren, transponieren kann, aber mit denen sie kommuniziert, entsteht eine produktive Irritation, eine Ungewißheit oder Unentscheidbarkeit. An diesen Stellen zeigt sich vielleicht zugleich etwas von der Eigenart der einzelnen Medien, von der Musik (in der Rauhheit der Stimme), der Malerei (in der Kritzelei) oder dem Körper (in der taktilen Geste).

Die Berührung der Hände, die Zuhilfenahme der Hände beim Sprechen sowie die Wahrnehmung der Gesten des Körpers machen bei Godard, anders z.B. als in den gesprächslastigen Filmen von Rohmer, die Unvermeidlichkeit einer Subkommunikation sichtbar, die nicht mehr im Sprechen stattfinden kann, sondern in der Musik, in den Gesten, in der Schrift. Der Griff zum Buch, das achtlose Aufschlagen von Seiten, das Wegstecken eines Buches, das Umher- oder Wegwerfen von Büchern im Film werden zu Gesten eines wechselhaften Kontaktes mit der Schrift, die mal viel, mal gar nichts mehr für die Figuren und die Handlung bedeutet. Die Schrift tritt ins Spiel, wenn die Figuren warten oder nachdenken, sie stiftet jedoch nur schwer Gemeinschaft (gemeinsames Vorlesen aus Shakespeare oder Lesung einer Fabel innerhalb der Mafia-Familie). Die Schrift schafft Distanz zu sich und zur Situation, sie reichert das Spektrum der Subkommunikation noch weiter an durch Ahnungen und Erinnerungen, ohne daß sie zu einer Entscheidung drängt.

Starre Rahmung: Bilder von dieser Welt

Im Film *Détective* sieht man die feststehende Kamera, die dann den ganzen Film kennzeichnet, vielleicht zuerst überhaupt nicht. Überraschend ist nur, daß die Kamera den Personen nicht folgt und, vielleicht noch auffälliger, daß sie nur sichtbar macht, was gerade im Bild ist. Arme, Köpfe und Beine werden erbarmungslos abgeschnitten, Hände und Arme ohne Körper kommen ins Bild und verschwinden wieder, ohne daß die Person vervollständigt wird. Ebenso feststehend wie die Rahmung ist auch die Fokussierung. Es gibt innerhalb einer Einstellung keine Veränderung, keinen Zoom, kein Close-up, keinen Wechsel der Referenzen etwa von der hinteren zur vorderen Person. Die einzige Kamera, die sich innerhalb des Films bewegt, ist die Video-Kamera im Hotelzimmer des Detektivs, sie schwenkt herum und folgt den Personen.[10] Die Kristallisierung der Perspektive, jenseits der Montage, macht auf das Verhältnis und die Funktionen von Bild, Rahmen und Beobachter im Film aufmerksam.

---

[9] R. Barthes, „Zuhören", in: ders., *Der entgegenkommende und der stumpfe Sinn*, 263.

[10] Die Frage stellt sich natürlich sofort: Führt die künstlich erscheinende Beschränkung auf die erstarrte, kristallisierte Kamera nicht zu einem Manierismus à la Greenaway?

Ein Bild, so wird es im Film sichtbar, ist etwas, das einen Rahmen hat und eine Fläche. Ein Bild ist nicht nur ein visueller, sondern ein abgegrenzter, geometrischer Gegenstand. Wenn etwas zum Bild wird, heißt das zugleich, daß es einen Rahmen gibt, zur umfassenden Unterscheidung von Innen und Außen. Kein Bild ohne Rahmen, ohne Grenze. Aus einer Linie entsteht erst dann ein Bild, wenn sie sich zu einem Kreis oder Dreieck, Viereck usw. schließt. „Die Kunst beginnt nicht mit dem Leib, sondern mit dem Haus; deshalb ist die Architektur die erste der Künste." Man kann sie durch den „Rahmen definieren, ein Ineinanderfügen unterschiedlich ausgerichteter Rahmen, der sich den anderen Künsten, von der Malerei bis zum Film, aufdrängt. [...] Die Rahmen und ihre Verbindungen halten die Empfindungskomplexe, geben den Figuren Halt, verschmelzen mit ihrem Halt-Geben, mit ihrer eigenen Haltung."[11] Doch keine Rahmung ohne eine ihr komplementäre Tendenz der Entrahmung, der Hemmung der Einschließung, der Auflösung der Unterscheidungen von Innen und Außen. Rahmung und Entrahmung oder: Kadrierung und Dekadrierung, das sind für Deleuze z.B. intermediale und interdiskursive Begriffe, die ausgehend von Filmanalysen Pascal Bonitzers auf die gesamte Tätigkeit der Kunst übertragen werden.[12] Ähnlich wie der Begriff der Falte, den Deleuze ausgehend von Leibniz in seiner Bedeutung noch für die Kunst, Wissenschaft und Philosophie des 20. Jahrhunderts beschrieben hat, indiziert der Begriff der Rahmung die Tätigkeit der Unterscheidung und zugleich Berührung von Innen und Außen oder auch von Vorher und Nachher. Doch während die Falte im Barock eher auf die prekäre Harmonie und Korrespondenz von Fassade und Interieur verweist, in Abhängigkeit von einem Blickpunkt innen oder außen, verweist der Rahmen vielleicht stärker auf die grundsätzliche Kontingenz einer Unterscheidung und Trennung jenseits aller Korrespondenzen. Der Begriff des Rahmens verweist auf die Trennung zwischen zwei Räumen oder Zeiten. Was sieht man im Horizont eines solchen grenzüberschreitenden Begriffes im Film – anders? Wie sieht man?

Ein Bild braucht nicht nur eine Fläche und einen Rahmen, sondern auch einen Betrachter, der beides unterscheidet und in Beziehung setzt und auf den das Bild ‚wirkt'. Sowohl das Bild als auch der Rahmen als auch der Betrachter können sich nun unabhängig voneinander bewegen oder auch, wie in der Malerei, stillstehen. Im folgenden soll für den Film *Détective* beschrieben werden, was passiert, wenn sich die Bilder bewegen, der Rahmen aber fixiert bleibt und nur durch die Montage der Zuschauer an einer Bewegung des Sehens teilnimmt, während er selbst zumeist unbeweglich, immobilisiert (im Unterschied zu einer Bilderausstellung oder einem Panorama) sitzen bleibt. Welche Perspektive ergibt sich aus der Kombination der Stillstellung des Rahmens mit der Montage?

---

[11] G. Deleuze, F. Guatteri, *Was ist Philosophie*, Frankfurt a.M. 1996, 222f.

[12] P. Bonitzer, *Le champ aveugle*, Paris 1982.

Der Rahmen wird als solcher vielleicht deshalb im Film spürbar, weil Figuren und Objekte immer wieder nur in Ausschnitten und Bruchteilen, manchmal nur in vagen Schemen zu sehen sind. Jeder Wunsch nach Klarheit und Vollständigkeit bleibt unerfüllt oder dem Zufall überlassen. Die Kennzeichen einer klassischen Kadrierung wie Zentrierung und Transparenz, das Vergessen der Grenzen des Bildes und der Eindruck der Integration des Ausschnitts in ein Ganzes, fehlen immer wieder. Die Dekadrierung macht den Ausschnitt als Grenze sichtbar und sie desintegriert: Wir wissen nicht, ob die Stimme aus dem Off eine Stimme aus dem gleichen oder einem anderen Raum ist, ob sie überhaupt zu dieser Szene gehört. Die Einheit des Ortes und der Zeit ist durch die starre Rahmung, die wie eine Entrahmung funktioniert, weil sie klassische Bildästhetik verletzt, irritiert.

Die starre Rahmung als Dekadrierung läßt das Bild als kontingente Einstellung sehen, es zeigt sich als Bild-Ausschnitt. In diesem Sinne schreibt auch Jacques Aumont über die Filme von Godard in den 80er Jahren:

> Zeigen oder sehen lassen: das ewige Dilemma des Kinos, und Godard träumt davon, beides auf einmal zu machen. [...] Das ganze Unternehmen von Godard seit mindestens zehn Jahren ist auch eine Lehre des Blicks: wie kann man, Stück für Stück, besser blicken, um anschließend sehen zu lassen.[13]

Die De-Kadrierung verweist also auf eine bestimmte Ästhetik des Wahrnehmbarmachens von Unterscheidungen, von Blicken und Sichtbarkeiten z.B., von Sinnlichem und Unsinnlichem, von Sinnlichem und Sagbarem. Gerade die feststehende Kamera erlaubt es dem Auge, Ausschnitte, Distanzen und Helligkeiten abzutasten, die sich für die Dauer einer Einstellung nicht verändern, oder Einstellungen als kontingente Ausschnitte wahrzunehmen, in die Personen und Handlungen hineinkommen oder aus ihnen herausgehen. „Mit der Kadrierung wird nicht mehr *ein Raum definiert*, sondern eine Zeitphase geprägt", so beschreibt Jean-Pierre Bamberger die neue Funktion der Kadrierung bei Godard.[14]

Man könnte im Sinne des Romantheoretikers Michail Bachtin sagen, daß die Kadrierung ein Chronotopos ist, denn durch sie nimmt die Zeit „sinnlich-anschaulichen Charakter an", durch sie wird die Zeit zum Bild in einem Raum.[15] Ein Chronotopos überführt die zeitliche Differenz von Vorher und Nachher in eine raumbildende Differenz, z.B. von Innen und Außen, Nah und Fern. Bei Godard nun treffen verschiedene Chronotopoi aufeinander. Das Hotel ist z.B ein im 20. Jahrhundert klassischer Chronotopos der zufälligen und zugleich unausweichlichen Begegnung verschiedenster Menschen mit

---

[13] J. Aumont, *L'œil interminable. Cinéma et peinture*, Nouvelle édition, Paris 1995, 238 (Übers. des Verf.).

[14] Anläßlich von *Sauve qui peut (la vie)*, in: *Libération*, 8. 11. 1980.

[15] M. Bachtin, „Formen der Zeit und des Chronotopos im Roman. Untersuchungen zur historischen Poetik", in: ders., *Untersuchungen zur Poetik und Theorie des Romans*, Berlin und Weimar 1986, 455.

unterschiedlichstem Schicksal und Ziel. Das Hotel ist ein einheitliches, geschlossenes Gebäude und doch in sich hochgradig differenziert, ein Ort, der erst zum Schluß des Filmes, nach einem Schußwechsel, auf die Straße hin und von dort mit dem Auto verlassen wird. Der Film wird daher beherrscht von der Innenwelt dieses einen Zeit-Ortes, seiner Wohn-Schlafzimmer, Badezimmer, Flure, Aufzüge, Keller, Diensträume, Empfangsräume, Restaurants und seiner Drehtür nach außen. Alles zusammengehalten durch den Begriff des Hotels, das man z.B. nie in seiner äußerlichen Ganzheit sieht. Das Hotel selbst ist eine Kadrierung von Raum und Zeit, eine Begrenzung und Ermöglichung von Bewegungen und Wahrnehmungen.

Die Kadrierung der Kamera zeigt, erstarrt wie ein Fenster oder eine Photokamera, was sich davor und darinnen abspielt. Anders als in der Malerei und Photographie bricht dabei zugleich etwas von außen ins Bild hinein oder zieht sich aus dem Bild zurück, nichts außer den Möbeln ist zur Immobilität verurteilt. Wichtig ist für den Film nicht die geometrische, malerische Plazierung der Figuren, sondern die Inszenierung der Körper gegenüber und im Angesicht der Kamera.

„Um zwei Gegenstände gegeneinander zu isolieren, bedarf es eines dritten, der weder der eine noch der andere ist, eines neutralen Objekts."[16] Der Rahmen ist das eingeschlossen-ausgeschlossene Dritte, das neutrale Objekt, das zeigt, daß das, was in ihm ist, auch von dieser unserer Welt ist, daß es immanent und nicht transzendent ist. Der Rahmen ist eine Art Nabel des Bildes, er erinnert den Betrachter daran, wie dieses (analoge) Bild in die Welt gekommen ist und wie es daraus wieder verschwinden kann. Er verbindet das Imaginäre des Bildes mit seinem realen Außen. Jeder Rahmen kann dabei, so schlägt Jacques Aumont vor, in dreifacher Hinsicht unterschieden werden: Im Hinblick auf seine Materialität als Objekt (Holz, Metall, Papier, der Unterschied von Hell und Dunkel) und im Hinblick auf seine doppelte, komplementäre Funktion einerseits als Grenze, andererseits als Fenster. Im Kino kann man diese beiden Funktionen im Anschluß an André Bazin als Cadre (Verweis auf den Rahmen als Grenze) oder Cache (Verdeckung der Rahmenfunktion) bezeichnen. Der Rahmen als Objekt taucht im Kinosaal allenfalls als der Unterschied von heller Leinwand und schwarzem Vorführraum auf und bleibt zumeist während der ganzen Vorführung des Films stabil (es sei denn, der Film reißt oder das Filmbild wird schwarz). Die beiden anderen Funktionen können im Film ständig wechseln und sich ablösen.

Im Unterschied zur Malerei wird die Rahmung im Film als fortwährender Prozeß sichtbar, als „Handlung des Rahmen"[17], der „einschließt nur durch das, was er ausschließt"[18]. Jede Rahmung ist zeitlich begrenzt, jeder maleri-

---

[16] J. Ortega y Gasset, „Meditation über den Rahmen", in: ders., *Triumph des Augenblicks - Glanz der Dauer. Auswahl aus dem Werk*, München 1963, 63.
[17] Aumont, 133.
[18] Ebd.

sche Eindruck ist leicht zu irritieren durch eine Bewegung der Kamera, der Personen oder durch eine neue Einstellung. So wie die Welt im Film *Détective* durch die Video-Kamera wiederum zum Film wird, den man anhalten, verändern und bebachten kann, ohne die Welt noch aus dem Fenster zu sehen (man sieht stattdessen auf den Monitor), so zeigt sich der Film selbst für den Zuschauer in seiner erstarrten Rahmung für einen Moment wie durch uns gefilmt, denn die Montage und jede neue Einstellung zerstören das Anhalten eines kontemplativen Blicks, dekadrieren den kontingenten Rahmen.

Bild(un)tiefen: Die Passion der Bilder und der Sprache

Godard lenkt die Aufmerksamkeit der Zuschauer durch die Kristallisierung der Kameraperspektive nicht nur auf das Spiel von Rahmen als Grenze und Fenster, sondern er scheint den Blick auch auf die Tiefe des Bildes zu richten, auf seine Dimensionalität und zugleich seine Dauer. Man läßt sich faszinieren von dem, was im Bild erscheint, was sich im Bild als Bewegung in der Zeit zeigt. Im Unterschied zur Rahmung in der Malerei oder auch der Photographie ist der Zuschauer im Kino gleichermaßen stillgestellt und innerlich bewegt, er bewegt sich nicht vor dem Bild, sondern sein Bild bewegt sich im Bild, während sich etwas im Bild bewegt, zögert, zur Ruhe kommt oder sich wieder zu bewegen droht. Jedes Bild, jede Einstellung ist so die Vision einer Bewegung.

Godard spielt im Film mit dem schon in der Psychologie und der Kunstgeschichte des 19. Jahrhunderts konzeptualisierten Problem der Differenz von Nahsicht und Fernsicht, von optischem und haptischem (oder auch: taktilem) Blick. Die Nahsicht erlaubt einen taktilen Blick, der das Auge wie eine Hand die Objekte in greifbarer Nähe abtasten läßt. Die Fernsicht macht aus dem aktuell unerreichbarem Objekt ein optisches Faktum. Die Kunst der Malerei besteht nun darin, so hat das Maurice Merleau-Ponty eindringlich beschrieben, Nahes und Fernes auf einer Fläche koexistieren zu lassen. Aus der aktuellen Gleichzeitigkeit von Wahrnehmungen, die miteinander rivalisieren und eben aktuell „inkompossibel“ sind, tritt man durch die geometrisch-perspektivische Flächenmalerei in eine Welt der virtuellen Kompossibilität[19]:

> Während ich vorher die Erfahrung einer Welt von wimmelnden, exklusiven Dingen gemacht hatte, die jede für sich den Blick ansprechen und die insgesamt nur in einem zeitlichen Durchlauf erfaßt werden können [...], kristallisiert sich jetzt dieselbe Welt zu einer geordneten Perspektive: die Fernen sind jetzt nurmehr Fernen, unzugänglich und vage, wie es ihnen zusteht, die nahen Gegenstände verlieren einen Teil ihrer Aggressivität [...]; der Blick bleibt zuletzt an nichts mehr hängen und nichts tritt mehr als Gegenwärtiges auf. Das ganze

[19] M. Merleau-Ponty, *Die Prosa der Welt*, München 1984, 74.

> Gemälde steht in der Vergangenheit, im Modus des Abgelaufenen oder des Ewigen.[20]

Indem man die monokulare Perspektive wieder aufgibt oder verändert, führt man wieder widerstreitende Sensationen ein. Die Unterscheidung von optischem und haptischem Sehen, von Nahsicht und Fernsicht oszilliert wieder, sie entscheidet sich erst im Bild und ist nicht vorab etwa durch Größenunterschiede kulturell codiert (das Große ist nah, das Kleine ist fern).

> Die moderne Malerei stellt uns ein ganz anderes Problem als das einer Rückkehr zum Individuum: es geht darum, wie man sich verständigen kann, ohne die Hilfe einer Natur, die schon im voraus eingerichtet ist und die vor unser aller Sinnen offen da läge; und schließlich geht es darum, wie es Kommunikation vor der Kommunikation und eine Vernunft vor der Vernunft geben kann.[21]

Etwas Vergleichbares, so scheint es, geschieht in den Filmen von Godard: Die geisterhafte Ferne und symbolische Bestimmtheit der Bilder wird durch Filterungen, Montagen, Nahaufnahmen, Jump cuts, erstarrte Kamera zurückgenommen und neu bestimmt. Die medial und perspektivisch verursachte Unwirklichkeit und Dezenz der Bilder wird durch die gerahmte Kamera paradoxerweise irritiert, um nicht „so leicht in diese Art imaginäres Koma des Bildschirms“ zu fallen, das Baudrillard erst im Video- und Monitor-Zeitalter bemerkt zu haben scheint.[22]

Die wiederholte Geste der Berührung in den Filmbildern von Godard scheint dagegen immer noch auf die vertraute Differenz von Kommunikation und Kontakt zu verweisen. Die Berührung ist buchstäblich die Inszenierung der ‚Kommunikation’ vor oder jenseits der Kommunikation, die Inszenierung der anderen Seite der Kommunikation im Zeitalter der klassischen Medien: des Kontaktes. Was sie trennt, ist die Distanz. Die Kommunikation hält (wie die Malerei durch die Perspektive und Rahmung die Zuschauer) auf Distanz, und sie hält als Sprache zugleich Kontakt. „Was wir Sprechen nennen, das ist nichts anderes als jene Antizipation und Wiederaufnahme, dieses Berühren auf Distanz, das sich selbst nicht in Begriffen der Kontemplation erfassen kann,

---

[20] Ebd. N. Luhmann beschreibt dieses Problem in ähnlicher Weise: „Alles, was im Moment aktuell ist, besetzt nur diese eine Zeitstelle. Alle anderen sind im Moment inaktuell, können im Moment nicht entzogen werden und vermitteln insofern den Eindruck einer stabilen Welt. Instabilität korreliert also mit Aktualität, Stabilität mit Inaktualität - eine Weise der Entfaltung zeitlicher Notwendigkeit. Der Raum hat sein Prinzip darin, daß eine Stelle durch nur ein Objekt besetzt sein kann.“ Ders., *Die Kunst der Gesellschaft*, Frankfurt a.M. 1995, 182.

[21] Merleau-Ponty, *Die Prosa der Welt*, 77. So schreibt er auch an anderer Stelle: „Zur Erklärung der Kommunikation können wir uns nicht mehr auf unsere Zugehörigkeit zur selben Welt berufen: denn diese Zugehörigkeit ist es, die in Frage steht und über die gerade Rechenschaft abgelegt werden soll.“ Ebd., 156.

[22] J. Baudrillard, „Videowelt und fraktales Subjekt“, in: *Ars Electronica*, *Philosophie der neuen Technologien*, Berlin 1989, 121.

jenes tiefe Einverständnis der Zeit mit sich selbst."[23] Eine gewisse Simultaneität von Sprechen und Zuhören, von Wahrnehmungen. Aber wie hält und findet man Kontakt, im Film, ohne den Zuschauer anzuketten oder ihn ins Koma zu versetzen?

Die Taktilität der Bilder entsteht in der Regel dadurch, daß die Bilder für uns greifbar zu werden scheinen, daß sie uns betäuben. In der taktilen Ästhetik von Walter Benjamin geht es entsprechend um die Analyse von Schock-Situationen, die durch den Film ausgelöst werden und die der Zuschauer gleichermaßen innervieren und parieren soll. Es geht um ein „Training in der Reizbewältigung" für den Tumult in der Großstadt mit dem ultimativen Ziel: „den Vorfall zu einem Erlebnis machen", also jeden Schock simultan reflexiv aufzuheben.[24] In den Filmen von Godard, wie überhaupt in der *nouvelle vague*, hat sich die taktile Ästhetik von der Schock-Ästhetik der Avantgarde (und des aktuellen Action-Kinos) entfernt. Der Zuschauer muß sich nun Zeit nehmen, weil in den Bildern sich Zeit zeigt und nicht nur Augenblicke der Plötzlichkeit. Was heißt aber dann hier: taktiles Sehen?

> Sehen setzt die Distanz voraus, die trennende Entscheidung, die Fähigkeit, nicht in Kontakt zu sein und im Kontakt die Konfusion zu vermeiden. Sehen bedeutet, daß die Trennung deshalb Begegnung geworden ist. Aber was passiert, wenn das, was man sieht, in beliebiger Distanz, sie durch einen ergreifenden Kontakt zu berühren scheint, wenn die Weise zu Sehen eine Art Berührung, wenn Sehen ein Kontakt auf Distanz ist? [...] Das, was uns durch einen Kontakt auf Distanz gegeben wird, ist das Bild, und die Faszination ist die Passion des Bildes.[25]

Im Zustand der Faszination wird das Bild immanent unendlich und unaufhörlich zugleich, es entsteht eine „Unmöglichkeit, nicht zu sehen", und eine fortwährende Enteignung des Schauenden von seiner Macht der Identifikation.[26] Der faszinierte und nicht länger schockierte Blick blickt in die Defiguration, in die Ambiguität des Bildes, das zugleich etwas zeigt und etwas anderes andeutet. In der Faszination begegnet uns nicht nur die durch die Medien zum Bild gewordene Welt, sondern das Bild fasziniert uns durch seine Intimität mit einem Außen, einer Möglichkeit des Andersseins, die nicht Bild geworden ist. „Hier weicht der Sinn nicht in einen anderen Sinn aus, sondern in das Andere allen Sinns, und aufgrund der Ambiguität hat nichts Sinn, aber alles *scheint* unendlich bedeutungsvoll zu sein: der Sinn ist nichts als ein Schein".[27] Das Bild einer Welt wird zugleich zum Bild der Leere oder des Andersseins, der

---

[23] Merleau-Ponty, *Die Prosa der Welt*, 159.

[24] W. Benjamin, „Über einige Motive bei Baudelaire", in: ders., *Illuminationen. Ausgewählte Schriften*, Frankfurt a.M. 1977, 192f.

[25] M. Blanchot, „La solitude essentielle", in: ders., *L'espace littéraire*, Paris 1988, 28f. (Übers. des Verf.).

[26] Ebd., 29.

[27] M. Blanchot, „Les deux versions de l'imaginaire", in: *L'espace littéraire*, 354.

Kontingenz. Identität und Kontingenz in einem Bild, das ist die Passion des Bildes, die Faszination des Imaginären.

Es geht also bei Godard nicht nur um eine Kritik der Bild-Werdung der Welt durch die Massenmedien mithilfe der starren Kamera, sondern auch um eine Analyse der Ästhetik der Bilder, um eine Einführung in die Taktilität der Bilder. Godard ist nicht nur an Brecht orientiert, sondern auch an Cézanne oder Bonnard, die er in sein Medium Film zu übertragen versucht. Seine Film-Bilder schockieren und entlarven in *Détective* weniger, als daß sie zur tastenden Wahrnehmung herausfordern, zum Vergleich, zur Beobachtung. Dadurch wird der Zuschauer weder überwältigt noch bleibt er wirklich in ästhetischer Distanz. Serge Daney, der grundsätzlich zwischen dem Bild/dem Imaginären und dem Visuellen unterscheidet, schreibt deshalb auch im Hinblick auf Godard:

> Wenn das Visuelle uns daran hindert, etwas zu sehen (weil es dem Decodieren, dem Entziffern, kurz: dem Lesen den Vorzug gibt), so fordert uns das Bild immer heraus, es mit den anderen zu montieren. Denn das Bild hat, wie die Demokratie, etwas ‚Spiel', etwas Unvollendetes, offen Klaffendes.[28]

Das Bild hält eine Beziehung offen, weil es nicht durch die gezeigte Situation oder durch seine Stelle in der Handlung, im linearen Ablauf definiert und absorbiert ist. Es zeigt, daß es von hier aus auch anders weitergehen könnte, daß das nächste Bild noch nicht bestimmt ist. Es ist eine wesentlich und keine zufällig unvollendete Geste, die auch im Laufe des Filmes keinen Abschluß findet, nur einen Abbruch nach 90 Minuten.

Das Spiel mit dem festen Rahmen einerseits und der Tiefenschärfe des Bildes andererseits bringt das ins Bild, was Merleau-Ponty beschrieben hat als den Konflikt zwischen dem simultanen und dem sukzessiven Blick. Durch die feste Kadrierung und die feste Fokussierung mit zumeist großer Schärfentiefe bleibt entweder ein Teil der Dinge im Bild unscharf (Vordergrund, Hintergrund oder die Ränder z.B.), oder aber es zeigt sich durch Bewegungen der Personen innerhalb der Einstellung erst, in welchem Abstand sich die Kamera zu ihnen befindet. Durch die anhaltende Unschärfe oder die plötzlichen Unterbrechungen der Distanzen (eine Figur tritt vor eine andere, eine Hand fliegt durchs Bild) wird die Auswahl der Fokussierung sichtbar und fühlbar, sie wird zur Sensation. Der Blick wechselt von der kontemplativen Sukzession innerhalb der Einstellung – oder erst durch die Unterbrechung – zum bewegten Blick auf die „Simultaneität der Gegenstände"[29], um sich zwischen verschiedenen Objekten zu entscheiden. Das Sehen wird fühlbar als Aktivität des Auswählens und Beziehens. Die malerische Distanz zum Filmbild bricht zusammen: Wir sind es, die sehen und auswählen, die das Bild vollenden, die Perspektiven als solche bewerten und die dem Bild Realität oder Realismus verleihen, und zugleich begegnen wir dem Realen des Bildes. Die Kommuni-

---

[28] S. Daney, in: *documenta documents*, Ostfildern-Ruit 1996, 52.
[29] Merleau-Ponty, *Die Prosa der Welt*, 73.

kation mit dem Film und seinen Bildern funktioniert nicht von selbst, ebensowenig die Kommunikation der Kamera mit dem, was sie aufzeichnet.

Im Schnitt, im Sinne Blanchots[30], oder in der visuell-taktilen Unterbrechung bei Godard zeigt sich der Film (oder die Schrift) als Medium der zweiten Unmittelbarkeit, das erst einmal seinen Standpunkt, seine Distanz und (technische) Sensibilität dokumentiert und nicht das Geschehen an sich. Die Kamera enttäuscht, ohne zugleich ‚aufklären' zu können. Die Wahrheit der Geschichte ist in *Détective* transparent, also unsichtbar, und zugleich banal, der Mühe nicht wert.

Der unmögliche Kontakt: Ein Ausblick

Für Kommunikationstheoretiker und -kritiker wie Baudrillard und Virilio besteht das Wesen der modernen Kommunikation nicht mehr in der klassischen Trennung von Kommunikation und Kontakt (durch Schrift), sondern in ihrer gegenseitigen Überblendung und ihrem Kurzschluß. Im aktuellen, digitalen „Interface der Kommunikation" gibt es danach keine Möglichkeit mehr, „der Zeit zu trotzen und einen Eingriff in die eigenen Resultate vorzunehmen. Jede Form von unmittelbarer Rückläufigkeit, Feedback, Kontrolle und Selbstkontrolle von immanenter Rückwirkung, wie Information und Kommunikation sie darstellen, vernichtet die Dimension der Handlungsfreiheit. [...] In einem Zeitalter der Kommunikation ist es verboten, sich loszulösen".[31] Das Zeitalter der digitalen Ästhetik zeichnet sich jedoch durch ein Paradox der Kommunikation aus: Neben dem Verbot der Lösung des Kontakts (Bleiben sie dran!) existiert auch die Unmöglichkeit, Kontakt zu bekommen: „Im Bannkreis der Kommunikation sind Dinge, Menschen und Blicke unablässig im Zustand virtuellen Kontaktes und berühren sich doch nie, weil dabei die Nähe oder Ferne eine andere ist als die des Körpers zu dem, was ihn umgibt."[32] Es gibt bei digitalen Medien wie dem Computer keine Distanz mehr, die überwunden werden kann, keine anthropomorphe Entfernung, die in Reich-Weite liegt, sondern eine virtuelle Distanz durch eine Folge von digitalen Schaltungen. An die Stelle des Kontaktes auf Distanz durch Sprache oder Schrift oder Bilder wie bei Godard tritt dann die „Kontrolle auf Distanz", die Selbst- und Fernüberwachung durch Telekommunikation, die digitale Erzeugung von Bildern und Tönen in Echtzeit.[33]

---

[30] M. Blanchot, „Der Atheismus und die Schrift", in: ders., *Das Unzerstörbare. Ein unendliches Gespräch über Sprache, Literatur und Existenz*, München 1991, 265: Es gibt, wie Blanchot das für die Literatur beschrieben hat, durch das Schreiben einen unvermeidlichen „Schnitt mit dem Denken, wenn dies sich als unmittelbare Nähe ausgibt, und Schnitt mit jeder empirischen Erfahrung der Welt."

[31] J. Baudrillard, „Die Abschreckung der Zeit", in: *Tumult* 9, München 1987, 117f.

[32] J. Baudrillard, „Videowelt und fraktales Subjekt", 122.

[33] P. Virilio, „Das dritte Intervall. Ein kritischer Übergang", in: P. Weibel, E. Deckert (Hgg.), *Vom Verschwinden der Ferne. Telekommunikation und Kunst*, Köln 1990, 340.

Überrascht fragt man sich allerdings, wenn man der Diagnose Baudrillards zustimmen kann, warum die Lösung des Kontaktes mit dem Kommunikationsnetz verboten ist, wenn sie doch gleichzeitig als unmöglich erscheint? Wird das Mögliche im Angesicht des Unmöglichen verboten, weil nur so der Schein bestehen bleiben kann, daß digitale Kommunikationsnetze ihre Nutzer integrieren und berühren? Das implizite Verbot des Kontaktabbruchs verweist auf die Angst der Netzbetreiber, mit ihren Maschinen alleine zu bleiben oder die Unterscheidung von digitaler Kommunikation und Kontakt sichtbar zu machen.[34]

Godards Film *Détective* lebt ganz vom analogen Reiz des Ununterscheidbar-Werdens zwischen Sprechen und Berühren, zwischen Sehen als Beobachten und Sehen als Faszination, zwischen Lesen, Hören und Sehen: eins kann ins andere übergehen. Die Schlußsequenz des Filmes, in der die Mafia das Hotel verläßt, zeigt das noch einmal. Sie endet mit einer unübersichtlichen und psychologisch unvorbereiteten Schießerei, die theatralisch-komödiantisch inszeniert wird. Der Onkel William Prospero und Jim Fox-Warner werden nacheinander unaufgeregt und unmotiviert erschossen: Der Onkel flüstert Kommissar Isidor stumm, aber mit sichtbarer Bewegung der Lippen etwas ins Ohr, während sich Françoise Chenal die Zeit nimmt, ihrem geduldig sterbenden Liebhaber Jim Fox-Warner Sätze aus Joseph Conrads *Lord Jim* vorzulesen. Ihr Ehemann muß dabei durch das reflektierende Glas der Drehtür stumm zuschauen, mit dem Kind der Mafia-Familie als Geisel, das das Kind von ihm und seiner Frau sein könnte. Nach einem Handgemenge wird auch er erschossen. Die Geschichte des Films endet mit der für einen Kriminalfilm typischen Katastrophe, aber sie endet ohne Pathos. Die sterbenden Protagonisten glauben einerseits nicht an die Ereignisse, die ihnen da widerfahren, andererseits sind ihnen die Ereignisse gleichgültig, längst bekannt. Die Männer sind zu müde, um zu kämpfen; nur Arielle, die Cousine des Kommissars, will mit einem Revolver zurückschießen, der ihr jedoch von einem Mafiosi mit einer sanften Berührung entwendet wird. Ein Film, der den Klassikern des dramatischen Handlungsfilms John Cassavettes, Edgar G. Ulmer und Clint Eastwood gewidmet ist, geht ohne Höhepunkt, geht allmählich zu Ende.

Godards Film spielt im Zwischen-Reich von Fiktion und Dokumentation und nicht im Reich der Simulation. Seine Choreographie von Kommunikation und Kontakten ist noch geprägt von der Suche nach der Begegnung – mit Körpern, Bildern und Sprache. Gerade indem Godard verschiedene Medien und Künste kombiniert (die starre Position der Photokamera mit der Fähigkeit der Filmkamera, Bewegungen aufzuzeichnen, oder die Rahmentechnik der

[34] In ihrer protestantischen Mediengeschichte (im Unterschied zur katholischen Mediengeschichte McLuhans) des Telephons hat Avital Ronell deshalb vorgeschlagen, neben integrierenden Kommunikationsnetzen „Telephone zu installieren, die unterbrechen [disconnect], die dich lehren aufzulegen und wiederzuwählen." A. Ronell, *The telephone book. Technology – Schizophrenia – Electric speech*, Nebraska 1989, 8 (Übers. des Verf.).

Malerei mit dem Film), kann er den Film zur Mitteilung von Wahrnehmungen nutzen, die die Möglichkeit und die Zeit einer Berührung im Film und für uns – auf Distanz – zulassen, ohne uns kontrollieren oder unterwerfen zu wollen.[35] Wir schauen zu, wie der Film abläuft und zu Ende geht; wir sehen ihn in seiner Zufälligkeit und Bestimmtheit, ohne, wie im Rahmen digitaler Kommunikation, eingreifen und ändern zu müssen, weil wir es doch könnten. Auch wenn der Film katastrophisch endet, brauchen wir keine andere Variante zu erfinden, weil wir ihn nicht ändern können. Zugleich sehen wir, daß der Film selbst eine Variante von Genrefilmen ist und seine Offenheit und Andersheit in der Gleichzeitigkeit von Nähe und Distanz zur Schau stellt. Der Film endet mit der Wiederholung des Satzes, mit dem er angefangen hat: „Na, weil die Liebe ewig ist." Er fängt an, ohne wirklich anzufangen, und er hört auf, ohne zu enden. Der Film unterbricht sich, um beim nächsten Mal, beim nächsten Film weiterzumachen. Wir bleiben in Kontakt.

[35] G. Mattenklott ist der aggressiven Seite des „Kontaktes auf Distanz" – ebenfalls für den Film – nachgegangen in: ders., *Der übersinnliche Leib. Beiträge zur Metaphysik des Körpers*, Reinbek b.H. 1982.

Natalie Binczek

Anökonomie und Codierung

Zur Liebessignifikation und Liebeskommunikation in Jean-Luc Godards *Nouvelle Vague*

Anökonomie der Liebe oder der Andere im Selbst

Nahezu leitmotivisch durchzieht die Reflexion auf Liebe den gesamten Verlauf von *Nouvelle Vague* (1990). Dabei wird sie nicht nur in eine topologische Beziehung zu dem anderen großen Thema dieses Films, der Ökonomie nämlich, gebracht, sondern überdies selbst von der Ökonomie her gedacht. Liebe und Ökonomie werden enggeführt, um sie im Hinblick auf die ihnen gemeinsam zugrundeliegende Struktur wahrzunehmen. Das bedeutet, daß auch die Liebe auf ihre spezifische ökonomische – bzw. wie wir sehen werden: gerade auf ihre anökonomische – Struktur zurückgerechnet wird. Als solche signifiziert sie das Prinzip eines irreduziblen, weil in keinen tauschökonomischen Kreislauf reintegrierbaren Mangels und Überschusses. Sie läßt sich daher als rückhaltlose Gabe oder Verausgabung reformulieren. Dabei wird die unübersehbar an Lacan angelehnte Konzeption, derzufolge Liebe bedeute, etwas zu geben, was man nicht hat,[1] und die damit motivierte Grundlegung der Liebe auf ein gleichermaßen vom Mangel wie vom Überschuß gekennzeichnetes (an)ökonomisches Modell von Godard wie ein Eingangsmotto bereits in die Anfangssequenzen des Films einmontiert, indem er Elenas (Domiziana Giordanos) Stimme aus dem Off den Satz sagen läßt: „Wie wunderbar ist es, etwas geben zu können, was man nicht hat."

Als Eingangsmotto hat dieser Satz einen programmatischen Stellenwert. Er bietet eine polyvalente Anschlußfähigkeit, indem von hier aus das Prinzip der

---

[1] Bei Lacan wird die Liebe auf den Mangel zurückgeführt: „Dies Privileg des Anderen umreißt so die radikale Gestalt der Gabe dessen, was es nicht hat, das heißt dessen, was man Liebe nennt." J. Lacan, „Die Bedeutung des Phallus", in: ders., *Schriften II,* N. Haas (Hg.), Weinheim, Berlin 1986 (Quadriga Verlag), 127. „Diese *Logik des Mangels* stellt gleichsam die komplementäre Formel der Gabe dar. So wie diese dadurch bedroht wird, daß sie als Gabe identifiziert und zurückgegeben wird, steht auch das Begehren seinem *Erlöschen in der Habe* gegenüber. Man begehrt nur, was man nicht hat." M. Wetzel, „Liebesgaben. Streifzüge des literarischen Eros", in: ders., J.-M. Rabaté (Hgg.), *Ethik der Gabe. Denken nach Jacques Derrida*, Berlin 1993 (Akademie Verlag), 225. Vgl. dazu außerdem den Aufsatz von H.-D. Gondek, „Zu geben, was man nicht hat", in: *RISS. Zeitschrift für Psychoanalyse* 35 (1996).

beschränkten, d.h. auf Tausch, Austausch und Äquivalenz aufruhenden Ökonomie nicht nur in bezug auf die Liebe in Frage gestellt wird, sondern sich darüber hinaus auf eine allgemeine und umfassende Textur der tauschzirkulären Logik schlechthin ausweitet. Sie impliziert ein breites Spektrum weiterer ähnlich gelagerter Konfigurationen, welche der anökonomischen Liebeskonzeption insofern korrespondieren, als auch sie sich der Zirkulation des Tausches von Gabe und Gegengabe, von Geben und Nehmen, d.h. der Zirkulation einer gegenseitigen Komplementierung – auch auf der Ebene von Kommunikation und Signifikation[2] und auf der Ebene der kinematographischen Wahrnehmung sowie des kinematographischen Blicks[3] – entziehen. Wir werden im folgenden einige dieser Konfigurationen in *Nouvelle Vague* zu rekonstruieren versuchen, wobei wir uns vor allem dem Spannungsverhältnis zwischen den anökonomischen Strukturen und der Möglichkeit ihres Ereignisses zuwenden wollen.

Liebe ist immer ein Differenzphänomen, weil sie das Andere bzw. den Anderen in das Eigene, das Du in das Ich einbezieht und mithin der Identität des Selbst stets auch die Differenz des Anderen implementiert. Noch im Narzißmus muß die Differenz zwischen Ich und Ich stattfinden und der Umweg über den Anderen im Selbst genommen werden. Unterschiedliche Differenzkonzepte können dabei die Organisation der Differenzwerte bedingen, so daß sie entweder ökonomisch als komplementärer Austausch aufeinander bezogen werden oder sich als anökonomisch-verschobene Inadäquanz gegenseitig kontaminieren. In *Nouvelle Vague* indes gehört zu dem Spektrum der anökonomischen Strukturen auch jener vorderhand wie eine einfache Opposition konstruierte Dual zwischen Mann und Frau bzw. männlich/weiblich, dessen zentrale Relevanz – was zahlreiche, vor allem feministisch orientierte Untersuchungen vielfach zu wiederholen und nachzuweisen bemüht sind[4] – in na-

---

2 „Sobald sich die Gabe in der ökonomischen Odyssee des Kreises annulliert, sobald sie als Gabe *erscheint* oder Gabenbedeutung annimmt (*se* signifie *comme* don), gibt es keine ‚Logik der Gabe' mehr; und man darf wohl alles darauf wetten, daß ein konsequenter Diskurs über die Gabe unmöglich wird: er verfehlt seinen Gegenstand und spricht im Grunde immer von etwas anderem." J. Derrida, *Zeit geben I. Falschgeld*, München 1993 (Fink Verlag), 37.

3 In Analogie dazu heißt es in den – übrigens 1990, also im selben Jahr wie *Nouvelle Vague* entstandenen – *Geschichte(n) des Kinos*: „Oh, wie wunderbar, schauen zu können, was man nicht sieht. Oh, süßes Wunder unserer blinden Augen."

4 Exemplarisch sei hier auf V. Rall verwiesen: „Die Situation ist komplex: Godard greift, wenn auch *explizit* und gebrochen in der Verteilung des Anteils an filmisch-symbolischer Macht zwischen den männlichen bzw. weiblichen Figuren, auf Konstruktionen des traditionellen Kinos zurück, welches diese Macht implizit verteilt: Das Hollywoodkino wie auch Godard in diesem Falle insistieren auf der Stummheit und Körperlichkeit der Frauenfiguren, die durch Abwesenheit der subjektiven Fähigkeit zu signifizieren gekennzeichnet sind und so selbst auf ein Symbol reduziert werden." V. Rall, „‚Brauche ich einen Namen, um zu sehen?' Sprache, Subjektivität und Geschlechterdifferenz in Jean-Luc Godards *King Lear*", in: *Frauen und Film* 44/45 (1988), 148.

hezu allen Filmen von Godard immer wieder aufs neue unter Beweis gestellt wird.

Das Verhältnis zwischen Männern und Frauen ist nicht nur ein permanentes Thema in seinen Filmen, sondern mitunter das einzige aus dem stets wiederkehrenden Themenrepertoire, welches mit dem Kino, seiner Ästhetik und seiner Produktion zunächst nicht unmittelbar zusammenhängt. Es scheint daher einem ‚Draußen' – dem wirklichen Leben? – zu entstammen, welchem sich die Selbstreferentialität der Kinoreflexion scheinbar entgegenstellt. Dieses vermeintlich außer-cineastische ‚Draußen' aber macht die Handhabung der Mann/Frau-Differenz sehr problematisch. Denn es befrachtet sie zuweilen mit einem ontologischen, utopischen oder vitalistischen Ballast, aufgrund dessen Godards Position ‚ideologisch' angreifbar wird.

Nur in gegenseitiger Abgrenzung und deshalb nur in gegenseitiger Abhängigkeit voneinander kann die Geschlechterdifferenz markiert und remarkiert werden. Sie kann in diesem Zusammenhang entweder als asymmetrische Komplementarität oder aber im Gegensatz dazu als einheitlich nicht mehr aufhebbare Dissymmetrie bzw. Anökonomie definiert werden. Je nach dem, wie die Unterscheidungswerte Mann und Frau aufeinander bezogen werden, bilden sie entweder ein Gegensatzpaar, innerhalb dessen jedoch die eine Seite der anderen Seite subordiniert wird – wobei der Frau zumeist die Position der „Abwesenheit der subjektiven Fähigkeit"[5] zukommt –, oder aber sie werden in eine differentielle und mithin eine paradoxale, weil ‚beziehungslose' Beziehung zueinander gesetzt. In diesem Sinne wird auch in *Nouvelle Vague* die Auffassung einer komplementär-oppositionellen Beziehung zwischen Mann und Frau explizit in der wiederholt hervorgebrachten Aussage deutlich: „Ein Mann ist nicht genug für eine Frau. Oder zuviel."

Die in *Nouvelle Vague* vorgenommene Reaktualisierung der Mann/Frau-Unterscheidung, ihrer konventionellen Rollenzuweisungen und der Formen ihres Zusammenlebens, beispielsweise in Eheverhältnissen oder Partnerschaften, dient somit weniger ihrer affirmativen Fortschreibung, als vielmehr ihrer Annullierung. Dabei kulminiert ihr Ausdruck in einem mehrfach wiederholten Kommentar, welcher die Paradoxie jener – bis in Tod hinein überspannten – Bezugslosigkeit der aufeinander bezogenen Unterscheidungswerte Mann/Frau betont: „Eine Frau kann einem Mann nicht schaden. Er trägt seine ganze Tragödie in sich selbst. Sie kann den Mann stören, kann ihn ärgern. Sie kann den Mann töten. *Das ist alles* [eigene Hervorhebung; N.B.]."

Die Dissymmetrie oder Anökonomie als eine Kategorie der Verschiebung und Umkehrung kann aber ausschließlich unter der Voraussetzung zustande kommen, daß sie sich in die symmetrischen und asymmetrischen, identitären und oppositionellen Strukturen gewissermaßen einschmuggelt, um sie dann aus ihrer Mitte heraus umzukehren. Im Sinne einer unhintergehbaren und unaufhebbaren Inadäquanz entsteht die Dissymmetrie also nicht unabhängig von

---

[5] Ebd.

der Komplementarität und der Identität der Unterscheidungswerte. Sie läßt sich vielmehr nur in Form einer verschiebenden Intervention beobachten. Das bedeutet, daß die dissymmetrische Inadäquanz nur als Eingriff in die symmetrischen Strukturen wirksam und beobachtbar ist. Dabei läßt sie sich auch als Negation zweiter Ordnung und somit als nicht mehr oppositionelle, sondern sich selbst suspendierende ‚Negation' umschreiben. Sie negiert die differentielle Negation, indem sie sie auf ihre Ununterscheidbarkeit hin transferiert. Denn in der Gradualisierung der Negation auf ihre Suspension hin, d.h. in der Negation der Negation, löst sich das einfache Schema binärer Zweiwertigkeiten auf.

Dem komplementären Modell der Geschlechterdifferenz und der ihr zugrundeliegenden, gleichsam tauschökonomischen Liebeskonzeption wird indessen „Das Wunder unserer leeren Hände"[6] entgegengesetzt. Die immerfort in unterschiedlichen Modifikationen wiederkehrende Geste der ausgreifenden, aber leer und offen bleibenden Hand – das Motiv der aneinander vorbeigreifenden Hände[7] eingeschlossen – verweist auf die Dissymmetrie zwischen Mann und Frau und die dieser Dissymmetrie korrelierende anökonomische Liebeskonzeption, derzufolge Liebe als nicht-präsente Gabe, welche im Hinblick sowohl auf ihren Mangel als auch auf ihren Überschuß, d.h. auf die ihr immanente ökonomische Inadäquanz, stets irreduzibel bleibt. Dabei greifen die Hände nicht nur aneinander vorbei, sie verfehlen sich nicht nur, sondern treffen sich auch, fassen sich an, aber nur für einen kurzen Augenblick und nur, um sich schließlich doch wieder loszulassen.

Man denke hier vor allem an die langen Szenen im Meer, in welchen die Hände der Protagonisten sowie ihre gestische Kommunikation überhaupt und nicht etwa ihre Körper oder ihre Gesichter die eigentliche Hauptrolle spielen.[8] Das Verhältnis zwischen Lennox (Alain Delon) und Elena spiegelt sich in den Bewegungen ihrer Hände. Es wird dadurch als ein Verhältnis des Gebens und Nehmens sichtbar gemacht. Ihre gegenseitige Verfehlung, aber auch das Ineinandergreifen ihrer Hände, womit sie sich gegenseitig vor dem Ertrinken retten, gelten daher als ein umfassender Ausdruck für die Dynamik ihrer Beziehung. Zwischen den Elementen Himmel und Wasser – und damit vor eine Kulisse gesetzt, welche den Dualismus von Leben und Tod symbolisiert – erhält das Händespiel überdies auch eine universale Bedeutung, derzufolge es sich nicht nur auf das spezielle Verhältnis von Lennox und Elena bezieht, son-

---

[6] Unter Rückgriff auf Anmerkung 3 läßt sich entsprechend die Analogie zum „süße[n] Wunder unserer blinden Augen" herbeiführen.

[7] Einige Kritiker sprechen in diesem Zusammenhang vom Konzept des Scheiterns oder vom „Prinzip der Verfehlung, das in *Nouvelle Vague* vorherrscht. Die Liebenden verfehlen einander, die Klassen verfehlen einander, die Sätze verfehlen einander, sogar die Macht verfehlt ihre Ziele." G. Seeßlen, „Jean-Luc Godard: Spuren eines Ganges im Kreis. Postkarte zu seinem 60. Geburtstag", in: *Film epd*, Jg. 7 (1990), 18.

[8] Vgl. zur Bedeutung der Kommunikation mit Händen bei Godard den Aufsatz von S. Hesper in diesem Band: „Berührungen auf Distanz. Kommunikation und Kontakt in Jean-Luc Godards *Détective*".

dern auch auf das grundlegende Verhältnis zwischen Männern und Frauen überhaupt, bzw. auf das Verhältnis zwischen dem Selbst und dem Anderen.

Das Unmögliche und seine Figurationen

Die Paradoxie liegt darin, daß sich die Gabe selbst zwar dem Mangel verdankt, daß sie aber dennoch einen Überschuß und, im Hinblick auf die signifikativen Prozesse, eine Überdetermination schafft. Gleichwohl sind der Mangel und der Überschuß als die zwei Seiten derselben Struktur jeweils irreduzibel, weil sie sich weder von der Tauschzirkulation ableiten, noch in diese wieder einlenken lassen, sondern im Sinne einer autonomen, nicht weiter rückführbaren oder anders verrechenbaren Kondition figurieren. Die Gabe ist im wesentlichen differentiell angelegt, weshalb sie sich ausschließlich im Aufschub und somit in dem eigentümlichen ‚Zwischenbereich' der Unentscheidbarkeit und Ununterscheidbarkeit zwischen Geben und Nehmen ereignet. Jenseits ontologischer und präsenzmetaphysischer Koordinaten angesiedelt, von wo aus sie weder sein, noch es sie überhaupt geben kann, nimmt die Gabe eine Form an, welche ein tiefgreifendes Mißverhältnis kennzeichnet zwischen dem, was sie ‚ist' oder vielmehr ‚nicht ist', und dem, wie sie beobachtet und beschrieben wird.

Daran knüpft sich nunmehr die Frage an, in welcher Weise sich das, was ebendiesen Zwischenbereich der Gabe ausmacht – man könnte auch sagen: den Bereich, in welchem der paradoxalen Simultaneität zwischen Grenzziehung und Entgrenzung stattgegeben wird –, beobachten läßt. Wie wird es sichtbar? Wie also kann das Unmögliche der Liebe als Gabe inszeniert bzw. trotz ihrer Unmöglichkeit dennoch inszeniert werden? Wo zeigt es sich in *Nouvelle Vague*? Was also sehen die blinden Augen? Es geht demnach um die Frage, wie sich die ‚Referenten' oder Bezugselemente bestimmen lassen, auf welche der Fokus einer solchen Beobachtung gerichtet ist; zumal es sich bei diesen Referenten wohl kaum um Gegenstände oder im herkömmlichen Sinne verstandene, einfach decodierbare Zeichen, als vielmehr um besondere, weil immerzu im Aufschub begriffene Operationen handelt. Denn in der Ununterscheidbarkeit kann es weder Gegenstände noch Zeichen[9] noch andere durch Einheit besiegelte und referentiell verbürgte Markierungen geben.

Um diesen Bereich lesbar und beobachtbar zu machen, müssen seine Unterscheidungen in unaufhebbar paradoxe Elemente zerlegt werden, wie sie etwa in den ihrer Funktion nach zwar verweisenden, im präsenzmetaphysischen

[9] „Die Inschrift einer solchen Spur [...] hat auf eine undenkbare Art zu geschehen, daß sie als ein Erlöschen der Spur selbst zu beschreiben ist. Die Spur entsteht als ihr eigenes Erlöschen..." J. Derrida, „Ousia und gramme", in: P. Engelmann (Hg.), *Randgänge der Philosophie*, Wien 1988 (Passagen Verlag), 83.

Sinne jedoch zugleich verweisungslos bleibenden Spuren und Supplementen[10] gegeben sind; wie sie sich daraufhin auch als Gespenster (*spectres*)[11] bezeichnen lassen; und wie sie entsprechend in der Alterität der aneinander vorbeigreifenden sowie einander ergreifenden Hände zum Ausdruck kommen. Spur, Supplement, Gespenst und nicht zuletzt die Liebe als Gabe sind somit unterschiedliche Namen – und mithin jeweils unterschiedliche Konnotationsräume – für ein bestimmtes Differenzproblem, welches dadurch gekennzeichnet ist, daß die Unterscheidungsgrenzen in ihrer Trennschärfe aufgelöst und auf ihre Unentscheidbarkeit hin verschoben werden. Sie sind also keine einfachen Bezeichnungen für bestimmte Sachverhalte, sondern vielmehr Indikationen dafür, daß sich diese Sachverhalte eigentlich nicht bezeichnen oder bedeuten lassen.

Zwar ist die anökonomische Liebe die Unmöglichkeit selbst, dennoch läßt sie sich in Spuren verdichten. Sie läßt sich supplementieren und als ihr eigenes Gespenst projizieren. Was auf diese Weise möglich wird und die Form der Sichtbarkeit annimmt, ist die Unmöglichkeit selbst, bzw. die Unmöglichkeit der Liebe als Gabe. In *Nouvelle Vague* wird also die Unmöglichkeit der anökonomischen Liebe ebenso wie die Unmöglichkeit ihrer Sichtbarkeit und ihrer Sichtbarmachung vorgeführt; mithin aber auch in einem besonderen Modus ‚sichtbar' gemacht. Deshalb fällt hier das „Wunder unserer leeren Hände" mit dem „Wunder unserer blinden Augen" zusammen.

Godard setzt nachdrücklich auf die Form eines sich unaufhebbar differentiell-verschiebenden Öffnens, welches in keiner nachträglichen Schließung aufgehen will und kann. Es avanciert zum zentralen Organisationsprinzip nicht nur von *Nouvelle Vague*, sondern von fast allen seinen Filmen. In *Nouvelle Vague* indessen heißt es: „Es gibt keinen Richter. Nirgendwo. Was nicht gelöst wird durch die Liebe, das bleibt für immer *in der Schwebe* [eigene Hervorhebung; N.B.]." Da die Liebe jedoch nichts lösen kann, weil sie gerade für das Unmögliche einsteht, da sie nicht richten kann, weil sie nur Unentscheidbarkeiten hervorruft, muß deshalb alles in der Schwebe bleiben. Parallel dazu bleibt die kommunikative Offenheit, die sich allerdings nicht als Gegenstück zur Schließung buchstabieren läßt, sondern vielmehr als das in die Schließung eingelassene Supplement verstanden werden muß, demnach genauso unabge-

---

10 „Das Supplement ist nicht, ist kein Seiendes (*on*). Doch genausowenig ist es ein schlichtes Nicht-Seiendes (*me on*). Sein Gleiten entzieht es der einfachen Alternative der Anwesenheit und der Abwesenheit. Darin liegt die Gefahr." J. Derrida, *Dissemination*, Wien 1995 (Passagen Verlag), 122.

11 „Wenn es so etwas gibt wie die Spektralität, das Gespenstige, dann gibt es Gründe, diese beruhigende Ordnung der Gegenwarten anzuzweifeln und vor allem die Grenze zwischen der Gegenwart, der aktuellen oder präsenten Realität der Gegenwart, und allem, was man ihr gegenüberstellen kann: die Abwesenheit, die Nicht-Präsenz, die Unwirklichkeit, die Inaktualität, die Virtualität oder selbst das Simulakrum im allgemeinen usw." J. Derrida, *Marx' Gespenster*, Frankfurt a.M. 1995 (Fischer Verlag), 70.

schlossen wie eine unbeantwortete Frage[12]. Das bedeutet, daß sie kein Fragment ist, sondern eine in dieser Offenheit zugleich autonome Form, welche sich jenseits reziprok oder in interaktionell aufeinander verweisenden Funktionseinheiten ereignet, wie sie in der Unterscheidung zwischen den Positionen des Produzenten und des Rezepienten oder des Autors und des Lesers etwa verankert sind. Denn die Offenheit ist kein zu komplettierender Teilaspekt interpretatorischer oder rezeptiver Akte, sondern eine Eigenschaft des Godardschen Kinos selbst, d.h. sowohl seiner besonderen Organisationsform als auch seiner besonderen Kommunikationsweise. Jenseits von personalen Rollenzuweisungen und jenseits von kommunikativen Handlungszurechnungen ist diese Unabgeschlossenheit ihrem Wesen nach unaufhebbar. Sie ist auf der Ebene des kommunikativen Prozessierens, bzw. des filmischen Ereignisses selbst wirksam. Das Godardsche Kino prozessiert also, indem es ‚für immer in der Schwebe' bleibt. Seine Agenten aber sind Spuren, Supplemente und Gespenster (*spectres*).

Zwischen Signifikation und Kommunikation

> Es muß Ereignis geben – folglich Appell zur Erzählung und Ereignis der Erzählung –, damit es Gabe gibt und es muß Gabe geben oder *Phänomene der Gabe*, damit es Erzählung und Geschichte gibt. Und dieses Ereignis, Bedingungsereignis und Ereignisbedingung, muß auf eine bestimmte Weise unvorhersehbar bleiben. Die Gabe, wie das Ereignis, als Ereignis, muß unvorhersehbar *bleiben*, es aber bleiben, ohne sich zu bewahren. Sie muß sich durch den Zufall (aléa) strukturieren lassen; sie muß zufallsbedingt *erscheinen*, auf jeden Fall als solche erlebt werden, als das intentionale Korrelat einer Wahrnehmung aufgefaßt werden, die absolut von der Begegnung mit dem überrascht wird, was sie jenseits des Horizonts ihrer Antizipation wahrnimmt: was schon phänomenologisch unmöglich scheint.[13]

Bereits in den Vorspann von *Nouvelle Vague* – und damit exakt an die Grenze der Unterscheidung zwischen dem ‚tatsächlichen' Anfang des Films und dem Anfang der filmischen ‚Handlung' oder ‚Repräsentation', bzw. an die Grenze zwischen dem Film als technischem Medium und dem Film als Kino und Kunst – flicht Godard das Problem der Unmöglichkeit des Erzählens ein, indem er Lennox aus dem Off sagen läßt: „Aber ich wollte eine Erzählung machen. Und ich will es noch." Die Absichtserklärung wird zur Performanz des Erzählens

[12] Fragen und Antworten müssen nicht unbedingt im Modus einer dialogischen Reziprozität aufeinander folgen, um dennoch Kommunikation zu ermöglichen: „Wer hat gesagt, eine Frage würde automatisch auch eine Antwort miteinschließen? Nicht mal im Wörterbuch steht unter ‚Frage', sie würde nach Antwort verlangen. Das ist ein System, das sich so herausgebildet hat [...]". J.-L. Godard, *Einführung in eine wahre Geschichte des Kinos,* München, Wien 1981 (Hanser), 218.
[13] J. Derrida, *Zeit geben I. Falschgeld*, 160.

selbst. Gleichwohl soll sie sich der Logik geschlossener Narrativik niemals fügen, obzwar sie sich andererseits auf dem Hintergrund einer auf Schließung zulaufenden Zeitstruktur bewegt.[14] Der filmische Ausgangspunkt wird auf diese Weise von einer paradoxen Konstellation getragen, welche die Unmöglichkeit der Erzählung mit ihrem Erzähltwerden, d.h. mit dem Statthaben der Erzählung, ineins setzt. Denn die an sich sowohl unwahrscheinliche als auch unmögliche Erzählung wird dennoch zum Einsatz gebracht, und zwar so, daß sie gerade von ihrer Unwahrscheinlichkeit und Unmöglichkeit ‚erzählt' oder besser: Zeugnis ablegt.

Eine Erzählung mit der Konjunktion „Aber" zu beginnen, deutet nicht nur auf ihre Unmöglichkeit und auf die Unwahrscheinlichkeit ihrer Kommunikabilität hin, sondern fungiert zugleich als Indikator für die Supplementierung ihres Anfangs. Einer Erzählung ein „Aber" voranzustellen, heißt nämlich, nicht an einem ‚genuinen' oder ‚ursprünglichen', d.h. narratologisch begründbaren Anfang anzusetzen, sondern den gesetzten Anfang in ein bereits laufendes Erzählereignis wiedereinzuführen und ihn dadurch in Form eines ursprungslosen Ursprungs, eines *re-entry* also, zu appräsentieren. Godards Film demonstriert den kontingenten, deshalb immer auch anders möglichen Anfang der Erzählung, der weder von einer allgemeinen narrativen Logik kontrolliert, noch bezüglich einer anderen übergeordneten Notwendigkeit plausibilisiert wird.

Und in genau diesem Sinne läßt sich ein weiterer Kommentar aus *Nouvelle Vague* lesen: „Sie hatten das Gefühl, all das schon einmal erlebt zu haben. Und ihre Worte schienen in den Spuren anderer, früherer Worte zu erstarren." Obgleich hier der Sprache als einem System der Supplementierung einerseits die Gefahr der Entropie attestiert wird, fällt andererseits auf, daß gerade in *Nouvelle Vague* die sprachlich-diskursive Dimension sehr dominant ist. *Nouvelle Vague* ist ein Film, dessen Diskursebene über weite Strecken derart in den Vordergrund rückt, daß sich seine Bilder zuweilen wie bloße Untermalungen der Texte und Kommentare gerieren.

Die Worte als Spuren, die Sprache als System der Supplementierung paraphrasieren jedoch einen Sachverhalt, welcher für alle Filme von Godard in besonderem Maße charakteristisch ist: ihre zitathafte und mithin intertextuelle[15] Struktur. Denn was sie kommunizieren, sind weniger Worte, Sachverhalte

---

[14] Denn die erzählte Zeit in *Nouvelle Vague* entfaltet sich im Zyklus der Jahreszeiten.

[15] Es gibt intertextuelle Strukturen, welche zugleich auch intermedial rekombiniert werden. Als Beispiel sei hier auf die Aussage verwiesen: „Eine Frau kann einem Mann nicht sehr schaden. Er trägt seine ganze Tragödie in sich selbst. Sie kann den Mann stören. Kann ihn ärgern. Sie kann den Mann töten. Das ist alles." Diese Aussage wird in *Nouvelle Vague* zweimal gemacht; einmal aus dem Off, von der Stimme Lennox' *gesprochen,* und das andere Mal zwar von derselben Stimme, allerdings als zugesandter Postkartentext *vorgelesen*. Auf diese Weise begegnen wir hier nicht nur einer Kontext- und mithin Bedeutungsverschiebung, welche unter Rückgriff auf unterschiedliche Medientechniken erzeugt wird. Vielmehr handelt es sich vor allem um eine zunehmende Distanzierung und Verunmöglichung der Zurechnung von Person, Stimme und Aussage. Denn als Text oh-

oder Ideen, als vielmehr die Spuren oder Gespenster (*spectres*) derselben; Formen also, welche immer auch um ihren wiedereingeführten Status und um ihre ‚Ursprungslosigkeit' wissen. Es sind Formen, welche aus anderen, immer auch anders möglichen Formen hervorgegangen sind. Dieser Logik zufolge dient in *Nouvelle Vague* Lennox' Autounfall – zumal Unfälle als Figurationen des Zufalls par excellence gelten – als inkalkulabler und mithin unbegründbarer Anfangspunkt der Erzählhandlung. Ungeachtet seines kontingenten Stellenwertes erzeugt dieser Anfangspunkt dennoch eine weitreichende Anschlußproduktion von Ereignissen, welche aufgrund ihrer selbstorganisatorischen Kohärenz zwar eine Einheitsbildung möglich machen, zugleich aber im Hinblick auf die Kontingenz ihrer Konstitutionsbedingung stets transparent bleiben. Godard inszeniert daher sowohl symbolisch, mittels des Unfalls, als auch strukturell, mittels der intertextuellen Praxis, das unumgängliche Wissen um die Kontingenz des Anfangs bzw. der Anfangsentscheidung und der daraus erwachsenden Konsequenzen.

Man könnte hier in Anlehnung an Deleuze die Unterscheidung zwischen dem Theorem und dem Problem[16] in Anschlag bringen, um die selbstreferentiell geschlossene, theorematische Kohärenz auf der Basis ihrer Kontingenz als problematisch zu reflektieren. Das Problematische und das Theorematische sind ineinander verwoben. In *Nouvelle Vague* wird die Unmöglichkeit der Erzählung mit ihrem Erzähltwerden kontaminiert, ebenso wie die Unmöglichkeit der Liebe als Gabe mit der Liebe als intersubjektiver bzw. interpersonaler Austausch oder die Mann/Frau-Unterscheidung als Komplementarität mit ihrer Dissymmetrie kontaminiert wird. Dabei ist es diese Kontamination selbst, welche nicht im Modus einer Alternative, sondern als paradoxale Gleichzeitigkeit von Verfehlung und Ineinandergreifen der Hände, Offenheit und Geschlossenheit, Kontingenz und Kohärenz[17], Asymmetrie und Dissymmetrie den entscheidenen Spannungsbogen des Films ausmacht.

---

ne eindeutig zuschreibbare Signatur weist die Aussage keinen Eigentümer, also keinen Autor auf.

[16] Mit Deleuze kann man an dieser Stelle von einer Gleichzeitigkeit der problematischen und theorematischen Struktur sprechen. „Im Theorem gibt es ein Problem, das ihm Leben zuführt, auch wenn es dieses entmachtet. Das Problematische unterscheidet sich vom Theorematischen [...], insofern das Theorem die inneren Beziehungen vom Prinzip bis zu den Konsequenzen entwickelt, wohingegen das Problem ein Ereignis von außerhalb einführt – eine Ablation, eine Adjunktion, einen Schnitt –, das seine eigenen Bedingungen konstituiert". Ders., *Das Zeit-Bild. Kino 2*, Frankfurt a.M. 1991 (Suhrkamp), 227f.

[17] In diesem Zusammenhang sei F. Jameson erwähnt, der im Spannungsfeld einer geschlossenen Moderne und zerstückelten Postmoderne Godard in bezug auf beide Kontexturen lesbar machen will, nicht jedoch, ohne gleichzeitig die Alternative zwischen postmoderner und moderner Lektüre zur Disposition zu stellen: „Aber Godards Filme sind auch das, Bilderteppiche des Kontingenten, selbstgefällige Vertextlichungen aus ‚allem, was der Fall ist', Oberflächlichkeiten, flach wie die Leinwand, wenn es sich nicht gar um ein Video handelt. Was bei der Konfrontation mit diesen Gestaltobjekten von Interesse bleibt, ist unsere grundlegende und unerläßliche Entscheidung, ob wir die moderne oder die postmoderne Lesart bevorzugen." Ders., „High-Tech-Kollektive im späten Godard",

Die Unmöglichkeit und die Unwahrscheinlichkeit des Erzählens korrelieren ebenso mit der Unmöglichkeit der Liebe, wie die im Identischen aufgeschobene Differenz – die *différance* – mit der Anökonomie, d.h. dem ökonomischen Umweg oder der Nicht-Ökonomie, korreliert. Einerseits kann nicht erzählt werden, weil das Problem der Erzählbarkeit stets mitläuft und den Bezug auf das Erzählte unterbricht. Andererseits läßt sich die Unmöglichkeit der Erzählung ausschließlich in einer Erzählung selbst kommunizieren. Auch Liebe als Gabe dessen, was man nicht hat, kann sich zwar nicht im gegenseitigen Austausch der Gefühle vollziehen, wenngleich sie sich andererseits als die Unmöglichkeit des Austauschs überhaupt nur in ihm selbst ereignen, bzw. in ihm operabel werden kann. Denn die Liebe als Gabe läßt sich als Austausch nicht denken. Dennoch ist sie nur im Austausch beobachtbar.

> Wie läßt sich die *différance* als ökonomischer Umweg, der, in dem Element des Gleichen, stets die durch (bewußtes oder unbewußtes) Kalkül aufgeschobene Lust oder Gegenwart wiederzuerlangen sucht, und zugleich als Beziehung zu unmöglicher Gegenwart, als rückhaltlose Verausgabung, als nicht wieder gutzumachender Verlust von Gegenwart, irreversibler Verschleiß von Energie, selbst als Todestrieb und Beziehung zum ganz Anderen, unter scheinbarer Ausschaltung jeglicher Ökonomie, denken?[18]

Das Problem besteht folglich darin, daß die Unmöglichkeit der Liebe – das trifft entsprechend auch auf die Unmöglichkeit der Erzählung zu – ausschließlich in ihrem Ereignis, d.h. ihrer Möglichkeit manifest wird, was bedeutet, daß es eine von der Operabilität des Austausches unabhängige Bezugnahme auf ihre Unmöglichkeit nicht geben kann. Denn nur in die Liebe als interpersonales, tauschökonomisches Phänomen kann sich die Liebe als Gabe ohne Gegengabe und mithin als Unmöglichkeit einzeichnen. Nur so wird die Unmöglichkeit operabel und kann als solche überhaupt erst gedacht werden. Die Komplementarität von tauschökonomischen Äquivalenzverhältnissen steht der Nicht-Ökonomie, d.h. der Ökonomie der Gabe ohne Gegengabe, nicht oppositionell gegenüber, sondern ist ihr vielmehr imprägniert, indem sie sie supplementiert und kontaminiert; in diesem Sinne jedoch von innen heraus auf das Unentscheidbare hin verschiebt. Die komplementäre Differenz wird aufgeschoben, weil der Aufschub selbst in die Differenz eingebaut ist.

Wenn sich folglich die bezeichnenderweise in die Schlußsequenzen von *Nouvelle Vague* eingebrachte Aussage „Der Tausch ist getauscht" wie eine

---

in: *Film und Kritik* (Selbstreflexivität im Film) 2 (1994), 8. Wir hingegen wollen die Einheitsproblematik und die Fragmentarität nicht als beliebig zur Auswahl stehende Interpretationsoptionen auffassen, sondern sie als Ebenendifferenz reformulieren und in ihrer notwendigen Gleichzeitigkeit proklamieren. „Die Kraft Godards besteht nicht nur darin, diese Konstruktionsmethode in seinem sämtlichen Werk anzuwenden (Konstruktivismus), sondern daraus eine Methode zu machen, die der Film zur gleichen Zeit in Frage stellen und anwenden muß." G. Deleuze, *Das Zeit-Bild. Kino 2*, 233f.

[18] J. Derrida, „Die différance", in: *Randgänge der Philosophie*, 45.

doch noch geleistete[19] Affirmation der tauschökonomischen Struktur ausnimmt, obgleich ihr die Betonung der Differenz zwischen Ich und Du unmittelbar vorausgeht: „Das bist Du. Das bin ich“ (dabei unterstreicht Elenas Handbewegung diese Differenz, indem sie die Grenze zwischen den einander gegenüberstehenden Profilen wie ein unsichtbares und zugleich unaufhebbares Gesetz gestisch anzeigt), dann begegnen wir an dieser Stelle exakt einer solchen paradoxalen, ihrer Bedeutung nach gerade unentscheidbar und unbestimmbar bleibenden Konfiguration. Denn der Vollzug der Tauschzirkulation wird hier auf die Differenz des Du und Ich hin verschoben; umgekehrt wird die Differenz des Ich und Du im getauschten Tausch aufgelöst, weshalb die Alternative zwischen der geschlossenen Tauschökonomie und der differentiellen, weil anökonomischen Gabe eigentlich nicht entschieden werden kann.

> Die Gabe darf nicht zirkulieren, sie darf nicht getauscht werden, auf gar keinen Fall darf sie sich, als Gabe, verschleißen lassen im Prozeß des Tausches, in der kreisförmigen Zirkulationsbewegung einer Rückkehr zum Ausgangspunkt. Wenn die Figur des Kreises für die Ökonomie wesentlich ist, muß die Gabe *anökonomisch* bleiben. Nicht daß sie dem Kreis völlig fremdbliebe, aber sie muß dem Kreis gegenüber einen Bezug von Fremdheit *bewahren,* einen bezuglosen Bezug vertrauter Fremdheit. Und in diesem Sinne vielleicht ist die Gabe das Unmögliche.[20]

Die Figur der Gabe, von welcher aus die Liebe gedacht wird, unterbricht die Zirkulation und das geschlossene Prozessieren der Tauschökonomie, indem sie zwar nicht unmöglich, aber die Unmöglichkeit selbst ist. In dieser Form öffnet sich die Funktionabilität der Liebe als gegenseitiger, interpersonaler Austausch auf etwas anderes hin; auf ihre Möglichkeitsbedingung nämlich, die zugleich ihre Unmöglichkeit ist. Auf diese Weise macht die Unmöglichkeit der Gabe und damit die der Liebe gerade jenen paradoxalen „bezuglosen Bezug“ deutlich, welcher jeder funktionierenden Tauschlogik gleichermaßen immanent wie logisch vorgängig ist, weil er sie überhaupt erst ermöglicht. Möglich ist sie jedoch nicht als Gabe, sondern nur als ihr Supplement bzw. als ihre Kommunikation. Die Unmöglichkeit der Gabe ist nämlich nicht deckungsgleich mit ihrem kommunikativen Ereignis.

Genauso wie die Reproduktionsfähigkeit der Kommunikation aufgrund ihrer Unwahrscheinlichkeit nicht kollabiert[21], läuft auch die Unterbrechung der ökonomischen Zirkulation nicht auf die Suspension ihrer Funktionabilität hin-

---

[19] Man bedenke zusätzlich, daß diese Aussage in der filmischen Sektion plaziert ist, welche unter dem Titel CONSUMMATUM EST („Es ist vollbracht“) steht.

[20] J. Derrida, *Zeit geben I. Falschgeld*, 17.

[21] „Themen sind ablehnbar, Beiträge sind ablehnbar. Darüber hinaus muß man bei aller Kommunikation mit einer mehr oder weniger großen Verlustquote rechnen, mit Unverständlichkeiten, mit Ausschußproduktion. Dies sind jedoch tragbare Schwierigkeiten, nur Restbestände einer tieferliegenden Problematik. [...] Gesehen im Kontext evolutionärer Errungenschaften muß kommunikativer Erfolg als zunächst äußerst unwahrscheinlich gelten.“ N. Luhmann, *Soziale Systeme*, Frankfurt a.M. 1984 (Suhrkamp), 216f.

aus. Mit Hilfe der Unterscheidung zwischen der Codeebene und der Referenzebene[22], wie wir sie hier einführen wollen, d.h. mit Hilfe der Annahme einer an sich logischen Unabhängigkeit der Ebene der kommunikativen Reproduktion von der Ebene der Signifikation, kann das selbsterhaltende Ereignis der Kommunikation auch dann gewährleistet werden, wenn hochgradig unwahrscheinliche und inkommunikable Sachverhalte kommuniziert werden sollen. Die Kommunikation kann auch dann weitergehen, wenn sie entweder keine Signifikation herstellt oder bestehende Signifikation unterminiert. Sie kann selbst die Unmöglichkeit der Signifikation kommunizieren.

Vor diesem Hintergrund aber läßt sich die Unmöglichkeit der anökonomischen Liebe ebenso wie die Unmöglichkeit der Erzählung nicht als ein Problem der Kommunikation, sondern als ein Problem der Bedeutungskonstitution spezifizieren und entsprechend auf den Zusammenhang der Signifikation begrenzen.[23] Erst als Spuren und somit als referenzlose, in die Signifikation disseminierend eingreifende Zeichen sind die Liebe und die Erzählung kommunizierbar. Nur so sind sie anschlußfähig und funktionabel. Wenn daher in *Nouvelle Vague* die Insistenz auf die Unmöglichkeit der Liebe und die Unmöglichkeit der Erzählung deutlich wird, „Das geringste Wort, das anzeigt, wo wir sind, wohin wir gehen, hätte einen unvergleichlichen Wert", dann geht es in diesem Zusammenhang nicht um die Unmöglichkeit ihres Ereignisses und ihrer Kommunikation, als vielmehr um die Unmöglichkeit ihrer Signifikation.

Apersonalisierung der Liebe und die Unmöglichkeit der Signifikation

Die in *Nouvelle Vague* an einer Stelle gegeneinander differenzierten ökonomischen Konzepte, d.h. das Konzept der Äquivalenz und das des gleichzeitigen Mangels und Überschusses, lassen sich auf zwei Liebeskonzepte applizieren und als zweckfreie Liebe einerseits und Verbundenheit andererseits einander kontrastieren. In der Fabrik und damit in einem Raumkontext, welcher für das Prinzip profitmaximierender Tauschökonomie einsteht, wird die Unterscheidung vorgenommen: „Wissen Sie, ich meine, zweckfreie Liebe gibt es nicht. Das mit den Frauen hat keine Bedeutung. Denn, was wir empfinden, ist weniger Liebe, als vielmehr Verbundenheit." Im Gegensatz zur Mangel- und Überschußökonomie der Liebe, „Liebe ist viel mehr als Liebe", deren Überschuß nicht als Rest in einen Profitzuwachs umkanalisiert werden kann, sondern sich

[22] Vgl. dazu vor allem N. Luhmann, *Beobachtungen der Moderne,* Opladen 1992 (Westdeutscher Verlag), 29ff.

[23] Der Regulierung von kommunikativem Selbsterhalt dienen die Medien-Codes. Vgl. dazu N. Luhmann, *Soziale Systeme*, 197ff. In bezug auf die Ermöglichung der extrem unwahrscheinlichen Kommunikation in Intimbeziehungen stellt Luhmann den Code der Liebe, unter Einschluß diverser historischer Semantiken, zur Diskussion. Vgl. dazu vor allem ders., *Liebe als Passion. Zur Codierung von Intimität*, Frankfurt a.M. 1982 (Suhrkamp).

gerade als nicht weiter verrechenbare Unmöglichkeit qualifiziert, wird die Verbundenheit statt dessen auf die Grundlage der Ökonomie des Gebens und Nehmens, des Austausches und der Zirkulation gestellt.

Die Verbundenheit kann Personen zugewiesen werden, indem sie einer Übereinkunft entspringt und eine bestimmte, nahezu vertragsähnliche Form der Begegnung und gegenseitigen Angewiesenheit zwischen Personen darstellt, während sich die Liebe als anökonomische Gabe eigentlich nur außerhalb von personalen Zuweisungen ‚situiert', verräumlicht. Denn sie läßt sich ihrem Selbstverständnis nach nicht auf das Schema intersubjektiv verschalteter Empfindungen und Affekte übertragen, zumal sie auch keiner intentionalen Kontrolle untersteht. Sie fungiert vielmehr als eine entschieden apsychologische und apersonale Kategorie. „Sie setzen also nicht in mich Ihr Vertrauen, sondern in die Liebe", sagt Lennox, worauf Elena erwidert: „Die Liebe stirbt nicht. Es sind die Leute, die sterben." In der Verbundenheit hingegen schwingt die Vorstellung einer gegenseitigen Abhängigkeit mit, welche eine Struktur erzeugt, derzufolge sich Personen gemeinschaftlich zueinander und miteinander in Beziehung setzen.

Liebe als Unmöglichkeit der Gabe ohne Gegengabe ist somit kein Gefühl, weil sie keiner psychologischen Befindlichkeit attribuiert werden kann. Sie konstituiert sich vielmehr im Sinne eines besonderen Signifikationsproblems. Denn Liebe läßt sich nicht aussprechen, bezeichnen oder auf den Begriff bringen. In der Versprachlichung kann sie sich lediglich aufschieben, indem sie das Modell der einfachen Signifikation und Referentialisierung aufbricht.

Diese Apersonalisierung und Apsychisierung der Liebe und entsprechend ihrer Kommunikation wird in *Nouvelle Vague* dort besonders manifest, wo sich die Tonspur gegenüber der Bildspur verselbständigt und beide nicht mehr synchron laufen, sondern differentiell-verschiebend ineinander eingreifen. Indem sich unterschiedliche Stimmen, Akzente, Sprachen und Meinungen sowohl miteinander als auch mit anderen, zuweilen sogar asignifikanten Geräuschen überlappen, werden sie nicht nur unverständlich, sondern lassen sich überdies keiner Person mehr zuschreiben. Die ‚phonozentrische', d.h. auf die Einheit der Stimme und des Selbst ausgerichtete Substitutionskette wird in *Nouvelle Vague* über weite Strecken irritiert. Dabei markiert diese Entkoppelung der Substitutionselemente, welche auf der Verselbständigung der Ton- gegenüber der Bildspur beruht, jenen Punkt, an welchem eine Dissemination der Referenz- und Repräsentationsverhältnisse einsetzt. Dadurch, daß eine Stimme keiner Person eindeutig zugeordnet werden kann, weil sie keine Person repräsentiert und eine Person somit für keine bestimmbare Position einsteht, findet die bedeutungskonstitutive Substitution, d.h. aber immer auch die Hierarchisierung von Stimme, Person und Sinn, nicht statt.

Die Zerstreuung dieser homogenen Substitutionskette, deren Glieder sukzessiv aufeinander verweisen, führt jedoch nicht zu einer allgemeinen Bezugslosigkeit oder gar Beliebigkeit. Denn der disseminatorische Eingriff in die tauschökonomischen und präsenzmetaphysischen Strukturen ist keine Operation, welche sich in der einfachen Negation des bereits Festgefügten und Bestehenden erschöpft. Als Negation zweiter Ordnung vielmehr, wie wir gesehen haben, wird mittels der Unterbrechung oder Zerstreuung ebendieses Festgefügte und Bestehende in den Zustand einer supplementierenden und kontaminierenden Logik versetzt, welche sich in Form der Spuren modalisiert und mithin zum Ereignis der ‚Schrift' wird.

> Aus diesem Grund gibt es eine Problematik der Gabe erst im Anschluß (à partir) an eine Folgeproblematik der Spur und des Textes. Es kann sie niemals im Anschluß an eine Metaphysik der Präsenz geben, selbst des Zeichens, des Bezeichnenden, des Bezeichneten oder des Wertes. Das ist einer der Gründe, weshalb wir bei der Ausarbeitung dieser Problematik immer von Texten ausgehen, von Texten im geläufigen und traditionellen Sinne der buchstäblichen Schrift, auch der Literatur, oder von Texten im Sinne „differäntieller"/aufschiebender (différantielles) Spuren...[24]

Während die differentiell-aufschiebende Schrift eine besondere Allianz mit dem ökonomischen Umweg eingeht, fügt sich die Logik der Tauschökonomie nicht nur dem als Verbundenheit bezeichneten Liebeskonzept, sondern motiviert zugleich eine Signifikationsstruktur, welche Referenz- und Bedeutungsverhältnisse über hierarchische Substitution reguliert. Das bedeutet, daß die im Austausch der tauschökonomischen Struktur anklingende Gleichheit, Identität und Homogenität ihrem Wesen nach zugleich hierarchisch disponiert ist. Denn sie bedingt die Auffassung eines egalitären Ausgleichsverhältnisses nur dank der zugleich unvermeidlichen Herstellung sich ungleichmäßig potenzierender Subordinationsverhältnisse. Deshalb entspringt ihr sowohl die Konzeption der sozialen – und als solche der interpersonalen – Verbundenheit und Gleichheit, als auch das Verhältnis einer mittels Unterwerfung und Erniedrigung erzeugten Sozialisation.

Der in *Nouvelle Vague* nahezu durchgehend vorgeführte Unterschied zwischen den Armen und den Reichen rekonfiguriert sich deshalb unter anderem als die Unterscheidung zwischen Pflicht und Neigung oder Opfer und Täter. Das bedeutet, daß die Unterscheidung zwischen den Armen und den Reichen nicht nur als eine Unterscheidung zwischen Besitz und Besitzlosigkeit thematisiert wird, sondern sich überdies in Unterscheidungen fortsetzt, welche auf Machtverhältnisse abheben. Die tauschökonomische Struktur schließt sich also mit hierarchischen Organisationsformen ebenso kurz, wie sie mit der Bewegung einer progressiven Gewinnoptimierung zusammenhängt. Neben der Verbundenheit schreiben sich also die Ideologie des kapitalistischen Profitzuwachses und die hierarchische Subordination der Klassen, d.h. die der Bediensteten gegenüber ihrer Herrschaft und der Bediensteten untereinander, in die gleiche Logik ein, in welche die Logik der Liebe als Gabe disseminierend eingreift.

---

[24] J. Derrida, *Zeit geben I. Falschgeld*, 133.

In der Ablösung der Gabe vom Haben und Sein – und mithin aus dem präsenzmetaphysischen Koordinatensystem – wird jedoch die Liebe als Gabe in dem Maße zu einer Kategorie des Aufschubs, wie die Schrift nach ihrer Entlassung aus der Repräsentationsfunktion – derzufolge sie der Abbildung von gesprochener und überdies der Sprache überhaupt dient – „sich auf den Text im allgemeinen" hinauswindet, „jenseits seiner linguistischen oder logozentrischen Geschlossenheit, jenseits seines engen und geläufigen Sinnes."[25] Es gibt also nicht nur eine strukturelle Homologie zwischen der Konzeption der Liebe als Gabe ohne Gegengabe und der Schrift als einer differentiell aufschiebenden Operation, sondern eine nahezu tiefgreifende Koinzidenz zwischen beiden. Liebe und Schrift lassen sich daher nicht als unterschiedliche Phänotypen derselben Idee oder Struktur begreifen, sondern erweisen sich im Grunde als ununterscheidbar bzw. als ‚dasselbe', indem sie an einem bestimmten Punkt ihrer Beschreibbarkeit zusammenfallen.[26]

„Was ist ein Bild?"

Nouvelle Vague widmet eine Überschrift der Frage: „Was ist ein Bild?". Das erste Bild im Anschluß an die Einblendung dieser Frage sind Autoscheinwerfer, die immer unschärfer, zugleich aber farbiger werden, um schließlich nur noch als abstrakte Farbpunkte erkennbar zu sein. Das bedeuet zunächst, daß ein Bild niemals ein Bild ist, sondern immer eine Folge von Bildern, welche eine Veränderung und somit Zeit abbilden. Überdies veranschaulicht ein Bild, in diesem Sinne ein Bild als Zeit, ein Zeit-Bild, wie aus konkreten Abbildungen abstrakte Zeichen werden und aus der Widergabe realer Eindrücke kommunikationsfähige Elemente.

Das Verständnis von Schrift als Spur läßt sich weder auf alphabetische noch anders codierte Schrift – im Sinne einer Schrifttechnik – reduzieren. Außerdem verdankt sich diese Schriftauffassung keiner materiellen Notwendigkeit und ist ebensowenig von einer apparativen oder medientechnischen Bedingtheit ableitbar, sondern meint vielmehr ein besonderes, im Aufschub uneinholbar begriffenes Differenzprinzip, welches deshalb in seiner – an sich nur uneigentlichen – ‚Eigentlichkeit' nicht zugänglich ist. Der Schriftbegriff, auf welchen wir hier zurückgreifen, läßt sich überdies auch nicht im Sinne einer Metapher verstehen[27], weil er auf keine Bedeutungseinheit referiert,

---

[25] Ebd., 109.

[26] Wenn Liebe und Schrift zusammenfallen, d.h. Liebe als Schrift behandelt werden kann, muß dasselbe auch für den Blick, bzw. die kinematographische Wahrnehmung, welche wir in Anmerkung 3 festgestellt haben, geltend gemacht werden. Das bedeutet, daß der Blick der „blinden Augen" auch als Kategorie der Schrift behandelt werden kann.

[27] Vgl. dazu Derridas Metaphernverständnis: „Indem in einer derartigen Metapher keine eigentliche Referenz mehr angegeben wird, wird die [...] Figur fortgetragen in das Abenteuer eines langen impliziten Satzes, einer geheimen Erzählung, von der uns nichts versichern kann, daß sie uns zum Eigennamen zurückführen wird. Die Metaphorisierung

sondern lediglich für ein differentielles Organisationsprinzip einsteht. Folgerichtig macht die Schrift in dem Maße, in dem sie einen ubiquitären Charakter hat, auch alles lesbar, worauf sie angewandt wird. Denn sie ist an sich weder ein ontisch und konkret vorliegender Gegenstand, noch ein codierter und deshalb hinsichtlich seiner Bedeutung simpel decodierbarer Referent, sondern ein Ereignis, welches hantologisch[28] statthat; auf dem Schauplatz einer Spektralität nämlich, an welchem die Schrift wie die Heimsuchung der Gespenster (*spectres*), der stets wiederkehrenden Untoten also, in die Strukturen des Lesbaren eingreift.

Die unter dieser Prämisse mögliche Ausdehnung des Schriftbegriffs auch auf bildhafte[29] und anders wahrnehmbare Phänomene[30] legitimiert die Engführung von *Nouvelle Vague* auf Schrift und auf „graphematisch" bzw. grammatologisch angelegte Kommunikation.[31] Wir wollen im weiteren Verlauf dieses Textes an der Unterscheidung zwischen Schrift und Kommunikation – an der Unterscheidung zwischen der disseminierenden Intervention in die Signifikationsprozesse und der Produktion von Kommunikationsanschlüssen – festhalten.[32]

---

der Metapher, ihre unerschöpfliche Überbestimmtheit, scheint in die Struktur der Metapher eingeschrieben zu sein, aber als negative Umkehrung." J. Derrida, „Die weiße Mythologie", in: *Randgänge der Philosophie,* 235.

28 „Spuken heißt nicht gegenwärtig sein, und man muß den Spuk schon in die Konstruktion eines Begriffs aufnehmen. In die Konstruktion jedes Begriffs, allen voran der Begriffe des Seins und der Zeit. Das ist das, was wir hier eine *Hantologie* nennen möchten." J. Derrida, *Marx' Gespenster*, 253.

29 In der „Dissemination" z.B. wird die Bildproblematik mit der Schriftproblematik über die beiden gleichermaßen zugrundeliegende, obgleich unterschiedlich verteilte „Repräsentationsfunktion" kurzgeschlossen. „Ebenso wie das Vorbild der Malerei oder der Schrift die Treue zum Vorbild ist, so ist auch die Ähnlichkeit zwischen Malerei und Schrift die Ähnlichkeit selbst: das heißt, daß diese beiden Operationen vor allem darauf abzielen müssen, ähnlich zu sein. Sie werden alle beide in der Tat als mimetische Techniken begriffen, so daß die Kunst von Beginn an als mimesis bestimmt wird." J. Derrida, *Dissemination*, 155.

30 Vgl. dazu in den USA: Poster und Ronell. In Deutschland etwa M. Wetzels Unternehmen einer Mediengeschichte auf der Basis des Derridaschen Schriftbegriffs: *Die Enden des Buches oder die Wiederkehr der Schrift*, Weinheim 1991 (VCH, Acta Humaniora).

31 „Die *différance*, die irreduzible Abwesenheit der Intention oder des Beistandes in der performativen Äußerung, der ‚ereignishaftesten' aller Äußerungsarten, berechtigt mich [...], die allgemeine graphematische Struktur einer jeden ‚Kommunikation' zu behaupten." J. Derrida, „Signatur Ereignis Kontext", in: ders., *Randgänge der Phliosophie*, 311.

32 Denn mit Hilfe dieser Doppelperspektive, welcher die Unterscheidung zwischen der Codeebene und Referenzebene analoggeschaltet ist, läßt sich das Problem der gleichzeitigen und deshalb paradoxalen Dekonstruktion von Signifikation und dem kommunikativen Ereignis sowie seiner Anschlußfähigkeit, dadurch aber auch der Liebe als Gabe in der Liebe als Verbundenheit und der Unmöglichkeit der Erzählung in der Erzählung, nicht nur besser beleuchten, sondern auch entparadoxieren.

Schrift in diesem allgemeinen Sinne und Kommunikation als differentielle Selektionsleistung aus den Komponenten Information, Mitteilung und Verstehen[33] ähneln sich zunächst darin, daß sie gleichermaßen als Operationen, bzw. differentielle Organisationsprinzipien, definiert sind. Ungeachtet ihrer Differenzen sind sie also darin miteinander vergleichbar, daß sie sich nicht über Gegenstände, welcher Art auch immer, definieren lassen, sondern sich als Organisationsprinzipien davon kategorisch unterscheiden. Deshalb stehen sie nicht wie Texte oder sprachliche Äußerungen Bildern oppositionell gegenüber, sondern sie implizieren diese bzw. werden von ihnen impliziert. Medientechisch bedingte und materialitätsbedingte Unterscheidungen, wie die zwischen Text und Bild etwa, haben unter dem Primat der schrift- und der kommunikationsfundierten Selbstorganisation lediglich den Status einer Derivation, weshalb sie jeweils nur als ihre Subkategorien vorkommen können. D.h. zugleich, daß Texte und Bilder als Subkategorien sowohl der Schrift als auch der Kommunikation behandelt werden, weil sie in beiden Formen vorkommen können.

Unter der Prämisse von Schrift und Kommunikation, zumindest in der Weise, wie wir sie hier gebrauchen, werden daher zunächst andere Unterscheidungen relevant als etwa die ‚intermedialen' Unterscheidungen zwischen Text und Bild oder Ton- und Bildebene, auch wenn sie wichtig sind und in diesem Zusammenhang nutzbar gemacht werden können. Aber die zentrale schrift- und kommunikationsrelevante Unterscheidungsgrenze verläuft gemäß anderer Bahnen und setzt zunächst andere Schnitte als den zwischen der Ton- und der Bilddimension. Deshalb umfaßt auch die Beobachtung von *Nouvelle Vague* als Schrift und Kommunikation gleichermaßen die Ereignisse der Tonspur und die Ereignisse der Bildspur. Beide werden nämlich sowohl als Schrift wie als Kommunikation beobachtbar. Die in *Nouvelle Vague* mehrfach gestellte Frage „Was ist ein Bild?" gehört daher, und zwar nicht nur im Modus einer Frage, sondern auch im Modus einer bestimmten Handhabung – als Schnitt oder als Montage z.B. – des Bildmaterials, zum unmittelbaren Reflexionsbereich der filmischen Schrift und Kommunikation. Sie läßt sich somit in die Fragen verlängern: „Was ist ein Bild als Schrift?" und „Was ist ein Bild als Kommunikation?".

Bilder bedürfen der Sprache – auch in Form ihrer alphabetischen Verschriftlichung – nicht, um kommunikabel zu bleiben, wenn die kommunikative Prozessualität als Selektionsleistung – oder als Schrift: als sich differentiell-aufschiebende Signifikation – unabhängig vom Medium der Sprache definiert wird. Im Sinne einer weder semantisch noch semiotisch noch medientechnisch prädeterminierten Selektivität kommt Kommunikation deshalb immer dann zustande, wenn zwischen den Komponenten der Mitteilung, der Information und dem Verstehen unterschieden werden kann. Dabei ist ersichtlich, daß diese Unterscheidung auch auf der Ebene der Bilder getroffen werden kann.

[33] Vgl. dazu exemplarisch N. Luhmann, *Soziale Systeme*, 191ff.

Schrift hingegen kann immer dann beobachtet werden, wenn eine sich aufschiebende Differenz Spuren, Zeichen oder Gespenster (*spectres*) hinterläßt. Die Spuren aber sind keine referentiellen Zeichen, deren Einheit sich über eine äquivalente Relationierung zwischen dem Signifikanten und dem Signifikat konstituieren ließe. Vielmehr disseminieren sie die Relation zu einer Unentscheidbarkeit, wobei eine Spur, ein Zeichen oder ein Gespenst den paradoxalen Stellenwert einer Verweisungsfunktion ohne Verweisung, also einer referenzlosen Referenzfunktion einnimmt.

Sinnvoller, als von der Unterscheidung zwischen der Ton- und der Bildspur auszugehen, ist es in unserem Zusammenhang, die Unterscheidung zwischen Kommunikation und Wahrnehmung[34] – welche wir allerdings durch Signifikation ersetzen werden – bzw. für die Signifikationsprozesse die Unterscheidung zwischen Signifikat und Signifikant und mithin die unterschiedlichen ihnen zugrundeliegenden Modi der Zeitorganisation zu validieren, und zwar ohne sie der Unterscheidung zwischen Ton und Bild analogzuschalten. Da wir sowohl Schrift als auch Kommunikation als besondere Organisationsprinzipien und Operationen ausgewiesen haben, müssen wir davon ausgehen, daß sie durch spezifische Zeitorganisationen bestimmt sind. Daß – zumindest die auf eine bestimmte Weise kontextualisierten, montierten oder gerahmten – Bilder nicht einfach nur zur Wahrnehmung bereitgestellt werden, sondern einer Kommunikationsabsicht folgen, macht sie folglich mit den Spuren vergleichbar, welche zwar ihrem ontischen Status nach dem Wahrnehmungsbereich entstammen können, aber gleichzeitig einer bloßen, einfachen „Sichtbarkeit"[35] entzogen werden, um sie statt dessen ‚lesbar' zu machen. Wir behaupten deshalb nicht nur, daß *Nouvelle Vague* die konventionellen Formen und Prozesse der Bedeutungskonstitution disseminiert, weil Godard die Tonebene gegen die Bildebene absetzt, sondern heben vielmehr den Aspekt der Kommunikation hervor und behaupten, daß es hier gerade um die Kommunikation dieser Disseminationsprozesse geht.

Wir ersetzen damit die von Luhmann vorgeschlagene kunstspezifische Unterscheidung zwischen Kommunikation und Wahrnehmung durch die Unterscheidung zwischen Kommunikation und Signifikation, von welcher wir meinen, daß sie der künstlerischen Praxis Godards und dem Status der Bilder in seinen Filmen gerechter wird. Von der Kommunikation her gedacht, wird die

---

34 Es muß hier angemerkt werden, daß Luhmann die Kommunikation der Wahrnehmung als herausragende Eigenschaft der Kunst ansieht. Das Kunstsystem betreut also im besonderen Maße die Kommunikation von Wahrnehmungen – unter Wahrnehmung kann man übrigens sowohl die Bewußtseinsleistung der psychischen Systeme als auch die materielle und medientechnische Leistung der Wahrnehmungsorganisation bzw. Wahrnehmungszurichtung subsumieren –, was bedeutet, daß diese Wahrnehmungen als Kommunikationen behandelt werden, weshalb sie auch der dreistelligen Selektionseinheit aus den Komponenten Mitteilung, Information und Verstehen unterliegen. Vgl. dazu besonders N. Luhmann, *Die Kunst der Gesellschaft*, Frankfurt a.M. 1995 (Suhrkamp).

35 „Wie schon sein Name sagt, ist das Gespenst die *Frequenz* einer gewissen Sichtbarkeit. Allerdings der Sichtbarkeit des Unsichtbaren." J. Derrida, *Marx' Gespenster*, 162.

Zerstreuung bzw. Verschiebung von Signifikation jedoch nicht nur als Unterbrechung oder Blockade, sondern auch als anschlußproduzierende und anschlußfähige Operation, d.h. als Zerstreuung im kommunikativen Anschlußgeschehen beobachtbar. Auf dem Hintergrund dieser Überlegungen indessen ist ein Bild, bzw. eine Bildfolge, die Kommunikation von Signifikationsproblemen.

Als Kommunikationsproblem im Sinne des systemtheoretischen Kommunikationsbegriffs läßt sich *Nouvelle Vague* zur dekonstruktivistischen Schrift- und Signifikationsproblematik also nur dann in Beziehung setzen, wenn die Unterscheidung zwischen der Codeebene als dem anschlußsichernden Kommunikationsereignis des Films und seinen Spuren, Gespenstern (*spectres*) etc. auf der Referenzebene, als den Elementen der signifikativen Dissemination, in ein spezielles Verhältnis zueinander gebracht werden. Die hier vorgenommene Zusammenführung beider Ebenen besteht darin, daß sie als Kommunikation der disseminierten, also zerstreuten Signifikation reformuliert werden.

Kathrin Fahlenbrach

Die zwei Seiten des Blicks

Zur Gleichzeitigkeit von Fiktionalität und Dokumentarizität in den Filmen von Jean-Luc Godard

Fiktion gilt gemeinhin als Fälschung[1] – als Vortäuschung von Wirklichkeit. Das Dokumentarische wird dagegen meist als Bürge für Wahrheit und Echtheit genommen. Die Trennung zwischen ästhetischer und empirischer Wirklichkeit ist im Verlauf der verschiedenen Avantgardebewegungen des 20. Jahrhunderts immer wieder dementiert worden. Im Bereich des Films hat sie kaum einen radikaleren Widerstreiter erfahren als Jean-Luc Godard.

Fiktion als Fälschung zu betrachten, bedeutet auch, von einer nachprüfbaren Wahrheit und von einer einheitlich erfahrbaren Wirklichkeit auszugehen. Die Filme Jean-Luc Godards zeugen permanent vom Gegenteil: Wirklichkeit zerfällt hier in eine Vielfalt von Perspektiven, und Wahrheit wird zu einer Frage der Benennungsmacht. Eine solche erkenntnistheoretische Skepsis manifestiert sich in Godards Darstellung des Blicks und seinem Umgang mit Perspektiven und Sichtweisen.

Die zwei Seiten des Blicks

Godard beschreibt den Blick als Ort der Konfrontation von Innen- und Außenwelt, wo zwei Momente von Realität aufeinandertreffen: Dokument und Fiktion. Im Blick wird das Dokument zur Fiktion.

> Sobald man sich interessiert, ist Fiktion im Spiel. Der Blick macht die Fiktion. [...] Die Fiktion ist nämlich der Ausdruck des Dokuments, das Dokument ist der Eindruck. Eindruck und Ausdruck sind zwei Momente einer Sache. Ich würde sagen, der Eindruck geht vom Dokument aus. Aber wenn man das Dokument betrachten muß, in dem Augenblick drückt man sich aus. Und das ist Fiktion. Aber die Fiktion ist genauso real wie das Dokument. Sie ist ein anderer Moment von Realität.[2]

---

[1] „Fiktion (lat. fictio): Erdichtung, Unterstellung e. tatsächlicher Grundlage entbehrenden Sachverhaltes, poetisches Kunstmittel [...]; allg. auch Fälschung. Im weiteren Sinne jede Erdichtung als Schilderung eines nicht wirklichen Sachverhalts in e. Weise, die ihn als wirklich suggeriert [...].“ G.v.Wilpert, *Sachwörterbuch der Literatur*, Stuttgart 1979, 271.

[2] J.-L. Godard, *Einführung in eine wahre Geschichte des Kinos*, Frankfurt a.M. 1985, 128.

Das im Blick Wahrgenommene ist einerseits Dokument, unterliegt aber andererseits mindestens zwei variablen Vorgängen, die es zur Fiktion werden lassen: der Auswahl des Blickfeldes und seiner Interpretation.

In den Filmen Godards wird Fiktion als unhintergehbares Moment von Wahrnehmung und Kommunikation immer wieder thematisiert. Gleichzeitig verweisen sie permanent auf die Fiktionalität der eigenen Inszenierung. Mit dem Verweis auf den eigenen Herstellungscharakter kehren die Filme Godards den alten Gegensatz zwischen Dokumentarizität und Fiktionalität um: Zur Täuschung wird eine Dokumentation, die eine vermeintliche Objektivität vorgibt, während die Betonung der Fiktionalität zu einer dokumentarischen Geste wird, die nicht nur den eigenen Inszenierungscharakter, sondern auch die Konstruktivität und Kontingenz jeglicher Blickwinkel aufzeigt. Somit wird Godards Überzeugung von der Gleichzeitigkeit von Dokument und Fiktion im Blick, proliferiert in den inszenierten Perspektiven seiner Filme, zum Angelpunkt seines ästhetischen Gestus.

Die Kontingenz des Blicks im Bild

Godard hat in den 70er Jahren einige Videofilme produziert, in denen er gewissermaßen essayartig Stellung nimmt zu dem Problem der Kontingenz des Blickwinkels und seiner Manifestation in Bildern.[3] In *Six fois deux* und *Numéro deux* beschreibt Godard eine Bandbreite von Implikationen, die die Kontingenz des Blicks und seiner Inszenierung in Bildern, speziell in den Medien Film und Fotografie, mit sich bringt: von der technischen Apparatur über produktionsorganisatorische Strukturen bis hin zu fest kodierten Blickwinkeln bzw. Sehgewohnheiten. In *Numéro deux* (1975) wird der gesamte Film in einem Aufzeichnungsraum mit mehreren Fernseh- und Videoapparaten lokalisiert, von dem aus die Dramaturgie der Bilder organisiert wird. Godard, der diese Apparatur selbst bedient, eröffnet den Film mit einem prologartigen Kommentar, in dem er die Filmproduktion als Industrie beschreibt, die international vernetzt ist und „Programme" vorgibt.[4] Wie auch andere Industriezweige, nur wesentlich gezielter, programmiere die Filmindustrie Identitätsformen. Das ist das Motto des Prologs – Godard spielt hier mit der Analogie von „machin"/„machine": „Il n'y a plus de machins [Dingsda], il n'y a que des machines. Machin, machine... moi, machin, j'ai une relation avec une machine.

---

[3] C. McCabe zeigt, daß diese Analysen in Godards marxistische Medienkritik eingebettet sind. Vgl. C. McCabe, *Godard: Images, Sounds, Politics*, London 1980.

[4] „Ici c'est une usine [...]. Bon, il y'en a d'autres. A Los Angeles ils s'appellent *Fox* ou *Metropolitan*, à Moscou *Moskfilm* [...]. Et comme ça il y a une grande société multinationale qui fait des programmes."

Hommes, femmes, machins, machines.“Die „Programme“ [5] werden in *Numéro deux* vor allem in den Arbeitsformen und in der strukturellen Organisation von Macht verortet.

Photos et cie, ein Teil des Video-Zyklus *Six fois deux. Sur et sous la communication* (1976), den Godard für das französische Fernsehen produziert hat, zeigt Presse- und Werbe-Fotografie als Proliferation der immer gleichen Blickwinkel, Bildausschnitte, Sehgewohnheiten. Was die Reportage-Fotografie als ‚Informationen' mit dem Anspruch auf Objektivität und Echtheit publiziert, wird hier als die permanente Wiederholung von machtvoll sanktionierten Bildkonventionen entlarvt. Im Prolog von *Numéro deux* spricht Godard vom „crime dans l'information“. Das Fernsehen begeht als mächtigste Instanz in der Produktion von Bildern das größte ‚Verbrechen'. Statt seiner Aufgabe - Aufklärung und Information - gerecht zu werden, bewirkt es in der Wiederholung die einseitige Konditionierung von Sichtweisen und den Verlust von Erinnerung.

Godard läßt in *Photos et cie* einen Pressefotografen, der gerade mit dem Pulitzer-Preis für die Aufnahme einer Hinrichtung ausgezeichnet wurde, über seine Arbeit sprechen. Ein professioneller, ein „guter“ Blick erweise sich dort, wo es gelingt, einen „echten“ Augenblick einzufangen. Es gelte, möglichst „nah am Geschehen“ zu sein. Wann ist der richtige Moment, um ‚abzudrücken', wann der „Schock“, so der Fotograf, am größten? „Echtzeit“ müsse im festgehaltenen Blickmoment vermittelt werden. Eine solche auf den Höhepunkt hin ausgerichtete Dramaturgie ist jedoch eine seit langem tradierte, der gewählte Ausschnitt ein hochkodierter.[6] Wenn man beschreiben würde, was etwa vor der auf der Fotografie dargestellten Hinrichtung passiert ist, bzw. danach, wäre sein Marktwert eben wesentlich geringer. Zudem wird die Spontaneität des Fotografen über Zeichenprozesse vermittelt. Der Fotograf erklärt, die Schwarzweißaufnahme wirke „echter“, direkter. Die Farbaufnahme wirke dagegen „langsamer“. Hier steht nun das Darstellungsmittel ganz offensichtlich in einem arbiträren Verhältnis zum Dargestellten. Eine solche Farb-Kodierung beruht auf Sehgewohnheiten, wonach Schwarzweiß als Zeichen für ‚Echtheit' fungiert.

In *Marcel*, dem zweiten Teil von *Photos et cie*, zeigt Godard, wie sich der Amateur-Filmer Marcel ebenfalls an großen „Programmen“ von ‚Echtheit', ‚Schönheit', ‚Natürlichkeit' orientiert. Beim Schneiden und Montieren seiner Super-8-Filme nach den Kategorien seiner Auswahl befragt, erklärt Marcel, daß er alle „fehlerhaften Bilder“ herausschneide, etwa alles Unscharfe. In sei-

---

5 „J'écoute le bruit de l'usine [...]. Ici, ce qui ne va pas, c'est qu'il y a trop de DNS et pas assez de RNS. [...] Je te dis DNS, biologie et tu dis, compliqué ce mac, qu'est-ce qu'il veut dire. Pourtant je parle de toi, de ton programme“ (*Numéro deux).*

6 In *Le mépris* persifliert Godard eine solche Dramaturgie des Höhepunktes: Dem tödlichen Autounfall zweier Protagonisten nimmt er die Spannung der Entwicklung, indem er dem Zuschauer (schockartig) nur das Standfoto der Verunglückten zeigt. Der überraschende Schock tritt an die Stelle anhaltender Spannung.

ner *Einführung in eine wahre Geschichte des Kinos* behauptet Godard, daß es die Programme der Bildindustrie sind, die einem Amateurfotografen die Sicherheit verleihen, zwischen „guten" und „schlechten" Bildern zu unterscheiden.[7] Ebenso wie der spontane Moment des Pressefotografen durch die Hyperkodierung (und Funktionalisierung) von Medium und Form relativiert wird, so weist Godard auch die Motivation des Freizeitfilmers in seine Grenzen: Marcel, der in Landschafts-Filmen seine „Gefühle im Angesicht der Natur" (*Marcel*) festhalten möchte, bleibt dabei nicht nur formal an vorgegebene ästhetische Programme gebunden; zudem nimmt er beim Schneiden und Montieren exakt dieselbe Arbeitshaltung ein wie bei seiner Arbeit als Uhrmacher in einem großen Betrieb. Trotzdem ist es für ihn eine Hobbybeschäftigung, die ihn von seiner Arbeit „befreit" (*Marcel*). In beiden Fällen dekonstruiert Godard den Anspruch auf ‚Echtheit', auf Dokumentarizität und ‚Wahrhaftigkeit' als Inszenierung kontingenter, konventionell tradierter Blickwinkel. Die Täuschung entlarvt er dabei nicht in der Inszenierung als solcher, sondern in ihrem Verbergen. (Im Falle des Amateurfilmers müßte man allerdings eher von einer Selbsttäuschung sprechen.)[8]

In einer anderen Sequenz aus *Photos et cie* schildert Godard das Problem der Umrandung des Blickwinkels im Bild. Sie zeigt, wie sich die Kontingenz des Blicks in der Rahmensetzung manifestiert und durch die Benennung festgeschrieben wird. In der Sequenz werden zwei Foto-Portraits übereinandergelegt und gegeneinander verschoben, so daß das obere Foto Teile des unteren verdeckt; fortlaufend werden Linien um die Bildränder gezogen, was akustisch durch Klicken betont wird, wobei verschiedene Kadrierungen vorgenommen werden. So wird der Akt der Rahmensetzung vorgeführt. Schließlich wird auf beiden Foto-Portraits das Wort „je" eingeschrieben. Das Einschreiben des „je" als Zeichen der Identifikation einer Person mit ihrer Abbildung wird zur Bildlegende, zum Text, der das Bild kommentiert. In der nächsten Sequenz erscheint „je suis une" auf dem einen Foto, „+ 1" auf dem anderen und unter beiden „je suis une légende". Godard zeigt hier in der Kommentierung durch den Text den Akt der Identifizierung einer Abbildung in doppeltem Sinn: Das Setzen des „je" unter das Foto signalisiert zum einen konkret den Moment der Identifikation einer Person mit ihrer Abbildung. Allgemeiner wird hier zudem die Identifizierung eines Bild-Gegenstandes gezeigt. Beides geht einher mit

---

7 „Gestern haben wir von einem Amateurfilmer gesprochen, der immer nur eine Einstellung macht. Er filmt seine Kinder oder seine Frau, wie sie am Strand aus dem Wasser kommt und dann an Weihnachten oder an ihrem Geburtstag. Ganz genau entsprechend der Reklame, die die Kamerafirmen machen: Filmen Sie Ihr Kind, wie es die Kerzen ausbläst. Aber nie gibt es zwei Bilder. Kodak sagt: Filmen Sie dieses Bild. Aber sagt nicht: Und dann filmen Sie das Bild, wenn Sie ihm eine Ohrfeige geben." J.-L. Godard, *Einführung*, 98.

8 Vgl. J.-L. Godard, *Einführung*, 221: „Ich versuche, das Dokumentarische und das Fiktive nicht als Gegensätze zu gebrauchen. Meine Feinde sind nämlich die, die sich nicht der Bilder bedienen oder die sich der Bilder mehr zum Verbergen als zum Zeigen bedienen."

der Akzeptanz des gewählten Ausschnittes, mit der Rahmensetzung, und mit der Benennung durch den Textkommentar, die „légende". „Légende" wird hier durchaus doppeldeutig verwendet: die Bilderklärung bietet in ihrer identitätsstiftenden Funktion die Basis zur Legende, zum Mythos einer Identität.

> Ich interessiere mich für den Augenblick, wo das Bild oder der Rahmen, das heißt die Form uns einschließt oder uns auch hilft, uns zu befreien, oder uns „in Form hält" in dem Sinne, in dem ein Sportler sagt, er sei „in Form". Da wird es nämlich interessant.[9]

Den Moment der Identifizierung/der Identifikation zeigt Godard also in dessen doppelter Kontingenz: denn ebenso kontingent wie der Bildrahmen ist die Festschreibung der Identität durch den Text („je").

Die Evidenz der Bilder

Wenn Godard in *Six fois deux* die permanente Wiederholung derselben Blickwinkel in ihrer Benennungsmacht dekonstruiert, produziert er dabei zugleich Brüche im gewohnten Zusammenhang der Bilder, die die Frage nach einem Sehen abseits der „Bilderkette" provozieren. „Wie kann man dieses Kontinuum der Abbildung von Bildern, der Bilderketten durchbrechen? Wie kann man Bilder herstellen, die nicht Zusammenhänge, sondern Lücken, Brüche produzieren: Bilder mit Zwischenräumen mit Blick auf die Wirklichkeit?"[10] Diese Fragen sieht Joachim Paech im Mittelpunkt von Godards medienkritischem Programm. Die Videoarbeiten aus dieser Zeit standen vor allem im Zeichen der Erziehung des Sehens als der Dekonstruktion der gewohnten Bild-Zusammenhänge.[11] „Bilder mit Zwischenräumen mit Blick auf die Wirklichkeit" bezeichnen aber auch das utopische Moment des damaligen Lernprogramms: in der Evidenz der Bilder einen Blick auf Wirklichkeit zu ermöglichen, der dem sprachlichen Benennungssystem vorgelagert ist.

Im Vergleich mit dem Sprachsystem zeigt Godard häufig, wie Sprache und Bilder gleichermaßen zur Festschreibung von ‚Echtheit', ‚Schönheit' usw. verwendet werden. Am Beispiel der Kadrierung der Foto-Portraits in *Six fois deux* hat Godard gezeigt, daß Rahmensetzung im Bild durch die sprachliche Festschreibung, durch den Textkommentar, manifestiert wird. In der Wechselwirkung von Rahmensetzung und Festschreibung, von Bild und Sprache, dominiert das sprachliche Benennungssystem. So werden die Bilder, so Godard, nach dem Modell des sprachlichen Benennungssystems verwendet, die

---

9 J.-L. Godard, *Einführung*, 258. Das Kino wird somit denkbar als eine „Embryologie der Formen": „[...] wie formen sich die Leute, wie informieren sie sich, deformieren sie sich, und wie verändert sich das Leben, wenn eine Form angeschlagen hat?" (ebd., 217).

10 J. Paech, „Zwischenräume mit Blick auf die Wirklichkeit", in: *Ästhetik und Kommunikation*, Nr.42, 1980, 47.

11 Paech spricht vom „Prozeß der Dekonstruktion des ‚filmischen Systems' als einem der Simulationsmodelle des Realen" (ebd., 51).

Macht der Bildindustrie beruht auf Benennungshierarchien.[12] Nun ist das Bildsystem zwar nicht ‚freier' als das Sprachsystem, bietet aber ein höheres Maß an Offenheit zur Artikulation neuer ‚Sichtweisen'. „Im allgemeinen dienen Wörter dazu, etwas zu verfestigen, zum Gesetz werden zu lassen, gleichgültig ob als gesellschaftliche Konvention oder Gedankenkonvention."[13] Godard betrachtet die Sprache als ein Regelsystem, das die Kommunikationspartner dazu zwingt, Äußerungen zu ‚entziffern'. Das Lesen der Sprache beinhaltet für ihn die Anpassung an ein konventionalisiertes Regelsystem, das zu sehr den ‚Glauben' an die Bedeutung hinter den Zeichen zur Voraussetzung hat, als daß es einen offenen Austausch von ‚Sichtweisen' erlaubt. Das Zeigen von Bildern ermöglicht dagegen das Offenlassen von Bedeutungszuschreibungen und ist damit für Godard eine Grundvoraussetzung für Kommunikation überhaupt. „Ein Bild ist notwendigerweise frei, ein Bild verbietet nichts, aber es erlaubt auch nichts, es ist ein anderer Zusammenhang, es ist etwas anderes."[14] „Sozialismus wäre, wenn es die Leute schaffen würden, sich aufgrund dessen zu verständigen, was sie gesehen haben."[15] Es ist wohl die Hoffnung auf das ‚Freiheits'-Potential einer geringeren Zeichenhaftigkeit des Bildsystems gegenüber dem Sprachsystem, die Godard an die Evidenz der Bilder glauben läßt. Als müßte es ein Abseits von den Kodierungen der Bildindustrie geben. Das Bild als „Moment eines Faktums"[16] zeigt, ohne zu benennen – auch wenn es unweigerlich eine Benennung auslöst. Daher kann nur die Benennung, die Festschreibung der Bedeutung des Bildes und seine Verwendung ‚falsch' bzw. ‚täuschend' sein, nicht das Bild selbst.[17]

Das Bild ist bei Godard als Medium der Dekonstruktion monopolisierter Blickwinkel und Festschreibungen zugleich Medium der Emanzipation des Blicks. In seinen Filmen möchte Godard den Betrachter das Sehen lehren, was bedeutet, ihm abseits der mächtigen Kadrierungen das Sehen einer unverstellten Wahrnehmung näherzubringen. Nur wenn das Sehen als ein kreativer Wahrnehmungsprozeß erfahrbar gemacht wird, bietet sich die Möglichkeit, Sehgewohnheiten und Festschreibungen aufzubrechen und zu verändern. Geradezu emphatisch postuliert Godard die Veränderungsmöglichkeiten einer solchen Schule des Sehens im Kino:

---

[12] In diesem Zusammenhang kommentiert Godard etwa das Konzept von *Prénom Carmen*: „Heute leben wir in einer Zeit, in der wir von der Sprache und der Rhetorik terrorisiert werden. Deshalb möchte ich [...] die Dinge sehen, nicht bevor sie existieren, aber bevor man sie benennt [...]." „Pressekonferenz (Venedig 1983)", in: *Filmkritik*, H.7-8, 209-221, hier 209.

[13] J.-L. Godard, *Einführung*, 221.

[14] Ebd., 124.

[15] Ebd., 188.

[16] Ebd., 218.

[17] „Die Lüge liegt in der Verwendung. Ich will nichts sagen. Meine einzige Absicht ist, die Möglichkeit herzustellen, daß man sich etwas sagt [...]. Ich will nicht filmen ‚um zu' ... Damit sich was tut" (ebd., 218).

> [...] Denn ich bin der Meinung, wenn das Kino sich verändert, dann verändert sich alles, da ist Veränderung am leichtesten möglich und deshalb ändert sich da auch am wenigsten. Allein da könnte man was verändern, aber wenn man da was veränderte, folgte alles andere nach, weil unsere Art zu sehen verändert würde.[18]

Weil aber die Kino-Maschine, die Industrie der Bilder, Veränderung verweigert, gilt es, den Blick zu schulen. Im Medium der Bilder soll dabei weniger eine Wirklichkeit hinter den Kodierungen anschaulich werden, sondern die Wahrnehmung als Ort der Interpretation von Wirklichkeit - als Ort, an dem Dokument und Fiktion aufeinandertreffen. In seiner Schule des Sehens fragt Godard also weniger nach der Nähe der Bilder zur Wirklichkeit als nach ihrer Nähe zum Wahrnehmungsprozeß. „Wahrnehmen heißt unterschlagen, was am Bild uns nicht interessiert. Die Wahrnehmung ist immer weniger als das äußere Bild."[19] Gilles Deleuze weist darauf hin, daß Godard Wahrnehmung durchaus auch als einen reduktiven Prozeß versteht. Der selektive Blick ist nie identisch mit dem „äußeren Bild" (Deleuze). Daher betrifft das Emanzipationskonzept die Wechselwirkung von Dekonstruktion und Erneuerung, Bildern und Wahrnehmung gleichermaßen. „Einerseits heißt es, den äußeren Bildern ihre Fülle zurückgeben; die Wahrnehmung dem Bild ebenbürtig machen; den Bildern alles zurückgeben, was sie selbst verkörpern. [...] Andererseits: die Sprache als Mittel der Machtergreifung auseinandernehmen [...]".[20]

Der Reduktion der Wahrnehmung begegnet Godard, indem er die Bezüge zwischen den Dingen in den Mittelpunkt stellt, statt die Dinge selbst. Indem er Relationen ausstellt, statt Identitäten zu behaupten, vermeidet er Festschreibungen und Kadrierungen.

> Godard ist kein Dialektiker. Was bei Godard zählt, ist nicht zwei oder drei, oder egal wieviel; was zählt ist das *Und*, das Bindewort *Und*. Das Wesentliche ist der Gebrauch, den Godard von dem *Und* macht. [...] Das *Und* legt keine besondere Art der Relation fest, vielmehr reißt es alle Relationen mit sich fort, so daß es schließlich ebensoviele Relationen gibt wie es *Und* gibt, und das *Und* erschüttert nicht nur alle Relationen, es bringt auch das Sein, das Verb in Bewegung. [...] Das *Und* ist identisch mit Verschiedenartigkeit, Vielfalt und Zerstörung der Identität.[21]

Das Beziehungsfeld „zwischen den Dingen" wird im Film durch die Montage hergestellt. Mittels der Montage ist der Film notwendig ein Beziehungsgeflecht aus Bildern, Tönen und Worten. Indem er die Möglichkeit bietet, Bilder, Töne und Worte in komplexe Relationen zueinander zu setzen, ist er für

---

[18] J.-L. Godard, *Einführung*, 177.

[19] G. Deleuze, „Veränderung, was ist das? Gilles Deleuze antwortet auf Fragen zu *Six fois deux*", in: *Filmkritik*, H.2, 1977, 80-88, hier 86.

[20] Ebd.

[21] Ebd., 87.

Godard das ideale Medium zur Emanzipierung des Sehens als kreativem Wahrnehmungsprozeß.

> [...] Die Ausgangsidee ist, daß das Kino mit seiner Erfindung eine Art und Weise zu sehen entwickelt und aufgezeichnet hat [...], die etwas Neues war und die man Montage genannt hat, die darin besteht, etwas mit jemandem auf eine andere Weise in Verbindung zu setzen als es der Roman und die Malerei der Zeit machten. [...] Das heißt, es gab etwas Neues, das dann schließlich nach seiner technischen Form Montage genannt wurde. *Es bestand darin, daß nicht die Dinge gefilmt wurden, sondern die Bezüge zwischen den Dingen* (Hv. K.F.). Das heißt, man sah die Bezüge.[22]

In einem erweiterten Verständnis von Montage, das über die reine Schnittechnik hinausgeht, integriert Godard die Montage in den Prozeß der Mise-en-Scène. Denn wenn Montage in erster Linie die Anordnung der Filmelemente meint, so findet diese Komposition nicht nur in den Schnitten statt, sondern bereits in der Auswahl des Bildausschnittes, der Kamerabewegung, bis hin zu sämtlichen sichtbaren und hörbaren Elementen in jeder einzelnen Einstellung. Harald Schleicher hat eine entsprechend übergreifende Definition der Montage gefunden:

> In ihrer allgemeinsten Bestimmung meint Montage die Verbindung von Elementen auf der simultanen und sukzessiven Achse. [...] Montage ist der Oberbegriff sowohl für die Anordnung des Geschehens vor der und für die Kamera in Relation zu den Aktionen der Kamera – die Mise en Scène – als auch für die Anordnung der Elemente auf der chronologischen Ebene – die Korrelation Erzählzeit / erzählte Zeit. [...] Daraus folgt, daß bereits jede Einstellung Merkmale der Montage aufweist, ohne daß der Schnitt notwendige Voraussetzung hierfür wäre.[23]

In diesem Sinn gehen Montage und Mise-en-Scène als zwei zusammengehörige Momente bei der Komposition eines Films ineinander über. Die Relationierung zwischen den Filmkomponenten ist damit nicht nur in den Schnitten ein Akt der Inszenierung. Die Blickwinkel werden bereits in der Komposition der einzelnen Einstellungen markiert.

Indem Godard in diesem Sinn die Montage seiner Filme ausstellt, verweist er auf ihren Inszenierungscharakter und die eigene Relationierung „zwischen den Dingen" (Godard). Der dokumentarische Verweisungsgestus verbindet sich im Montageprinzip Godards mit dem Wunsch, eine ‚freiere' Kommunikation zu ermöglichen, in der Komplexität der Bezugsfelder zwischen den Filmkomponenten die eigenen Fiktionen auszuspielen und dennoch dem Betrachter einen breiten Interpretationsspielraum zu lassen.

---

[22] J.-L. Godard, *Einführung*, 177.

[23] H. Schleicher, *Film-Reflexionen: autothematische Filme von Wim Wenders, Jean-Luc Godard und Federico Fellini*, Tübingen 1991, 33.

> Die Montage als ein Sehen zu begreifen und nicht als eine ‚Sprache', als ein Szenario von Beziehungen und als einen ununterbrochenen Prozeß, der sich gegen Unvorgedachtes öffnet, das ist wohl die Aufgabe, vor die das Kino Godards uns heute stellt.[24]

Komposition und Rezeption der Bezüge eines Films betrachtet Godard als zwei zusammengehörige Akte. Der Film ist also ohne die aktive Rolle des Zuschauers nicht denkbar. Er sagt: Kino ist das, „[...] was zwischen den Dingen ist, und nicht die Dinge selbst, was zwischen einem selbst und einem anderen ist, zwischen dir und mir, und auf der Leinwand ist es dann zwischen den Dingen." Und: „[...] es ist der Zuschauer, der sie [die Filme, K.F.] macht, sie sind so gemacht, daß es beim Zuschauer liegt, sie zu machen."[25]

Godard unterscheidet zwei Ebenen der Bezüge: die Ebene der im Film durch die Mise-en-Scène/Montage hergestellten Beziehungen und die Ebene der Kommunikation, die der Film zwischen Produzent und Zuschauer auslöst.[26] Auf der Ebene der Kommunikation, der Wirkung, bettet Godard das Kino nicht zuletzt in den Kontext ökonomischer und politischer Strukturen ein. Auch in *Six fois deux* zeigt er, daß die Wahl der Blickwinkel, die Art der Relationierung der Dinge in den Bildern, ideologische Implikationen hat. Aus diesem Zusammenhang leitet er schließlich die Verantwortlichkeit des Filmemachers bei der Inszenierung der Bezüge ab.

> Godard überarbeitet seine frühere Synthese von Montage und Mise-en-Scène in ökonomischen Begriffen, wobei er den Film nicht als ein Ästhetiksystem, sondern als eine ökonomische, wahrnehmende und politische Struktur sieht, in der die Rapports de Production – die Beziehungen zwischen Produzent und Konsument – die Form der Filmerfahrung bestimmen. Die Betonung liegt nicht darauf zu untersuchen, wie sich der Film zu einem Idealsystem (Ästhetik) verhält, sondern eher darauf zu sehen, wie er uns Betrachter berührt. Die Ethik und die Politik des Films bestimmen daher seine Natur."[27]

---

[24] J. Ebert, „Carmen plus Beethoven. Godards Montagepraxis in *Prénom Carmen*", in: *Filmkritik*, H.7-8, 1984, 222-242, hier 222.

[25] J.-L. Godard, *Einführung*, 145.

[26] Aufschlußreich könnte in diesem Zusammenhang ein Vergleich von Godards Mise-en-Scène/Montage mit W. Isers Modell von Fiktionalität sein. Auch Iser beschreibt Fiktionalität als Prozeß der Relationierung. Fiktionalität stellt sich seiner Ansicht nach in „Akten des Fingierens" als Prozeß der Grenzüberschreitung zwischen dem Realen, Fiktiven und Imaginären her. Ähnlich wie es Godard beschreibt, manifestiert sich im fiktionalen Gefüge gleichzeitig der selektive Blick des Autors („Selektion"), die innerliterarische „Kombination" und die „Entblößung" der eigenen Fiktionalität in der „Selbstanzeige". Ein solcher Vergleich könnte nicht nur die Gleichzeitgkeit von Dokument und Fiktion des Blicks in der Inszenierung veranschaulichen, sondern auch die produktions- und rezeptionsästhetischen Konsequenzen dieser Prämisse theoretisch pointieren. Vgl. W. Iser, „Akte des Fingierens", in: ders., *Das Fiktive und das Imaginäre: Perspektiven literarischer Anthropologie*, Frankfurt a.M. 1991, 18-60.

[27] J. Monaco, *Film verstehen*, Reinbek 1988 (2.Aufl.), 372.

Die Inszenierung der Fiktion zwischen den Blicken

Während in den medienkritischen Videoarbeiten wie *Numéro deux* und *Six fois deux* der dokumentarische Gestus der Dekonstruktion mächtiger Blickwinkel dominiert, ändert Godard in den Spielfilmen seit den 80er Jahren seine Strategie, den Blick zu schulen. Der Zuschauer wird nun überflutet mit hyperkomplexen Bezügen in Erzählstruktur und Inszenierung. Die Vernetzungen zwischen den verschiedenen Geschichtsplots, mehreren Erzähl- und Zeitebenen, zwischen Bild und Ton, Bild und Text werden immer vielschichtiger. Diese „polysémie cinématographique"[28], wie René Prédal sagt, steht durchaus noch im Zeichen der Emanzipierung des Sehens – verweist sie doch den Zuschauer permanent auf seine eigene Kombinationsgabe und Kreativität bei der Interpretation der vernetzten Bezüge.

In dem Spielfilm *Hélas pour moi* (1993) wird die Vernetzung von Bezügen in Erzählstruktur und Mise-en-Scène/Montage zu einem Höchstmaß an Verdichtung getrieben. Godard inszeniert hier ein Labyrinth der Fiktionen zwischen den Blicken der Protagonisten und den Fährten des Erzählens, so daß ein endloses Verweisungssystem fiktionaler Referenzen entsteht.

Der Film zeigt einen Verleger auf der Suche nach den verlorenen Seiten eines Romans, der Geschichte von Simon und Rachel. Um diese Lücke zu schließen, sucht der Verleger im Film sämtliche Protagonisten des Romans auf, um sie nach ihrer Version der Geschichte zu befragen. In kriminalistischer Manier fragt er Freunde und Bekannte von Simon und Rachel, wann sie die beiden zuletzt gesehen haben. Patchworkartig setzt sich so die Geschichte aus Erinnerungsmomenten der Protagonisten zusammen. Während der Recherche des Verlegers entsteht vor den Augen des Zuschauers die Geschichte von Rachel, die an der Liebe ihres Mannes Simon zweifelt.[29] Die Leerstelle in der Geschichte betrifft den Moment der Auflösung ihrer Skepsis. Es ist also keine

---

[28] Ebenso wie die analytische Reduktion der Bilder in den Videoarbeiten fürs Fernsehen betrachtet Prédal diese Strategie im Zeichen der Dekonstruktion mächtiger Blickwinkel. „[...] Godard décante ses messages télévisuels et charge au contraire ses créations cinématographiques qui déstabilisent plus qu'ellcs n'informent en faisant pleuvoir sur le spectateur des milliers de bits par seconde projétés à la fois par l'image et le son. Jouant au contraire à la télévision sur la pédagogie (à l'inverse de la polysémie cinématographique), Godard n'hésite pas à doubler l'image par des écrits sur l'écran, n'évitant pas les redites et accusant encore les redondances." R. Prédal, „Godard. La télévision dans le cinéma", in: *CinemAction*, H.44, 1987, 149-153, hier 153.

[29] Der einfache Simon (gespielt von Gérard Dépardieu) gibt seiner Frau eher durch die Kargheit seiner Äußerungen und seiner Zuwendungen Anlaß zu Verunsicherung als durch leidenschaftliche Abwendung. Hier treffen zwei divergente Perspektiven aufeinander, deren Konfrontation durchaus komische Effekte bewirkt: Wo Rachel leidenschaftlich prophezeit, Simon werde sie verlassen, ist dieser nur mit dem Kauf eines neuen Hotels beschäftigt. Nicht umsonst ist Simon der einzige, der sich erst am Ende des Films zu *seiner* Version äußert. Als der Verleger ihn am Schluß als letzten befragt, antwortet er nur, es sei nichts passiert, er glaube, er liebe seine Frau.

äußere Handlung, die als Element in der Geschichte fehlt, sondern ein Wahrnehmungsmoment, der Blick Rachels auf Simon.

Die Erinnerungen der Protagonisten unterscheiden sich oft nur minimal. So kommt es, daß in knappen Momentaufnahmen zwei erinnerte Versionen gezeigt werden: Rachel, die an einem Nachmittag im See schwimmt; in der Erinnerung des einen schwimmt sie ans Ufer zurück, in der des anderen läuft sie durchs Wasser. Die Bilder halten die Kontingenz der verschiedenen Blicke fest. „So wird die Vergangenheit allmählich zur Gegenwart, durch die imaginäre Inszenierung einer visuellen Erfahrung, die stets mehrere Blicke beansprucht" (Texttafel in *Hélas pour moi*). Die Vergegenwärtigung der Vergangenheit geschieht neben den Erinnerungen der Protagonisten und der Suche des Verlegers nicht zuletzt durch den Zuschauer. Denn in der Gleichzeitigkeit der verschiedenen Versionen die ‚wahren' Ereignisse zu rekonstruieren, ist das Problem des Verlegers bei seiner Recherche – ähnlich wie der Versuch des Zuschauers, in der Schichtung der verschiedenen Erzählstränge einen kohärenten Geschichtsverlauf zu erkennen. Die Differenz zwischen den Perspektiven schafft dabei einen fiktionalen Spielraum, der die Entscheidung über die ‚Wahrheit' oder den Sinn der Geschichte ebenso an den Zuschauer verweist wie an den Verleger.

Der Verleger wendet sich im Film an Amiel, die Frau, die behauptet, das ‚Unsichtbare' der Geschichte zu sehen[30] – ihre Version bzw. Vision bietet sich an, die Lücke der verlorenen Romanseiten zu füllen. Es ist ein mythologischer Plot, den sie als ihre Version vom Wendepunkt der Geschichte ausgibt: Wie Zeus sich in die Gestalt des Amphitryon verwandelt, um eine Liebesnacht mit dessen Gattin Alkmene zu verbringen, so soll Gott in Gestalt von Simon Rachel begegnet sein. Als Simon seine Frau für einen Tag verläßt, um ein neues Hotel zu kaufen, verwandelt sich Gott in Simon.[31] Die Liebesnacht mit Simon/Gott hat die Wende in der Romangeschichte ausgelöst. Die Skepsis Rachels mildert sich vor allem durch die Befestigung ihrer eigenen Liebe: sie weiß jetzt, daß sie nicht den Liebhaber, sondern den Ehemann sucht. Und so ist es schließlich Rachel, die zu Simon zurückkehrt.[32]

Der mythologische Plot, der Amiels Version zugrunde liegt, bietet sich als ‚wahrer' Kern der Geschichte an, da er sowohl die Kohärenz der Geschichte herstellt, als auch den intimen Konflikt zwischen Simon und Rachel zu erklären vermag. Erzählmuster und Erklärungsmuster gehen hier, wie in jedem Mythos, ineinander über. Die Kohärenz und Plausibilität eines solchen tradier-

---

[30] Gegen Ende ihres ‚Berichts' lehnt Amiel den Kopf an die Schulter des Verlegers mit den Worten: „Darf ich? Das Sehen des Unsichtbaren ist anstrengend."

[31] Der Film zeigt diese Verwandlung in einem sehr ironischen Bild: Gott, ein junger, schlacksiger Mann mit Automatenstimme, nähert sich Simon langsam von hinten und zieht ihm seinen Schlapphut und seinen Trenchcoat über.

[32] Am Ende des Films wird Rachel gezeigt, die einen Bahndamm überquert, um auf der anderen Seite Simon zu treffen. Der Erzähler im Off kommentiert dazu: „Zwischen D'Ange und Annecy kehrt eine junge Frau in ihre Heimat zurück."

ten Plots wird in der Inszenierung des Films dekonstruiert: Die Version/Vision Amiels wird zwar als Kern der Geschichte von Simon und Rachel angeboten, gleichzeitig wird aber ihre offenbare Kohärenz in Frage gestellt. Dies geschieht etwa durch einen ironischen Verweis auf das traditionelle Erzählkino. Um den Erinnerungsbericht Amiels einzuleiten, verwendet Godard eine klassische Rückblende, die vorgibt, dem Betrachter die ‚wahre' Begebenheit vor Augen zu führen. Indem der Blick des Zuschauers im Moment der Rückblende sogartig dem Blick Amiels folgen muß, wird die Darstellung des Geschehens auf eine Perspektive verengt. Dieses filmische Erzählmittel korrespondiert mit der erzählerischen Einheit, die den Erinnerungsbericht Amiels auszeichnet.[33] Die Einheitlichkeit der Erzählung – vor allem durch den zugrundeliegenden mythologischen Plot hervorgerufen – wird am Ende relativiert. Als die Lücke der Geschichte scheinbar geschlossen ist, gesteht der Verleger die Unvollständigkeit der beendeten Erzählung ein: „Ich werde sagen, daß es nichts weiter zu erzählen gibt über Simon und Rachel. Der Rest hat sich jenseits aller Bilder und Geschichten abgespielt." Am Ende verweist der Film jede Darstellung in ihre Grenzen. Sie steht immer im Zeichen der Suche nach einem Ereignis oder einem Sinn. Der Verleger relativiert selbst seine Suche nach der unbekannten Begebenheit in der Geschichte: „Ein Ereignis ist das, was Sinn macht". Folgen die sprachlichen Darstellungen in der Sinnsuche erzählerischen Plots, so neigen Bilder zur Ikonizität. „Es gibt Bilder und es gibt Ikonen" (‚Verleger'). So fragt der Film schließlich nach Bildern, die sich der Darstellung entziehen – die unsichtbar sind, weil sie vor der Vermittlung liegen. Im Epilog muß sich der Erzähler von einer entfernten Frauenstimme (ist es Amiel?) über solche unbenannten Bildmomente belehren lassen, die dem Traum am nächsten zu sein scheinen:

> SIE: „Nachts, wenn ich aufstehe, weiß ich, daß es sich weder um Nähe noch Ferne, noch um ein mir gehöriges Ereignis, noch um eine Wahrheit handelt, die sprechen kann. Das ist keine Szene, auch nicht der Beginn von etwas."
> ER: „Ein Bild?"
> SIE: „Ja. Ein Moment. Aber nutzlos. Ein Punkt."
> ER: „Ein Gesicht."
> SIE: „Ja, aber des Namens beraubt, ohne Biographie. Das die Erinnerung verweigert. Das nicht erzählt werden will. Gegenwärtig. Aber es ist nicht da. Abwesend und doch nirgendwo anders."

[33] Man könnte auch die These vertreten, daß es die filmische Inszenierung der Erinnerung Amiels ist, die hier eingeleitet wird. An einer Stelle unterbricht Amiel nämlich eine Szene zwischen Simon/Gott und Rachel mit den Worten: „Gott schütze uns vor den Schauspielern! Eine Vision, die sieht man nicht. [...] Sie müssen eben einfach nur sicher sein, ausgeschöpft zu haben, was sich mitteilen läßt." Zwischen der Vision Amiels und ihrer erzählerischen Inszenierung zu unterscheiden, würde eine weitere Windung im Labyrinth der fiktionalen Fährten im Film beschreiben. Ein weiteres Mal würden der Blick und die Inszenierung kontingent gesetzt.

Indem er die Fiktionen zwischen den Blicken inszeniert, zwischen den Blicken der Protagonisten wie der Zuschauer, zielt der Film auf eben jene traumhaften, unbenannten Momente des Sehens ab. Ebenso soll die Dekonstruktion der erzählerischen Muster eine Vielzahl von Geschichten ermöglichen. Die hier vorgeschlagene Version, die den Zweifel Rachels in den Vordergrund stellt, ist dabei sicher nur eine Variante. Wichtig ist nicht, welches die ‚richtige' oder die ‚falsche' Variante ist, sondern, daß der Film die Leerstelle bis zum Schluß für zahlreiche Interpretationen offenläßt. Denn die Vervollständigung der verlorenen Seiten des Verlegers ist im Film nur Zeichen für die Suche nach der Einheit. Ein häufig wiederkehrender Satz, der im Film, versetzt zwischen den Bildern, immer wieder als Texttafel erscheint, könnte man in diesem Sinn als Motto begreifen: *Alles ist in einem und der eine ist im anderen. Und das sind die drei Personen.* Die alte Frage nach dem Ursprung, die einmal mit der Allgegenwart Gottes beantwortet wurde, erfährt hier eine ironische Umkehrung: Die Differenz zwischen dem *Einen* und dem *Anderen* verschmilzt zu einer Einheit und bleibt zugleich sichtbar. In diesem Sinn könnte man auch das Verhältnis zwischen den Blick-Fiktionen und der inszenierten Fiktionalität im Film verstehen. Denn die filmische Inszenierung erweist erst im Zusammenwirken von Komposition und Rezeption der Bezüge ihre komplexe Einheit.

Die Gleichzeitigkeit von Dokument und Fiktion betrifft sowohl den Blick des einzelnen wie den Austausch der Blicke in der Kommunikation. Sie verpflichtet Godard zu einem dokumentarischen Gestus im Aufzeigen der Kontingenz des Blicks. Gleichzeitig emanzipiert er den fiktionalen Moment des Sehens, indem er Sehen als kreativen Wahrnehmungsprozeß erfahrbar macht.

Auf der Ebene der Kommunikation verfolgt diese Ethik eine politische Strategie: Die ästhetische Kommunikation soll aus den Benennungshierarchien der Bildindustrie herausgelöst werden. Dieses aufklärerische Programm, wie es im theoretischen Diksurs ähnlich von W. Benjamin und Th.W. Adorno vertreten worden ist, steht ganz in der avantgardistischen Tradition des 20. Jahrhunderts. In der Negation tradierter Darstellungsformen das Unartikulierte sichtbar machen, den Zuschauer in den ästhetischen Prozeß integrieren und die eigene Inszenierung permanent aufzeigen, das ist emanzipatorische Politik der Avantgarde. *Hélas pour moi* hat gezeigt, daß Godard im Zeichen dieser Politik nun postmoderne Strategien entwickelt: statt die Gleichzeitigkeit von Dokument und Fiktion im Blick analytisch zu dekonstruieren, wird die Kontingenz des Blicks nun im Labyrinth der Fiktionen offenbar.

Siegfried Zielinski

„Zu viele Bilder – Wir müssen reagieren!“

Thesen zu einer apparativen Sehprothese – im Kontext von Godards *Histoire(s) du cinéma*[1]

Warum stellen hochintelligente Künstler und Kunstkritiker (die ja heute zugleich auch Medienkritiker zu sein haben, und alle drei Funktionen sind für mich nicht mehr voneinander zu trennen), warum also stellen audiovisuelle Neuerer mit unterschiedlichem Gestus wie zum Beispiel Jean-Marie Straub und Danielle Huillet, Alain Resnais, Patrick Bokanowsky, Chris. Marker, Jean-Luc Godard oder David Larcher gegen Ende des 2. Milleniums, im fin de siècle der Kinematographie und des Fernsehens, immer noch *Ton-Bilder*, „Sonimages“ her, lassen diese im öffentlichen Raum projizieren oder in die intim-privaten Räume senden? Nur aus Eitelkeit? Um ihren Ruhestand materiell abzusichern? Weil sie nichts anderes können? Haben sie, die intellektuell sozialisiert wurden u.a. im Kontext der Debatten zwischen Lévi-Strauss und Sartre, des Streits zwischen dem strukturalistischen ES und dem historischen Subjekt des Marxismus, der Durchdringung des Strukturalismus durch die Psychoanalyse und der Besetzung der Psychoanalyse durch die kybernetische Gedankenwelt Nobert Wieners (Godard z.B. drehte seinen ersten Film über Computerfiktion und -realität, den Kampf der Poesie gegen eine hegemoniale Universalmaschine in *Alphaville*, vor ca. 30 Jahren: 1965), haben sie, die zu künstlerischer Bedeutung heranwuchsen im Umfeld der Grenzüberschreitungen zwischen Faktischem und Fiktionalem im *nouveau roman*, unter dem Einfluß von Barthes' „Mythologien“, der Entwicklung der Filmsemiologie, dem Import des kanadischen McLuhanismus nach Frankreich, den Apparatus-Theoremen Jean-Louis Baudrys oder Jean-Louis Comollis „Maschinen des Sichtbaren...“[2] – haben die so in ihrer Gedankenwelt Geprägten noch nichts gehört von den Verkündungen der endgültigen Preisgabe von Finalitäten wie derjenigen des Repräsentativen in der Darstellung, vom Anachronismus des Ikonographischen analoger Abbildungen und ihrer abgrundtiefen Ver-

[1] Das Titelzitat ist aus Jean-Luc Godards Film *Le gai savoir* (Die fröhliche Wissenschaft) von 1968. - Die unmittelbar auf das Godard-Band bezogenen Teile des Textes sind u.a. das Resultat intensiver Diskussionen mit Nils Röller. Er ist mit seinen Ideen hier präsent.

[2] Vgl. zu einigen dieser „Sozialisationsfaktoren“ im Kontext des neueren französischen Denkens und Publizierens auch den Aufsatz von K. Bartels, „Kybernetik als Metapher. Der Beitrag des Französischen Strukturalismus zu einer Philosophie der Information und der Massenmedien“, in: Brackert, Wefelmeyer (Hgg.), *Kultur. Bestimmungen im 20. Jahrhundert*, Frankfurt a.M. 1990, 441-474.

staubtheit, ihres reaktionären Grundcharakters, die wir ihnen aus der Perspektive derjenigen einreden wollen, die sich auf der Höhe der Image-Technologien denkend, handelnd, *schreibend* vor allem bewegen? Panisch – so scheint es mir zumindest häufig – den in panischer Bewegung befindlichen Codes folgend.

Warum beschäftige ich mich im Kontext einer Fragestellung oder besser: vieler Fragen, die sich um das neuere Gravitationszentrum kybernetisch basierter/konstruierter Architekturen, Räume und Gegenstände oder „puppets" ranken, die um den binären Code als allseits verkündeten Universalcode kreisen, die für die Mediengestaltung neu erscheinende Paradigmen wie das der *Interaktivität*[3] konturieren, mit einem so hoffnungslos antiquiert erscheinenden Artefakt wie dem Videorecorder, einem technischen Sachsystem, das vom Standpunkt des Cyber-Juppies oder Cyber-Punks eher der versunkenen Welt der Höhlenmalereien von Lascaux zugehörig ist als der audiovisuellen Jetztzeit?

Beide Fragerichtungen fordern Antworten heraus, die in dieselbe Richtung verweisen, Antworten, die provisorischen Charakter haben, aber den Gedankenraum der Verwirrung, des schwer Faßlichen mit ein wenig archaischem Material besetzen, ausfüllen, eher akzentuieren wollen:

1. Wir sind offenbar der Gefahr ausgesetzt, uns schon in der Inflation der traditionellen technischen Bilderwelten vorschnell zu verlieren, nicht mehr differenzieren zu wollen, nicht mehr interpretieren zu können (was ja nichts anderes als die kunstvolle Form der Unterscheidung ist), nicht mehr selektieren zu können. Alles, was in seiner Mikrostruktur im Modus des visuell Repräsentativen daherkommt, gleichgültig, ob auf vollständig analogem oder digital bearbeitetem Wege entstanden, sind uns verdächtige, anrüchige ‚Bilder'. Sie *scheinen* uns alle gleich. Die Makrostrukturen faktisch wahrzunehmen sind wir erst gar nicht bereit. Ein Fehler, den wir als vor allem Redende und Schreibende auf der Ebene des literal organisierten Diskurses und seiner ebenfalls prinzipiell dispositiven Anordnung nicht machen würden, weil wir sonst sofort aufhören müßten, (zumindest öffentlich) zu reden und zu schreiben.

2. Wenn wir die zu beobachtende, also von uns mit erzeugte Verschiebung der Prioritäten im Referenzbezug der Zeichen zu Gunsten der Selbstverweisungen und zu Ungunsten der Restbestände des Realen (das mir allerdings seit langem nicht mehr vorstellbar ist als nicht medial tangiert), mit einem Ab-

3 Auch dies ein markanter, aber auch trügerischer Wegweiser im gegenwärtigen Labyrinth der Begriffe und Medien. Ihn erst mit den erweiterten Artefakten und technischen Sachsystemen der Computation einzuführen, bedeutet zugleich, der Realisierung herkömmlicher Medienprozesse ihren prinzipiell interdependenten Charakter abzusprechen. Technisch vermittelte Kommunikation ist von je her interaktiv. Mit Blick auf die computerbasierten audiovisuellen Techniken und neuen Qualitäten des Austausches ziehe ich es deshalb vor, von *„erweitertem Eingreifen"* an der Schnittstelle von Medienmaschinen und Medienmenschen zu sprechen.

„Jedes Auge ...

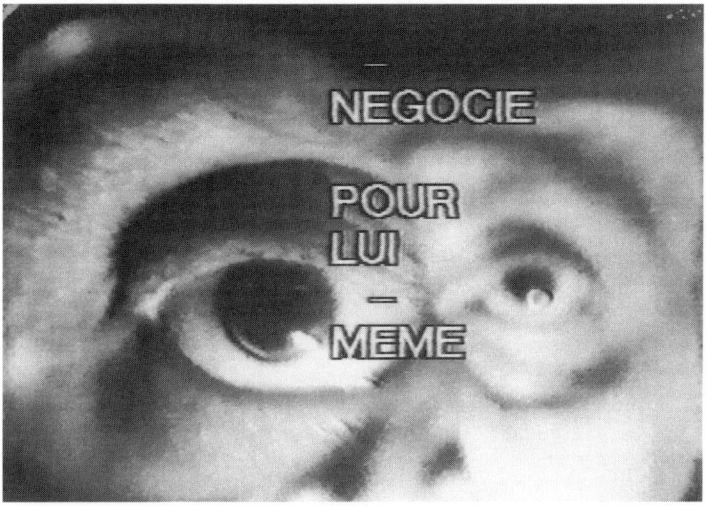

... vermittelt für sich selbst."

Sämtliche Textzitate in den Legenden stammen aus den *Histoire(s)* .... Die Bilder sind keine Zitate, grobe Markierungen allenfalls, in ihrer Oberfläche eine ganz andere Bildrealität erzeugend als die des Films, aus dem Stakkato der Images herausgerissene Mikroelemente mit dem Videoprinter abgenommen. Bestenfalls Phantome. Ich danke Rolf-Peter Schmitt für die Hilfe.

Ein brutales Spiel mit Erinnerungen und Filmtiteln:
Groß im Bild – Godards Ex-Super-Star, Ex-Geliebte, Ex-Frau, ... A.K.

dazu die Titelphrase: „Alle Bettgeschichten – Gefährliche Liebschaften ...
Bonjour Tristesse, Adieu meine Schöne

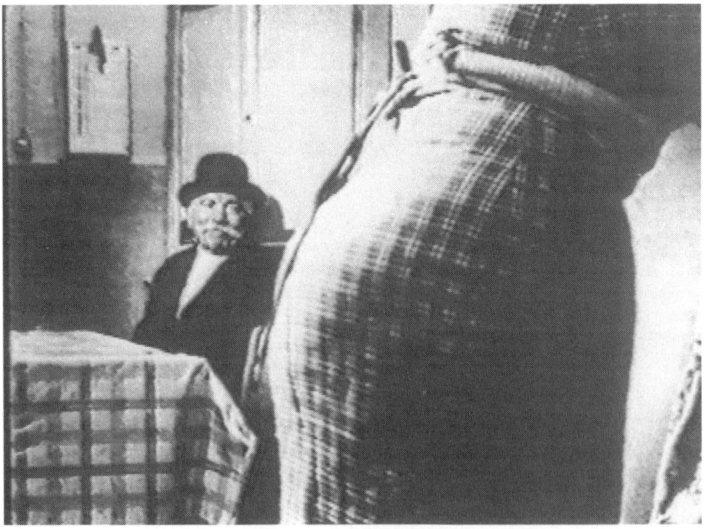

– der Kern der Dinge: der Arsch“

schied an das Reale quittieren, laufen wir Gefahr, im ausgeschütteten Bad selbst zu ertrinken. Zumindest im Gedankenexperiment versuche ich zur Zeit mit der Vorstellung weiterzukommen, daß wir es bei den neuen technologisch mit-begründeten audiovisuellen Welten mit einer Multiplikation der Verweisungen zu tun haben und damit mit ihrer beträchtlichen Ausdehnung. (*Expanded Cinema* hieß das brilliante, immer noch nicht übertroffene Buch Gene Youngbloods von 1970, das erstmals solche Entwicklungen analysierte und antizipierte.) Das Audiovisuell-Telematische hat sich zum unablösbaren Bestandteil von Realität entwickelt (die ja nicht identisch mit dem Realen ist, wenn das Lacansche Tripel von Symbolischem, Imaginärem und Realem als Gliederung sinnvoll sein soll). Jene Realität wurde quasi in die allerorts und jederzeit präsenten Monitore und Projektionswände hinein verlängert und diese strahlen wiederum effektvoll auf das Reale ab. Die Grenzen zwischen den unterschiedlichen Referenzbezügen sind damit unschärfer geworden, schwerer auf den ersten Blick erkennbar. Was eine Herausforderung an die Interpretation dieser visuellen (und akustischen) Welten ist, möglicherweise aber nicht unbedingt einen epistemologischen Quantensprung nach sich ziehen muß.

3. Schon das mit traditionellen Instrumentarien technisch reproduzierte Bild hat überhaupt noch keine richtige Chance gehabt, interpretiert zu werden, auch theoretisch gebührend betrachtet zu werden, und zwar insbesondere in seiner Gestalt der Bewegungsillusion, also des tönenden Zeitbildes. Mir wird dies jeweils besonders auffällig, wenn ich mit meinen Studenten audiovisuelles Material des entwickelten Techno-Diskurses zu interpretieren suche, zum Beispiel im Oberflächenmaterial avancierte dreidimensionale Computeranimationen. Es fällt uns kaum auf, daß die floatenden algorithmisch organisierten Zeichen, die numerischen Bilder - und seien die im einzelnen statischen Frames auch noch so sehr gegen Repräsentation gerichtet, was allerdings immer noch höchst selten der Fall ist -, denselben syntaktischen Mustern folgen, dieselben Narrationen aufweisen, wie sie die industrielle Kinematographie und die Television in vergangenen Jahrzehnten hochgezüchtet haben. Sie sind allemal narrativ, etwa mit der großen Syntagmatik Christian Metz', die er ja zur interpretatorischen Erfassung konventioneller filmischer Syntagmen entwickelt hat, in den Griff zu bekommen. (Und häufig viel simpler: Bereits ein Ware gewordenes Kommunikat wie z.B. das international hochgelobte und u.a. auf der Ars Electronica ausgezeichnete Animationsspiel mit dem Anthropomorphen, „Tin Toy" von Pixar/Lasseter, entpuppt sich bei näherem Hinsehen in seinem Aufbau als bewegter Cartoon trivialster Disney-Sorte, mit seiner mechanischen Schuß-/Gegenschußdramaturgie als kinematographischer Trödel.) Turbulente Anordnungen sind auch in der durch blinde Maschinen erstellten technischen Vision noch kaum zu sehen. - Dies hat viel mit

4. zu tun: Wir kleben, was die Images anbelangt, vor allem am einzelnen Bild, isolieren den eingefrorenen Bruchteil einer Sekunde, der dann elektronisch in 50 oder 60 Hertz zur Bewegungsillusion getaktet wird, für die Betrachtung heraus. (Ein klassischer Fall der Bestätigung der Heisenbergschen

Unschärferelation im kulturwissenschaftlichen Diskurs. Denn mit diesem isolierenden Blick schaffen wir uns für die Analyse 1 Wirklichkeit des Filmischen, die sich manifest von anderen möglichen unterscheidet, zum Beispiel derjenigen, die wir perzipieren.) Den Sprung zur Visualisierung von Zeit, zur Konstruktion von Raum-Zeit, der nicht erst im Telematischen, sondern auch schon im Kinematographischen zu verorten ist, haben wir m.E. medientheoretisch und kulturkritisch noch kaum verkraftet. Umgekehrt hat die großen Innovatoren der Kinematographie das einzelne Bild als quasi molekularer Bestandteil des filmischen Organismus nie besonders interessiert. Ihre filmische Arbeit als kreatives Gedankenexperiment fand und findet nicht primär am Set der Aufnahme statt, sondern im Schneideraum, wo die Syntax des Filmischen organisiert, Verbindungen geknüpft und Trennungen vollzogen werden, die *Beziehungsarbeit* geleistet wird, auch die Sinne auf Montage geschickt werden. „The feeling man shoots, the thinking man edits" - so trivial faßte Nam June Paik dies für die Praxis der eingreifenden elektronischen Bilderstellerei einst. Analytisches Sehen vermittels Medienmaschinen:

> Nur der intellektuelle Film wird imstande sein, die Zwietracht zwischen der ‚Sprache der Logik' und der ‚Sprache der Bilder' zu entscheiden. Auf der Grundlage der ‚Sprache der Kinodialektik' [...]. Nur ein solches Kino wird Daseinsberechtigung haben zwischen den Wundern des Radios, des Fernsehers und der Relativitätstheorie.[4]

Dies schrieb Eisenstein im Januar 1931. Und er deutete zum Schluß seines Textes jene radikale Konsequenz an, die uns im Umfeld telematisch basierter künstlerischer Praxen heute wieder (und immer und immer wieder) begegnet: „Dies wird der Beitrag unserer ganzen Epoche zur Kunst sein. Zur Kunst, die aufgehört hat, Kunst zu sein, auf dem Weg zu dem Ziel, Leben zu werden."[5]

5. Mit technischen ‚Kulturprothesen' haben wir zu leben gelernt. Einige davon sind mit uns verwachsen, nicht mehr von unseren Körpern abzutrennen. (Bemerkenswert: Viele der neuen Gadgets und Artefakte erweiterter Medienkommunikation trägt man direkt am Körper, vom Walkman über den Body-Sound-Producer, den Watchman, das personal video, den pager, das private eye bis hin zu den Monitor-Masken, den Datenhandschuhen und -anzügen für die Erkundung des Cyberspace.) Den sich in Bewegungsillusionen niederschlagenden Strategien des Scheins von seiten derjenigen zu begegnen, auf die der Schein abstrahlt, bedarf technischer Hilfsmittel der Vergegenständlichung des Scheinhaften, der Verfügbarmachung. Wo die Geschwindigkeit der Bewegungsillusionen so atemberaubend und so zeitzerstörerisch gesteigert worden ist wie in unserer gegenwärtigen Audiovisionskultur, werden Krücken unverzichtbar, mit denen Zeit vergrößerbar, ihre räumliche Dimension künstlich wieder herstellbar ist.

---

4 S. M. Eisenstein, „Der Kinomatograph der Begriffe", in: *Der Querschnitt* (aus den Heften 1930-33), Reprint, Frankfurt a.M., Berlin 1981, 367ff.

5 Ebd.

HISTOIRE
(S)
DU
-
CINEMA

1
HISTOIRE
s e u l e

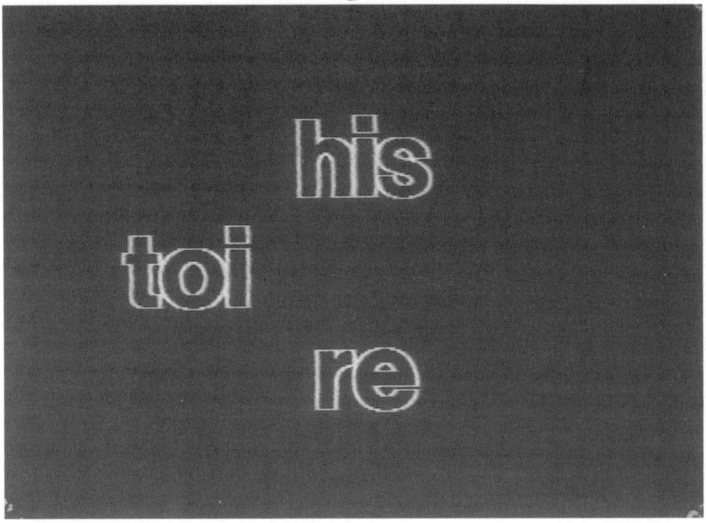

Die Zerlegung des Wortes „histoire“ in die Bestandteile „his“, „toi“ und „re“ mit ihren jeweils eigenen Bedeutungen ist nur die eine, oberflächliche Ebene des Spiels. Spannender: die Schrift wird zum Bild. Der semiotische Status der Buchstaben als symbolische Zeichen wird aufgehoben, die Grenzen zwischen den Zeichencharakteren werden fließend. Gleich erscheint ein zweites „toi“, dann ein drittes; die Fragmente beginnen zu blinken, die Symbole erhalten Rhythmus, werden so auch zu musikalischem Material.
Aus der Howard-Hughes-Sequenz

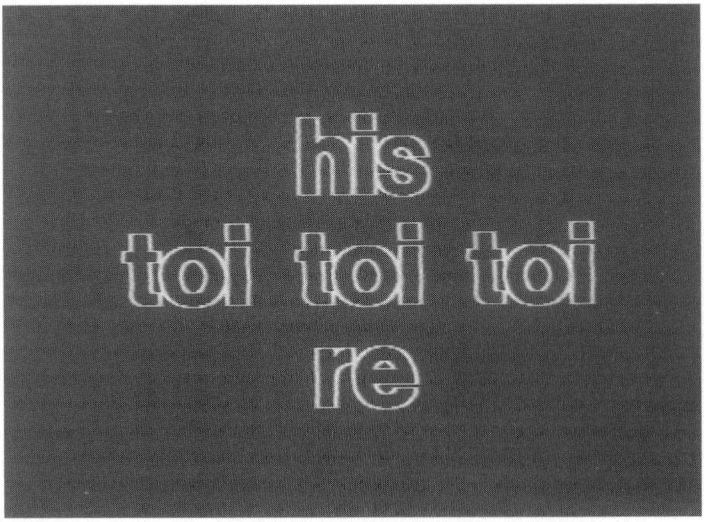

In dieser Perspektive wirkt nach wie vor der Doppelcharakter der Ware in seiner Ambivalenz, auch im Kontext des Kunstmarktes: Mit Peter Weibels Wiener „Inszenierung der Kunstgeschichte“ zum Beispiel, die an einem Ort stattfand, zu dem ich zum Zeitpunkt des Ereignisses keinen Zugang hatte, habe ich mich erst über diverse elektronische Reproduktionen auseinandersetzen können.

1.

Diese Behauptungen, Mutmaßungen und Thesen möchte ich nun nicht einfach zu verifizieren versuchen. Indem ich Godards Filmtext (im weitesten Sinne) unter einigen wenigen Gesichtspunkten auseinanderlege, ihn mit meinem Text durchsetze und ihn in Verbindung dazu bringe, hoffe ich, sie anschaulicher, diskutabel zu machen. Godards Band eignet sich hierfür hervorragend, weil sein in Symbolen, Indices und Ikonen, in Buchstaben, Tönen und Bildern organisiertes Nachdenken über die Ton-Bild-Stellerei für das Kino eine Kulturprothese wie den Videorecorder bereits voraussetzt. Ohne sie hätte auch meine Interpretation seines Bandes nicht zu Stande kommen können. Modus der Produktion und Modus der Rezeption bilden einen unauflöslichen Kontext. Und weil damit thematisch etwas im Mittelpunkt steht, was mir auch in unserem Denkzentrum eine wichtige Rolle zu spielen scheint: das Spannungsverhältnis nämlich zwischen *Flüchtigem* (auch im Sinne des auf der Flucht Befindlichen) und *Greifbarem*, über die Reproduktion in einer anderen Zeitorganisation der Reflexion zugänglich Gemachtem.

Denn die *Histoire(s) du cinéma*[6] haben mindestens zwei gegensätzliche Phänomenologien mit entsprechend völlig unterschiedlichen Wahrnehmungs- und Interpretationsangeboten. Als einmaliges Ereignis innerhalb des stetigen Flow of Broadcasting (oder auch als über den Kontrakt des Billets vermietete Filmzeit im Kino) sind sie eine regelrechte Attacke. Sie treiben den alltäglichen panisch organisierten Output an Ton-Bildern auf die Spitze. Zumindest das Sehen vergeht uns in der Konfrontation mit der ins Ungeheure beschleunigten und mehrfach übereinandergeschichteten Filmgeschichte. Grob geschätzt, wird unsere Netzhaut in den hier diskutierten beiden ersten Teilen von knapp 100 Minuten Länge insgesamt mit 120.000 bis 150.000 Bildern beliefert. Im einmaligen flüchtigen Modus präsentiert und perzipiert, erscheinen die *Histoire(s)* wie eine Illustration jenes Satzes, der in Godards Film *Le gai savoir* (voir = sehen/savoir = Wissen/schaft) von 1968, seinem ersten großen film-essayistischen Diskurs zur Bildergeschichte, wie ein Leitmotiv wirkte: „Wenn Du die Welt sehen willst, schließ’ die Augen!“

---

[6] Die *Histoire(s) du cinéma* entstanden im Auftrag des französischen Pay-TV-Senders Canal Plus. Sie sind als eine Reihe von mindestens 8 Teilen geplant, die unterschiedliche Längen (jeweils unterhalb einer Stunde) haben. Ich beziehe mich hier auf den ersten der beiden bis 1990 fertiggestellten Teile (I A und I B). Die eigenartigen Numerierungen deuten an, daß er sich das Ende offen halten möchte.

Natürlich sträubt sich dagegen der immanente Widerstand desjenigen, dessen Beruf und Berufung es ist, filmische Bewegungsillusionen herzustellen. Bilddestruktion durch Bildkonstruktion zu betreiben, ist paradox. An dieser Stelle nimmt Dekonstruktion ihren Anfang. Die Auflehnung des Filmemachers, der Versuch, eine Form des *wirkungsvollen Gegenscheins* zu kreieren, artikuliert sich vor allem, wenn aus dem schwindenden Ereignis des Broadcasting oder der Kinematographie ein *literarischer* Prozeß wird, wenn aus dem Akt der gehetzten Wahrnehmung ein Akt der Lektüre werden kann, ein Akt, der nicht mehr an den Zeitverlauf der Flucht gebunden ist, sondern sich seine eigenen Tempi und Verläufe sucht, den Film unter Umständen auch zur Ruhe kommen läßt. In diesem Modus hält sich die folgende Interpretation auf.

2.

Am Anfang war das Sehen. Diesen Satz haben wir – so oder ähnlich – schon oft von Godard gehört. Zu Beginn der *Geschichte(n)* können wir ihn nun schauen, trivial ikonisiert: ein Auge, verdeckt, geschützt durch eine Photokamera im Anschlag, in großer Einstellung auf die starre Einäugigkeit des aufklärerischen und kontrollierenden zentralperspektivischen Blicks, wie er in jeder Photokamera mit normaler Optik apparativ aufgehoben ist, und zugleich auf einen Kinomythos verweisend, denn es ist das mit dem Sehapparat bewaffnete Auge des Voyeurs und Jägers aus Hitchcocks *Fenster zum Hof.* (Es kommen ständig ‚einäugig' Sehende in den *Filmgeschichten* vor: Nick Ray, Fritz Lang z.B.; Godard arbeitete selbst eine Zeit lang stilisierend mit einer Brille, bei der ein Glas abgedunkelt war. Und die Tradition des Photo-Graphischen für das Kinemato-Graphische ist für ihn essentiell. Vor allem im zweiten Teil seiner Erzählung verweist er immer wieder darauf.) – Das Kameraauge wird rasch abgelöst durch das technisch ungeschützte Auge, schnell aufblitzend ein Augenpaar: der maschinen-logische und der physio-logische Bildempfänger. Aber wenn wir genau hinschauen, sehen wir, daß es nicht die Augen eines Menschen sind, die das Filmbild zeigt; wir sehen 2 verschiedene Augen; (eines davon könnte das vergrößerte aus dem Paar Guiletta Masinas sein, das später mehrfach in einer zweiten Bildschicht auftaucht und auch in unserem Text wieder erscheinen wird.) Als Schauende vor dem Schirm geraten wir in ein verwirrendes Wechselspiel von Sehen und Gesehenwerden, von Aktion und *Passion* (im doppelten Sinne des Wortes – Leiden und Leidenschaft –, wie ihn Godard häufig für seine Kinoarbeit gebraucht). Wie eine graphische Fanfare, fett in weißen Lettern, die Schrift als Bild, prangt auf den Augen das Textinsert, das die Methode *dieser* Geschichtsschreibung signalisiert: JEDES AUGE VERMITTELT FÜR SICH SELBST[7]. Konstruktionsplan und Gebrauchsanweisung, Verweise und Selbstreferenzen, gleich zu Beginn. Die Grenze zwischen dem Innen und dem Außen, für das distanzierte

[7] Alle in Versalien geschriebenen Teile dieses Textes sind Schriftinserts aus den *Histoire(s) du cinéma.*

LE CINEMA

UNE
INDUSTRIE
DE LA
MORT

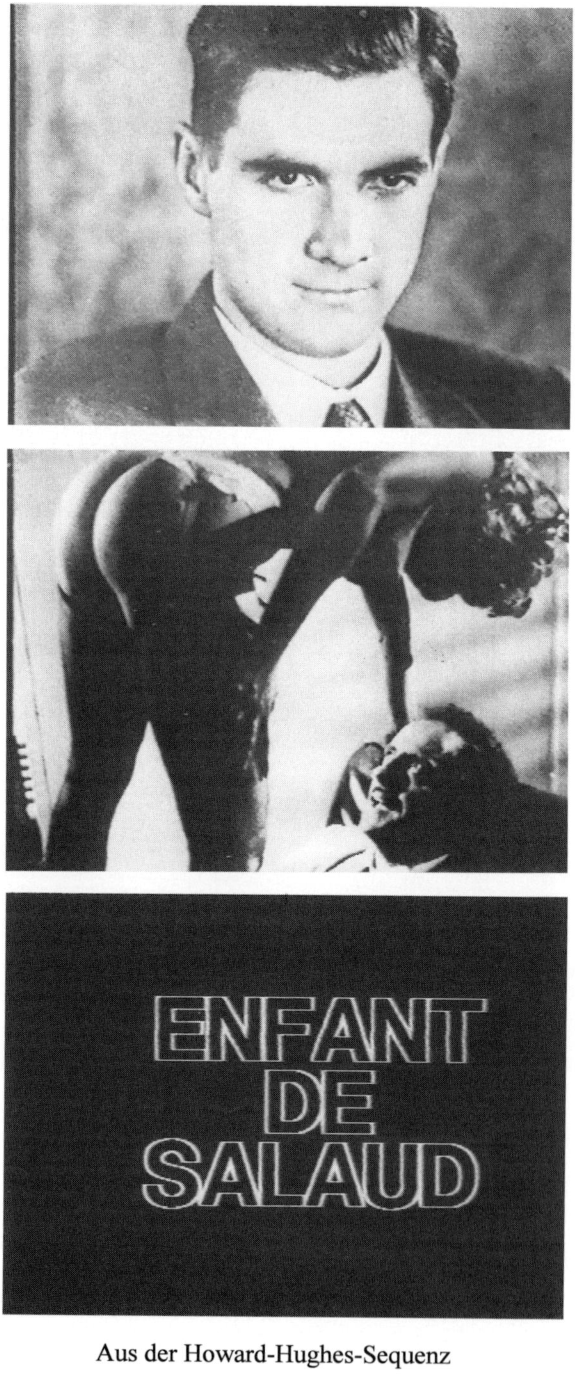

Aus der Howard-Hughes-Sequenz

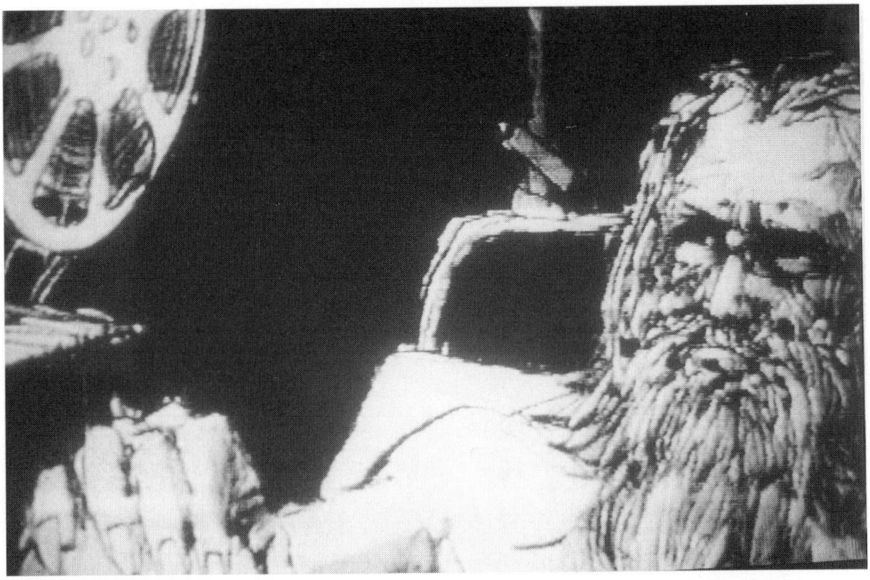

6 (von -zig) eingefrorenen Images aus der Sequenz über Howard Hughes, den großen Förderer und Produzenten, den „Schweinehund", den Flieger, den Gönner, Boss der legendären Radio Keith Orpheum Pictures Company, seine Frauen und Maitressen, sein Ende in der selbstgewählten Isolation mit dem Filmprojektor ... ganz zum Schluß – die schönste von allen: Rita (Hayworth), tanzend, untrennbar durch das Textinsert von: Howard.

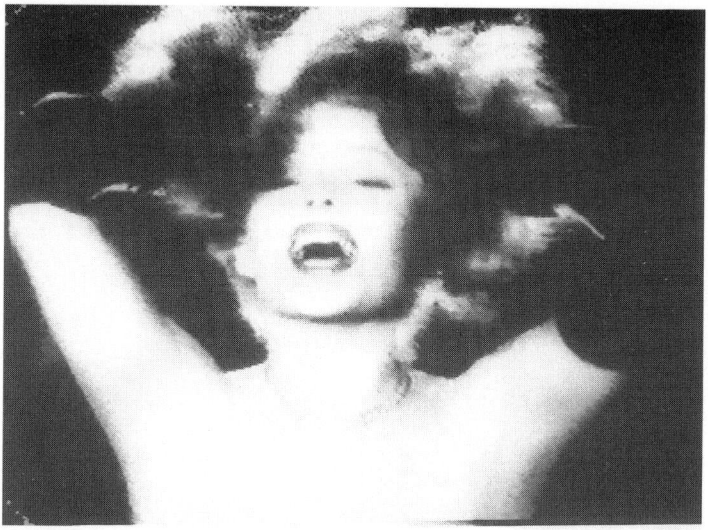

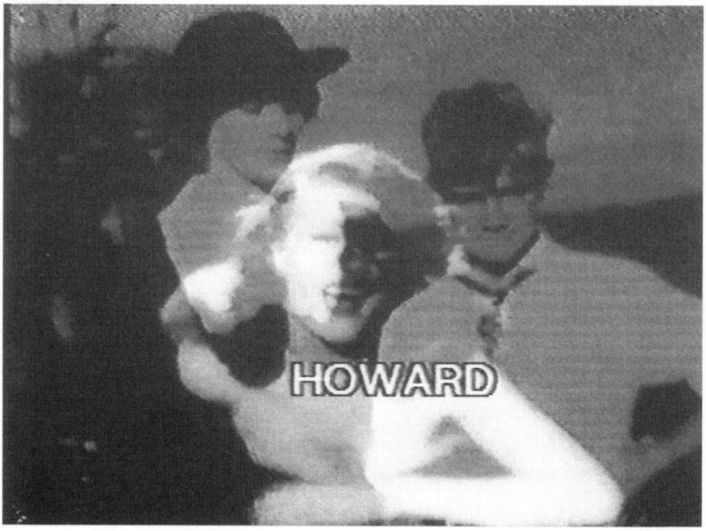

Aus der Howard-Hughes-Sequenz

Schauen, das Sehen als „Habhaftwerden auf Entfernung" (Merleau-Ponty), für deren Bestand das Auge eigentlich der Garant sein soll, ist schon mit den ersten Images verwischt. Wir sind uns nicht(s) mehr sicher. Wir lassen uns auf ein riskantes Abenteuer ein. Geschichte als Illusion auch im Kamperschen Sinne: *auf's Spiel setzen.*

Unmittelbar auf das natürliche Organ folgt erneut ein Teil des audiovisuellen technischen Sachsystems, und zwar das aus der Perspektive einer spezifischen filmischen Philosophie bedeutendste Artefakt der Kinematographie: Detailaufnahmen eines 35mm-Schneidetisches, auf dem ein farbiger Filmstreifen hin- und hergezogen, positioniert wird. Mechanisches, das der Aufnahme als Wahrnehmung des Filmenden folgt, substituiert das Bild der Augen. Auf die Rezeption der Rezeptoren folgt die Wahrnehmung des Schauangebots von Speicherungs- und Verarbeitungsprozessen, maschinelle Allegorien auch des mentalen Prozesses, ohne welche die Geschichten des Kinos weder präsent wären, noch zu Gesicht und Gehör gebracht werden könnten.

„Kommunikation", schreibt Godard in seiner *Einführung in eine wahre Geschichte des Kinos*, „wird dadurch möglich, daß etwas wieder hervorkommt, was schon hineingegangen war."[8] Wieder nach außen gekehrter Eindruck: Genau in diesem Sinne sind die *Histoire(s)* Realisierung eines kommunikativen Prozesses: Kommunikation über Film und über Geschichte, soweit sie sich in Film niedergeschlagen hat, in sukzessiven Bildern abgelegt wurde, Kommunikation vor allem über das Kino, über die Images, die mit ihm verknüpfbar sind, die Bruchstücke von Sprache, die Sequenzen von Musik, Lieder, banale Geräusche, Schüsse, Schreie der Verzweiflung und der Liebe, die sich Godard und auch uns aus deren Geschichte eingeprägt haben, Spuren in unseren Vorstellungen und Phantasien hinterlassen haben, weggeschoben oder verdeckt durch das Denken und Handeln des Alltags in die diesem unterlagerten Speicherschichten, mangels Gelegenheiten selten oder nie hervorgeholt und jetzt (re-)aktiviert durch reproduzierende Maschinen und vor allem: die Arbeit des Re-Konstrukteurs. (Harte Arbeit im Godardschen Sinne. „Man kann arbeiten um zu lieben, oder man kann die Arbeit lieben", läßt er in *Passion* sagen.)

KINO WAHRHEIT ... FABRIK DER TRÄUME FABRIK: Godard als Analytiker der Traummaschine - das ist eine Rolle, die ihm steht, und die er ganz offensichtlich genießt, nicht erst in den *Histoire(s) du cinéma*. Zusammen mit Ann-Marie Miéville spielt er sie exponiert in der jüngeren Geschichte des europäischen Films/Kinos. In der audiovisuellen Geschichts-Re-konstruktion wollte sich der Filmemacher dabei nicht zuletzt selbst zum Objekt der Analyse machen:

---

[8] J.-L. Godard, *Einführung in eine wahre Geschichte des Kinos*. München, Wien 1981, 43.

> So hatte ich mir vorgestellt, [...] daß ich im Kino [...] von dieser Vergangenheit ausgehend, meine eigene noch einmal sehen könnte, wie eine Psychoanalyse meiner selbst und des Ortes, den ich im Kino habe.[9]

Und mit den ersten aufeinandertreffenden Bild-Ton-Kombinationen der *Histoire(s)* drängt sich wieder, wie ein Merksatz, eine Phrase aus *Le gai savoir* dazwischen: „Der Zufall ist strukturiert wie das Unbewußte." DAS KINO ERSETZT, so lautet ein gewichtig akzentuiertes Insert aus dem Beginn des Films, DAS KINO ERSETZT UNSEREN BLICK DURCH EINE WELT, DIE ÜBEREINSTIMMT MIT UNSEREN WÜNSCHEN. Und einen Satz, den wir etwas später hören, werden wir in Verbindung mit diesem bringen: „Das Kino projizierte, und die Menschen haben gesehen, daß es die Welt gibt."[10] In keiner bisher gedruckten Kino- und Filmgeschichte haben wir die Aufhebung des lange streng gehüteten Dualismus von Illusion und Wirklichkeit so klar und konsequent auf den Punkt gebracht bekommen.

3.

Godards Hilfsmittel der Re-Konstruktion sind Apparaturen im umfassenden Sinne. Soweit es sich dabei um Medienmaschinen handelt, sind sie sichtbar. Sie werden von Beginn an und aufdringlich präsentiert. An erster Stelle und immer wieder: der *Schneidetisch*, an dem die Filmstreifen mit unterschiedlichen Geschwindigkeiten entlang gezerrt werden. Das durch Zeitvergrößerung und -raffung modifizierte Geräusch dieses Vorgangs ist kein Rauschen; der an die Transportrollen schlagende Film, das surrende Geräusch beim Weiterfahren und die akustisch abklingende Bewegung beim Stop, vertraute und geliebte Geräusche der Kinomonteure, drücken gleichermaßen die Lust dieses Arbeitsprozesses aus wie die in der Arbeit des Re-Konstrukteurs frei werdende Gewalt. Passend dazu zu Beginn: im Zeitverlauf verzerrte Bilder vom im Endstadium seiner schweren Krankheit leidenden Nicholas Ray aus Wenders *Lightning over Water*; einem der herausragenden Stücke Gewalt, die der Filmgeschichte in den letzten Jahrzehnten zugefügt wurde. Auf ein wunderschönes Photo von Nick Ray schreibt Godard dann mit weißer Schrift: PERE, NE VOIS-TU PAS QUE JE BRULE? (Vater, siehst Du nicht, daß ich brenne?) – Das *Mikrophon*, ein schönes großes Studio-Mikrophon, das, am Galgen hängend, penetrant sichtbar allmählich in den Bildvordergrund gerückt wird, bevor der Geschichte(n)erzähler, neben dem Bücherregal stehend, genüßlich an seiner Zigarre ziehend, auf eine für den Zuschauer nur in der Vorstellung vorhandene Projektionsfläche stiert und die Images (im Off) zu kommentieren beginnt. – Die *Schreibmaschine*, dieses Artefakt der Diskurse schlechthin; Godard hat sich eine dieser elektronischen Schreibmaschinen ausgesucht, halb Textverarbeitungsgerät und halb konventioneller Typewriter, bei

---

[9] Ebd., 16.

[10] Die nicht weiter verwiesenen Zitate sind sämtlich Teile des Kommentars, den Godard auf das Band gesprochen hat.

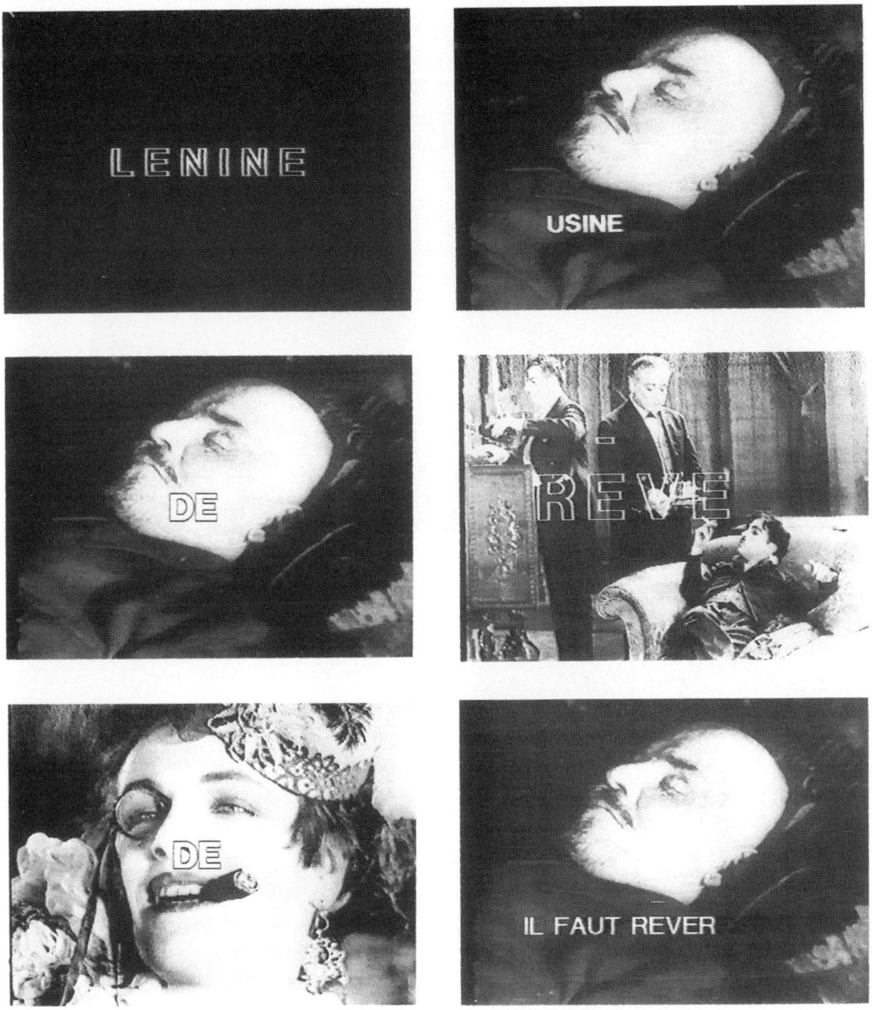

Sechs Bilder aus der Lenin-Hollywood-Sequenz

Die letzte Einstellung des ersten Teils – die letzten Worte Max Lindners. „Zu Hilfe!“ Danach beginnt (auf dem Videoband, nicht im Fernsehen) der zweite Teil. „Cogito ergo Video“

denen die eingetippten Textstücke zunächst nur auf einem Display sichtbar gemacht und dann mit leichter Zeitverzögerung auf Tastenbefehl hin ausgedruckt werden können. Im Takt der auf die Walze knallenden Lettern erscheint der personifizierte Mythos des Kinos schlechthin: Chaplin, mit Paulette Goddard in einem Still aus *Modern Times*, unterbrochen durch einen kinematographischen Aufnahmeapparat und erneut Godard am Typewriter. Ikon und visualisierter Text sind wiederum miteinander verbunden, im Sinne des Objekts und der Methode seiner Behandlung aufeinander bezogen. Es ging um Spielregeln ...

Godard beginnt Texte zu sprechen, mehr vor sich hin zu murmeln als sie jemand anderem mitzuteilen. Zum Teil werden sie in den Inserts visualisiert, zum Teil bleiben sie völlig unverständlich. Ganze Sätze, Phrasen, abgebrochene Sätze, Worte wie Signale. Rhythmisiert durch die ratternden Typenradköpfe blitzen optisch Kino-Köpfe auf, Filmemacher im weitesten Sinne, Köpfe, in deren Phantasien Bilder entstanden und aus denen Bilder hervorgequollen sind, die Filmgeschichte geschrieben haben. Irving Thalberg zum Beispiel, jener Mann, der jeden Tag 52 Filmideen gehabt hätte; Godard stellt ihn der armseligen Kreativität von Fernsehintendanten gegenüber; und während er zu dem Photo Thalbergs über die Television spricht, zerlegt er dieses in horizontale Zeilen, fraktalisiert ihn televisuell. - Dazwischen immer wieder kinematographische Aufnahmegeräte, vor allem *Kameras,* jene Artefakte mit den „zwei Rollen, von denen sich immer eine füllt, während die andere sich leert"; in der zweiten Folge, wenn er die Ursprünge des Kinematographen einzukreisen versucht, ergänzt Godard dieses Bild mit der Beobachtung: „Wie durch Zufall nennt man in der Videobranche die linke Spule *Sklave* und die rechte Spule *Meister*", Knecht und Herr, beide voneinander abhängig, ohne einander nicht denkbar.

[Seltsam: die einzige Maschine, die uns der Autor und Regisseur nicht zeigt, ist diejenige, die er (auch in seinen kinematographischen Filmen) zunehmend in verwirrender Virtuosität benutzt: das Tonbandgerät. Soll sie sein Geheimnis bleiben? Nur mit einer vielkanaligen, hochleistungsfähigen akustischen Aufzeichnungsmaschine ist jenes dichte Netz von indexikalischen, symbolischen und musikalischen Tönen realisierbar, das die ästhetische Eigenart der *Histoire(s)* eindringlich mit konstituiert. Konzeptionell ausprobiert hat er diese besondere Art der Schichtung von Tonmaterial in seinem parallel entstandenen kurzen Video *Puissance de la parole*, einer Auftragsarbeit für die französische Telecom.]

All diese gezeigten und nicht gezeigten Medienmaschinen sind *Zeitmaschinen*, ganz offensichtlich. Wie der *Videorecorder*, auf dem er die Images speichert, und von dem er sie wieder abruft wie von einem audiovisuellen Synthesizer.

Tonbandgerät und Videorecorder entstammen demselben Phylum von Artefakten. Sie haben im Poulsenschen Telegraphon ihre gemeinsame technologische Keimzelle. Und sie drängen auf eine gemeinsame symbiotische Ästhetik. In ihr sind Akustisches und Visuelles nicht mehr getrennt. Beides wird in Form von im Prinzip identischen Magnetspuren verfügbar, mit dem Unterschied lediglich, daß für das Schreiben und das Lesen der Bilder eine wesentlich höhere Relativgeschwindigkeit zwischen Schreib-/Lesekopf und Aufzeichnungsmaterial nötig ist als bei den Tönen. Die technologische Identität des Vorgangs auf demselben Materialträger (ver)führt zur Gleichbehandlung. In der fortgeschrittenen Audiovision, wie sie in Godards Band beispielhaft aufgehoben ist, werden Bilder immer mehr zu Tönen und Töne immer mehr zu Bildern. Beide sind Rohstoffe für eine filmische Klaviatur. *Akustisierung des Visuellen und Visualisierung des Akustischen.*[11] Vielleicht ist dies ein Fluchtpunkt im Prozeß der Beschleunigung des Visuellen und in seiner Ankoppelung an musikalische Materialien: die Produktion und Perzeption von *sonimages* als Rhythmuswerke. Auch an diesem Projekt hat bereits die techno-kulturelle Avantgarde der zwanziger Jahre gearbeitet. Aber im gemeinsamen (digitalen) Herstellungscode von Bildern und Tönen sowie im identischen Materialträger erfährt es eine akzentuierte Zuspitzung und wird vor allem auch als gemeines Lebensmittel wie als Pop-Ware zugänglich.

4.

Auch im Modus der Lektüre interpretiert, haben wir es bei den *Histoire(s) du cinéma* mit einem mehrfach codierten Kommunikat zu tun. Oberflächlich betrachtet, nehmen wir zunächst ein farbenprächtiges Kaleidoskop wahr, ein Familienalbum auch (richtig mit Legenden im doppelten Wortsinne: Bildunterschriften und Erzählungen), das für die Kundigen, die über Filmgeschichte Bescheid Wissenden aufgeblättert wird: zur Wiederbegegnung mit Chaplin zum Beispiel, Nicholas Ray, Jean Renoir, Lydou und Jean Vigo in L'Atalante, - JEAN JEAN JEAN - Jeans angehäuft, kulminierend bei Jean Cocteau: LE TESTAMENT D'ORPHEE ... Rendezvous mit vielen Schauspieler-Männern und vor allem den Frauen der Leinwand: ADELE JANE FAITH JOAN GINGER RITA... Ein Schauangebot wie ein gigantisches Bilderrätsel. Man kann sich testen, wieviel man weiß von der Geschichte der Traumfabrik, wen man wiedererkennt. Ein Labyrinth ebenso, denn etliche Suchwege nach Identitäten führen auch bei größter Anstrengung nicht zum Ziel. – Ein Gesellschaftsspiel für den bürgerlichen Salon der Cineasten, entworfen für die private Rezeption mit Freunden, mit Gleichgesinnten, und in diesem Sinne auch videospezifisch: indem die Offerte eine intime Form der Öffentlichkeit anspricht und zum stundenlangen unterbrechbaren und wiederholten Spiel herausfordert, denn das Bilderrätsel läßt sich erst voll entfalten, wenn man die flüchtige kinematographische und televisuelle Rezeptionsweise hinter sich gelassen hat.

---

[11] Dieser Gedankengang verdichtete sich nicht zuletzt durch Gespräche mit Dietmar Kamper während des Seminars „Strategien des Scheins" an der Städelschule 1991, auf das dieser Text zurückgeht. Peter Weibel und Florian Rötzer sei hier noch einmal ausdrücklich gedankt.

Der Re-Konstrukteur und Analytiker am Gerät

Aber auch diese Phänomenologie des Bandes ist videospezifisch: Bildsequenzen, Szenen und Einstellungen sind in Bruchteile von Sekunden fraktalisiert. Einstellungen aus frühen Stummfilmen. Fritz Lang. Murnau. Griffith. Renoir. Für rasche Augenblicke flackert Hitchcocks Cary Grant im stahlgrauen Anzug auf, vom Flieger bedroht in *North by Northwest*. (Flieger tauchen immer wieder auf, unheilvoll, wie die Vögel Hitchcocks und die schwarzen Raben van Goghs. Am eindrucksvollsten in einer Sequenz, in der sich einige Bomber über das wunderschöne Gesicht Rita Hayworths schieben: ONLY ANGELS HAVE WINGS, in der spezifischen Anordnung dieser Einstellung auch lesbar als: ANGELS ONLY HAVE WINGS.) Ein Maschinengewehr im Anschlag. Gangsterkrieg und der Krieg des amerikanischen Kinos gegen das europäische (und umgekehrt). Vertovs Lenin, Eisensteins Olga, ein schreiendes Poster, Signifikanten der Marktkultur. Windmühlenflügel, an denen ein Revolutionär aufgehängt wird. Eine Tanzszene aus den 50ern und rasch wieder zurück in die Anfänge der Kinematographie. Ein Pin Up Girl oder ein Gemälde von Angelico... Die visuellen Zitate folgen so schnell aufeinander, daß man selbst zu blinzeln beginnt, daß man eingreifen, innehalten muß, wenn man nicht verrückt werden oder einfach ausschalten will: Rewind – Slow Motion – Still – schneller Suchlauf, vor und zurück, – Pause. Godard fordert regelrecht zur Benutzung der audiovisuellen Zeitmaschine heraus, indem er das Rasen der visuellen Zeichen perpetuiert. Er hat Ton-Bilderfahrungen organisiert, alte getrennt und neue zusammengesetzt. Dieser kommunikative Gestus richtet sich auch an den Zuschauer. Er kommt über den Schirm wie eine sorgfältig geschriebene Einladung zur Interaktivität, zum Dialog mit dem Re-Konstrukteur. An der Schnittstelle von Medienmaschine und Medienmensch verliert der Betrachter seinen tradierten und bequemen Status. Er wird zum *Mitspieler*. Er wird aufgefordert, die offerierten Montagen zu unterlaufen, zu hintergehen, sie zu verschieben. Und in diesem Modus entspinnen sich dann auch die roten Fäden.

Die *Histoire(s)* repräsentieren nicht die Filmgeschichte. Sie objektivieren als Produkt lediglich *eine* der unendlich vielen Möglichkeiten, in denen die Realität der Geschichte des Kinos und des Films konstruierbar ist. Sie sind in diesem Sinne Modell. Eine virtuelle Realität, auch, ganz eigener Art, „potentia" im Heisenbergschen Sinne, Filmgeschichte in ihrer „Wellenfunktion". Um zu der *1* Geschichte des Kinos zu werden (Godard benutzt immer wieder die numerische Bezeichnung), muß sie durch den Akt der Aufzeichnung hindurch. „Keine Aufzeichnung, keine Messung", schreibt Nick Herbert in seinem Vorschlag für eine „wirklich neue Physik".

> Nur jene Interaktionen in der Natur, die permanente Spuren [Aufzeichnungen] hinterlassen, zählen als Messungen. [...] Nur aufzeichnende Geräte haben die Macht, vielwertige Möglichkeiten in einwertige Tatsachen zu verwandeln.[12]

Godard setzt in seiner Produktionsweise nicht nur an der künstlichen Sehprothese an, welche die japanische Industrie in die Massenproduktion geführt hat, sondern er setzt auch den mentalen Videorecorder bei seinen Adressaten voraus. Er spielt mit der Versetzung, der Verzögerung zwischen akustischer und visueller Reizverarbeitung, er scheint damit zu kalkulieren, daß jeder die auditiven und optischen Angebote weiter editiert. Er scheint sich direkt an jenes mentale Video zu wenden, mit dem jeder einen Film zu seinem eigenen Film zu machen in der Lage ist. Deshalb sind die *Histoire(s)* auch ein Film der imaginären Zuschauerfilme: „Filme, die niemals gemacht wurden", oder besser: Filme, wie sie ständig in unendlicher Zahl gemacht werden, aber nicht sichtbar sind, weil sie nicht auf materielle Träger transferiert werden, sondern imaginär bleiben.

Die *Histoire(s) du cinéma* sind somit auf mehrfache Weise als Apparate-Kommunikation geschrieben, als Kommunikationsstoff für die mentalen Apparate der im Filmprozeß Eingebundenen und ihm Verbundenen, aber auch als apparatives Kommunikationsangebot für die Kommunikation mit Hilfe von Apparaten, mit Hilfe von technischen *Prothesen* im Freudschen Sinne.

Es gehört zum hegemonialen Wesen des Kinodispositivs, daß die Maschinerie, die das Sichtbare hervorbringt, gemeinhin den Filmschauenden nicht gezeigt wird, die Illusionsmaschinerie versteckt wird, unsichtbar bleibt (Jean-Louis Comolli). Das macht eine der reizvollen Spannungen von Godards Kinogeschichte(n) aus: daß sie ins Licht der Elektronenröhre zerren, was gemeinhin im Dunklen bleibt. Dieses Sichtbarmachen scheint ebenfalls ohne Apparate, ohne Krücken nicht mehr möglich zu sein. Der Videorecorder resp. -player ist im Zeitalter der unendlichen Re-Produzierbarkeit eine der herausragenden Sehprothesen.

Godard scheint dies genau zu wissen. Er kalkuliert damit seine filmische Offerte. Der sozio-kulturelle Modus der Ansprache (die Intimität, das Private, das radikal Subjektive, das Literarisierte ...) korrespondiert in wunderbarer Weise mit der ästhetischen Struktur des Bandes. Godard und die audiovisuelle Zeitmaschine: Die Echtzeit der kinematographischen Bewegungsillusion existiert in der elektronischen Bearbeitung praktisch nicht mehr. Godard bringt ihren stetigen Fluß ins *Stottern*, er läßt die schnelle Bewegung mit einer Gegenbewegung kollidieren, gebietet den laufenden Filmfiguren Einhalt, er bremst die rasche Geste ab, friert sie ein, macht die sich in hoher kinetischer Geschwindigkeit befindlichen Objekte (z.B. die Hand Hitlers beim Reden) zum Artefakt, das er erneut animieren kann, in modifizierter Bewegung, der

---

[12] N. Herbert, „Nur Werner allein hat die nackte Realität gesehen: Vorschlag für eine wirklich ‚Neue Physik'", in: Hattinger, Russel, Schöpf, Weibel (Hgg.), *Ars Electronica 1990.* Band II, „Virtuelle Welten", Linz 1990, 42.

visuellen Analyse zugänglich, wie durch ein Stroboskop betrachtet. Die extreme und im gesamten Band durchgehaltene Bearbeitung der linear vergehenden Filmzeit verleiht ihr einen neuen einmaligen Status, gibt ihr ihren räumlichen Charakter (zurück). Die Images wirken so wie ein Versuch der permanenten Dehnung der (Kino)Geschichte gegen die immer mehr sich ausbreitende, fetter werdende Gegenwart. Auch in diesem Kontext wirkt das Textinsert: ES IST AN DER ZEIT, DASS DAS LEBEN ZURÜCKGIBT, WAS ES DEM KINO GESTOHLEN HAT.

5.

Die einzelnen Bilder, die wir auf dem Monitor sehen, sind konventionell, vertraut, ja teils gar *repräsentativ*. Kein Wunder, sind sie doch den vielen Kilometern objektivierter und Ware gewordener Filmgeschichte entlehnt, so wie den Katalogen und Bilderbüchern der Kunstgeschichte. (Godard scheint sich aus modernen Antiquariaten reichlich versorgt zu haben mit jenen prachtvollen Bänden, die von den Werken der Großen der Bildenden Kunst zehren. Schamlos zitiert er aus Arbeiten von Renoir, Matisse, Daumier, Goya, Seurat, van Gogh, Gauguin und vielen anderen, die Bilder segmentierend, ausschneidend, ganz so, wie er es braucht; das wirkt wie ein Racheakt an dem, was die Kinoprojektion normalerweise mit dem sorgfältig gestellten Bildmaterial der Filmleute macht.) Die Überraschung, das Erstaunen, die Provokation (im Sehen wie im Denken) entstehen durch die Verbindungen, durch die ständige Überlagerung von Einstellungsschichten, durch die Konfrontation von Filmkadern und Bildflächen, die nicht zusammenzugehören scheinen, ihre Verkittung durch die Text-Inserts und ein dichtes, atemberaubendes Netz von Ton- und Musikfeldern, die mit dem visuellen Ausdruck streiten und uns ständig in phantastische und intellektuelle Abenteuer stürzen. Eine syntaktische Komplexität und Ver-Rücktheit, für welche die optischen und akustischen Interpunktionen wie Konjunktionen die entscheidenden Bedeutungsträger sind, das *Und* wichtiger wird als die Elemente, die es verknüpft.

Mit Worten und Sätzen ist diese akustische und visuelle Verknüpfungspraxis kaum beschreibbar. Gilles Deleuze hat es einmal vor 14 Jahren versucht, als er Godards Videoarbeit *Six fois deux* kommentierte:

> Weder Element noch Gesamtheit, was ist es aber, das UND? Godard nimmt [...] seine Kraft davon her, daß er lebt und denkt; also zeigt er das UND auf eine sehr neue Weise, er zeigt es aktiv operierend. Das UND ist weder das eine noch das andere, es ist immer zwischen den beiden, es ist die Grenze. Immer gibt es eine Grenze, eine Fluchtlinie, die man nicht sieht, weil sie am wenigsten wahrnehmbar ist. Und dennoch ist es immer auf dieser Fluchtlinie, wo alles passiert, wo die Zukunft gemacht wird, wo die Revolutionen sich ankündigen...[13]

[13] G. Deleuze, in: *Cahiers du Cinéma*. Nr. 271, Nov. 1976.

In den *Histoire(s)* stellt Godard für die ästhetische Strukturierung dieser Konjunktionspraxis das Instrumentarium entwickelter Video- und Tontechnik zur Verfügung. (Und wohl auch ein ansehnliches Budget des reichen Bezahlfernseh-Canals-Plus und seiner Kooperationspartner.) Sanfte, langgezogene Überblendungen, bei denen sich die einzelnen Bildschichten allmählich überlagern bzw. verdrängen, Collagierungen, Farbmutationen, im Stakkato rhythmisierte Images, Spiele mit Masken und Stanzen ... Selbst in der Wiedergabe durch einen einfachen Heimvideoplayer werden die vielfach überlagerten Tonspuren nicht zum Rauschen. Russische und italienische Revolutionslieder, swingende und konzertante Musik, Oper und Revue, Leonard Cohen und „Ton, Steine, Scherben" ... Markantes aus der jüngeren Musikgeschichte wird in die O-Töne aus französischen oder deutschen Wochenschauen verwoben, über oder unter die mono-tone eindringliche Stimme des Regisseurs gelegt, durchsetzt mit Fetzen aus filmischen Dialogen, Zitaten aus Gedichten, Werken der Literaturgeschichte, Geschäftsprotokollen. Differenzierbar, hörbar mit dem und gegen das Bild. Der Film/Das Kino und ihre Geschichte werden schließlich als das erfahrbar, was sie wohl sein mögen: Schnittpunkte, in denen sich divergente diskursive Praxen und Ausdrucksformationen treffen, von denen weg sie wieder auseinandriften, um sich erneut, an anderem Ort und zu anderem Zeitpunkt zu treffen.

Noch mehr als bei den analog basierten Bildtechniken wird es bei den digital begründeten um die Kunst der Verbindung, der kreativen, z.B. mathematisch-logischen Herstellung von Relationen gehen, in die wir noch wenig eingeübt sind, sowohl was die Produzenten angeht als auch ihre Betrachter und Kritiker. Zu dominant ist nach wie vor für das ästhetische Verständnis das ruhende, auch anfaßbare Element im Gegensatz zur ständig in Bewegung befindlichen Beziehung.

6.

Die dispositive Funktion des schönen Scheins basiert auch auf der Trennung von ästhetischer Produktion und Rezeption, im künstlerischen Kontext einer Herstellung von Betrachtungskunst, die keine Entsprechung in der Herstellung einer neuen Kunst der Betrachtung hat, was auch impliziert, daß Produktion und Rezeption mit getrennten Materialien, mit getrennten Techniken arbeiten.

Godards Band ist in diesem Sinne eine Simulation: Es stellt ein Modell vor, wie Kunst der filmischen Produktion und Rezeption miteinander korrespondieren können, verknüpft in einem Netzwerk, in dem in beiden Knotenpunkten des ästhetischen Prozesses dieselben maschinellen und mentalen Grundtechniken zur Verfügung stehen.

Also auch ein Modell für künftige erweiterte interaktive Computerästhetik, etwa in dem Sinne, wie es Gene Youngbloods Konzeption vom „Renaissance-Amateur" und vom „Metadesigner" entwirft? Eben mit jener Konsequenz der Annäherung an die Utopie der Grenzüberschreitungen zwischen Kunst und Leben? Vielleicht. Aber ich denke, daß wir uns auch mit den herkömmlichen audiovisuellen Techniken noch ganz am Anfang der Realisierung einer derartigen neuen ästhetischen Konzeption befinden, die im Archaischen auszuloten wichtig ist, damit wir mit den in Panik geratenen Algorithmen nicht ins Leere laufen.

COGITO ERGO VIDEO: Mit diesem Schriftzug, weiß auf schwarzem Grund, wie ein Bild, endet der erste Teil der *Histoire(s) du cinéma*. Kurz zuvor war der Film zu seinem Ausgangspunkt zurückgekehrt, mit den Augen von Fellinis Giuletta Masina, die mit dem Gesicht Edmunds aus Rossellinis *Deutschland im Jahre Null* überblendet wurden. Dazu der Kommentar Godards: „Warum meinen Augen trauen, wenn ich hinsehe ... warum nicht erst meine Augen überprüfen?"

Mittlerweile hat Jean-Luc Godard vier weitere Teile seiner Filmgeschichte(n) fertiggestellt: die Teile 2A & 2B sowie 3A & 3B. Zu Beginn von 2A & 2B schreibt er den Titel mit einem widerlich quietschenden dicken Filzschreiber auf einen weißen Karton der Produktionsfirma. Als erster Satz im Bild erscheint dann die Legende: „Die Arbeit des Historikers ist es, eine präzise Beschreibung dessen zu liefern, was nie passierte."

Michael Lommel, Scarlett Winter

Passagen der Intermedialität in Godards *For Ever Mozart*

Medien-Passagen

Es ist nicht einfach, den Ort des Films *For Ever Mozart* (1996) zu bestimmen, diesen Ort ab- und einzugrenzen. Seine Position in Godards Gesamtwerk entzieht sich dem unmittelbaren Zugriff ebenso wie der mediale Ort – der Film *als* Film – im Wechselspiel und im Kontext der Medien, Künste und Reflexionen, die der Film passiert, die ihn passieren: Bilder und Töne, Schrift, Theater, Musik, Spuren des Krieges, der Politik, der Philosophie.[1] Mit dem traditionellen Begriff des Werkes, der eine isolierbare Einheit voraussetzt, läßt sich hier kaum mehr operieren; selbst der Filmtitel löst sich für den näherrückenden Blick in einem intermedialen Vexierspiel auf.

Auf diese Passagen und Zwischenräume, mit denen Godard die Zeichenketten des Films öffnet und so verschiedene Anschlüsse und Verweisungen ermöglicht, soll im folgenden aufmerksam gemacht werden. Zunächst fällt auf, daß der Film sich mit den Bildern vorangegangener Godardfilme, vor allem der 80er und 90er Jahre, vermischt. Godard zitiert ganz offen*sicht*lich sich selbst, indem er etwa Bilder so kadriert, daß sie mit bestimmten Einstellungen aus *Prénom Carmen* oder *Passion* beinahe identisch sind. Der Mythos des Originals erscheint also bereits durch diese selbstreflexive Perspektive als brüchig; Godard schreibt zunehmend die eigene Entwicklung in seine Bilder und Töne als Spur des Filmens ein. Andererseits unterscheidet sich *For Ever Mozart* von den vorangegangenen Filmen dadurch, daß Godard sich wieder politischen und aktuellen Fragestellungen zuwendet und damit an seine um 68 entstandenen Filme und an die Videoarbeiten der frühen 70er Jahre anknüpft. Interessant scheint uns bei *For Ever Mozart* diese Verbindung zwischen einer Bilder- und Filmsprache, die Godard erst in den letzten Jahren entwickelt hat, und einem veränderten Bewußtsein für politische Handlungsräume und deren Reflexion im Film.

---

[1] Zur ‚Passage' als Figur der Intermedialität vgl. J.-F. Chevrier und C. David, die sich auf Benjamins *Passagen-Werk* beziehen: „In der Bilder-Passage, die heute auf die Pariser Passagen, wie sie Benjamin beschrieben hat, antwortet, können wir den (intermedialen) Raum wiedererkennen" (zit. nach J. Paech, „Bilder-Passagen", in: *Jahrbuch der Gesellschaft für Filmtheorie* 3 (1992), 181-197, hier 191). Vgl. auch V. Roloff: „Zur Theorie und Praxis der Intermedialität bei Godard. Heterotopien, Passagen, Zwischenräume", in diesem Band; sowie R. Bellour, D. v. Assche (Hgg.), *Passages de l'image*, Paris 1990.

In *For Ever Mozart* gibt es keine Kamerabewegung – keine Fahrt, keine Schwenks und keine Veränderung der Einstellungsgröße innerhalb einer Einstellung. Stefan Hesper bezeichnet diese Technik, die Godard bereits in *Détective* (1984) angewandt hatte und so souverän einsetzt, daß sie auf den ersten Blick gar nicht auffällt, als „starre Rahmung" oder auch als „Kristallisierung der Perspektive".[2] Aber anders als in *Détective* fragmentiert Godard in *For Ever Mozart* die Figuren und die Gegenstände nicht, verweist nicht in erster Linie auf das Außen des Bildes, das Ungerahmte, von dem die Rahmung einen (willkürlichen) Aus-Schnitt (re)präsentiert. In *For Ever Mozart* wird der starre Bildkader wieder zum ästhetischen Raum, zum Tableau vivant, das für den Betrachter gerade die Schönheit seiner Bilder ausstellt. Der Aufwertung der Montage entspricht eine ‚malerische' Komposition der Mise en scène.

Es wäre möglicherweise aufschlußreich, diese Rückwendung Godards zu den Anfängen der Kinematographie, als die Kamera noch nicht in Bewegung geraten war, mit Eisensteins Theorie und filmischer Praxis der dialektischen Konfrontationsmontage zu vergleichen; Kamerabewegungen lehnte Eisenstein bekanntlich als ‚unkünstlerisch' ab. Dabei wäre zu berücksichtigen, daß es auch Godard darauf ankommt, Handlungsstränge und Einstellungen in- und gegeneinander zu setzen, um so auf etwas ‚Drittes' zu verweisen. Während Eisensteins Dialektik dieses ‚Dritte' jedoch als neue Einheit, als organische „Totalität" höheren Grades begreift[3], zielt Godards Montage der starren Rahmungen in *For Ever Mozart* auf ‚Bilder zwischen den Bildern', auf offene Passagen und (inter)medial verschachtelte Imaginationsräume, in denen sich die Oppositionen und Antithesen im Fluß der Bilder auflösen. Wir als Zuschauer müssen die Passagen erst herstellen. Die Kamera führt uns nicht mehr als eine Art stellvertretender Passagier durch die Bilder und von einer Einstellung zur nächsten: „La caméra, invariablement fixe, ne définit pas un espace, elle ne fait qu'enregistrer des flux [...]. On assiste à un déchaînement-éparpillement de force que le cadre immobile cherche [...] à domestiquer."[4] Während Eisensteins Kino der Attraktionen auf Sprüngen und qualitativen Umschlägen beruht, sind die narrativen und ‚pikturalen' Tableaus bei Godard gar nicht so scharf voneinander abgesetzt. Sie überschneiden sich an den Rändern, überlagern und durchdringen sich. Beispielsweise überlappt sich die

---

2 S. Hesper, „Berührungen auf Distanz. Kommunikation und Kontakt in Jean-Luc Godards *Détective*", in diesem Band, 142. Ironischerweise führt in *For Ever Mozart* der Regisseur des Films im Film, Vicky Vitales, in einer markanten Szene mit seiner Kamera einen Panoramaschwenk aus.

3 Nach Deleuze geht es Eisenstein um „eine konkret gewordene oder existierende Totalität", und zwar in dem Sinne, daß eine „reziproke Kausalität gemäß einer inneren Finalität aufs Ganze als Ursache des Ensembles und seiner Teile verweist." G. Deleuze, *Das Bewegungs-Bild, Kino 1*, Frankfurt a.M. ²1990, 59.

4 C. Anger, E. Burdeau, Th. Lounas, „Puissance de l'indignation", in: *Cahiers du cinéma* 508 (1996), 32-35, hier 33.

Tonspur einer räumlich weit entfernten Szene häufig mit den Bildern einer anderen Szene. Peter Körte spricht in diesem Zusammenhang von „rhizomatisch angelegten" Strukturen im Sinne von Deleuze und Guattari, einem „Wurzelwerk, in dem die Bilder, die Töne, das Kino, die Musik, die Literatur für 90 Minuten ihre unendlichen Verzweigungen, Verschlingungen und Überwucherungen bilden [...]."[5]

Godard hat parallel zur Aufführung seines Filmes eine Art Szenario veröffentlicht, für das er, wie bereits für den Text zum Film *JLG/JLG*, die Bezeichnung „phrases" gewählt hat. Er reflektiert mit diesen unkonventionellen ‚Drehbüchern' die Tatsache, daß es sich auch bei konventionellen Drehbüchern nicht einfach um Textfassungen des jeweiligen Films handeln kann. Dem Medium der Schrift unterworfen, sind diese immer zugleich mehr und weniger als der Film selbst, und eben keine adäquate Wiedergabe. Durch den Medienwechsel entsteht etwas anderes. Godard versucht erst gar nicht, diese Differenz und die Transformation vom einen in das andere Medium zu verschleiern.[6] Drehbücher, die als Arbeitsinstrumente im Prozeß des Filmens ihre Funktion haben (und natürlich für Filmwissenschaftler nützlich sind), noch einmal in dieser oder meist sogar einer ‚leserfreundlichen' Form zu veröffentlichen, hält Godard für wenig reizvoll. Häufig handelt es sich dabei nämlich um Dramatisierungen der Dialoge und um rudimentäre kameratechnische Anweisungen, die in ihrer Umschrift den Regieanweisungen des Dramas nachgebildet sind. Ein Godardsches Szenario hingegen kann ein (Video-)Film sein, indem es in Bildern und Tönen von Bildern und Tönen handelt, wie *Scénario du film ‚Passion'*. Oder es kann ein eigenständiges literarisches Genre sein, das sich aber nur – wie gerade die „phrases" zu *For Ever Mozart* zeigen – dem zwischen den Medien vermittelnden Blick erschließt. Das heißt: Der Leser/Zuschauer durchschreitet selbst, auf seine Weise, die Passagen, die der Autor/Regisseur als „tertium comparationis" – als Medium der Intermedialität im Sinne Paechs – eröffnet hat.

Statt die Dialoge des Films, die eben in keinen Bühnenraum eingeschlossen sind, wie Theaterdialoge darzustellen, hat Godard in seinem Text die Dialoge versifiziert, als indifferenten Sprach-Fluß eines vielstimmigen lyrischen Ichs angeordnet, ohne Szenenabschnitte, ohne Kameraanweisungen, ohne die Namen der Filmfiguren, ohne Versalien, fast ohne Interpunktion. Was wir lesen, sind freie Verse, die meist aus einzelnen Wörtern oder Satzteilen bestehen. Es

---

[5] P. Körte, „Parallelwelten. Filme von Godard, Lelouch, Capuano und Iosseliani", in: *Frankfurter Rundschau*, 6.9.1996.

[6] J. Paech formuliert diesen Zusammenhang mit Luhmanns Medium-Form-Differenz: Weder können bei den Passagen zwischen Literatur (Drehbuch) und Film die Formen ihrer Medien unvermittelt interagieren – Kamera und Federhalter beispielsweise –, noch die Medien ihrer Formen – Schrift und Bilder/Töne. Es bedarf „eines weiteren Mediums der Intermedialität, dessen Form das Wiedererzählen im anderen Medium realisiert. Es ist der Mensch als Autor oder Regisseur [...]". J. Paech, „Paradoxien der Auflösung und Intermedialität", unveröff. Manuskript, S. 3.

gibt jedoch keine Satzenden und keine Strophen, und das Anheben einer anderen Stimme, der Wechsel, wird nur selten markiert. Von Zeit zu Zeit unterbrechen unterschiedlich große Zwischenräume diese Zeichenkette. Solche Sinneinheiten zwischen den Pausierungen scheinen einer verborgenen Ordnung zu folgen, die sich für Godard beim Schreiben ergeben haben mag. Harte Schnitte, Szenenwechsel, an die sich der Zuschauer des Films erinnert, folgen hingegen in den „phrases" ohne Abstand aufeinander, Vers auf Vers. Auf dem Buchrücken charakterisiert Godard diese Lyrik wiederum in Form eines Gedichtes. So wird die Deutung zur Dissemination des Gedeuteten (im Sinne Derridas), zum Aufschub der Schrift und der Bedeutung durch die Wiedereinschreibung in den Kommentar:

> Phrase
> unité
> du discours
> partie
> d'un énoncé
> généralement formé
> de plusieurs mots
> ou groupe
> de mots[7]

Der Text setzt den Film fort, im Sinne einer Passage von den Bildern zu den Wörtern, die der Leser nachvollziehen kann, indem er sich an bestimmte Bilder erinnert. Aber zugleich sperrt sich der unmarkierte, (ent)gleitende Text gegen eine Wiederaneignung des Gesehenen. Der Film setzt also ebenso die „phrases" fort, sofern man sie vor dem Film gelesen hat oder sofern sie – bei der nachträglichen Lektüre – das Spiel der Phantasie für den Leser (re)aktivieren und zugleich irritieren, indem sie durch die umgekehrte Passage von den Wörtern zu den Bildern komplementäre, aber auch neue und distinkte Bilder und Imaginationen freisetzen. Diese Spannung, die sich zwischen Text (Lyrik) und Film aufbaut, hängt damit zusammen, daß die Subjekte der Rede, die Positionen der Aussagenden im Diskurs, im ‚endlosen' Fluß der Wörter und Satzfragmente zunehmend unbestimmbar werden, ‚innommable' (vielleicht ist das auch ein Reflex auf die ‚Diskurs- und Bildermaschine' Fernsehen). Die einzelne Stimme wird Teil einer Polyphonie der Stimmen. Erst die Konstruktion der Polyphonie, die das Heterogene bündelt, (ver)leiht den Wörtern und Wortgruppen, so Godard, einen „sens complet"[8]. Godard nimmt so im Medium der Schrift auf, was im Film bereits angelegt ist: Die Dialoge und Monologe charakterisieren nicht einfach nur die Subjekte, sondern lösen sich zugleich von ihnen ab, indem sie quasi als Leitmotive interferieren (z.B. wird die Aussage einer Person mehrfach von einer anderen Person an einem anderen Ort und zu einer anderen Zeit wiederholt), oder indem sie sich mit

---

7 J.-L. Godard, *For Ever Mozart. Phrases*, Paris: P.O.L, 1996 (Buchrücken).
8 Ebd.

den zahlreichen Zitaten von Schriftstellern, Philosophen und Regisseuren vermischen (von Alfred de Musset und Hugo von Hofmannsthal bis zu André Bazin und Manoel de Oliveira).

„Wen kümmert's, wer spricht?" – diese Frage aus einem Roman Becketts war nach Foucault der Ausgangspunkt für seine Überlegungen zur Funktion der Autorschaft eines Textes.[9] Auch Godard hat sich bei seinen „phrases" zu *For Ever Mozart*, wie es scheint, Becketts Frage gestellt. Die bereits im Film schwer unterscheidbaren Differenzen zwischen fremder und eigener Rede, Zitat, Dialog, Kommunikation und Introspektion werden im Fluß der Stimmen, in einem endlosen Gedicht „For Ever Mozart" als Lücken und Zwischenräume der Signifikation unsichtbar (mit)transportiert. Der Raum/die Zeit zwischen den Bildern figuriert als Aufschub der Schrift.

Im Tonfilm ist die Stimme nicht nur das ‚Andere' des Bildes. Sie macht vielmehr etwas im Bild sichtbar: seine konstitutive Unvollständigkeit. Sie spricht, weil unserem Blick etwas entgeht.[10] Indem Godard die Stimmen zu einer einzigen vereinigt und so in den schriftlich fixierten „phrases" die Bilder übergeht – passiert –, macht er auf diese Lücke, auf die Überschreitung des Bildes durch die Stimme aufmerksam. Innerhalb dieser „voix acousmatique" – einer freischwebenden, an keinen Träger gebundenen Stimme[11] – werden Vorder- und Hintergrund, Haupt- und Nebenbedeutung, Fernes und Nahes gegeneinander verschoben. Einige Seiten der „phrases" lesen sich beispielsweise wie lautmalerische Gedichte der Konkreten Lyrik oder wie surrealistische Wortketten einer Ecriture automatique, während es sich, wenn man sich an die entsprechende Szene des Films erinnert, um eine Wechselrede zweier oder mehrerer Personen handelt.[12] Erst das rhythmische Spiel der Wörter und Sätze im Textbuch wird zur Musik, die der Filmtitel evoziert und die der Filmschluß in der Schwebe (an)hält:

> phraser
> jouer
> en mettant
> en évidence
> par des respirations
> le développement
> de la ligne
> mélodique[13]

---

[9] M. Foucault, „Was ist ein Autor?", in: ders., *Schriften zur Literatur*, München 1974, 7-31.

[10] Vgl. S. Žižek, „Die Stimme in der Geschlechterdifferenz", in: ders., *Die Metastasen des Genießens. Sechs erotisch-politische Versuche*, Wien 1996, 109-124, hier 110.

[11] Vgl. M. Chion, *La voix au cinéma*, Paris: Seuil 1993 (réédition), 29ff.

[12] Vgl. z.B. „phrases", 14f.: „allez-y / la guerre, c'est simple / c'est faire / non / suivant / alors, c'est oui / allez-y / la guerre / c'est simple, c'est / non / suivant" etc.

[13] J.-L. Godard, *For Ever Mozart. Phrases* (Buchrücken).

Die Figur dieser Passagen Godards zwischen Schrift, Musik und Film kann nun genauer bestimmt werden: Einerseits verrätseln die „phrases“ den Film (wieder), da keine erkennbaren Bildschnitte und Subjekt-Markierungen die Vielstimmigkeit stützen und garantieren. Andererseits vereinfachen sie ihn: Der Leser kann sich dem Rhythmus der Lyrik, dem freien Gleiten der Signifikanten überlassen; zugleich verharren die Erinnerungs-Bilder, die er an den Film knüpft, im uneindeutigen Zwischen-Raum des Imaginierten und Gelesenen.

Musset in Sarajewo

Jérôme und seine Cousine Camille wollen nicht länger passive Beobacher des Krieges in Bosnien sein. Zusammen mit dem Dienstmädchen Djamilia (die sich später Rosette nennt), setzen sie sich das Ziel, nach Sarajewo zu reisen, um dort Alfred de Mussets Lustspiel *On ne badine pas avec l'amour* aufzuführen.[14] Daß die Wahl auf Musset fällt, ist im Grunde kontingent, da die Buchhandlung, in der Jérôme und Camille eine Komödie suchen („pas de tragédie“), den gewünschten Marivaux nicht vorrätig hat. Die Bezüge des Films *For Ever Mozart* zu Mussets Drama scheinen eher nebensächlich. *On ne badine pas avec l'amour* handelt von einem verwickelten Spiel zwischen dem jungen Perdican und seiner Cousine Camille, deren gegenseitige Liebe – obwohl sie von Anfang an feststeht – durch Verstellungen, Mißverständnisse, Unsicherheiten und Maskierungen immer wieder aufgeschoben wird. Perdican zieht ein junges Mädchen, Rosette, in diese Verflechtungen hinein, da er sich an Camille rächen will. Als sich am Ende die Masken- und Rollenspiele auflösen und die Liebe möglich wird, trennt der Selbstmord der enttäuschten Rosette die beiden Liebenden endgültig.[15] Dieses Spiel zwischen Wahrheit und Täuschung, zwischen Authentizität und Unaufrichtigkeit bekommt bei Musset eine eigentümlich irreale Färbung. Vor allem die Uneindeutigkeit zwischen Tragik und Absurdität, ‚Wirklichkeit' und Spiel-im-Spiel-Motivik findet sich in *For Ever Mozart* wieder. Die Dreieckskonstellation wird im Film hingegen nur angedeutet, und vielleicht spiegelt sich auch Camilles für Mussets Zeit ungewöhnliches Selbstbewußtsein in der gleichnamigen Film-Figur.

In seinem Roman *La Confession d'un enfant du siècle* beschreibt Musset die „Entzauberung “ (*désenchantement*)[16] seiner Jugendzeit im *juste milieu* und die Schwierigkeit, ‚in diesem Chaos' seine Wahl zu treffen; das

[14] Godard hat sich dabei möglicherweise von Susan Sontag inspirieren lassen, die in Sarajewo noch während des Krieges Becketts *En attendant Godot* inszenierte. Allerdings vermeidet Godard die Symbolik von Sontags Projekt, bei dem Godot, der in Becketts Stück gerade unbestimmt bleiben soll, für den erhofften Frieden steht.

[15] A. de Musset, *On ne badine pas avec l'amour*, in: ders., *Œuvres complètes*, Paris 1985.

[16] A. de Musset, *La Confession d'un enfant du siècle*, Paris 1968, 14.

„Gespenst" (*spectre*) des Jahrhunderts sei „halb Mumie, halb Fötus".[17] Vom Lebensgefühl des *ennui* sind in gewisser Weise auch die jugendlichen Figuren in Mussets Dramen geprägt. Godard spielt in *For Ever Mozart* mit diesen Konnotationen. Im *fin de siècle* des 20. Jahrhunderts scheint Mussets *maladie du siècle* als Spur einer Passage durch. Godard kommt es jedoch – wie bereits bei Guillaumes Anknüpfung an Goethes Wilhelm-Meister-Figur in *La Chinoise* – weniger auf vermeintliche (kultur)geschichtliche Analogien, sondern eher auf eine spielerische Dialogizität an, die in Assonanzen, Film- und Sprachbildern die „beruhigende Ordnung der Gegenwarten" subvertiert und der „Gleichzeitigkeit der Gegenwart mit sich selbst" eine „disjointure du temps" entgegensetzt, d.h. die „Zeitform eines aus den Fugen gegangenen Präsens [...] ohne bestimmbare Konjunktion".[18] In diesem Sinne fungieren die Zeit-Bilder, Zitate und (Para-),phrases' als *spectres* eines ebenso historisch wie literatur- und mediengeschichtlich „Disparaten, das doch zusammenhält."[19] Das „Disparate" setzt sich in *For Ever Mozart* aus Fragmenten zusammen, in denen der Zerfall ideologischer Gewißheiten und der unsichere Ort utopischer und existentieller Entwürfe reflektiert wird, wie dies auch das Wortspiel „espoir/espérance" deutlich macht: die „espérance" als verstümmelte „espoir", als Ziel ohne Ziel. In *For Ever Mozart* spielt Godard mit einer postmodernen Intermedialität, in der die Paradigmen und Vor-Bilder der Moderne dekonstruiert und ironisch aufgelöst werden. Als Jérôme beispielsweise Descartes' Axiom zitiert, mit dem das Selbstverständnis des modernen Subjekts und die Trennung von Geist und Körper einsetzt, lächelt Camille und schüttelt den Kopf:

> dans le
> je pense, donc je suis
> le je
> du je suis
> n'est plus le même que
> le je du
> je pense[20]

Es wäre jedoch problematisch, wollte man die Reflexionen über den Zustand der Postmoderne, die *For Ever Mozart* durchziehen, als Godards Positionen ausgeben. In diesem Film, der fast nur aus Zitaten zu bestehen scheint, ist nicht einmal sicher, ob eine Aussage überhaupt die jeweilige Figur charakterisiert, oder umgekehrt: ob den Figuren eine Wirklichkeit und eine Bedeutung jenseits des Zitierten, jenseits der Diskurse zukommt.

---

[17] Ebd., 7f.
[18] J. Derrida, *Marx' Gespenster*, Frankfurt a.M. 1996 [Paris 1993], 38/69f.
[19] Ebd., 282.
[20] J.-L. Godard: *For Ever Mozart. Phrases*, 37 (wird im folg. mit Seitenzahl in Klammern zitiert).

Indem Camille, Djamilia und Jérôme selbst zu Figuren des Musset-Dramas werden, ohne das Stück je aufführen zu können, spielen sie (für) sich selbst. Erst der Fortgang des Films – und später der Film-im-Film – entfaltet das Drama, das nicht stattfindet. Es geht nicht – das macht Godards Passage Mussetscher Charaktere deutlich – um Sarajewo, das hier nur als projektiver Ort fungiert, an dem die drei niemals ankommen. Godard kehrt den Blick auf den Krieg zu denen um, die „se faire voir", sich (ge)sehen machen, sich selbst im Feld des Sichtbaren wiederfinden.[21] Ihr Engagement ist zugleich ein Anlaß, um ihren Fragen und Reflexionen, ihrer Unsicherheit durch einen absurden *acte gratuit* mit einem Male Sinn und Eindeutigkeit zu verleihen.[22]

Die Gewalt zwischen den Bildern

„Sarajevo, c'est loin." Ein groteskes Kriegsspiel an einem beliebigen Schauplatz. Was wir sehen, ist nur ein Ausschnitt und zugleich der ganze Krieg: Panzer, ein paar Soldaten, denen die Waffe ein Gefühl der Macht verleiht, Anführer, die sich für tragische Helden halten („Danton pleurait") und sich doch nur als Schmierenkomödianten entlarven. Von Zeit zu Zeit feuert jemand Granaten an einen nie sichtbaren Ort, hält sich dabei mit beiden Händen die Ohren zu. Der General trifft sich in seiner ‚Residenz', einem verfallenen Haus im Wald, mit einem Vertreter der „brigades internationales" – es geht um Geld. Schnitt: Vor dem Haus werden Zivilisten dazu gezwungen, sich vor ihrem eigenen Grab, einer aufgeschaufelten Grube, aufzustellen. Ein Soldat bringt sein Maschinengewehr in Position. Schnitt: die beiden Männer am Tisch; der General nimmt ein Mahl zu sich. Eine laute Salve von Schüssen aus dem Off zerhackt das Bild förmlich. Für diesen Moment zerreißt das Band der Fiktion, das die Blicke der Zuschauer an die Leinwand geheftet hatte. Die beiden Männer im Bild verziehen keine Miene, ignorieren das Selbstverständliche. Der Schrecken selbst bleibt ausgespart. Godard zeigt kein Blut, keine zusammbrechenden Körper. Allein die Disparität von Bild (starrer Emotionslosigkeit) und Ton öffnet einen Zwischenraum, der sich nicht abbilden läßt.

Eine anderer Film, derselbe Krieg. In Theo Angelopoulos' *Der Blick des Odysseus* (1996) reist der Regisseur A. von Nordgriechenland durch den Balkan bis nach Sarajewo. Wie in Godards Autoreflexion, dem Film-im-Film des Regisseurs Vitalis, verschmilzt auch bei Angelopoulos die Suche nach dem „wahren" filmischen Ausdruck, der die Realität unverfälscht einfängt, mit der Handlung des Films. A. ist zwei unbelichteten Filmrollen der Filmpioniere des

---

[21] Vgl. J. Lacan, *Die vier Grundbegriffe der Psychoanalyse*, Olten, Freiburg i.Br. 1978, 204.

[22] Als Camille Jérômes Eltern mit dem (Theater-)Projekt konfrontiert, entgegnet die Mutter: „c'est du suicide". Camille antwortet darauf: „le suicide est le seul problème / philosophique vraiment sérieux / l'homme révolté / page un, maman" (22f). Aber sie irrt sich: das ist der erste Satz von *Le Mythe de Sisyphe*, Camus' Essay über das Absurde.

Balkans, der Manakis-Brüder, auf der Spur. Er erwartet sich davon einen unschuldigen Blick auf das Jahrhundert, vor dem Ausbruch zweier Weltkriege. Endlich findet er den Direktor der Kinemathek von Sarajewo, bei dem die Filmrollen inzwischen gelandet sind. A. begleitet ihn und seine Familie im dichten Nebel, der den Krieg scheinbar für eine Weile unterbricht, bei einem Spaziergang am Fluß. Plötzlich ist ein Auto zu hören, das unsichtbar einige Meter vor ihnen anhält. Der Direktor der Kinemathek fordert A. auf, zurückzubleiben, sich nicht von der Stelle zu bewegen. Angelopoulos hält die Szene an. Wie ein blasser Schatten zeichnet sich die Gestalt A.'s im Nebel und im Schnee ab. Vor ihm, außerhalb des Bildes, fallen Schüsse, Stimmen bitten vergeblich um Gnade. Das Bild auf der Kinoleinwand wird zum weißen, beinahe leeren Tableau, in dem die unsichtbaren, nacheinander verstummenden Stimmen etwas im Bild sichtbar machen: eine Lücke des filmisch Repräsentierbaren, die der Zuschauer mit eigenen Vorstellungen füllen muß. Das leere Bild erscheint noch einmal, am Ende des Films; die nunmehr entwickelten Filmrollen der Manakis-Brüder zeigen: nichts.

In den Filmen von Godard und Angelopoulos wird der paradoxe Versuch unternommen, das unerträgliche Reale als Abwesenheit ins Bild zu setzen; es geht sozusagen um die Frage: „Wie kann man mit den Augen hören und mit den Ohren sehen?"[23] Das Hörbare setzt sich in keiner visuellen Konnexion fort, die unseren Blick, unsere Imagination entlasten würde. Das unerhörte Bild bleibt im Film unmöglich, gerade weil es in der Realität möglich geworden ist. Der Schein, der Gewalt simuliert, verweist auf seine eigene Grenze. Erst das Bilderverbot des Realen, der entzogene äußere Blick, befreit den inneren Blick, der nach Godard „avait été crucifié presque de tous les temps".[24] Godard und Angelopoulos verweigern das Aktionsbild (die Hinrichtung) und ersetzen es – in *For Ever Mozart* – durch ein Affektbild ohne Affekt (der General und der Vertreter der „brigades internationales") bzw. – in *Der Blick des Odysseus* – durch ein unheimliches, leeres Tableau. Es handelt sich „um etwas, was zu gewaltig, zu ungerecht [...] ist und von nun an unsere sensomotorischen Vermögen übersteigt", wie es Deleuze in seiner Analyse einer Szene aus Godards *Les carabiniers* formuliert. „Etwas im Bild ist zu mächtig geworden."[25]

Godard vermeidet es in *For Ever Mozart* – wie bereits in *Les carabiniers* –, im Spielfilm jene Authentizität einholen zu wollen, die die Dokumentationen und die Nachrichtensendungen des Fernsehens immer schon verfehlen, uns aber ständig in Aus-Sicht stellen. Er macht darauf aufmerksam, daß sich der sogenannte Antikriegsfilm in seinen Prämissen und seiner Ästhetik von seinem phantasmatischen Double, dem Kriegsfilmgenre, nicht wesentlich

---

[23] S. Žižek, „Die Stimme in der Geschlechterdifferenz", 109.
[24] Godard in einem Bief an die *Cahiers du cinéma*, in: *Cahiers du cinéma* 508 (1996), 14-27, hier 16.
[25] G. Deleuze, *Das Zeit-Bild. Kino 2*, Frankfurt a.M. 1991, 32.

unterscheidet. Die Mimesis roher Gewalt graviert die Gewalt in die Filme selbst ein. Nur in diesem Sinne wäre dann das Kino die Fortsetzung des Krieges – und nicht deshalb, weil Kamera und Gewehr beide ‚Schußwaffen' sind.

In Claude Venturas Portrait *Jean-Luc Godard 1960-1980*[26] veranschaulicht Godard diesen Zusammenhang in seinem privaten Film- und Videostudio, indem er zwei Filme synchron laufen läßt: Kubricks ‚Antikriegsfilm' *Full Metall Jackett* und *79 Primaveras* von Santiago Alvarez. Während Kubrick naturalistisch Feuergefechte, zusammenbrechende Körper etc. inszeniert, fährt die Kamera in Alvarez Film über die Köpfe einer weinenden vietnamesischen Menschenmenge hinweg, jedes einzelne Gesicht gerät für einen Augenblick ins Bild. „So 'was hat der andere nie gesehen“, kommentiert Godard, und meint damit, daß Kubrick trotz der vermeintlichen Distanz von den Riten der Grausamkeit fasziniert ist: „Er wendet sich an die Masse und beutet das Bedürfnis bei ihr aus.“ In einer späteren Sequenz tut Alvarez dem Film selbst, seiner Materialität, Gewalt an: Unter dem Kriegsgeschehen, das der Film projiziert, zerreißt das Zelluloid, der Filmstreifen wird verbrannt, durchlöchert, aus dem Projektor geschleudert. Die Ein*bild*ung[27] der Gewalt hat kein ‚Außen': der Film (genauer: ein zweiter Film) zeigt, wie die Form seines Mediums zerstört wird.

Wenn Godard Peckinpah, Kubrick, Coppola (*Apocalypse now*) und anderen vorwirft, bei ihnen fehle „das Dokumentarische“ – obwohl ja auch *For Ever Mozart* alles andere als ‚dokumentarisch' im traditionellen Sinne ist –, dann verweist er beispielsweise auf die Gefahr einer Ästhetisierung von Gewalt. „Die visuelle Kritik hat dokumentarische Aspekte“. In diesem Sinne hatte bereits Guillaume in *La Chinoise* Méliès (nicht: Lumière) als „dokumentarischen“ Regisseur bezeichnet. Die gefilmte Wirklichkeit läßt sich von der Wirklichkeit des Films nicht unterscheiden: das ist das Phantastische. Dieses Phantastische, das In-Szene-Setzen durch das Medium, noch zu akzentuieren: das ist das Dokumentarische. Das Kino kann nicht jenen Ort der Bilderproduktion und Realitätskonstruktion (wieder)einnehmen, den schon lange – nicht erst seit dem Golfkrieg – das Fernsehen besetzt. Dort verschwimmen im Strom der Bilder längst die Wahrnehmungs- und Differenzierungskriterien zwischen Realität, Fiktion und Simulation.[28] Godard setzt demgegenüber in *For Ever Mozart* gerade auf das ‚unzeitgemäße' Medium Kino. Nähe und Ferne des Blicks, Identifikation und Distanzierung sind dialektisch aufeinander bezogen: Während bei Kubrick und anderen der Krieg ganz nah heranrückt, rückt er zunehmend in die Ferne, weil er ästhetisch nicht zu fassen ist – die

---

[26] Die im folgenden zitierten Bemerkungen Godards stammen aus diesem Film.

[27] Zum Begriff „Ein*bild*ung“ vgl. J. Paech, *Passion oder Die Ein*bild*ungen des Jean-Luc Godard,* Frankfurt a.M. 1989.

[28] Vgl. P. Bourdieu, *Sur la télévision*, Paris 1996. Für Bourdieu ist das Fernsehen kein Medium, das Wirklichkeit registriert, sondern eines, das Wirklichkeit 'im Kopf erzeugt'.

Imagination verschwindet.[29] Godards Film hingegen verfremdet den Krieg. Er zeigt die Gewalt zwischen den Bildern und kommt dadurch der Erfahrung sehr nahe, daß die Massenmedien dem Zuschauer *hier* nur scheinbar das Geschehen *dort* in die Nähe rücken. Im Fernsehen, so Godard, gibt es das Dokumentarische gar nicht,

> dort filmt man etwas ab und glaubt damit, es existent werden zu lassen. Tatsächlich aber vergißt man es sofort. Das Fernsehen produziert Vergessen. Das Kino aber hat immer Erinnerung produziert.

Intermediale Film-Reflexionen

Die Handlungssequenz und Motivik ‚Theater im Krieg' bzw. ‚Theatralität des Krieges' kontrastiert und verschränkt Godard in irritierender Komplexität mit der szenischen Gestaltung einer ‚Filmproduktion über den Krieg'. *Boléro fatal* ist der Titel des Films im Film, der die Kriegssituation in Sarajewo nicht nur thematisch aufgreift und darstellt („la guerre, c'est simple / c'est faire rentrer un morceau de fer / dans un morceau de chair", 16), sondern sich gleichermaßen in die Strukturen ihrer Theatralität und Gewalt einschreibt und die Spannung zwischen Wirklichkeit und Fiktion, Realität und Repräsentation offenhält und diskutiert.

In der Vorbereitung ihrer Dreharbeiten entdecken der Filmregisseur Vicky Vitalis (bezeichnenderweise zugleich Vater Jérômes und Onkel Camilles) und seine Filmequipe das Haus, in dem Camille und Jérôme gefangengehalten und getötet wurden. Das stille Bild grausamer Kriegsszenerie, das sich ihnen zeigt, wird nicht in der Schärfe seiner Realität ertragen, sondern sogleich im literarischen Zitat Cocteaus „Quelle horreur" (78) eingefangen und als theatralisches Bild inszeniert. Vitalis trägt die schönen Leichen Camille und Jérôme zum Meer hinunter, wo ihre nackten unversehrten Körper mit den romantischen Kostümen der Filminszenierung bedeckt werden. Die Wirklichkeit wird theatralisiert und im Schein der Inszenierung irreal verkleidet. Theater, Kino und Wirklichkeit spiegeln, zitieren und überlagern sich. Die Filmschauspielerin im leuchtend roten Kostümkleid erscheint als Spiegelung und Fortsetzung der theatralischen Rollenfigur Camille. In dem von Godard eindrucksvoll gestalteten Filmdreh am Meer versucht die Schauspielerin, den zu Beginn des Films von Camille vorgetragenen Text

> depuis que je suis au chômage
> en ces heures lentes et vides
> il me monte du fond de l'âme
> vers la pensée
> une tristesse de tout l'être (27, 87)

---

[29] Vgl. dazu auch P. Virilio, *Krieg und Kino. Logistik der Wahrnehmung*, Frankfurt a.M. 1994 [Paris 1984], 144f.

For Ever Mozart, 1996

For Ever Mozart, 1996

im richtigen Tonfall, in der richtigen Gestik und Ausdrucksform zu sprechen. Während Vitalis mit seiner Kamera und seinem Team im Schutz des Hauses am Meer die richtige Einstellung für seinen Film sucht, kämpft die Schauspielerin draußen am Strand gegen die Gewalt des stürmischen Windes, gegen die Fülle ihres Kostüms, gegen den Satz, den sie nicht sagen kann, gegen die Strenge und Unzufriedenheit des Regisseurs. Hinter der gläsernen Schiebetür, die Haus und Meer, Innen und Außen, Realität und szenisches Spiel trennt, wirkt ihre Erscheinung unwirklich verschwommen, schemenhaft und absurd. Verzweifelt probiert sie das „Oui", das Vitalis immer wieder mit einem scharfen „Non" zerreißt[30], bis die Schauspielerin, ohnmächtig von der Gewalt der Szene – „Quelle horreur" (90) – aus der Rolle ausbricht und zum Meer hinunterläuft, wo sie erschöpft zusammenbricht. Jenseits des Spiels, in der Wirklichkeit ihrer Gefühle, wiederholt sie paradoxerweise die gleiche Erschöpfung in gleicher Gestik, in der sich Camille auf ihrer Reise nach Sarajewo befand, und sie spricht das „Oui", das ‚wirkliche' „Oui", das Vitalis unbeobachtet als ‚fiktives „Oui"' mit seiner Kamera einfängt.

Wirklichkeit und Fiktion verkehren sich ineinander. Die Szene über Kriegsgewalt wird zur Szene der Gewalt: Der Filmemacher erscheint „als Kriegsherr, als Ausbeuter von Schauspielern [...]. ‚Das Kino als Fortsetzung des Krieges'."[31] Die Grenzen zwischen Film, Theater und Wirklichkeit werden undurchschaubar und lösen sich auf. In einem circulus vitiosus, in einem „lamentable et interminable Boléro" (24)[32] zirkulieren in rhythmischer Wiederkehr Figuren und Rollen, Texte, Szenen und Gesten, Krieg, Gewalt und Geschichte.[33] Der Boléro von Ravel spiegelt das Ostinato der Gewalt unserer Lebenswelten. Godard knüpft Pessoa zitierend – „Je ne suis que la scène vivante / où passent divers acteurs / jouant divers pièces" (43) – an den Topos des Theatrum mundi an und deutet ihn in bezug auf Kino und Krieg. Die Wirklichkeit des Krieges und die Wirklichkeit des Kinos erscheinen im labyrinthischen Kreisen ihrer Gesten und Zitate als Theater, genauer: als absurde Farce.

---

30 Vgl. hierzu auch das Casting zu Beginn des Films, das strukturell analog gestaltet ist (14ff.). Vitalis unterbricht die Schauspieler, bevor sie ihren Satz beenden können. Die Szene zeigt die Willkür und Gewalt des Regisseurs, dem die Schauspieler machtlos ausgeliefert sind.

31 P. Körte, „Parallelwelten".

32 Godard zitiert an dieser Stelle fast wörtlich J. Goytisolo, *Notizen aus Sarajewo*, Frankfurt a.M. 1993, einen Bericht persönlicher Erfahrungen in dem von serbischen Truppen eingeschlossenen Sarajewo, 116: „Ist die europäische Geschichte der neunziger Jahre einfach eine mit leichten symphonischen Varianten versehene Wiederholung der Fehler und Verblendung der dreißiger Jahre (Österreich, Äthiopien, Spanien, Tschechoslowakei)? Ein nie endender matter ‚Bolero' von Ravel?"

33 Vgl. hierzu auch A. Bergala, „La maison de cristal", in: *Cahiers du Cinéma* 508 (1996), 28-31, hier 30: „D'une section à l'autre, rien qui meure vraiment. Tout revient sous une autre forme. Les nouveaux personnages reprennent des phrases déjà dites par ceux qui ont disparu du film [...]. Des gestes [...] reviennent s'incarner dans d'autres corps."

Im selbstreflexiven Diskurs reflektiert Godard die Mechanismen der Filmproduktion und stellt die Konstruktion filmischer Wirklichkeit dar, die in der Verschränkung von Sein und Schein, von literarischen, theatralischen und philosophischen Vorbildern, von Fiktionen und Imaginationen erspielt wird. Hierbei werden immer wieder (traum)ästhetische Verfahren wie Glissement, Überlagerung, Verdoppelung oder Zirkulation eingewebt. In dieser Vieldeutigkeit des Sinns bleiben sowohl die Filmkonzeption als auch der Drehort von *Boléro fatal* bzw. *For Ever Mozart* ambivalent und rätselhaft. Godard gestaltet einen virtuellen Imaginations- und Spiegelraum, einen heterotopischen ‚non lieu', in dem sich Kriegsort und Drehort, Film- und Theaterbühne, Kostümfilm und Kriegsfilm spiegeln und verschränken. Mit dieser Vermischung und Auflösung der Genres, im Gleiten ihrer Bedeutungen und Erscheinungen führt Godard die Kontingenz und Austauschbarkeit (inter)medialer Wirklichkeiten vor. Die Filmkunst, so vermittelt er kritisch und spielerisch zugleich, erweist sich nicht als Ort der Wahrheit und des Sinns („je me fiche de l'histoire", so Vicky Vitalis, 72), sondern spiegelt in den Strukturen der Mehrdeutigkeit und Paradoxien eine „saturation de signes magnifiques qui baignent dans la lumière de leur absence d'explication." (91) In Ablehnung des ideologischen Realismus und mimetischer Darstellungsweisen veranschaulicht Godards Filmästhetik eine Dekonstruktion von Sinn, von räumlichen und zeitlichen Konstanten, die die Realität in Frage stellt und durch ein Modell imaginierter und intermedial erspielter Realitäten substituiert. Die ‚richtige Einstellung' und ‚wirkliche Szene' bleiben in diesem Sinn Zufall und Fiktion. Die vermeintliche Originalität erweist sich als Zitat. Die eigentliche Faszination des Kinos eröffnet sich für den Filmemacher in der filmischen und philosophischen Kunst, die Wirklichkeit zwischen und hinter den Bildern, in den intermedialen Zwischenräumen, immer wieder neu zu entdecken und zu inszenieren und sich so einer endlosen Suche, einem ‚Boléro fatal' zu verschreiben:

> supposez un espace
> au-delà de cet espace
> il y a encore de l'espace
> plus loin
> il y en a encore
> et encore
> et encore
> cela ne s'arrête pas (92)

Godard, respektive sein alter ego Vicky Vitalis, konfrontiert den Zuschauer mit der Absurdität menschlicher Existenz, die sich exemplarisch im Krieg manifestiert, und verweigert das Begehren nach einer trivialen Hollywood-Welt. „Il n'y a que des morts dans votre charogne de film." (97) Die Erwartungen des verständnislosen und aggressiven Publikums vor dem überfüllten Kino bleiben enttäuscht, seine Schaulust unbefriedigt. Der Film, der seinen Produzenten fast ruiniert, verfehlt den aktuellen Publikumsgeschmack. Bazins Zitat „le cinema substitue à notre regard un monde qui s'accorde à nos désirs"

(67) funktioniert damit wie auch schon in *Le mépris* (1963) als Provokation und ironisches Spiel.

Boléro fatal ist nicht, wie der Titel suggerieren mag, gefälliger Sensationsfilm und Melodrama, sondern ein Film der Brüche und intermedialen Passagen, der zwischen romantischer Theaterinszenierung und modernem Zitat, zwischen Wirklichkeit, Literatur und Kino die fatale Allgegenwärtigkeit der Gewalt inszeniert. Auch wenn wir über das Drehbuch des Films explizit keine näheren Angaben erhalten, wird die Inspirationsquelle und Vorlage, Malraux' Film *Sierra de Teruel* bzw. seine Romanvorlage *L'espoir*, evident. Zu Filmbeginn sehen wir Jérôme vor einem Filmplakat mit der Aufschrift MALRAUX – L'ESPOIR, und auch Vitalis selbst hält eine Malraux-Ausgabe in der Hand. In diesem literarischen Dokument des spanischen Bürgerkrieges bzw. seiner filmischen Realisation gestaltet Malraux Realitätsfragmente und literarische Momentaufnahmen in kunstvoll stilisierten Bildern. Diese kombinatorische Technik realisiert Vitalis – zerrissen zwischen dem Kriegsfilm, den er drehen will und der Kriegswirklichkeit, die ihn mit dem Tod seines Sohnes einholt – im Gegeneinander und in der Überlagerung realistischer und pathetisch inszenierter Theaterbilder. Godard entschlüsselt in der Autothematik des Films die Strukturen und Prozesse seiner Produktion. *Boléro fatal* spiegelt und deutet den Entwurf und die Konstruktion von *For Ever Mozart*, der sich als komplexes intermediales Zeichen- und Zitatspiel enträtselt. In seiner intermedialen Dichte, im „décor intellectuel" seiner Zitate[34], entzieht er sich der Einheit des einzelnen Mediums und ist „comme un poème de Mallarmé, un tableau de Cézanne ou une sonate de Beethoven"[35] – *zwischen* Poesie, Musik, Malerei, Theater, Philosophie und Politik – nur als Medien-Passage zu beschreiben.

Nicht nur der Film im Film rekurriert auf die literarische Vorlage Malraux', sondern auch *For Ever Mozart* in seiner Gesamtkonzeption. So wie der Roman *L'espoir* mit der Musik Beethovens ausklingt und seinen Protagonisten aus dem desillusionierenden Kampf in die höhere Wirklichkeit des Musikerlebnisses entrückt, beendet Godard seinen Film mit einem Konzert und gibt ihm mit dieser kunstästhetischen Wende einen überraschenden Ausklang. Die leitmotivisch wiederkehrende Frage „pourquoi fatal?" wird unbeantwortet auf die nächste Vorstellung verschoben („il faut attendre la dernière séance", 96), die Godard – mit Mozart – kontrastiv anschließt.[36] Godard wechselt das Programm, er wechselt das Medium, um so auf der nächsten Seite bzw. im nächsten Film eine Schau- und Hörlust einzulösen, die er dem Publikum im innerfilmischen Diskurs verweigert. Statt *Boléro fatal*: Concert pour piano Nr. 27,

[34] M.-N. Tranchant, „For Ever Mozart. Godard, plus simplement réel. Le théâtre, la guerre, le cinéma... Nouvelles variations sur le monde de J.-L. G.", in: *Le Figaro,* 27.11.96, 30.

[35] J.-M. Frodon, „Quand Jean-Luc Godard orchestre l'esprit critique. For Ever Mozart. Le cinéaste invente une belle et drôle machine à réfléchir le présent", *Le Monde,* 28.11.96, 29.

[36] Vgl. z.B. auch *Week-end* (1967), in dem Godard kontrastiv eine Szene einsetzt, in der Paul Gégauff eine Mozartsonate spielt.

statt Maschinengewehren und Panzerlärm: Mozartmelodien. Wir sehen ein prachtvolles Foyer mit bunten Gemälden, Marmorsäulen und einer monumentalen Treppe, über die das festlich gekleidete Publikum den Konzertsaal betritt. Abendstimmung, Kristallüster, eine üppig gedeckte Tafel, die als barokkes Stilleben den (Kamera)Blick sekundenlang in den Bann zieht, und erste sanfte Mozartklänge zeichnen eine magische Atmosphäre der Feierlichkeit, des Luxus und Überflusses. Hinter den grausamen und kargen Bildern des Krieges spielt Godard musikalisch ein traumhaft kristallines Bild verlorener Illusionen ein. „Quelque chose qui tient à la fois du rêve, du conte, d'une sensation qui revient de l'enfance. Et qui rejoint le mythe du retour dans une maison cristalline que l'on aurait quittée depuis longtemps. Une origine rêvée."[37] Doch die Leichtigkeit und Harmonie der Musik Mozarts, „c'est doux et léger" (101), Paradigma für eine überdauernde, zeitlose Kunst, wirkt nicht allein versöhnlich, wie Körte betont – „den Frieden stiftet am Ende die Musik"[38] –, sondern zeigt sich ironisch gebrochen. Zum einen untermalt Godard die Leichtigkeit Mozarts mit dunklen Zwischentönen, zum anderen stellt er deutlich den (falschen) Inszenierungscharakter der Szenerie aus. Der Pianist, ein Jüngling mit langem blonden Haar, barocker Kostümierung und künstlicher Pose, erscheint als überzeichnete Mozartkarikatur. Die malerische Schönheit der Bilder gerät ins Groteske und Lächerliche.

Wie schon in *Sauve qui peut (la vie)* (1979), *Lettre à Freddy Buache* (1982) oder *Scénario du film ‚Passion'* (1982) wirft Godard in *For Ever Mozart* die Frage nach der Bedeutung und Funktion der Musik bzw. dem Romantischen in der Musik auf.[39] Er zitiert in Bild und Ton Spuren einer romantischen Schönheit und einer idealisierten Kunst, die unser Begehren nach den schönen Bildern aufdecken, die jedoch gleichzeitig in einer ironischen Gegen-Schau und in einem Gegen-Spiel verfremdeter Bilder und Töne ironisiert und dekonstruiert werden. Die Schönheit, die sich mit Musset, Malraux oder Mozart momenthaft in *For Ever Mozart* einschreibt, entgleitet immer wieder, denn Godard geht es nicht um das „Speichern der Schönheit", sondern darum „die Räume zwischen den Dingen, die Beziehung zwischen den Dingen"[40] zu zeigen, d.h. ein Sehen zu provozieren, das die Passagen aufdeckt, die die Schönheit brechen. Damit entfaltet sich eine „Kunst der Beschreibung, die

---

[37] J.-M. Frodon, 30.

[38] P. Körte, „Parallelwelten".

[39] Vgl. z.B. J.-L. Godard, *Scénario du film ‚Passion'*, zit. nach J. Paech, *Passion oder die Einbildungen des Jean-Luc Godard*, 79: „die Musik kann mir helfen, ich bin blind, ich sehe nichts und die Musik ist meine kleine Antigone. Diese romantische Musik, großartig dieses ziemlich unbekannte Stück von Dvorák! Vielleicht kann sie mir helfen, zu entscheiden, ob Arbeit auch was Romantisches hat"; vgl. auch J. Aumont, „Lumière de la musique", in: *Cahiers du cinéma* (Spécial Godard: trente ans depuis), November 1990, 46-48.

[40] Vgl. K. Theweleit, *ONE + ONE. Rede für Jean-Luc Godard zum Adornopreis*, Berlin 1995, 27.

immer wieder neu ansetzt und ihren Gegenstand ersetzt."[41] Es entsteht ein Wechselspiel der Bilder und Töne, die sich dissonant und mehrdeutig eintauschen und auflösen.

In diesem Sinn entlarvt sich auch die ironische Falle des Filmtitels. Hinter dem harmonisch anmutenden Titel *For Ever Mozart* entdeckt der verführte Zuschauer bereits mit den ersten Einstellungen seine eigentliche, fatale Kehrseite *Boléro fatal* und eine filmische Konzeption der Kontraste und Brüche, die die Realität des Krieges im Zwischen- und Wechselspiel der Künste und Medien befragt. *For Ever Mozart und Boléro fatal*, Kunst *und* Krieg, Schönheit *und* Zerstörung, comédie *und* tragédie, spiegeln und verschachteln sich in vexierenden Strukturen. Entscheidend ist hierbei das UND, das im Sinn von Deleuze „die Mannigfaltigkeit, die Vielheit, die Zerstörung der Identitäten" markiert und den Blick des Zuschauers auf eine neue unsichtbare Grenzlinie lenkt, auf einen neuen „Grenzdurchbruch"[42], auf eine neue Passage, in der sich Bilder und Töne intermedial verschachteln, zitieren, transformieren und auflösen.

[41] Ebd.
[42] G. Deleuze, *Unterhandlungen 1972 - 1990*, Frankfurt a.M. 1993, 67ff.

Quellennachweise

Nachfolgende, bereits publizierte Artikel, sind im vorliegenden Band in überarbeiteter Form aufgenommen:

J. E. Müller „Malerei, Video und Film oder Jean-Luc Godard und die Passion des Bilder-Schaffens“, in: *Blickwechsel. Tendenzen im Spielfilm der 70er und 80er Jahre*, Münster 1993, 237-251.
J. Paech, „Die Spur der Schrift und der Gestus des Schreibens im Film“, in: *Literatur und Film. Lesen für Augenmenschen* (Ausstellungskatalog), hg. v. Adalbert-Stifter-Institut des Landes Oberösterreich, Linz 1996.
M. Schneider, „Entropie tricolore. Die Logik der Bilder in Godards ‚Weekend'“, in: M. Wetzel, H. Wolf (Hgg.), *Der Entzug der Bilder. Visuelle Realitäten*, München 1994, 235-248.
D. Stern, „Film als Anti-Oper. Die Erweiterung der filmischen Handlung durch Musik bei Jean Luc Godard“, in: H.-K. Jungheinrich, *Oper – Film – Rockmusik. Veränderungen in der Alltagskultur (Musikalische Zeitfragen 19)*, Kassel 1986, 46-57.
S. Zielinski, „‚Zu viele Bilder – Wir müssen reagieren!'. Thesen zu einer apparativen Sehprothese im Kontext von Godards ‚Histoire(s) du cinéma'“, in: F. Rötzer, P. Weibel (Hgg.), *Strategien des Scheins. Kunst, Computer, Medien*, München 1991, 55-82.

Foto- und Bildnachweise

Cahiers du Cinéma 508 (1996) XXXVII, XXXVIII.
Literatur und Film. Lesen für Augenmenschen (Ausstellungskatalog), hg. v. Adalbert-Stifter-Institut des Landes Oberösterreich, Linz 1996, III–X.
J. E. Müller, *Blickwechsel: Tendenzen im Spielfilm der 70er und 80er Jahre*, Münster 1993, XV, XVII–XXI.
Revue belge du cinéma, „Jean-Luc Godard. Les films“ (1986), I, II.
F. Rötzer, P. Weibel (Hgg.), *Strategien des Scheins. Kunst, Computer, Medien*, München 1991, XXV–XXXV.

Bei den übrigen Motiven handelt es sich um Videoprints oder um vom Bildschirm abfotografierte Vorlagen.